数智时代的
管理研究方法

王永贵 贾 明等——编著

方法丛书

Management
Research Methods
in the Era of Digital
Intelligence

中国人民大学出版社
· 北京 ·

图书在版编目（CIP）数据

数智时代的管理研究方法 / 王永贵等编著. -- 北京：
中国人民大学出版社，2025.3. --（研究方法丛书）.
ISBN 978-7-300-33731-9

Ⅰ. C93-3

中国国家版本馆 CIP 数据核字第 2025VH6334 号

研究方法丛书

数智时代的管理研究方法

王永贵　贾　明　等　编著

Shuzhi Shidai de Guanli Yanjiu Fangfa

出版发行	中国人民大学出版社			
社　　址	北京中关村大街 31 号		**邮政编码**	100080
电　　话	010 - 62511242（总编室）		010 - 62511770（质管部）	
	010 - 82501766（邮购部）		010 - 62514148（门市部）	
	010 - 62515195（发行公司）		010 - 62515275（盗版举报）	
网　　址	http://www.crup.com.cn			
经　　销	新华书店			
印　　刷	北京宏伟双华印刷有限公司			
开　　本	787 mm×1092 mm　1/16		**版　　次**	2025 年 3 月第 1 版
印　　张	22.25 插页 1		**印　　次**	2025 年 3 月第 1 次印刷
字　　数	512 000		**定　　价**	99.00 元

　　管理研究面向的对象是组织，旨在运用科学研究方法提炼和揭示科学的管理规律，并帮助管理者运用这些科学的管理规律更好地管理经济组织和实现组织与社会发展目标。随着国内外形势的变化、数智时代的来临和科技的进步，组织及其管理也面临着全新的机遇和挑战，日益呈现出一系列新特征、新模式、新规律。相应地，传统的管理研究方法因在获取数据和分析数据等方面的固有局限已经无法很好地满足组织的管理需要，学界和业界都迫切需要研究方法的不断创新。

　　实际上，随着科学技术的发展，各种新的研究技术与手段不断涌现，这使得运用数智时代的管理研究方法去有效解决传统方法无法解决的诸多问题成为可能。而且，运用数智时代的管理研究方法去获取和分析更多来源、更多形态的数据，已成为提升管理研究科学性和有效性的必要途径。鉴于管理活动是在人与人（包括数字人）之间的交互活动中发生的，我们从以下两个方面来揭示规律：一是从宏观层面入手，结合大样本多模态的数据分析来揭示管理的总体规律；二是从微观层面入手，运用行为数据分析来揭示管理行为决策背后心理与神经层面的内在机制。上述两个方面相辅相成：微观层面的行为聚合形成宏观层面的现象，而宏观层面的现象反过来启发微观层面的机制分析。

　　本书最初的创意就是基于这样的现实背景产生的，旨在总结和诠释上述宏观和微观两种面向现实和未来的管理研究路径，以便让更多的管理研究者和相关学科的研究者能够运用这些前沿方法更为深入地去发掘、提炼和揭示管理活动中所蕴含的复杂科学规律。我们认为，管理学是一门科学也是一门艺术，我们需要综合运用智慧和方法去有效应对各种特定的管理情境。

　　本书共三篇，分别是数智时代管理研究方法基础、大数据驱动的管理研究前沿方法和认知驱动的管理研究前沿方法。其中，第一篇包括两章。第1章是本书概论和篇章结构介绍（王永贵，浙江工商大学；贾明，西北工业大学），第2章重点介绍机器学习及大数据相关方法在管理研究中运用的理论基础［姜正瑞，香港中文大学（深圳）］。第二篇包括六章，主要聚焦在运用机器学习方法分析管理活动所产生的多模态数据上。第3章重点介绍采集各种多模态数据（包括文本、图像、语音、视频数据）的方法（赵龙峰，西北工业大学），第4章介绍如何运用机器学习方法分析管理活动中产生的文本数据（介任龙，西北工业大学；易希薇，北京大学），第5章重点介绍如何运用机器学习方法分析管理活动中产生的图像数据（王峰，湖南大学），第 6 章重点介绍如何运用机器学习方法分析管理活动中产生的语音数据（刘汕，西安交通大学），第 7 章重点介绍如何运用机器学习方法分析管理活动中产生的视频数据（许开全，中国人民大学；赵斌，西北工业大学），第 8 章重点阐述在管理研究中运用多模态分析方法时需要注意的问题（邵开愚，首都经济贸易大学）。第三篇包括九章，聚焦于微观视角，重点介绍各种"入心入脑"的科学技术如何运用于管理研究当中。第 9 章重点介绍开展微观视角研究所采取的实验研究方法的基本原理（王小毅，浙江大学），第 10 章重点介绍如何从情绪分析入手结合面部表情分析工具来开展管理研究（张喆，西安交通大学），第 11 章重点介绍如何从情绪分析入手结合生理多导仪工具收集数据开展管理研究（叶贵，重庆大学），第 12 章重点介绍如何从脑神经分析入手结合脑电分析工具开展管理研究（王益文，浙江工商大学），第 13 章重点介绍如何运用功能磁共振成像技术获取管理活动中的脑神经数据开展管理研究（潘煜，金佳，上海外国语大学），第 14 章重点介绍如何运用功能近红外光谱脑成像技术开展管理研究（刘涛，于晓宇，何琳，上海大学），第 15 章重点介绍如何运用遗传研究与分子调控技术开展管理研究（罗思阳，中山大学），第 16 章重点介绍如何运用神经干预与无创脑刺激技术开展管理研究（李建标，山东大学），第 17 章重点介绍如何运用虚拟现实技术开展管理研究（蒯曙光，华东师范大学）。本书是来自国内 15 所知名高等院校的多个领域的 23 位志同道合的知名专家学者集体智慧的结晶。王永贵教授、贾明教授统校全书。

作为数智时代一部管理学领域的前沿研究方法教材，本书具有典型的学科交叉和学科前沿特征，并力求成为能够指导众多学者运用这些前沿方法开展研究的指南。同时，我们期望本书的出版有助于推动管理学研究方法的多样化、时代化和学科交叉化，能够给研究者提供获取和分析数据的多样化手段，并切实提升管理研究的科学性与有效性。本书不仅注重对方法原理进行介绍，还重视结合管理研究中的实际案例来阐述运用特定方法的具体流程和步骤。

本书的写作也得到了许多青年学者和研究生的支持。浙江工商大学的汪淋淋博士，浙江财经大学的田庆宏博士，西北工业大学的研究生张思佳、戴晗悦、叶露露、薛鹏东、王宇慧、刘德鹏参与了各章节内容的校对与审阅工作，在此特别向他们表示感谢。鉴于作者能力有限，本书难免会存在一些疏漏和错误，恳请大家批评指正，以帮助我们后续修订和完善。

王永贵　浙江工商大学
贾　明　西北工业大学

CONTENTS ▶▶▶ 　　|目　录|

第三篇　认知驱动的管理研究前沿方法

第一篇　数智时代管理研究方法基础

第1章 › 数智时代的管理学与前沿研究方法

王永贵 浙江工商大学
贾　明 西北工业大学

管理学是以各类社会组织为研究对象，系统研究其管理活动的普遍规律与一般方法的一门学科，具有典型的情境依赖性、实践性、科学性。随着智能技术的发展和数智时代的到来，微观经济组织、中观产业组织和宏观经济管理等都面临着全新的挑战与机遇。管理学当然也不例外：传统的管理知识与方法对推动社会经济发展的作用在减弱，有人甚至质疑管理学的有用性，认为管理学太"软"因而缺乏有效的实践价值。本章首先讨论了管理学的学科定位、提升管理学有用性的基本路径，再立足其中"科学性"这个核心说明强化管理学"硬"度的关键路径，最后聚焦提升科学性与实践性的"硬方法"环节并总括本书的主要内容。因此，本书旨在为提升管理学的"硬"度，为数智时代的管理学研究与实践提供前沿方法指南，以便更好地服务于创造更"有用"的、有利于促进社会经济高质量发展和新质生产力形成的管理学自主知识体系。

第1节　管理学及其定位与潜在问题

改革开放以来，我国管理学发展成就显著，为我国经济社会发展培养了大量高质量管理人才。随着数智时代来临，我国管理学面临着严峻的变革挑战和广阔的发展机遇，亟须全方位重新审视管理学的基本使命、总体定位及存在的潜在问题。

一、管理学及其定位

科学是用于认识世界和改造世界的。其中，认识世界依靠的是运用科学研究方法去探析和把握客观世界的运行规律，而改造世界是运用这些客观规律去规划和影响客观世界的运行，进而为人类的生存和发展服务，并创造出更高层次的人类文明。在这个过程中，教育发挥着重要作用。人类将有关客观世界运行规律的知识积累起来并分享给后代，并教会后代如何运用这些知识与方法去认识和改造世界。这是科学推动人类社会发展的基本逻辑。

在科学丛林中，管理学是重要的组成部分。在当前的数智时代，管理学的定位应该是什么呢？毋庸置疑，中国式现代化是实现中华民族伟大复兴的根本之路，实现中国式现代化，需要经济实力、科技实力和综合国力的显著提升。其中，经济的高质量发展是首要任务。要想实现经济的持续高质量发展，关键在于培育一批具有可持续竞争力的微观企业。显然，这高度依赖于数智赋能的管理学的支撑和管理学所培养的众多商界精英，这也是管理学的定位与使命。管理学者有责任和义务深入探究如何引领管理学更好地服务于中国式现代化。

实际上，随着人类商业活动的不断进步以及规模与领域的不断扩展，管理学科知识体系不断丰富。从早期的原始部落以物易物到农业经济时代的个体工商户和手工作坊，再到工业革命时代的机器大生产和科学管理，再到如今计算机算法辅助和支持下的各种新兴经济形态（如平台经济、智能经济等）及其创新发展，人类在商业活动中积累了大量的管理知识和管理研究方法，并持续地学习和传播如何运用已有的管理知识和管理研究方法去指导和支撑各项管理活动，使其更有效率和效果地开展。在整个过程中，国内外的经济社会发展和微观企业的茁壮成长都清楚地表明：管理学科并非可有可无，更不是所谓的"软"学科，智能时代的管理学科有着巨大的发展潜力和广阔的应用前景，大有作为，也大有可为。管理学科必将持续提升组织管理效率与效果，深入推动现代商业活动的发展，支撑经济社会的高质量发展并不断创造巨大的经济效益和社会效益。①

二、管理学发展中的潜在问题

面对世界百年未有之大变局以及人工智能相关技术的飞速发展，企业的创新与管理以及价值的创造、交付与传播模式等在不同场景、不同领域中呈现出层出不穷的新现象、新模式和新问题。跟很多学科类似，管理学的发展似乎也有些跟不上时代的步伐，有些群体开始担忧，甚至质疑管理学科对经济社会发展的价值与作用。

（一）学科针对性有待进一步增强

当前的管理知识与方法多是生长于西方经济社会的发展过程。伴随着中国的改革开放，这些管理知识和方法被大量引进国内，也在被消化吸收并指导中国组织管理实践的过程中不断更新。长期以来，由于中国与西方有着显著不同的制度环境和文化环境，从西方引进的管理知识与方法会呈现不同程度的"水土不服"。例如，在迈向共同富裕的过程中，"科技向善"和"企业向善"在不少中国科技企业中已成为一种主导价值观，这显然跟西方管理哲学中的"经济人"假设不吻合。可以说，随着中国在国际舞台上发挥越来越大的作用和中国打造世界一流企业的实践，越来越多的中国管理学者主动跳出西方的管理思维，开始深入研究中国企业的独特实践和中国企业在发展中面临的独特难题。中国管理学自主知识体系的构建与完善仍任重而道远。

（二）研究的科学性尚有提升空间

科学性是支持一个学科的基石。旨在认识组织运行规律的管理学，具有明显的自然科学与社会科学交叉学科的属性，需要运用科学研究方法和科学思维范式清晰解析商业

---

① 王永贵，汪寿阳，吴照云，等. 深入贯彻落实习近平总书记在哲学社会科学工作座谈会上的重要讲话精神 加快构建中国特色管理学体系［J］. 管理世界，2021，37（6）：1-35.

运行的内在规律。

贾明指出，管理学相比于自然科学具备典型的软科学特征。① 硬科学强调以客观世界为研究对象，采用假设检验的思维范式，通过重复可控的实验方式收集数据来验证假设，获得有关变量间关系的客观证据，从而形成科学知识。这种科学属性的"硬"，就体现在有丰富的重复一致的客观证据支持变量间关系的成立。由于管理学的研究对象是由人所组成的组织，且对于人以及人与人之间的行为特征目前尚缺乏绝对清晰的科学认识，导致管理学长期以来缺乏统一的公理体系、可重复的经验证据、可靠的因果关系等，学科或多或少地呈现出典型的软科学特征，其科学性尚有较大提升空间。实际上，管理学的"理论丛林"② 本身就是其科学性有待进一步提升的表现，管理理论与企业实践的某种脱节进一步加剧了对管理学知识有用性的质疑。"软"在管理研究中的表现是多方面的，包括问题提炼、理论构建、方法选择、数据获取和结论应用等。

（1）问题提炼。科学问题的提炼是通过观察各类现象来总结和把握现象背后的核心要点的过程。管理学的有些科学研究关注的是企业层面的现象以及现象背后错综复杂的问题，对其中一些概念的界定还缺乏统一认知，对科学问题的描述存在一定程度的"自说自话"的情况。以研究企业社会责任为例，不同学者对于企业社会责任的定义不尽相同，大家实际上关注的维度和内容也存在一定差异，造成表述一致的问题背后的实质可能并不完全相同。

（2）理论构建。理论是对变量间关系符合逻辑的一种解释。例如，在变量间关系的产生上，变量 A 影响变量 B 的过程被称为作用机制，厘清这个机制是理论构建的关键。在自然科学领域，牛顿运动定律构建起了经典力学的理论基础。它可以解释日常生活中的众多物理现象，所以它的解释力是非常强大的。相对而言，管理学的一些研究中有关变量间关系的解释机制是不确定的，对于变量 A 如何影响变量 B，有的时候是建立在猜测的基础上。例如，针对高管薪酬对企业履行社会责任的影响这一研究问题，有的学者会假定薪酬高的高管更在乎社会声誉，从而更倾向于履行社会责任；而有的学者会假定薪酬高的高管会更加关注企业绩效，因而更少地履行社会责任。但薪酬高的高管到底是什么样的高管，他们是怎样思考的，具备怎样的心理，人们往往无从得知，而且常常没有统一的答案。

（3）方法选择。科学研究的方法论核心是可控条件下的可重复实验研究，该方法的核心是控制所有可能影响结果变量的因素并改变自变量的数值，以观察由此引发的结果变量的变化情况。但这种理想化的实验方法在管理学的研究中往往是很难实现的。由于研究的对象是人或组织，研究人员很难去开展这种严格的可控实验，大部分研究还是非可控或忽视可控性而开展的相关关系研究，并非因果关系研究。因果关系研究在方法论上要求自变量必须在时间上先发生，但是很多管理研究很难达到这个要求。怎样才能在方法论上保证自变量一定比因变量先发生呢？例如，先有高管的高薪酬还是先有企业履行社会责任？显然，这种问题在现实生活中很难有明确答案。

---

① 贾明．工商管理学科向"硬"科学演进之路［J］．财会月刊，2023，44（8）：8-10.
② KOONTZ H. The management theory jungle［J］．The academy of management journal，1961，4（3）：174-188.

（4）数据获取。方法层面的局限性往往会导致管理研究的数据难以被称为旨在研究因果关系的"干净"的数据。数据中交织着许多不可控和不可观察的"噪声"，使得研究人员即便通过计量分析得到了显著的关系，这种关系可能也仅仅是相关关系，而难以被定为因果关系。

（5）结论应用。"软"科学所得到的研究结论往往很难被大家一致接受，在学术界如此，在企业界亦是如此。管理学研究得到的结论很难像自然科学中牛顿运动定律那样得到广泛认可和普遍应用。

第 2 节　管理学的软科学特征与位势攀升路径

科学研究是探究事物发展规律、构建因果关系、解释现实和预测未来的工具，其核心是通过对客观世界的分析、总结和归纳，形成能够解释变量间关系的科学知识。当然，这类知识只是当前条件下人类对客观世界认识的总结，并不能说这就是客观真理，其正确性和科学性会受到人类认知能力和范围的限制。

一、管理学的软科学特征

（一）软科学 vs. 硬科学

在探索客观世界的过程中，科学家往往会运用各种科学研究的手段，采用受控实验的基本方法，即在控制潜在可能的影响因素的情况下，研究核心关注变量之间的因果联系并尝试构建理论解释机制，同时通过实验方法获取数据、验证理论，并通过多次实验来不断检验结论的稳定性和可靠性。从这个角度看，运用实验方法获取数据来检验理论形成科学知识的过程符合严密的逻辑推理过程，因此具备硬科学的属性。硬科学的特点就是突出变量间关系研究的可靠性，即能够通过可控实验获取验证和支持变量间关系的数据，并且这些数据是可以重复的。基于这种手段获得的科学知识能够更好地得到认可和传播，并能够有效地传承和延续下去。

如果所研究的对象不是客观世界，而是人以及由人所组成的组织，会出现什么情况呢？由于人类行为的复杂性和社会环境的多变性，人类活动交互规律中的变量间关系往往难以被明确识别，这使研究人员常常难以按照可控实验的方式来精准地开展变量间关系的探索。同时，受限于难以直接获得有关人类活动的客观数据等因素，相关研究的结论或多或少缺乏可靠的数据支撑，且难以在社会情境中被严格地重复验证。诸如此类的因素都可能导致相关的研究成果缺乏足够的科学性，并形成了与硬科学相对应的软科学。软科学的特点包括科学性不够、研究发现的变量间关系内在逻辑不明确、缺乏可重复的数据支撑等。当然，关于什么是软科学，学者们存在不同的理解。本书倾向于从科学性角度来进行界定，而不是根据学科的内涵来进行分类。

（二）不同学科的对比

如表 1-1 所示，我们选择三个典型的学科——物理学、经济学与管理学进行对比。

表1-1		物理学、经济学和管理学的对比	
对比项	物理学	经济学	管理学
科学性	＋＋＋	＋＋	＋＋
实用性	＋＋＋	＋	＋＋
适用范围	全球	区域	情境
知识获取方式	数学、实验	数学、经验	跨学科、经验、准实验
教学方式	理论、实践	通用理论	理论、实践案例
知识应用	新技术、新产品	新思想	绩效、新规律
人才用途	科技人才	经济人才	管理人才

注："＋"数量表示强度。

物理学具有统一的公理体系、基于数学逻辑建立起来的科学知识体系，以及广泛的可重复的实验证据。这就使得物理学作为自然科学的代表，具备最典型的硬科学的属性特征，例如在地球上各个区域，物理学的基本原理都是适用的，物理学知识不以人的意志为转移。通常，获取这些知识所借助的手段是数学推导和科学实验。因此，在传授物理学知识的过程中，教学者特别重视理论和实践相结合的教学方式，即在讲授完理论知识后借助实验手段来强化学生对相关知识点的理解和认识。这一学科所培养的科技人才毕业后就可以直接在工作中运用这些知识。

经济学同样建立在统一的公理体系之上，如基于"人是完全理性的"这一假设（虽然现实是十分复杂的），结合数学模型推导出的一系列经济学定理，形成完备的理论体系。但是，经济学所考察的对象是人类经济活动，即涉及人的行为，因而在现实中往往会出现理论与实际不一致的情况，在一定程度上降低了其科学性。例如，现实生活中人的行为往往很难完全理性，而表现为有限理性，并且受到各种行为因素的影响（如框架效应），可能会偏离理论模型的预测，这就导致经济学理论的适用性是局部的，而不是普遍适用的。经济学的学科特点也决定了其重视通过经验总结和数学工具构建的理论化模型及其形成的理论知识。因此，在经济学的教学中，教学者主要讲授经典理论模型，并给学生指明改进的方向，从而启迪学生去思考和完善理论，并预期创造出更多先进的经济学理论来指引人类经济活动的开展。

管理学由于在某种程度上缺乏统一的公理体系以及数理逻辑的支撑，其知识更多基于经验和猜测，这使其科学性进一步降低，相关理论也呈现出更多的情境依赖性。因而在知识的传授过程中，教学者的个人能力显得更加重要，学习者往往被期望通过管理知识学习和案例分析来掌握在企业中应对类似问题的能力。

企业本身是由人组成的，企业的行为规律也是由人以及人与人之间的交互关系所决定的。因此，管理学的研究对象并不是没有感情的客观物质，这也直接决定了管理学的软科学属性。具体表现为：在管理学中充斥着大量的管理理论，被称为"理论丛林"，即同样的变量关系，从不同的理论视角出发可能得到不同的解释；所构建的理论缺乏统一性和严格的可重复性，体现为研究成果的引用和借鉴在一定程度上取决于研究人员本人的偏好和需要，而缺乏科学的共识和一致标准。

当然，近年来管理学的学者们已经逐渐认识到上述问题，认为只有提高学科的"硬度才能有更多科学的"气质"。因此，管理学的研究范式中，实证主义逐渐成为主流，即基于"假设—推断"的科学研究模式在管理学领域得到了广泛推广。越来越多的管理研究采用问卷调查、企业实地调研、商业数据库和实时大数据等方式来采集数据，然后运用统计分析与各种建模技术来检验变量间的关系，从而对学科的科学性演进起到了极大的推动作用。

二、管理学位势攀升路径

以贡献企业效率与效果提升为导向，矢志构建中国管理学自主知识体系，是我国管理学发展的基本使命与总体定位。管理是国家经济发展的重要实践范畴，管理学天生就具有为国家战略做出重要贡献的实践属性。然而，随着管理实践日新月异，管理学的发展在相当程度上滞后于实践。管理学一定程度上存在着照搬西方学说与研究范式的情况，离中国本土的重要实践问题还不够近，迫切需要转型升级。构建中国管理学自主知识体系，需要重新审视管理学的理论基础，在借鉴西方管理科学先进成果的同时，踏踏实实地扎根中国本土的管理实践难题，真正将学科发展聚焦于国家、区域、产业和企业发展所面临的重大实践问题，将管理学构建在中国大地上。[①]

第一，要以"管理＋人工智能"为基本框架，构建和完善管理学学科体系、学术体系、话语体系，持续优化中国管理学发展的范式选择与战略路径。管理学具有开放性，但在过去的发展中陷入研究领域越来越窄的"泥潭"。数智时代的到来，为管理学范式转型提供了难得的机遇，也提出了转型的严峻挑战。范式转型首先体现在管理学与人工智能以及"理工农医"的学科交叉融合。数字化与人工智能正在广度和深度两个方面改变工商管理实践。中国数字经济与人工智能实践在全球领先，这为中国特色、中国风格、中国气派的管理学范式转型提供了学科交叉的实践沃土。

第二，构建产学研教深度融合的"管理＋人工智能"学科生态系统，把"商学院建在产业里、建在企业里"，把落脚点放在同产业实践与企业实践的深度融合上，这是中国管理学位势攀升的主要抓手与关键策略。为此，应该尽快设立"管理＋人工智能"交叉学科，赋予管理学新活力和新动力；以引领全球的实践前沿案例研究为主导，深挖中国管理智慧，借鉴西方管理前沿，整合中国前沿案例与中国智慧，聚焦中国重大现实问题；采用科学研究方法分析中国情境下的新问题；编著具有中国特色问题导向、自主属性和话语体系的教材，并将其作为管理学教学创新和高质量管理人才自主培养体系构建的利器。例如，浙江工商大学扎根于浙江的实践沃土，率先提出"把商学院建在产业里"，并在实践中探索形成了"5C"方案：商学院和企业共建人才培养基地、教师和企业高管共同开展案例研究、围绕企业重要实践问题和人才需求共建课程项目、共同开展团队层面解决问题导向的学习行动、共同探索商学两界共享式人才培养机制。

第三，要着力运用科学方法切实解决有用性和针对性问题并提高学科"硬"度。提升管理学科的有用性就要关注研究领域的设定（setting）、研究的科学性（science）提升、知识传授的专注（specification）和毕业生的支持（support）这四个方面，进而形成一个

---

① 王永贵．李霞．面向新时代创新发展中国特色企业管理学［N］．人民日报，2019-11-25（9）．

"4S"体系（如图1-1所示）。

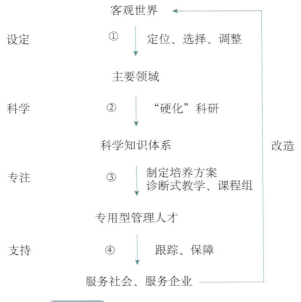

图 1-1　构建管理学的"4S"体系

　　管理学要有用，首先要搞清楚这个学科是"为了谁"，特别是要围绕推进中国式现代化建设这一主题，深入研究企业在其中所能发挥的作用，即时代话题。实际上，学科的发展和知识的创造都与外界环境的变化密不可分。这体现了知识来源于现实，又反作用于现实。比如，在新的时代背景和外部环境下，我们需要重新思考中国的企业管理理论和实践到底是什么。基于西方环境所建立的企业管理理论是否还适用于中国？所有的研究都是建立在一定的假设前提（assumption）之下。西方企业管理理论的假设基础是对企业"自利性"的假设，即企业是为了获取最大经济价值而存在的组织。但是，我国是社会主义国家，企业的价值观不能是"自利性"，至少应该是"互惠性"，即强调企业与社会、环境的和谐共存。① 这样一来，我们就需要明确在当前环境中需要关注的新的企业管理问题。以下三个方面的问题尤为重要。

　　（1）中国企业的使命与责任。这一话题涉及不同类型企业，如国有企业、民营企业，以及不同场景的企业，如平台企业等。我们首先需要搞清楚"中国企业为了什么而存在"这个根本问题，明确其使命和责任，然后才能够据此规划中国企业的管理实践路径和战略体系。

　　（2）中国企业的价值创造。企业应当创造价值这一点毋庸置疑，关键在于如何创造价值。比如，是基于"剥削"还是基于"共创"，这就存在很大差异。中国的企业作为推进中国式现代化的重要力量，如何在绿色低碳转型和推动高质量发展中壮大企业，这是关键问题。

---

　　① 贾明. 提升工商管理学科有用性的反思［J］. 财会月刊，2023，44（17）：3-6.

（3）中国企业的管理实践。中国企业有丰富的独创性管理实践活动。围绕价值创造的途径，结合信息技术和人工智能，并考虑到未来人口老龄化和绿色低碳转型的影响，如何实施公司治理、财务管理、市场营销、供应链管理、企业运营管理等，如何规划中国企业的管理实践路径，是重要问题。

把以上三个方面的问题搞清楚，就有希望构建起中国管理学自主知识体系。[①] 管理学要有用，围绕以上根本问题开展的研究要能够总结形成真的科学知识，才能搞清楚"为什么"。在明确研究领域的基础上，要着力提升管理研究的"硬"度。

管理学的发展需要及时向"硬"科学进阶。管理学者处在理论与实践之间，应当从现实中发现有趣的现象、提炼出科学问题、构建理论解释、建立因果关系，并运用先进手段获取数据来验证理论。据此得到的科学结论又反过来用于指导实践。在理论运用于实践的过程中，外部条件和内部环境的变化使得理论的适用性出现矛盾，进而产生新的科学问题。如此往复，形成理论与实践互促的螺旋式上升，具体表现在五个方面。

（1）问题提炼方面。在提出管理学问题时，应首先清晰界定其相应的概念和含义，并与已有文献建立联系，从而使所提出的问题具有延续性和可比性。一般而言，经典文献和顶级期刊上发表的论文中给出的概念定义更为可靠。如果需要对现有的概念进行修正，如完善概念的界定、进行维度划分等，则需要首先明确所参照的定义，在清晰描述现有概念界定所存在的问题的基础上，再进一步给出新的概念定义。当然，有时候开展的研究的确具有前瞻性，所以需要构建全新的概念。在这种情况下，就需要在已有相关概念的基础上，给出新的概念定义，并明确其与已有相关概念的差异。有了清晰的概念界定，描述研究问题时就可以以此为参照基准。在描述管理学问题的时候，要重点关注问题的价值。问题的价值指研究的问题应当是对现有研究符合逻辑的延展，有助于完善已有的理论，并丰富我们对世界的认识。这就要求我们在清晰掌握已有研究的理论知识的基础上，再进一步去分析和发掘其中存在的不足以及矛盾的地方，如采用反常识模式（以往研究都认为变量 A 与 B 正相关，但真的是这样吗？）、化解理论冲突模式（有的研究认为变量 A 与 B 正相关，有的认为变量 A 与 B 负相关，如何解决这一矛盾呢？）、填补空白模式（以往研究都关注变量 A 对 B 的影响，而忽略了变量 C 对 B 的影响）等，来提出有价值的研究问题。[②] 需要指出的是，上述文献驱动（literature driven）的问题提出模式与我们熟悉的现象驱动（phenomenon driven）的问题提出模式殊途同归。我们习惯于关注一些独特的、有趣的中国管理现象，但在构建研究问题时，需要运用国际视野去提炼这些现象背后的理论问题，对照已有文献，明确理论上的不足，提出有价值的研究问题，从而为世界贡献中国智慧。

（2）理论构建方面。关注微观机制，即从人的角度去思考问题，对于管理学所关注的人和组织层面的问题，要"入心入脑"，去分析更加微观的反应，由此来推导出个体行

① 王永贵，汪寿阳，吴照云，等．深入贯彻落实习近平总书记在哲学社会科学工作座谈会上的重要讲话精神 加快构建中国特色管理学体系［J］．管理世界，2021，37（6）：1-35.
② 贾明．管理研究的思维方式［M］．2版．北京：机械工业出版社，2024.

为的选择和交互关系，只有这样才能逐步建立起管理理论的微观基础。"入心入脑"是管理学构建"硬"科学的必经之路。所谓微观基础，是指组织层面所观察到的现象（如组织绩效、组织决策等）都是由组织中人的认知、行为以及人与人之间的交互影响所决定的。例如，在考察高管薪酬对企业绩效的影响时，在企业层面我们观察到提高高管薪酬带来了企业绩效增加这一现象，而背后的理论机制在于提高高管薪酬的相关政策直接影响到高管本人的心理和认知，从而影响到高管的行为（如更加勤勉工作），而高管的行为最后作用到企业上，表现为企业绩效的提升。在这个过程中，高管的"心理和大脑"起到微观层面决定性的作用。因此，我们在建构理论去解释"A—B"因果关系的过程中，要关注内在机制即"A—M—B"这一逻辑传递关系，特别是要把 M 这样一个中间机制逐步剥解到组织中的个体层面。正如自然科学的研究不断探究微观机制，其结果是研究越来越关注构成物质的基础粒子，管理研究的微观基础也要建立在"脑神经"之上。

（3）方法选择方面。既然理论上要"入心入脑"，那么方法上就可以更为广泛地采用实验研究方法，将心理学、经济学和生命科学的实验方法大量运用到管理研究中，开展可控环境下的管理学实验研究。这方面的工作是当下的前沿热点，已经在许多研究中得到应用。在验证因果关系微观机制的过程中，难点在于如何获得可靠的数据。在管理学研究中开展实验可以解决这一问题，但也要注意研究结论的内部有效性和外部有效性。通常，在实验室进行实验研究最大的好处在于可控性（对干扰因素的控制）高，从而能够获得干净的因果关系，具有较高的内部有效性。但正是因为这种高度控制，使得实验室环境区别于现实世界的真实企业环境，导致实验室中得到的结论不一定能够在现实生活中得以印证。此外，现有管理研究偏好通过收集真实的企业数据、运用回归方法来检验相关关系，这样得到的概念间的关系来源于实际数据，能够很好地概括已知世界的规律，但是这种具备外部有效性的研究方法最大的问题在于无法说明这一关系是因果关系（例如高管薪酬与企业绩效的关系）。内部有效性和外部有效性的分离是我们在管理研究中经常纠结的一个问题。如何在两者之间进行平衡，是提高管理研究科学性时需要考虑的关键问题。这里有两个思路可以选择：其一，采用客观数据与实验数据相结合的方式验证某一关系；其二，采用现场实验方法（field experiment）开展研究，即在真实的环境中开展实验。

（4）数据获取方面。利用当前先进的科学仪器，我们可以用"硬"的科学设备去获取更加微观的数据，如运用面部表情分析软件获取表情和情绪数据，运用眼动仪获取注意力数据，运用脑电仪获取大脑活动数据等。这些先进仪器能够为推进"入心入脑"的研究提供技术和手段支持，从而深度推进交叉学科的研究，丰富本领域的研究问题和研究方法。例如，会计领域对投资者注意力的研究、组织行为领域对员工心理的研究、市场营销领域对消费者反应的研究等，都可以从"入心入脑"的角度入手，采用这些高科技设备去采集数据。实际上，营销和组织行为领域的"入心入脑"研究已经非常普及了，而在战略管理、公司治理和创新创业等领域还没有深入开展相关研究。

（5）结论应用方面。要把管理研究的成果普及化。中国的管理学学者要做到把"论文写在祖国的大地上"，核心是要把科学的研究成果运用到国家的发展和建设中，产生社会效益。除了要关注自身的科研外，还要有意识地将研究成果进行转化。服务企业和政府是我们的责任，也是体现管理研究社会价值的地方。要处理好管理研究和管理实践的关系：研究既不能封闭于象牙塔，也不能与现实联系过于紧密，被企业的实践束缚而忽视了理论的前瞻性和独立性。

综上所述，未来管理学科研究要提高"硬"度，向"硬"科学演进，就需要往两个方向延展：理论研究上"入心入脑"，实践应用上"进企进策"。随着数智时代的到来，我们有更多的手段去获取"入心入脑"的数据，并且这些研究所形成的科学知识也更容易通过数智工具，如算法、模型等进入人机共事的微观组织场景中。

第3节　管理学的新机遇与本书的框架结构

伟大的管理思想来源于管理实践，而且高于管理实践。在向"硬"科学迈进和我国丰富的管理实践基础上，必然能够产生伟大的管理思想，为世界贡献中国的管理智慧。

一、管理学研究体系的拓展与重构

传统管理学研究主要基于"数字"记录来反映管理活动，并运用以回归分析为主的方法来探讨变量间的相关性或因果关系，据此检验假设、归纳总结，形成管理学理论。传统管理研究中，首先发现和提炼管理活动中的科学问题，基于理论和逻辑分析提出假设，然后主要采用依托问卷调查得到的一手数据和依托企业财务报告得到的二手数据进行数据分析和假设检验，这是战略管理、公司治理、财务会计、市场营销、人力资源管理等学科的主要研究范式。

然而，"数字"能够描绘的管理活动相对有限，现实管理活动中还存在大量相关的信息，如基于文本、语音、图像等多模态方式记录的管理活动，却一直没有得到充分的重视。很大程度上是因为缺乏收集、整理、分析这些多模态信息的工具。此外，管理活动的本质是由人本身以及人与人交互过程中所形成的各种行为决策所决定的，要想洞悉管理活动的内在规律，就要了解人的心理和行为过程。但是，受限于研究范式、方法工具等，这方面的管理研究也起步较晚。

随着各种先进方法范式、研究方法、技术手段的推出，传统管理研究体系向更广阔空间拓展成为可能，主要包括两个大方向。

一是从宏观视角入手，采用多模态数据记录现实管理活动，通过对多模态数据的收集、加工、整理和分析，获取更多有关现实管理活动规律的经验知识。

二是从微观视角入手，沿着实验模拟现实的思路，运用实验研究方法，在实验室或准实验环境中通过实验操纵，并借助先进的实验仪器，直接获取决策者的情绪、心理、神经活动数据，从而更有效地揭示管理决策中的因果机制。

这两类新的研究路径极大拓展了传统管理学的研究方法体系，并能够更好地推进管理学与其他学科（如计算机科学、信息科学、神经科学、生命科学、心理学等）交叉，从而为孕育形成新的研究领域奠定基础。

二、本书的框架结构

基于以上分析，本书的框架结构如图 1－2 所示，系统全面地介绍了宏观和微观两大研究方向的主流研究方法。

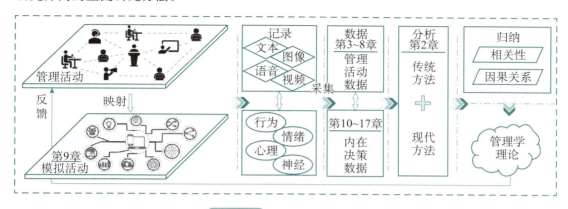

图 1－2　本书的框架结构

第 2 章概述大数据驱动的管理研究方法，这是后续介绍多模态数据分析方法等在管理学领域应用的理论基础。

第二篇（第 3～8 章）和第三篇（第 9～17 章）是具体的方法介绍。第二篇以宏观视角，围绕多模态数据分析方法展开介绍。第 3 章介绍基于网络的大数据采集方法，主要是获取多模态数据的基本采集手段。第 4～7 章分别围绕多模态数据的四个主要类型，即文本、图像、语音、视频，介绍如何运用机器学习方法去采集、分析与管理活动相关的多模态数据。第 8 章从批判性视角对多模态数据分析方法进行讨论，让读者更为全面地理解和认识各种方法的局限性和需要注意的问题，避免盲目运用。第三篇从微观视角入手，基于实验研究范式，围绕"入心入脑"，介绍主流方法。第 9 章整体介绍管理实验研究方法，为读者了解和掌握实验研究方法奠定理论基础。随后，从直接测量实验环境中决策者的情绪、注意力、神经反应入手，第 10 章介绍如何运用 Facereader 技术开展管理研究；第 11～16 章分别介绍生理多导仪、脑电技术、功能磁共振成像技术、功能近红外光谱脑成像技术、遗传研究与分子调控技术、无创脑刺激技术如何应用于管理研究；第 17 章面向元宇宙和虚拟空间决策，介绍虚拟现实技术在管理研究中的运用。

在本书的撰写中，我们特别强调可操作性，即通过对方法的介绍使读者掌握并能够运用相关的方法到自己的研究中。因此，除了介绍基本的理论背景以外，本书介绍了大量相关的管理研究文献。

从方法论的逻辑关联来看，管理学的研究思维主要涉及提出问题、分析问题和解决问题，包括三个模块：提出研究问题、构建理论和假设、制定研究方案。配合阅读管理研究思维类教材、管理研究数据分析类教材，可以完整掌握数智时代管理学的方法论体系，为开展相关研究奠定坚实的方法论基础。

▶ **思考题**

1. 你认为管理学是软科学吗？如果是，如何提升本学科的"硬"度？
2. 你认为管理学的理论有用吗？
3. 在数智时代，管理学研究面临哪些机遇和挑战？
4. 管理学的未来发展出路在哪里？

▶ **参考文献**

第 2 章 · 大数据驱动的管理研究的理论基础与方法应用

姜正瑞　香港中文大学（深圳）

本章主要介绍大数据驱动的建模和分析方法及数智技术在助力管理研究方面的一些理论、方法和应用。这里的数智技术主要指以人工智能、机器学习和深度学习为代表的理论、模型和算法。这一领域尽管只有几十年的历史，但进步的速度远超传统学科。新模型和算法层出不穷，也应用于各行各业，给人们的生产生活方式带来了深远的影响。管理学者应该拥抱不断进步的数智技术，充分利用其提供的模型、工具和算法，提高管理研究的深度和广度。

为了便于论述数智技术对不同类别的管理研究所起的作用，本章前两节对比了两种常见的建模逻辑，并说明与其相关的因果推断和预测研究的区别。在此基础上，详细讨论数智技术对管理研究的助力作用以及数智技术应用于管理研究的建议和注意事项。最后一节介绍常用数智技术和数据获取方法。

第 1 节　两种不同的基于数据的建模逻辑

作为后续讨论的基础，本节重点介绍两种截然不同的基于数据的建模逻辑。根据建模目的、对自然界过程的展示方式以及检验方法的不同，在管理学、统计学、机器学习及相关领域的研究中存在过程复现建模和模拟算法建模这两种建模逻辑，如图 2 - 1 所示。这两种建模逻辑的对比，与统计学者所提出的数据建模和算法建模的对比[1]以及解释建模和预测建模的对比[2]类似。

一、过程复现建模

传统的统计学、计量经济学通常认为数据是由现实世界中的数据生成过程（data generating process）产生的。如图 2 - 1（a）所示，这个过程有一个或多个输入变量 x，经过一个过程之后，生成输出变量 y。过程复现建模的目的是把现实世界里的由 x 到 y 的过程复现出来，一个常用的函数表达式是 $y = f(x, 参数, 随机噪声)$。从理论上讲，这个函数需要反映真实的数据生成过程，但因为现实世界中数据生成过程千变万化并十分

---

① BREIMAN L. Statistical modeling：the two cultures［J］. Statistical science，2001，16（3）：199 - 215.
② SHMUELI G. To explain or to predict？［J］. Statistical science，2010，25（3）：289 - 310.

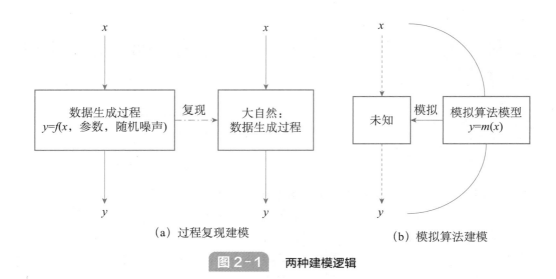

（a）过程复现建模　　　　　　　　　　（b）模拟算法建模

图2-1　两种建模逻辑

复杂，所以完美复现几乎不可能。因此，在复现建模研究的实际执行过程中，大多使用一些系统的、成熟的模型，如线性回归、逻辑回归、Cox 生存模型和结构方程模型等来描述数据生成过程。管理研究中用于因果推断的模型大都遵循这种过程复现建模逻辑，这一点将会在第 2 节进行详细解释。

二、模拟算法建模

模拟算法建模与过程复现建模有根本的不同，它追求模拟而不是复现数据生成过程。这种建模思路认为，数据是大自然在一个黑盒子里产生的，而且这个黑盒子通常是复杂的、神秘的、不可知的。人类只能观察到其输入值 x 和输出值 y，如图 2-1（b）所示。模拟算法建模的目标是寻找近似的算法模型 $y=m(x)$，使给定任意 x，输出的 $m(x)$ 和观察到的 y 的数值近似，而不管这个近似模型的内部结构与大自然里的数据生成过程的相似程度如何。通常，要得到一个高质量模型，需要经过迭代的训练过程，直到得到满足预设精度条件的近似模型。我们所熟悉的机器学习模型和算法大都符合模拟算法建模逻辑。其中，两个被广泛使用的模型是神经网络和决策树。这一点将会在第 2 节进一步展开讨论。

模拟算法建模发展十分迅速。在短短的几十年时间里，新模型层出不穷，应用范围越来越广泛，功能也越来越强大。当前我们耳熟能详的一些技术，如人工智能、机器学习、深度学习和大语言模型等都属于模拟算法建模的范畴。它们的应用已经不再局限于使用结构化特征进行数值和类别预测，还扩展到利用非结构化数据、多媒体数据来解决复杂的模式识别和预测问题，如语音识别、图像识别、市场趋势预测、生成式人工智能等。

第 2 节　因果推断研究和预测研究对比

在管理学领域，传统的统计和计量方法大多用于检验因果假设和因果关系。例如，解释变量 x 如何影响因变量 y。本书将这类研究称为因果推断研究。最近几年，在一些管理研究领域（如信息系统、市场营销等），预测研究有了快速的发展。不过，与因果推断研究不同，预测研究的目标是在给定一系列输入值 x 的情况下，高质量地预测输出值 y。在预测研究中，x 与 y 之间是否存在因果关系不重要，重要的是 y 的预测值和观测值的差别是否足够小。通常，因果推断模型的开发应该遵从过程复现建模逻辑，而预测模型的选择应该遵从模拟算法建模逻辑。

一、因果推断研究和预测研究的区别

从表面来看，过程复现建模和模拟算法建模并不矛盾，原因是如果一个模型能够完美地复现大自然的数据生成过程，那它必然既是最好的因果推断模型也是最好的预测模型。但现实中，尤其是管理研究里，完美模型往往不存在或未知，所以需要从已知的、可操作的模型中进行选择。在这种不完美状态下，最好的因果推断模型和最好的预测模型往往并不相同。以金融领域最为经典的 CAPM 模型为例，虽然它有较强的样本内解释能力，可以用于因果推断，但其样本外预测能力却不能令人满意。表 2-1 总结了因果推断研究和预测研究的主要区别。

表 2-1　　因果推断研究和预测研究的对比

对比维度	因果推断研究	预测研究
研究目的	判断解释变量与因变量的因果关系的存在和强度	构建模型以在给定输入变量值的情况下高质量地预测输出变量值
模型构建驱动因素	理论驱动	数据驱动
内生变量处理	非常重要	不重要
模型检验标准	解释力	预测力
模型检验样本	样本内检验	样本外检验
主要贡献	强调理论贡献	强调方法贡献
模型复杂度	常用模型较集中，复杂度较低	模型种类多，复杂度较高
数据要求	主要处理结构化数据	多种多样的模型能处理结构化数据和非结构化数据

（一）研究目的

因果推断研究的目的是判断解释变量与因变量是否存在因果关系，以及这种关系的强度如何。在因果推断研究中，学者通常针对因变量选取或创建解释变量，并通过已有理论或推理，对它们之间的关系进行判断，之后选取合适的模型来描述这种关系，最后根据统计计量结果（通常是拟合优度和统计显著性）来判断因果关系的存在和解释模型的质量。而预测研究的目的是构建一个尽可能最优的模型，使得该模型在给定输入变量值的情况下尽可能准确地预测输出变量值。被选中的预测模型不需要精确的理论，有些模型（神经网络模型）甚至是研究者都无法准确描述的。模型的好坏主要根据度量预测准确性的指标来判断。

（二）模型构建驱动因素

因果推断研究的模型构建通常是由理论驱动（theory-driven），并会提出正式的假设，然后通过统计和计量来分析和验证假设。如果一个模型有多个可能的变体，学者们通常会通过分析一些衡量适配性和解释力的统计指标来判断具体模型的质量，从而选定最佳模型。与因果推断研究不同，预测研究的模型构建通常是由数据驱动（data-driven），即根据数据的特点选择或创建新的预测模型，然后用数据测试候选模型，一般经过多次迭代训练后选择最佳模型。

（三）内生变量处理

内生变量指的是存在于模型内部，并受模型内其他变量影响的变量。因果推断研究因为需要刻画数据生成过程，解释自变量如何影响因变量，所以内生变量的辨别和处理非常关键。忽视内生变量，通常会导致对因果关系的错误判断或估计。相比较而言，预测研究将数据生成过程作为一个黑盒处理，所以内生变量是否存在以及如何起作用并不重要，只要预测结果足够好即可。

（四）模型检验标准

因果推断模型和预测模型的检验标准也有明显不同，评估前者时主要考虑模型的解释力（explanation power），而评估后者时主要考虑其预测力（prediction power）。度量这两种标准所用的数据不同：解释力主要基于样本内拟合强度来评估，而预测力是通过样本外预测精度来评估的。评估解释力和预测力的指标也有所不同。针对因果推断模型，解释力通常由样本内 R^2 值和总体 F 统计的显著性度量，特定自变量的解释力则由其对应的 p 值判定。相比之下，预测模型的预测力通常是根据样本外预测值与实际值的差别来度量的，具体的度量指标包括正确率、ME（mean error，平均误差）、RMSE（root mean square error，均方根误差）和 MAE（mean absolute error，平均绝对误差）等。需要强调的是，统计学中常用的变量统计显著性对于评估模型解释力重要，但对评估预测力并不重要。

（五）模型检验样本

因果推断模型和预测模型检验标准的不同导致两者对检验样本的选取也有所差异。因果推断研究更关注模型解释力，即模型样本内拟合强度，所以更关注样本内检验（in-sample test）的结果。预测研究更关注模型对未知数据的预测能力，所以通常要求把数据划分为训练数据和测试数据。预测模型在训练数据上完成训练后，会在测试数据上检验其预测能力。此外，学者可能会在不同情境下检验模型的泛化能力（一个模型对新数据、未曾见过的数据的预测能力或适应能力）。总的来说，预测研究依据模型在样本外检验（out-of-sample test）的结果来判断模型的质量，以避免模型训练中的过拟合（overfitting）问题。

（六）主要贡献

因果推断研究通常是基于理论和推理提出假设，并通过构建因果推断模型来进行验证。基于理论的因果推断研究往往会更加强调理论贡献。而在预测研究中，学者的目标是运用或构建模型以得到更为准确的预测结果，因此更重视模型设计和方法，也更强调研究的方法贡献。

（七）模型复杂度

因果推断研究关注目标变量间因果关系的理论探讨，在因果模型确立后通常不需要统计计量模型具备刻画复杂函数的能力，因此一些参数较少且解释力强的模型也符合相关研究需要。上文提到的线性回归、逻辑回归、Cox 生存模型等，在因果推断研究中较为常用。而预测研究需要面对更多的应用场景和数据类型，所以使用的模型种类多，有些复杂度很高，如卷积神经网络模型和大语言模型等。学者也经常创建集合模型来降低样本外预测的偏差。

（八）数据要求

因果推断研究和预测研究均对数据质量有较高的要求。如果数据质量较低，因果推断研究的质量有可能成疑，而预测研究则难以达到更高的准确性。此外，用于因果推断研究的模型相对集中，结构清晰，并且通常只需要结构化数据来进行假设和理论的验证；而预测研究模型除了使用结构化数据，也可以处理非结构化数据，如文本、图像、语音、视频等。

二、因果推断研究和预测研究的现状和前景

在定量的管理研究中，目前因果推断研究仍占据主导地位，预测研究也被越来越多的管理学者接受。在这一转变过程中，信息系统和相关领域的学者起着引领作用，其他管理学分支也在迎头赶上。在可预见的将来，预测研究在管理研究中所占的比重和所起的作用会进一步提升。

第 3 节　数智技术对管理研究的助力作用

在讨论数智技术对管理研究的助力作用之前，需要指出的是，以人工智能和机器学习为基础的数智技术通常专注于预测而不是因果推断，而管理学的各个分支领域中的实证研究至少目前还是因果推断多于预测，这是否意味着数智技术对管理研究能起的作用是有限的呢？答案是否定的，数智技术对这两类管理研究都可以起到非常重要的作用。本节讨论数智技术助力不同管理研究的路径和思路。

一、数智技术对两类管理研究的共同作用

数智技术可以极大丰富管理学者的工具箱，助力其完成以前不能做的研究或做更深更好的研究，具体表现为以下三个方面。

（1）通过数智技术获取更多或更丰富的特征数据，支持更广泛、更细致、更精确的管理研究。丰富多样的特征数据对管理研究至关重要，然而现实中能获取的特征数据通常很有限。另外，在大数据时代，非结构化数据（文本、图像、语音、视频等各种形式）的数量远高于结构化数据（如数据库中的表格数据）的数量。这些局限性可以通过数智

技术得到弥补。例如，通过网络分析可以得到个体在网络中的一些特征，利用文本分析可以得到情感特征，利用卷积神经网络可以得到一些图片隐性特征，等等。这些特征数据对因果推断研究和预测研究都非常重要。

（2）通过数智技术可以发现传统的统计计量模型发现不了的模式和规律。尤其是数智模型和算法，其种类多，对数据量、数据质量、函数形式的限制少，可以发现传统统计计量发现不了的规律，或能找出更深更细致的规律。例如，营销领域学者利用文本分析和聚类方法分析了美国消费者关于家用车品牌的讨论，据此对常用家用车品牌进行了有效聚类，发现了凯迪拉克这个品牌在消费者心中的品牌形象由传统美国品牌向适合年轻人的豪华品牌变迁的过程。[①] 这类发现对产品营销非常重要。

（3）预测模型的存在和进步促成了很多既有理论价值又有实践意义的管理研究。这类例子数不胜数，例如很多精准营销领域的应用，如市场细分、用户画像、商品推荐和时间序列销量预测等。没有机器学习领域的预测模型，相关研究寸步难行。因为贴近现实应用，这类研究可以拉近与实践的距离，避免管理研究脱离现实。

二、数智技术对预测研究的助力作用

以人工智能和机器学习为基础的数智技术大多是以预测为目的开发出来的，所以很多模型和算法可以直接（或经过适配修改）用于管理领域的预测研究。下面是两种对接工具和应用的路径。

（1）为已知的预测问题寻找合适的预测工具。如果需要预测一些营销措施对顾客忠诚度或流失概率的影响，就需要根据应用场景和问题的特征丰富程度选择多个回归模型或分类器（如能够根据输入数据的特征将其划分到不同类别的算法或模型）来做分析研究，并通过实验确定最好的模型，然后研究影响措施的实施效果。

（2）由已知预测工具挖掘预测研究的场景和问题。一个常见的例子是文本分析工具的应用。在文本分析工具出现之前，非结构化文本数据的使用非常有限。随着文本分析工具的出现和完善，越来越多的管理研究在充分利用文本数据增加研究的深度和广度。例如，一项研究通过分析上市公司公开文件里的文本数据估计管理者的情感状况，发现管理者情感状况的分数对未来股价的影响程度甚至超出宏观经济指标的影响程度。[②]

三、数智技术中的预测模型工具对因果推断研究的助力作用

在大数据时代，传统的用于因果推断的统计模型将很容易达到其瓶颈。海量的、多样的数据（包含非结构化的、多媒体的数据），需要复杂的机器学习、深度学习模型和算法进行分析。擅长预测的数智技术也可能对理论驱动的因果推断研究起到助力作用。已有学者就预测模型能对侧重于理论贡献的因果推断研究所起的作用进行了论述。

（1）机器学习模型算法可以捕捉潜在的复杂模式和关系，从而对现有的解释模型提

---

① NETZER O, FELDMAN R, GOLDENBERG J, et al. Mine your own business: market-structure surveillance through text mining [J]. Marketing science, 2012, 31 (3): 521-543.

② JIANG F, LEE J, MARTIN X, et al. Manager sentiment and stock returns [J]. Journal of financial economics, 2019, 132 (1): 126-149.

出改进建议。例如，有学者在研究 IT 投资对医院生产率的影响时，先用预测分析来解决以前研究得出的不一致结论，进而发现 IT 投资对医院生产率的影响不是固定的，并且变量之间的关系是非线性的。① 这些发现随后被用来改进现有的理论模型。

（2）面对海量的、特征丰富的观察数据时，可通过机器学习模型寻找新的关联或规律，从而获得新假设、新解释模型或新理论。关于这一助力作用，施雷斯塔（Shrestha）等进行了详细的讨论，探索了利用机器学习方法提出和检验理论的程序和步骤。② 已有文献中也有这种利用机器学习算法发现新理论的实例。例如，为解决经典拍卖理论适用于线下拍卖却不适用于线上拍卖的问题，学者们基于在线拍卖的实证研究结果得到了新的发现。

（3）机器学习模型和算法也可能帮助研究者创建新的特征变量，用于理论验证。一个常见的做法是从非结构化数据中提取结构化特征，例如通过文本分析可提取很多量化特征，如可读性和情感分数等，利用卷积神经网络可提取图像数据中间层的特征等，然后将获取的结构化特征加入传统的实证模型的分析，以获取更丰富的实证结果。例如，有学者在关于产品评论对产品业绩表现的实证研究中，通过文本挖掘技术构建了一个名为用户敏捷性的度量指标，提出并验证了相关假设，丰富了产品评论对企业业绩影响的理论。③

（4）机器学习领域提出的因果推断模型算法也成为因果推断研究的有效补充。传统的机器学习模型算法的优势是预测和模式识别，计算机领域的学者近年来也推出了一些可进行因果推断的模型算法，例如因果树（causal tree）和因果森林（causal forest）。这些工具算法有别于传统的统计计量模型，虽然用于严谨因果推断的相关理论有待完善，但现阶段这些工具算法至少可以成为传统模型的有力补充。这类工具将来会在管理研究中得到更广泛的应用，甚至可能在存在复杂因果关系的场景下，成为能替代传统统计计量模型的检验工具。

（5）模型的预测能力本身也可能作为一种评估因果推断模型的科学指标。这种做法可产生既能用于解释现象又能用于预测的模型。通过解释建模和预测建模评估指标的结合，更容易实现弥合方法论发展与实际应用之间的差距。例如，可以用回归结果来比较基于不同理论构建的解释模型，从而找出解释力和预测力俱佳的理论模型。

第 4 节　数智技术驱动的管理研究建议和注意事项

因为管理学一些分支领域对数智技术应用时间不长，有些学者尚不能恰当和准确地

---

① KO M，OSEI-BRYSON K-M. Reexamining the impact of information technology investment on productivity using regression tree and multivariate adaptive regression splines（MARS）[J]. Information technology and management，2008，9（4）：285 - 299.

② SHRESTHA Y R，HE V F，PURANAM P，et al. Algorithm supported induction for building theory：how can we use prediction models to theorize？[J]. Organization science，2021，32（3）：856 - 880.

③ ZHOU S，QIAO Z，DU Q，et al. Measuring customer agility from online reviews using big data text analytics [J]. Journal of management information systems，2018，35（2）：510 - 539.

使用它，所以本节将提供一些建议，指出一些注意事项。

一、针对数智技术驱动的管理研究的建议和注意事项

（一）避免过拟合、样本外检验和交叉检验

预测模型不应该追求过高拟合优度，过拟合模型往往在训练集中表现良好，但在新数据上会表现不佳，从而影响模型的预测质量及其在管理决策中的作用。为避免过拟合，研究人员可以采用一系列的技术手段，包括样本外检验、交叉检验（cross-valuation）、特征选择、模型调整、集合模型的采纳等。这些方法可以有效地控制模型的复杂度，提高模型的泛化能力，从而使模型在新数据上表现更好。

在建立预测模型时，采用样本外检验和交叉检验可以验证模型的泛化能力和稳健性。在样本外检验中，数据集被划分为训练集和测试集，分别用于构建模型和评估模型性能。样本外检验简单直观，易于理解和实现，能够对模型就未知数据的预测能力进行直接评估。但是，样本外检验只能提供单一的性能评估结果，无法充分利用数据集中的信息，可能存在样本选择偏差和评估结果不稳定的问题。因此，在样本外检验时需要确保数据集随机划分，测试集应该与训练集相互独立，且样本应该足够大，以确保评估结果的可靠性，也可进行多次重复实验，减少随机性带来的误差。

交叉检验是一种重复利用数据集的检验方法，将数据集分成若干互斥的子集，每次选取一个子集作为测试集，剩余的子集作为训练集，多次重复这个过程。最常见的交叉检验方法是 k 折交叉验证。数据集被分成 k 个子集，每次选取一个子集作为测试集，剩余的 $k-1$ 个子集作为训练集，重复 k 次。通过对每个子集进行测试并对结果进行平均，可以得到模型在整个数据集上的性能评估结果。交叉检验能够充分利用数据集中的信息，减少因数据划分造成的偏差和不稳定性，提供对模型性能更稳健和可靠的评估结果。但是，交叉检验的计算成本较高，尤其是在数据集较大时，可能会增加模型训练和评估的时间。在进行交叉检验时，需要确保对数据集进行随机化处理，以避免因数据的排列顺序而产生偏差。在 k 折交叉验证中，需要选择合适的折数 k，通常情况下，k 值选 5 或 10，具体要看数据集的大小和预测问题的复杂度。

（二）特征工程和特征选择

特征工程指的是研究人员利用领域知识和数据处理技术，从原始数据中提取、构造和转换数据特征，以便机器学习模型进行训练和预测。其过程主要包括四个方面：（1）特征提取。从原始数据中提取有用的信息，构建新的特征。例如，从文本数据中提取词袋模型或 TF-IDF 特征，从时间序列数据中提取季节性、趋势性等特征。（2）特征转换。对原始特征进行转换，如采用对数变换、归一化、标准化等，以改善特征的分布形式或表示形式。（3）特征构建。基于原始特征构建新的特征。例如，将数值离散化处理，化为分箱特征（划分为若干区间），对文本特征进行词嵌入处理，生成多项式特征等。（4）特征降维。通过降低特征的维度来降低计算成本和模型复杂度。例如，使用主成分分析（PCA）或线性判别分析（LDA）等降维技术。

特征选择需要尽可能从原始特征中选择最具代表性和重要性的特征，剔除无关或冗

余的特征，以提高模型泛化能力，降低计算成本和提高预测准确率。常见的特征选择方法包括：（1）过滤法。根据统计学指标（如相关系数、方差、信息增益等）对特征进行评估和排序，然后选择排名靠前的特征作为最终特征集。（2）包装法。训练机器学习模型，根据模型的性能来评估特征的重要性，然后选择最重要的特征作为最终特征集。常用的包装法包括递归特征消除（recursive feature elimination，RFE）和基于遗传算法的特征选择等。（3）嵌入法。在模型训练过程中，通过正则化项或特定的优化算法来自动选择特征。常见的嵌入法包括 L1（Lasso）正则化、L2（Ridge）正则化、决策树等。

在进行特征工程和特征选择时，需要充分考虑业务问题和数据特点，以便设计合适的特征工程和特征选择方法。特征处理过程是一个迭代的过程，研究人员需要综合考虑模型的复杂度、计算成本和预测准确率等因素，对效果进行评估和验证，不断地尝试调整，直到找到最优的特征集合。好的特征工程和特征选择，可以提高模型的预测准确率和稳健性，助力学者更好地解决管理研究中的复杂问题。

（三）大样本数据夸大统计显著性的问题

大数据时代，随着技术的进步，我们能够收集、传输和存储非常大的数据集，越来越多的管理学和相关领域的实证研究也能够获取非常大的数据样本。然而，大样本既可能是巨大的机会，也可能是陷阱。统计学里的抽样理论是基于较小样本发展而来的，所以传统的统计推断应用于大样本时存在一些问题。其中一个尤其关键的问题是，即使微小的效应也可能在大样本中变得具有统计显著性，可能导致对几乎没有实际意义的假设提供数据支持。这一问题应该得到应有的重视。信息系统领域学者对这一问题有详细的讨论，并提出了应对策略。相关文章建议，在建模大样本时，研究人员不应仅仅依赖回归系数的方向和低 p 值来支持他们的假设，并提出了几种解决 p 值问题的方法，包括报告效应大小（effect size）和置信区间（confidence interval），以及使用各种图表，如 CI 表（confidence interval chart）、1% 统计显著性表（1% significance threshold chart）、系数/p 值/样本量表［coefficient/p-value/sample-size（CPS）chart］和蒙特卡洛 CPS 表（Monte Carlo CPS chart）来从多个角度展现一个变量的统计显著性。该文章希望能激发关于在信息系统中进行大样本研究的优势和挑战的持续讨论。[①]

（四）通过机器学习产生特征可能导致的误差问题

数智技术在管理研究中的一个常见应用是首先通过机器学习方法生成新的变量（如文本情绪），然后将这些变量作为独立变量添加到后续的计量模型中。然而，由机器学习产生的变量往往是不完美的，因而导致测量误差或错误分类，影响统计推断的有效性。有一篇研究评论（research commentary）对这一问题进行了详细的研究，并提出了一些纠正偏差的方法。该文章提出研究者需要在第二阶段的估计中采取措施来减轻这种偏差，并介绍了几种纠正偏差的方法，包含两种基于仿真模拟的方法：SIMEX（通过模拟数据来估计测量误差对统计分析的影响，并进行相应的校正）和 MCSIMEX（SIMEX 的一种

---

① LIN M，LUCAS H，SHMUELI G. Too big to fail：large samples and the p-value problem ［J］. Information systems research，2013，24（4）：906-917.

扩展，它使用蒙特卡洛模拟来生成更多的模拟数据集，从而更准确地估计测量误差的影响）。通过全面的模拟和三个真实数据集的实证分析，研究者证明了这些方法的有效性。在大多数情况下，这些方法可以减小偏差，使得修正后的系数更接近真实值，甚至在某些情况下几乎完全恢复真实值。本书的建议是，即使不进行这类评估，管理学者在使用由机器学习产生的特征变量时也应该尽最大可能提高其准确性并做一些稳健性检验。在选择机器学习算法时，尽量采用一些集合算法（如装袋法）来使偏差最小化。[①]

（五）提高数据质量往往比追求更复杂模型带来更高的回报

数据质量是构建有效预测模型的基础，没有好的数据，不可能训练出好的模型。"垃圾进，垃圾出"（garbage in，garbage out）的说法在管理学数据建模研究中也非常适用。提高数据质量带来的回报经常高于改善模型能带来的回报。[②] 因此，研究人员需要关注数据的来源和采集过程，尽量从源头把关提高数据质量。另外，在进行数据分析和建模之前，必须对数据进行仔细的质量检查和清洗，以确保数据的准确性、完整性和一致性。只有具备高质量的数据，才能够构建准确和可靠的预测模型，为管理决策提供有力的支持。

二、管理学的预测建模与计算机相关领域的预测建模的区别

（一）需要解决一个或多个明确的商业或管理问题

在管理学领域的预测建模中，首要任务是确保模型的目标与实际管理问题紧密相关。预测建模之前需要通过仔细分析确定一个或多个待解决的商业或管理问题，以此为基础构建预测模型，才能确保模型的建立和应用是有实践意义的，进而为管理决策提供实际的支持和指导。

（二）创建场景驱动的预测模型而不是通用的预测模型

管理学的预测建模需要对不同的业务环境进行深入理解，根据具体业务场景和需求选择合适的建模方法和技术，而不是简单地套用通用模型。例如，市场营销领域研究可能会采用基于时间序列的销售预测模型，而人力资源管理领域研究可能会采用基于分类和回归的员工流失预测模型。只有在将模型与实际业务场景相结合的情况下，才能够真正实现模型的有效应用和商业增值。

（三）考虑商业应用特点、成本、效用、利润、风险等因素

尽量不要只关注准确率、复杂度、计算资源效率等计算机学者通常考虑的度量指标，而应该考虑商业应用特点、成本、效用、利润、风险等因素。这些因素对于管理决策非常关键，建模过程中需要综合考虑各类因素，在技术指标和商业指标之间找到平衡点。

---

① YANG M，ADOMAVICIUS G，BURTCH G，et al. Mind the gap：accounting for measurement error and mis-classification in variables generated via data mining [J]．Information systems research，2018，29（1）：4 – 24.

② QU X，LOTFI A，JAIN D，et al. Predicting upgrade timing for successive product generations：an exponen-tial-decay proportional hazard model [J]．Production and operations management，2022，31（5）：2067 – 2083.

例如，在建立客户流失预测模型时，除了关注模型的准确率和召回率外，还需要考虑模型的成本和收益，以确定最佳的决策方案。

（四）尽量避免与计算机科学家正面的"拔河式"竞争

尽管技术的发展对于预测建模的进步至关重要，但管理研究的预测建模更偏向解决实际的业务问题，而不是追求技术的突破。管理学者应该以解决实际管理问题为导向，充分利用数智技术来提升管理效能和决策水平，而不是盲目地追求技术的先进性和复杂性。

第 5 节　常用的数智技术及其在管理研究中的应用

本节将介绍常见的数智技术、模型和算法及其在管理研究中的应用，包括基础机器学习模型、深度学习模型、非结构化数据分析方法等。

一、基础机器学习模型

机器学习主要是设计和分析一些让计算机可以自动"学习"的算法，即自动分析数据并获得规律，利用规律对未知数据进行预测的算法。

不同的机器学习模型在不同的问题和数据集上有不同的表现，选择哪种模型通常取决于具体问题的性质、数据的特征和预期的计算资源。最典型的分类方法是根据对标记数据的使用情况进行分类。

（1）监督学习（supervised learning），指模型基于标记的训练数据来学习，从而预测未知数据对应的输出。它包括分类（classification）、回归（regression）和标注（tagging）等任务。经典的监督学习算法有决策树（Decision Tree）、朴素贝叶斯（Naive Bayes）、逻辑回归（Logistic Regression）、K 近邻（K-nearest Neighbors，KNN）、支持向量机（Support Vector Machine，SVM）、神经网络（Neural Network）、随机森林（Random Forest）、遗传算法（Genetic Algorithm，GA）、马尔可夫模型（Markov Model）和条件随机场（Conditional Random Field，CRF）等。

（2）无监督学习（unsupervised learning），指模型基于未标记的数据来学习，发现数据结构特征。主要包括 K 均值聚类、谱聚类和层次聚类等部分聚类（clustering）模型、主成分分析（Principal Component Analysis，PCA）和奇异值分解（Singular Value Decomposition，SVD）等降维（dimensionality reduction）模型和马尔可夫链蒙特卡洛方法（Markov Chain Monte Carlo，MCMC）等概率建模方法。

（3）半监督学习（semi-supervised learning），指结合少量标记数据和大量未标记数据进行学习，发现数据的结构特征。在传统的监督学习中，模型仅使用有标记的数据进行训练，这些数据的标记信息明确告诉模型每个样本所属的类别或应预测的值。然而，在许多实际问题中，获取大量有标记数据可能是昂贵和困难的，而无标记数据相对容易获得，因此半监督学习就有了用武之地。

（4）强化学习（reinforcement learning），指通过奖励反馈来学习如何在环境中实现特定的目标。在强化学习中，智能体通过观察环境的状态（state），并根据策略（policy）选择行动（action），环境会根据智能体的行动给予它相应的奖励（reward）。智能体的目标是学习到一种策略，使其在长期的交互过程中能够获得最大的累积奖励。经典的强化学习算法有 Q 学习（Q-learning）、策略梯度（Policy Gradient）等。

根据模型的学习方式，可以进一步将监督学习模型分为生成式模型（generative model）和判别式模型（discriminative model）。生成式模型学习数据的联合概率分布，然后基于联合概率分布求条件概率分布，形成预测模型。常用的生成式模型包括朴素贝叶斯模型、隐马尔可夫模型（Hidden Markov model，HMM）、潜在狄利克雷分配（Latent Dirichlet Allocation，LDA）等。判别式模型则基于数据直接学习决策函数或者条件概率分布，形成预测模型。常用的判别式模型包括线性回归（Linear Regression）、逻辑回归、Lasso 回归、Ridge 回归、线性判别分析（Linear Discriminant Analysis）、K 近邻、决策树、感知机（Perceptron）、神经网络、支持向量机、最大信息熵模型（Maximum Entropy Model，MaxEnt）、条件随机场等。

从模型的个数和性质角度来看，机器学习模型可以划分为单模型（single model）和集成模型（ensemble model）。单模型是指仅使用一个模型独立进行训练和验证。监督学习模型中大多数模型可以算作单模型。集成模型则将多个单模型组合成一个强模型，这个强模型能取所有单模型之所长，达到更好的性能。常用的集成模型包括 Boosting 和 Bagging 两大类，主要有 AdaBoost、GBDT、XGBoost、LightGBM、CatBoost 和随机森林等。

二、深度学习模型

随着数字技术的进步，分析复杂、高维和受噪声污染的数据集成为一个巨大的挑战，传统的数据处理和机器学习技术无法有效应对，开发能够总结、分类、提取重要信息并将其转换为可理解形式的新算法至关重要。在大数据分析和赋能上，深度学习模型表现出了出色的性能。

深度学习是一种机器学习技术，其核心是能学习模式极其复杂的多层神经网络，每一层通过不同的权重连接到其下层和上层。从浅层学习到深度学习的转变允许映射更复杂和非线性的函数。神经网络由输入层、隐藏层和输出层组成，每层包含多个处理单元，相邻层的单元间的通路权重决定了信号传递的强度，每个处理单元将输入值与相应权重相乘并求和，然后经过激活函数进行变换。常见的激活函数包括 Sigmoid、Tanh、ReLU、Softmax。

与浅层学习相比，深度学习具有更多层次的处理单元，能够学习更复杂和非线性的函数关系。通过多层神经网络学习数据的中间表征，深度学习能够理解和学习极其复杂的模式。这种技术可用于模式识别、分类、聚类、降维、计算机视觉、自然语言处理、回归和预测分析等。深度学习是目前某些领域最先进的技术，在图像、音频和文本等数据处理上表现优异，并且该算法也很容易对新数据使用反向传播算法更新模型参数。深度学习的架构能够用于解决多种问题，其包含的隐藏层也减少了算法对特征工程的依赖。

深度学习由于其参数数量级更大，需要更多的样本来进行估计，往往也需要经验丰富的人员进行参数调整，以减少训练时间并提高模型性能。

深度神经网络有多种常见的架构，针对不同领域的问题，会选择不同的结构及其变体〔如长短期记忆网络（LSTM）和门控循环单元（GRU）〕。例如，卷积神经网络主要用于计算机视觉（图像识别），而循环神经网络常用于时间序列问题或预测。另外，对于一些通用问题（如分类问题），目前还没有明确的最佳架构，要选择合适的架构，通常需要根据具体情况进行评估和比较。以下是深度神经网络最常见的六种架构。

（一）前馈神经网络（feedforward neural network，FNN）

FNN 是最简单的神经网络结构，也是构成更复杂神经网络架构的基础。FNN 是由多个神经元相互连接而成的计算模型，每个神经元接收来自其他神经元的输入信号，并将输出信号传递给下一个神经元。输入层（input layer）接收外部输入信号。隐藏层（hidden layers）是神经网络中间的一个或多个中间层，负责处理输入层的信息，并通过加权求和以及非线性激活函数产生新的特征表示。随着网络深度（即隐藏层数量）的增加，前馈神经网络能够学习更复杂的特征表示，解决更复杂的问题。输出层（output layer）根据隐藏层的信息产生最终的预测或分类结果。在 FNN 中，信息单向传播，从输入层到隐藏层，最后到输出层，不形成反馈连接。

（二）卷积神经网络（convolutional neural network，CNN）

CNN 广泛应用于计算机视觉领域，包括图像分类、目标检测、语义分割等任务，在人脸识别、物体识别、自动驾驶、医学影像分析等领域取得了显著的成就，成为图像处理领域的重要工具和研究热点。它的设计灵感来自人类视觉系统的工作方式，通过模仿视觉皮层的结构和功能，实现了对图像数据的高效处理和识别。

CNN 的核心思想是通过卷积操作、池化操作和全连接层组成的网络结构来提取图像中的特征并进行分类。卷积操作通过滤波器（也称为卷积核）在图像上进行滑动，对图像进行特征提取。每个滤波器会在输入图像的不同位置进行卷积操作，生成一张特征图，从而捕捉图像中的局部特征，例如边缘、纹理等。池化操作用于减小特征图的尺寸并保留重要信息，在减少计算量的同时增强模型的稳定性和泛化能力。常见的方式包括最大池化和平均池化。最大池化会在每个区域内选择最大的特征值，从而保留最显著的特征，而平均池化取区域内特征的平均值。在经过多次卷积和池化操作后，特征图会被转化成一个一维向量，并输入全连接层中。全连接层通过学习这些特征之间的关系，实现最终的分类或回归任务。

CNN 具有以下三个优势：（1）对图像数据的有效处理。CNN 能够自动学习图像中的特征，无须手工设计特征提取器。（2）参数共享和局部连接。CNN 中的卷积操作采用参数共享和局部连接的方式，大大减少了模型的参数量，同时提高了模型的效率。（3）平移不变性。由于卷积操作的特性，CNN 在对图像进行平移和部分变形时具有一定的鲁棒性。

除了用于图像识别等判别模型外，CNN 还可用于生成模型，如反卷积图像，使模糊图像更加清晰。除了基本的 CNN 架构外，还有许多变体和实现方式，如 AlexNet、

Inception、ResNet、VGG、DCGAN 等，它们针对不同的问题和需求进行了优化和改进，推动了计算机视觉领域的不断发展和进步。

（三）编码器-解码器模型（encoder-decoder models）

编码器-解码器模型是一种无监督学习模型，有着广泛的应用领域，包括降维、特征提取、数据重建、生成模型等。自动编码器（autoencoder）的目标是生成尽可能接近原始输入的重建数据，同时学习输入数据的有效表征。它由两部分组成：编码器（encoder）将输入数据映射到低维表示空间，通常通过多层神经网络实现。编码器的输出被称为编码或隐藏层表示，它捕捉了输入数据的重要特征。解码器（decoder）将编码后的低维表示映射回原始数据空间，并尝试重建输入数据。解码器的目标是尽可能地重建原始输入，以保留输入数据的信息。编码器-解码器模型的训练过程通常通过最小化重构误差来实现，即最小化输入数据与重建数据之间的差异。这可以通过均方误差（Mean Squared Error，MSE）或其他适当的损失函数来衡量。

除了基本的自动编码器外，还有许多变体和改进的实现方式，例如稀疏自动编码器、去噪自动编码器、变分自动编码器等。这些变体通常通过引入额外的约束或改变损失函数来改进自动编码器的性能和功能，以适应不同的任务和数据。自动编码器还可以与其他技术结合使用，例如深度学习的方法，如堆叠自动编码器、卷积自动编码器等，以进一步提高模型的性能和效果。

（四）循环神经网络（recurrent neural networks，RNN）

RNN 是一种用于处理序列数据的深度学习模型，特别是在自然语言处理、语音识别和时间序列预测等任务中表现突出。与传统的深度神经网络（DNN）不同，每个 RNN 层中的节点都是相互连接的。这种自连接使 RNN 能够随着时间的推移从一系列数据中记住信息。长短期记忆网络（LSTM）和门控循环单元（GRU）是两种改进的 RNN 模型。尽管 RNN 功能强大，但由于梯度消失或爆炸问题，很难训练长期的序列数据。为了解决这个问题，LSTM 和 GRU 使用门控单元来决定保留或删除哪些长期依赖的信息。进一步拓展下，双向 LSTM（Bi-LSTM）可以在每个时间点同时考虑过去和未来的信息，通常用于需要结合上下文信息的任务。

（五）Transformer 模型和注意力机制

Transformer 模型和注意力机制的理论基础可以追溯到神经网络中的非局部操作和神经注意力机制。注意力机制允许模型在处理序列数据时，有选择性地关注输入序列的不同部分，而不是像传统的 RNN 一样逐步处理每个元素，所以能够在处理长距离依赖性任务时更好地捕捉序列中的关系。

Transformer 模型和注意力机制在自然语言处理、计算机视觉和语音处理等领域的应用非常广泛，包括机器翻译、文本生成、文本分类、语言建模、图像分类、图像生成、语音识别、语音合成等，在某些方面甚至可以取代基于 RNN 的模型。Transformer 模型的核心贡献是自注意力（self-attention）机制，它允许模型在处理序列数据时直接捕捉序列内任意两个元素之间的关系，利用注意力机制来加权输入序列的不同部分，从而更好地捕捉序列内的依赖关系，这也为模型带来了更好的可解释性，可以对模型在输入序列中的关注区域进行可视化。不过 Transformer 模型对序列长度的扩展性较差，当输入序列非常长时，计算复杂度会增加，需要仔细设计注意力机制和调整超参数。

（六）生成模型

生成模型旨在从随机噪声或输入数据中生成新的数据。这些模型通常用于生成与训练类似但又不完全相同的新数据，例如图像、文本、音频等。生成模型源自概率建模和优化理论，通过学习训练数据的分布，从该分布中生成新的数据样本。

经典的生成模型有变分自编码器（VAE）和生成对抗网络（GAN）。变分自编码器由编码器和解码器组成，编码器将输入数据映射到潜在空间，解码器则将潜在空间的向量映射回原始数据空间，通过最大化变分下界（maximizing variational lower bound）来训练模型。生成对抗网络包括生成器和判别器两个网络，通过对抗性训练来提高生成器的性能，生成逼真的数据样本。尽管生成模型能够生成高质量、多样化的数据样本，具有广泛的应用前景，但也存在计算资源需求大、存在潜在偏差等挑战和限制。

三、非结构化数据分析方法

（一）文本数据分析

机器学习在自然语言处理（NLP）中的应用非常广泛，它使得计算机能够理解和生成人类语言。这些应用通常依赖监督学习、无监督学习或强化学习等机器学习技术。随着深度学习的发展，特别是神经网络模型如 CNN、RNN、LSTM 和 Transformer 在 NLP 领域的应用，机器学习的文本数据分析能力得到了显著提升。机器学习在文本数据分析方面的应用领域、学习任务和常用方法如表 2-2 所示。

表 2-2　机器学习在文本数据分析方面的应用领域、学习任务和常用方法

应用领域	学习任务	常用方法
文本分类	将文本自动分入预定义的类别中，例如垃圾邮件检测、情感分析等	朴素贝叶斯、SVM、随机森林、CNN、RNN 等深度学习方法
情感分析	分析文本中的情感倾向，识别作者的情绪是正面、负面还是中性的	SVM、RNN、LSTM、Transformer 等模型
主题建模	从文本数据中发现潜在主题或话题	潜在语义分析和潜在狄利克雷分配
机器翻译	学习不同语言之间的翻译规则，实现将一种语言自动翻译为另一种语言	基于统计的方法、Seq2Seq 模型、注意力机制和 Transformer 模型
语音识别	通过训练模型识别语音信号中的模式，可以将语音转换为可读的文本	HMM、深度信念网络（deep belief network，DBN）、RNN 和 LSTM 等模型
自然语言理解	包括词义消歧、句法分析、语义角色标注等，理解语言的结构和含义	RNN、LSTM 和 BERT 等模型
文本生成	生成新闻文章、诗歌、聊天机器人的回复等自然语言文本	RNN、LSTM、Transformer、GAN 等模型

续表

应用领域	学习任务	常用方法
问答系统	理解用户的问题并提供准确的答案	结合使用信息检索技术、深度学习模型如 BERT，以及知识图谱
对话系统	聊天机器人和虚拟助手模拟人类对话，提供交互式的用户体验	Seq2Seq 模型、注意力机制、RNN、LSTM，以及 Transformer 等模型
文本摘要	自动生成文本的简短版本，捕捉主要内容	提取式摘要方法和生成式摘要方法，包括 CNN 和 RNN
命名实体识别	识别文本中的特定实体，如人名、地点、组织等	CRF、SVM、RNN 和 LSTM 等模型
依存句法分析	分析句子中词语之间的依存关系	基于规则的方法、基于图的方法、注意力机制
文本聚类	将文本数据分组，使得同一组内的文本在内容上更为相似	K 均值、层次聚类、DBSCAN 和谱聚类
信息检索	帮助用户从大量文档中找到相关信息	TF - IDF、BM25、语义索引和深度学习模型
推荐系统	从大量文档中找到相关信息并推荐给用户	协同过滤、基于内容的推荐系统和混合推荐系统、矩阵分解技术、深度学习模型
语音合成	将文本转换为语音	HMM、Tacotron 和 WaveNet 等深度生成模型

（二）图像数据分析

图像数据通常是高维的数值数组，用于表示图像中每个像素的颜色值或灰度值。利用机器学习技术，可以完成提取特征、分类、检测对象、分割图像等任务。机器学习在图像数据分析方面的应用领域、学习任务和常用方法如表 2 - 3 所示。

表 2 - 3　机器学习在图像数据分析方面的应用领域、学习任务和常用方法

应用领域	学习任务	常用方法
图像分类	将图像分配到特定的类别中，如识别图片内容是猫、狗，还是汽车	CNN，如 AlexNet、VGGNet、ResNet 等
目标检测	识别图像中的对象，并定位它们的位置，例如在商店的监控视频中识别并定位盗窃行为	CNN、YOLO、SSD 等
语义分割	对图像中的每个像素进行分类，区分出不同的对象和边界，如在卫星图像中区分道路、建筑物和自然区域	全卷积网络、U-Net、DeepLab 系列等
实例分割	对每个独立对象进行像素级分割，如在一张图片中识别并分离出多个人	Mask R-CNN、YOLACT 等
姿态估计	确定人体或动物身体各部分的位置和方向，常用于交互式游戏和健康监测	CNN 和 RNN 的结合，如 OpenPose、AlphaPose等
人脸识别	识别图像中的人脸，用于验证等	深度卷积网络，如 FaceNet、DeepFace
图像生成与风格迁移	生成新的图像或将一种图像的风格应用到另一种图像上	生成对抗网络（GAN）及其变体，如 DCGAN、CycleGAN

续表

应用领域	学习任务	常用方法
图像超分辨率	提高图像的分辨率而不损失图片质量，用于提高图像清晰度	深度学习模型，如 SRCNN、ESPCN
图像去噪	去除图像中的噪声，提高图像质量	非局部均值滤波器、BM3D 算法、DnCNN 等基于深度学习的模型
目标跟踪	在视频序列中跟踪特定对象，如在交通监控中跟踪车辆	KCF、MDNet 等
视觉问答	对关于图像内容的问题自动生成答案，结合了图像理解和自然语言处理	结合 CNN 用于图像特征提取，结合 RNN 或 Transformer 模型等用于语言处理的模型
三维重建	从图像中恢复场景的三维结构，用于电影制作、游戏开发和增强现实	立体匹配技术、深度学习和图割算法，结合 CNN 进行特征提取
视觉导航	用于自动驾驶车辆和机器人，帮助它们理解周围环境并导航	结合使用 CNN 进行环境感知和使用 RNN 或 MDP 进行决策
图像标注	自动为图像中的每个对象添加描述性标签，有助于创建结构化的视觉数据库	使用 CNN 进行图像特征提取，然后应用多标签分类模型或 RNN 进行标注

（三）音频数据分析

音频数据通常是一维的信号，表示声音在时间上的变化。利用机器学习技术，可以完成提取特征、分类、语音识别等任务。机器学习在音频数据分析方面的应用领域、学习任务和常用方法如表 2-4 所示。

表 2-4 机器学习在音频数据分析方面的应用领域、学习任务和常用方法

应用领域	学习任务	常用方法
语音识别	将语音转换为文本	HMM、RNN、LSTM、连接时序分类（CTC）
情感分析	识别语音中的情感状态	SVM、DBN
音乐分类	将音频数据分配到预定义的音乐类别或标签中	SVM、决策树、CNN、RNN 等
声纹识别	识别或验证说话者的身份	CNN、LSTM
音频生成	生成新的音频片段	RNN、GAN、VAE

（四）视频数据分析

视频数据是由一系列帧组成的，每帧都是一张图像。利用机器学习技术，可以完成提取特征、分类、检测对象、跟踪运动、行为识别等任务。机器学习在视频数据分析方面的应用领域、学习任务和常用方法如表 2-5 所示。

表 2-5 机器学习在视频数据分析方面的应用领域、学习任务和常用方法

应用领域	学习任务	常用方法
动作识别	识别视频中的人类动作	LSTM、TCN、注意力机制等
视频分类	将视频分配到特定的类别	3DCNN、时间卷积网络（TCN）

续表

应用领域	学习任务	常用方法
目标跟踪	在视频中检测和定位特定对象，并跟踪它们在连续帧中的运动的任务	卡尔曼滤波器、Faster R-CNN、YOLO、SORT 等
视频生成	生成新的视频数据	GAN、VAE
人脸识别	在视频中识别人脸	DNN，如 FaceNet
视频字幕生成	为视频自动生成字幕	Seq2Seq 模型，如基于注意力机制的模型
视觉问答	对视频中提出的问题自动生成答案	多模态学习模型，结合视觉和语言模型，如融合 CNN 和 LSTM

（五）多模态数据在管理研究中的应用

管理研究情境下的数据通常来自多个来源、多个模态，例如文本、图像、音频、视频等。因此，如何高效地从多模态数据中提取有用的信息并辅助社会、业界和学界制定决策成为一个关键挑战。例如，市场营销的研究需要结合文本数据、图像数据和用户行为数据，利用机器学习模型来分析消费者的偏好、兴趣和行为模式，从而提供个性化的推荐和营销策略。在供应链管理中，企业将多种数据源（如销售数据、市场数据、社交媒体数据）结合起来，利用机器学习算法进行需求预测，以优化库存管理和供应链规划。人力资源管理领域利用多模态数据（如简历文本、社交媒体信息、面试视频）进行候选人评估和选拔，以提高招聘的准确性和效率。社会风险治理需要结合文本数据、图像数据和音频数据，利用机器学习模型监测社交媒体和新闻等渠道中的舆情动向，识别和评估潜在的风险事件。

利用多模态数据，离不开多视图表示学习（Multi-view Representation Learning）。利用不同视图的互补信息来学习，可以得到比单视图学习更全面的特征表示。由于较好的特征表示对于机器学习方法的性能有很大的提升，多视图表示学习已成为有前景的、广泛适用于不同领域的研究主题。

▶ **思考题**

1. 因果推断研究和预测研究的异同点有哪些？
2. 大数据时代的数据分析方法有哪些？对管理研究有哪些帮助？
3. 利用多模态数据中的信息对提升管理研究价值有哪些作用？

▶ **参考文献**

第二篇　大数据驱动的管理研究前沿方法

第3章 · 网络大数据采集方法

赵龙峰 西北工业大学

网络大数据涵盖了各个领域和行业的信息，包括但不限于用户行为数据、社交媒体数据、电子商务数据、网络日志数据等。网络大数据通常以非结构化或半结构化的形式存在，需要经过合适的处理和分析才能发现有价值的信息。通过对网络大数据的收集和分析，人们可以了解用户需求和行为，优化产品和服务，进行市场研究和决策支持等。在管理学和经济学研究中，网络大数据被广泛用于刻画用户行为、衡量上市公司各个维度特征、宏观经济状态分析、金融市场分析等。本章主要介绍网络大数据的基本分类和用途、网络大数据的采集方法、网络大数据在管理学和经济学领域的具体实际应用，也展示了如何利用 Python 程序进行网络大数据的采集和处理。

第 1 节　网络大数据的类型与用途

一、网络大数据的定义

网络大数据通常指的是通过互联网收集、存储、处理和分析的大量数据。这些数据来自社交媒体、网站、移动应用、物联网设备等。网络大数据具有体量大、种类多、价值密度低、复杂等特点。网络大数据的应用非常广泛，包括但不限于市场分析、客户行为分析、产品推荐、风险管理、智能交通、健康医疗、金融分析等。通过大数据分析，企业和组织可以更好地理解市场趋势，优化业务流程，提高决策质量，开发新的产品和服务。

二、网络大数据的分类与用途

网络大数据的结构和类型丰富多样，且互联网服务日渐向各行各业渗透，因此网络大数据在日常生活中具有广泛的用途。当前较为常见的网络大数据类型及其用途如下。

（1）用户行为数据。通过分析用户在网站、应用程序和社交媒体上的点击、搜索、购买等行为，可以获得用户偏好、兴趣和消费行为等信息。这些数据对于个性化推荐、精准广告投放和用户洞察分析非常有用。

（2）社交媒体数据。社交媒体平台如微博、小红书、抖音等产生了大量的数据，包括用户发布的文本、图像和视频等。通过分析这些数据，可以了解公众的情感倾向、意见领袖、话题趋势等，用于舆情监测、品牌管理和社会趋势研究等。

（3）电子商务数据。在线购物平台产生了大量的购买记录、产品评价和用户反馈等数据。通过分析这些数据，可以进行市场细分、产品定价和促销策略等的优化和决策支持。

（4）网络日志数据。服务器和网络设备产生的日志记录了网络流量、访问请求和系统状态等信息。通过分析网络日志数据，可以进行网络安全监测、故障排查和系统性能优化等。

（5）地理位置数据。移动设备和 GPS 技术产生的地理位置数据可以帮助理解用户的行动轨迹、地理偏好和流动性等。其在交通规划、商业定位和市场调研等方面被广泛应用。

（6）搜索引擎数据。搜索引擎记录了用户的搜索关键词、点击链接和浏览行为等。这些数据可以用于搜索引擎优化（SEO）、关键词广告选择和市场竞争分析等。

（7）在线视频数据。视频分享平台产生了大量的视频内容和用户互动数据。通过分析这些数据，可以进行内容推荐、社交趋势分析和用户行为预测等。

（8）物联网数据。物联网设备和传感器产生的数据被广泛用于智能城市、工业自动化和健康监测等领域。通过分析物联网数据，可以实现智能化的管理和决策支持。

（9）区块链数据。区块链技术创造了一个分布式的、不可篡改的数据存储和交易记录系统。通过分析区块链数据，可以进行交易追溯、数据验证和金融风险管理等。

（10）健康数据。智能健康设备和医疗记录产生了大量的健康数据，包括心率、睡眠质量、运动习惯等。通过分析健康数据，可以生成个性化医疗建议、进行健康管理和疾病预防等。

（11）交通和旅游数据。交通部门和旅游网站产生了大量的票务数据、酒店预订记录、旅游消费数据等。通过分析这些数据，可以进行交通部门运营优化、旅游市场分析和智能旅游推荐等。

（12）能源和环境数据。能源行业和环境监测机构产生了大量的电力使用数据、碳排放数据和环境监测数据。通过分析这些数据，可以进行能源管理、环境保护和可持续发展评估等。

（13）物流和供应链数据。物流公司、供应商和零售商产生了大量的物流运输数据、库存数据和供应链交易数据。通过分析这些数据，可以进行物流路径优化、库存管理和供应链可视化等。

（14）农业和食品数据。农场、农产品销售商和食品制造商产生了大量的农作物种植数据、食品质量数据和销售渠道数据。通过分析这些数据，可以进行农业管理、食品安全监测和农产品市场预测等。

在数智时代，网络大数据作为核心资源，其类型多样且用途广泛，深刻影响社会经济的方方面面。从结构化的交易数据到半结构化的日志文件，再到非结构化的社交媒体内容，大数据构建了一个复杂而精细的网络信息世界。

第 2 节　网络大数据的主要采集方法

一、网络大数据采集的特点

在网络大数据的广阔应用领域中，数据采集扮演着至关重要的角色，它是网络大数据分析过程中的关键入口。随着互联网技术的迅猛发展，数据采集已经广泛应用于网络及分布式系统中，需要信号处理、传感器、激励器、信号调度、数据采集硬件和软件应用等。与传统的数据采集技术相比，大数据采集技术展现出两个显著的特点：一是分布式架构的普遍应用。由于大数据的流量巨大，记录的数量众多，传统的单机采集方法在性能和存储容量上都难以满足需求。二是多种采集技术的融合使用。大数据的采集往往涉及多种数据源，每种数据源可能需要不同的采集技术，因此很难找到一个统一的平台或技术来覆盖所有数据源，这就要求在大数据采集过程中综合运用多种技术。

二、网络大数据采集的方法

按照数据源分类，网络大数据采集主要有以下四种类型。

（1）Web 数据。包括网页、视频、音频、动画、图片等多种形式。

（2）日志数据。涉及系统、应用程序等产生的日志信息。

（3）数据库数据。来自各种关系型数据库或非关系型数据库。

（4）其他数据。来自感知设备的数据等。

针对不同来源的数据，采用的数据采集方法和技术也各有差异。

Web 数据采集需要用到 Shell 编程、爬虫工具、爬虫程序开发（使用 Java、Python 等语言）、HTTP 协议、TCP/IP 基本原理、Socket 编程接口、数据格式转换、分布式存储系统（如 HDFS、HBase）的命令和接口、分布式应用开发等技术。

日志数据采集涉及采集工具（如 Flume、Fluentd）、接入工具（如 Kafka）、日志采集程序开发、Shell 编程、TCP/IP 原理和网络编程接口、数据格式转换、分布式存储系统的命令和接口、分布式应用开发等。

数据库数据采集需要用到 Shell 编程、采集工具、接入工具、数据库采集程序开发、SQL 查询语言及编程接口、关系型数据库连接（如 JDBC）、TCP/IP 原理、Socket 编程接口、数据格式转换、分布式存储系统的命令和接口、分布式应用开发等技术。

其他数据采集需要用到特定的数据源接口使用、编程语言、数据格式转换、分布式存储系统的命令和接口等技术。

通过上述方法，能够较为方便地大规模收集网络大数据，并将收集的数据进行汇总，形成可供科学研究使用的网络大数据。研究者需要根据实际研究问题选择合适的数据采集方法，以确保研究高效进行。

第 3 节　常用网络数据获取程序

为了更具体地理解这些采集方法的实际操作与应用效果，本节将通过相关示例代码讲解如何通过爬虫获取网页数据，通过互联网社交网站提供的 API 获取和分析社交网络数据，通过相关的 Python 软件模块获取文本、图像、视频内容和区块链、日志数据。

本节代码运行环境：CPU 为 AMD Ryzen 7 5800H，显卡为 NVIDIA GeForce RTX 3070 Laptop GPU，64GB 内存，Windows 10 家庭基础版本，Python 3.11。

一、基础爬虫示例

以下是一个简单的示例，展示如何使用 Python 编写一个基本的网络爬虫来抓取网页数据。在这个示例中，使用 requests 库来发送 HTTP 请求并获取网页内容，并使用 BeautifulSoup 库来解析和提取所需的数据。

```python
import requests
from bs4 import BeautifulSoup
#发送 HTTP 请求并获取网页内容
url = "https://www.example.com" #替换成你要爬取的网页 URL
response = requests.get(url)
html_content = response.content
#使用 BeautifulSoup 解析网页内容
soup = BeautifulSoup(html_content,"html.parser")
#提取所需的数据
#示例:提取所有的标题
titles = soup.find_all("h1") #替换成你要提取的 HTML 标签和属性
for title in titles:
    print(title.text)
#示例:提取链接和文本
links = soup.find_all("a")
for link in links:
    href = link["href"]
    text = link.text
    print(href,text)
```

在上面的示例中，首先使用 requests.get() 发送 HTTP 请求到指定的 URL，并通过 response.content 获取网页内容。然后，使用 BeautifulSoup 将内容解析为可操作的对象。接下来，通过调用 find_all() 方法提供标签名称和可选的属性来提取需要的数据。最后，遍历提取的结果并根据需求进行处理。

二、用 Python 爬取并分析社交网络数据

抓取微博好友关系数据需要使用微博 API，这是微博提供的一套 API，用于访问和获取微博相关的数据。以下是一个使用 Python 编写的示例，演示了如何通过微博 API 获取好友关系数据，并使用 NetworkX 库进行社交网络分析。

安装 requests 库的代码如下：

```python
pip install requests
```

安装 NetworkX 库的代码如下：

```
pip install networkx
```

爬虫构建微博社交网络和进行社交网络分析代码如下：

```python
import requests
import networkx as nx
import matplotlib. pyplot as plt

api_key = "你的 API Key"
user_id = "你需要查询关注列表的用户 ID"

# 获取用户关注列表
url = "https://api. weibo. com/2/friendships/friends/ids. json?uid = {}&access_token = {}"
response = requests. get(url. format(user_id, api_key))
data = response. json()


# 创建微博关系网络
G = nx. DiGraph()
for uid in data["ids"]:
    G. add_edge(user_id, uid)
# 绘制网络
nx. draw(G, with_labels = True)
plt. show()
# 定义社交网络分析函数
def analyze_social_network(G):
    # 输出网络中的节点和边数量
    print("Number of nodes:", G. number_of_nodes())
    print("Number of edges:", G. number_of_edges())
    # 计算网络的度中心性
    degree_centrality = nx. degree_centrality(G)
    print("Degree Centrality:")
    for node, centrality in degree_centrality. items():
        print(f"{node}:{centrality}")
    # 计算网络的密度
    density = nx. density(G)
    print("Density:", density)
    # 计算网络的连通性
    is_connected = nx. is_connected(G)
    print("Connected:", is_connected)
# 对微博网络进行分析
    analyze_social_network(G)
```

在这段代码中，首先导入了需要用到的库，然后定义了 api_key 和 user_id。然后，使用这些信息来构造 API 请求。微博 API 返回的数据是 JSON 格式（JavaScript object notation，一种基于文本的、开放的数据交换格式，具有轻量级、易读易写的特点），把它转换成 Python 的字典格式。然后，遍历主用户的关注列表，对于列表中的每个用户，在图中添加一条由主用户到该用户的边①。最后，使用 Networkx 库和 Matplotlib 库来绘制这个网络。此例仅演示如何获取一个用户的关注列表并进行绘制，如果要构建一个大规模的微博用户关系网络，还需要进一步获取更多用户的关注列表，并处理 API 调用的频率限制等问题。最后，通过 analyze_social_network() 函数执行一些基本的社交网络分析，例如计算度中心性、紧密度和连通性等。

三、基于 Python 的文本内容获取与自然语言处理

要获取百度贴吧中的海量文本内容并使用自然语言处理技术对获取的内容进行情感分析，我们可以使用 Python 中的 requests 库进行网页抓取，将获取的文本内容精准翻译成英文，并结合自然语言处理库（如 nltk、TextBlob、VADER 等）进行情感分析。以下是一个示例。

安装 TextBlob 库的代码如下：

```
pip install textblob
```

安装 VADER 库的代码如下：

```
pip install vaderSentiment
```

抓取百度贴吧帖子评论数据并进行情感分析的代码如下：

```
import requests
fromtextblob import TextBlob
from vaderSentiment. vaderSentiment importSentimentIntensityAnalyzer
＃抓取指定百度贴吧帖子的评论数据
def fetch_comments(url):
  response = requests. get(url)
  comments = response. json()
  return comments
＃情感分析 1:使用 TextBlob 库
def sentiment_analysis_textblob(text):
  blob = TextBlob(text)
  sentiment = blob. sentiment. polarity
  return sentiment
```

---

① 在编程或图论中，边是连接两个节点（或顶点）的线段，用于表示其之间的关系或连接。

```
#情感分析2:使用 VADER 库
def sentiment_analysis_vader(text):
    analyzer = SentimentIntensityAnalyzer()
    sentiment = analyzer. polarity_scores(text)['compound']
    return sentiment
#主程序
if __name__ = ='__main__':
    #指定百度贴吧帖子的 URL
    url = 'https://tieba. baidu. com/p/1234567890'
    #抓取评论数据
    comments = fetch_comments(url)
    #分析每个评论的情感倾向并输出
    for comment in comments:
        text = comment['text']
        #使用 TextBlob 进行情感分析
        sentiment_textblob = sentiment_analysis_textblob(text)
        #使用 VADER 进行情感分析
        sentiment_vader = sentiment_analysis_vader(text)
        if sentiment_textblob > 0:
            print("Positive comment(TextBlob):",text)
        elif sentiment_textblob < 0:
            print("Negative comment(TextBlob):",text)
        else:
            print("Neutral comment(TextBlob):",text)
        if sentiment_vader > 0:
            print("Positive comment(VADER):",text)
        elif sentiment_vader < 0:
            print("Negative comment(VADER):",text)
        else:
            print("Neutral comment(VADER):",text)
```

在上面的代码中，首先定义了 fetch_comments() 函数，通过发送 HTTP 请求并解析得到的 JSON 数据，获取百度贴吧帖子的评论数据。然后，定义了两个情感分析函数 sentiment_analysis_textblob() 和 sentiment_analysis_vader()，分别使用 TextBlob 和 VADER 库进行情感分析。最后，遍历每个评论，使用 TextBlob 和 VADER 两种方法进行情感分析，并根据情感倾向分数将其分类为积极评论、消极评论或中性评论，并将其输出。

情感分析是一个复杂的任务，结果的准确性可能因语料库和不同的情感分析方法而有所差异。因此，研究者需要根据实际需求和具体情况，选择合适的情感分析方法和模型，以及进行必要的后处理和验证。

四、利用 Python 获取大批量图像数据

获取大批量图像数据，可以利用 Python 和一些流行的计算机视觉库和框架，如 OpenCV 和 TensorFlow 等。请注意，在运行此示例之前，确保已经安装了 OpenCV、TensorFlow 和 Keras 等必要的库和相关的依赖库，并根据需要选择合适的图像识别模型。

安装 OpenCV 库的代码如下：

```
pip install opencv-python
```

安装 TensorFlow 库的代码如下：

```
pip install tensorflow
```

安装 Keras 库的代码如下：

```
pip install keras
```

以下是一个基本示例，展示了如何使用 Python 进行图像识别分析：

```
importcv2
import tensorflow as tf
import numpy as np
＃加载预训练的图像识别模型
model = tf. keras. applications. MobileNetV2()
＃预处理函数
preprocess_input = tf. keras. applications. mobilenet_v2. preprocess_input
＃模型分类标签
labels = tf. keras. applications. mobilenet_v2. decode_predictions
＃读取图像文件
image_path = 'image. jpg'
image = cv2. imread(image_path)
＃调整图像大小和预处理
image = cv2. resize(image,(224,224))
image = preprocess_input(image)
＃增加一个维度,使其成为一个批次上的单个样本
image = np. expand_dims(image,axis = 0)
＃进行预测
predictions = model. predict(image)
predicted_labels = labels(predictions,top = 3)[0]
＃显示预测结果
for label in predicted_labels:
    print(label[1],label[2])
```

在这个示例中，首先加载一个预训练的图像识别模型（MobileNetV2），这是一个使用 ImageNet 数据集进行训练的常用模型。其次，使用 OpenCV 库读取要分析的图像文件，并使用 cv2.resize() 函数调整图像的大小，以适应模型的输入要求。再次，使用 preprocess_input() 函数对图像进行预处理，使其符合输入要求。然后，利用加载的模型对预处理的图像进行预测，获得分类的概率结果。最后，通过 labels() 函数将预测的结果转换成分类的标签，并输出前 n 个预测结果。

五、利用 Python 获取视频内容

利用 Python 获取视频内容涉及许多复杂的计算机视觉和深度学习技术。以下是一个示例，展示了如何使用 Python 和 OpenCV 库对视频进行基本的目标检测。

```python
import cv2
# 读取视频文件
video_path = 'video.mp4'
cap = cv2.VideoCapture(video_path)
# 加载目标检测模型
net = cv2.dnn.readNetFromCaffe('deploy.prototxt','model.caffemodel')
# 视频处理循环
while True:
    # 逐帧读取视频
    ret,frame = cap.read()
    # 如果无法读取到帧,则跳出循环
    if not ret:
        break
    # 执行目标检测
    blob = cv2.dnn.blobFromImage(frame,0.007843,(300,300),127.5)
    net.setInput(blob)
    detections = net.forward()
    # 解析检测结果
    for i in range(detections.shape[0]):
        confidence = detections[0,0,i,2]
        # 只显示置信度大于阈值的检测结果
        if confidence > 0.5:
            box = detections[0,0,i,3:7] * np.array([frame.shape[1],frame.shape[0],frame.shape[1],frame.shape[0]])
            (startX,startY,endX,endY) = box.astype("int")
            cv2.rectangle(frame,(startX,startY),(endX,endY),(0,255,0),2)
    # 显示视频帧
    cv2.imshow('Video Frame',frame)
    # 按下 q 键退出循环
```

```
    if cv2.waitKey(1)& 0xFF = = ord('q'):
        break
# 释放资源
cap.release()
cv2.destroyAllWindows()
```

在这个示例中，我们首先使用 cv2.VideoCapture() 函数读取视频文件，并加载目标检测模型。这里使用的是一个基于 Caffe 框架的 SSD 模型，需要根据需求选择适合的模型和权重。然后，进入一个循环，逐帧读取视频。对于每一帧，执行目标检测，通过传递图像数据到模型中，获得检测结果。只保留置信度大于 0.5 的检测结果，并在视频帧上绘制矩形框来标记目标位置。最后，使用 cv2.imshow() 函数显示视频帧，并在按下 q 键时退出循环。

请注意，在运行此示例之前，确保已经安装了 OpenCV 库和所需的依赖项，并获得了适合自己任务的模型和权重文件。获取视频内容涉及更复杂的技术和方法，这只是一个基本示例，可以根据需要进行定制和扩展。安装 OpenCV 库的代码前文已经给出。

六、利用 Python 挖掘与获取区块链数据

要利用 Python 进行区块链数据挖掘与获取，可以使用特定的区块链提供商的 API，或者通过区块链节点与特定区块链网络进行通信。以下是一个基本示例，展示了如何使用 Python 通过区块链 API 获取区块链数据。

```python
import requests
# 区块链 API 的 URL
api_url = 'https://api.blockchain.com/v3/explorer/'
# 获取最新的区块
def get_latest_block():
    response = requests.get(api_url + 'blocks?limit = 1')
    data = response.json()
    return data['blocks'][0]
# 获取指定高度的区块
def get_block_by_height(height):
    response = requests.get(api_url + f'blocks/{height}')
    data = response.json()
    return data
# 获取区块链交易数量
def get_transaction_count():
    response = requests.get(api_url + 'stats')
    data = response.json()
    return data['n_tx']
# 主程序
if __ name __ = = '__ main __':
```

```
# 获取最新区块
latest_block = get_latest_block()
print('Latest Block:', latest_block)
# 获取指定高度的区块
block_height = 500000
block = get_block_by_height(block_height)
print('Block at Height', block_height, ':', block)
# 获取交易数量
transaction_count = get_transaction_count()
print('Transaction Count:', transaction_count)
```

在这个示例中，首先定义了三个函数来使用区块链 API 获取数据。get_latest_block()
函数获取最新的区块，get_block_by_height() 函数根据指定的高度获取特定的区块，get_
transaction_count() 函数获取区块链中的交易数量。在主程序部分，调用这些函数并输
出结果。应当选择适用于所需区块链网络的特定 API 的 URL，并了解所需的 API 参数和
返回数据结构。

七、利用 Python 获取日志数据

要利用 Python 获取日志数据，我们可以使用其内置的日志模块或第三方库，如 log-
ging、loguru、Pandas 等。下面是一个示例，展示了如何使用 Python 日志模块获取日志
数据。

```
import logging
# 配置日志记录
logging.basicConfig(level = logging.INFO, filename = 'app.log', filemode = 'w', format = '%(asctime)s
-%(levelname)s-%(message)s')
# 记录日志
logging.info('This is an info log.')
logging.warning('This is a warning log.')
logging.error('This is an error log.')
# 读取日志数据
with open('app.log', 'r') as file:
    logs = file.readlines()
# 分析日志数据
error_count = 0
for log in logs:
    if 'error' in log.lower():
        error_count + = 1
print('Number of error logs:', error_count)
```

在这个示例中，首先使用 logging. basicConfig() 函数配置日志记录，设置日志级别为 INFO，将日志输出到文件 app. log 中。然后，使用函数 logging. info()、logging. warning() 和 logging. error() 记录不同级别的日志。接下来，使用 open() 函数打开日志文件，从中读取日志数据。在日志数据读取期间，可以对日志数据进行各种分析和处理。最后，遍历日志数据，计算包含错误关键字的日志行数，以统计错误日志的数量。

对于更复杂的日志分析任务，可能需要使用更高级的技术和工具，如正则表达式、日志解析器、日志分析库等。这取决于研究的具体需求和所需要的日志数据的格式。

第4节　文献案例分析

一、文献信息

ARDIA D，BLUTEAU K，BOUDT K，et al. Climate change concerns and the performance of green vs. brown stocks [J]．Management science，2022，69(12)：7607 - 7632.

这篇论文的作者分析了标普 500 指数 2010 年 1 月至 2018 年 6 月的数据，发现当气候变化关注度意外增加时，绿色公司的股票表现优于棕色公司[①]。之后，作者利用美国主要报纸和通讯社发布的有关气候变化的新闻构建了气候变化担忧指数，发现在气候变化关注度意外增加时，绿色公司的股价通常会上涨，而棕色公司的股价会下跌。这种效应同时适用于对转型风险和实际气候变化风险的关注度。最后，该论文将收益分解为现金流和贴现率政策部分，发现棕色（绿色）公司贴现率的上升（下降）也与气候变化关注度的意外增加相关。

二、研究背景和问题提出

该论文研究气候变化对金融市场的影响。随着全球对环境问题的关注日益增加，投资者和企业也越来越重视气候变化的影响。如何评估气候变化关注度的意外变化？这种关注度的变化如何影响绿色股票和褐色股票的表现？该研究以新闻文章作为气候变化关注度的指标，并利用股票回报数据来研究关注度变化与股票表现之间的关系。

三、主要理论与基本假设

投资者在气候变化敏感度方面存在差异，一些投资者十分关注气候变化问题，而一些投资者不太关注。同时基于资产定价理论，气候变化关注度会影响不同股票的市场表现。因此，本研究提出以下两个基本假设：

假设 1：气候变化关注度的意外增加会对绿色股票和褐色股票的表现产生不同的影响。在意外增加的气候变化关注度下，绿色股票相比褐色股票，表现出更好的回报。

假设 2：温室气体排放强度是影响股票回报的一个关键因素。高温室气体排放强度的

①　绿色股票指专注于环保技术、可再生能源、清洁能源或者绿色金融的公司所发行的股票，褐色股票指在业务中产生较高温室气体排放或对环境影响较大的公司所发行的股票。

褐色公司面临较高的负面影响，而绿色公司在意外增加的气候变化关注度下更能受益。

四、数据来源与数据整理

该论文通过爬虫抓取 2003 年 1 月 1 日至 2018 年 6 月 30 日的美国报纸 *New York Times*，*Washington Post*，*Los Angeles Times*，*Wall Street Journal*，*Houston Chronicle*，*Chicago Tribune*，*Arizona Republic*，*USA Today*，*New York Daily News* 和 *New York Post* 上的气候变化相关新闻文章，超过 50 万篇，该论文也利用 Asset4/Refinitiv 数据库获取上市公司的碳排放强度数据。

该论文主要的数据类型是文本数据。读者可以利用本章介绍的爬虫示例代码对相关的新闻媒体网站文章进行爬取，并通过文本分析和自然语言处理工具来进行分析。下面给出一个爬取某报纸的气候相关新闻的示例。

```python
import requests
from bs4 import BeautifulSoup

# 目标报纸网站的 URL(替换网址)
url = 'http://example. com/environment'

# 发送 HTTP 请求
response = requests. get(url)

# 检查请求是否成功
if response. status_code = = 200:
    # 使用 BeautifulSoup 解析 HTML 内容
    soup = BeautifulSoup(response. content,'html. parser')

    # 假设新闻标题都在<h2>标签内
    news_titles = soup. find_all('h2')

    for title in news_titles:
    # 打印新闻标题和对应的链接
    print(title. get_text())
    print(title. find('a')['href'])
    print('——')

    # 你可能还想访问每个新闻链接,获取更多信息
    # 例如,获取新闻的全文内容
    news_url = title. find('a')['href']
    news_response = requests. get(news_url)
    if news_response. status_code = = 200:
```

```
    news_soup = BeautifulSoup(news_response. text,'html. parser')
    #假设新闻全文在一个 id 为'content'的<div>标签内
    news_content = news_soup. find('div', id = 'content')
    print(news_content. get_text())
    print('—')
else:
  print('Failed to retrieve the webpage')
```

五、变量测量

关键变量是构建基于媒体的气候变化关注度指数 MCCC，然后分析 MCCC 指标对于绿色股票和褐色股票收益的影响。具体构建公式如下。

$$\text{concerns}_{n,t,s} = 100 \cdot \left(\frac{RW_{n,t,s}}{TW_{n,t,s}}\right) \cdot \left(\frac{NW_{n,t,s} - PW_{n,t,s}}{NW_{n,t,s} + PW_{n,t,s}} + 1\right) / 2 \tag{3-1}$$

式中，RW、PW、NW、TW 分别对应新闻文章中的风险词汇的数量、正面词汇的数量、负面词汇的数量和总词汇数量。可以通过 Python 代码对相关的新闻媒体报道文本进行分词（tokenization），然后汇总，得到 RW、PW、NW、TW 的值。

下面是 Python 代码对相关的新闻媒体报道文本进行分词的程序示例。

首先，安装 jieba 库：

```
pip install jieba
```

然后，使用以下代码对文本进行分词：

```python
import jieba

#示例新闻报道文本
news_text = "Climate change is one of the major challenges facing the world today, with far-reaching impacts on natural ecosystems and human societies. "
#使用 jieba 进行分词
words = jieba. cut(news_text)

#将分词结果转换为列表
word_list = list(words)

#打印分词结果
print(word_list)
```

该论文提出，气候风险关注度指数可以定义如下：

$$\text{concerns}_{t,s} = \sum_{n=1}^{N_{t,s}} \text{concerns}_{n,t,s} = N_{t,s} \cdot \overline{\text{concerns}_{t,s}}$$

$$\text{nconcerns}_{t,s} = \frac{\text{concerns}_{t,s}}{\sigma_s} \qquad\qquad (3-2)$$

$$\text{MCCC}_t = h\left(\frac{1}{S}\sum_{s=1}^{S}\text{nconcerns}_{t,s}\right)$$

其中，$h(\ )$ 是平方根函数。

六、文献点评

　　这篇论文通过构建和分析一个基于新闻媒体的气候变化关注度指数 MCCC，提供了实证证据，表明当公众对气候变化的关注度意外增加时，绿色公司的股票表现会优于褐色公司的股票。研究团队巧妙地利用了文本分析和机器学习技术，从大量新闻报道中提取了气候变化相关的主题和话题，并据此衡量了市场对绿色股票和褐色股票的反应。论文的分析方法严谨，考虑了行业效应、未披露温室气体排放的公司和不同气候变化主题的影响，为理解气候变化关注度如何影响公司价值提供了新的视角。此外，研究结果对于投资者、公司管理层、政策制定者都具有重要的启示意义，强调了在不断变化的气候关注环境中，适应和优化气候风险管理策略的重要性。

▷ **思考题**

　　1. 网络大数据都有哪些类型、来源和用途？
　　2. 常用的获取网络大数据的方法有哪些？
　　3. 网络大数据对于管理研究而言有哪些作用？

▷ **参考文献**

第4章 › 文本数据分析技术及其在研究中的应用

介任龙　西北工业大学

易希薇　北京大学

　　随着互联网行业的快速发展和数字化转型的不断推进，组织和企业产生和收集的文本数据量急剧增加。这些文本数据，无论是新闻咨询、公开论坛、客户反馈、市场报告，还是社交媒体动态，都可能对管理决策至关重要。然而，文本数据的非结构化特性使得传统的数据分析方法难以有效应用。机器学习，尤其是最新的深度学习技术，为我们提供了强大的工具来挖掘这些非结构化数据的价值，从而为管理学研究和实践开辟新天地。

　　本章将从文本分析的基本原理讲起，包括文本分词、特征提取等，逐步深入机器学习模型在文本分类、新闻摘要、主题发现等方面的应用。我们将探讨各种机器学习和深度学习模型，包括但不限于 TextRank、K 均值、主题模型、FNN、Transformer 模型和大语言模型等。本章还将介绍机器学习与文本数据分析在管理研究中的具体应用场景，并结合相关文献进行讨论，展示如何利用这些先进技术为管理决策提供科学依据。

第1节　文本数据分析的基本原理

　　文本数据分析通过从文本中提取有用信息和数据来帮助人们理解、解释和洞察语言材料。这一过程通常涉及将文本数据转化为可以通过算法和模型进行分析的形式，以便通过统计分析、机器学习和数据挖掘的方法来发现隐含信息和模式。本节主要介绍文本分析的基本原理，包括文本表示和文本分析常见任务。

一、文本表示

　　在采用机器学习方式时，首先需要将文本序列转化为计算机或人工智能模型能够处理的形式，即构建文本表示。通常情况下，文本表示可以是一个向量、矩阵或者图结构，其中包含原始文本的语义信息。

（一）分词方法

　　为了获得较为准确的文本表示，首先需要对文本中最小的语义单元即单词或词元进行编码。分词指的就是将一段文本拆分成一系列单词或词元的过程，这些单词或词元按顺序拼接后可以构成原文本，例如"中国的首都是北京"可以拆分为"中国""的""首都""是""北京"这些词元。语料中所有的单词或词元的集合可以构成字典。目前主流的分词方法包括 BPE、BBPE、WordPiece、Unigram、SentencePiece 等。

1. BPE 分词方法

BPE（byte pair encoding）分词方法最初是作为一种数据压缩技术被提出的，后来被引入到 NLP 领域，用于文本的分词处理。BPE 分词方法的核心思想是将常见的字符或字符序列合并为一个单独的符号，从而减少整个文本中不同符号的总数。在 NLP 中，这种方法特别适用于处理未知词或罕见词，因为它可以将未见过的词拆分成已知的子单元（subword units）。

BPE 分词方法的基本步骤如下：（1）词汇表初始化。首先，将文本中的词汇分割成基础字符（例如，英文中的 26 个字母、特殊字符和空格），并统计所有基础字符或元素的出现频率。（2）迭代合并。在每一轮迭代中，统计所有相邻元素对（bigram）的出现频率，然后将出现频率最高的元素对合并为一个新的符号并添加到词汇表中。例如，如果"e"和"s"是最常见的相邻字符对，则将它们合并为一个新的符号"es"。（3）重复迭代。重复（2）的迭代过程，直到达到预设的符号数量或者没有更多的元素对可以合并。（4）分词。使用最终生成的词汇表来对新文本进行分词。新文本中的词被拆分成尽可能长的符号，这些符号是在之前的迭代过程中生成的。

BPE 分词方法的优势在于：（1）它能够有效地处理大量的未知词，通过将未知词拆分为较小的、已知的子单元，使模型能够更好地理解和处理这些词。（2）它可以根据实际的语料库动态调整词汇表的大小，使其既能够覆盖大部分常见词汇，又能保持一定的灵活性来处理新词或罕见词。

2. BBPE 分词方法

BBPE（byte-level byte pair encoding）分词方法是 BPE 的一个变种，特别针对字节级别的处理进行了优化。与传统的 BPE 方法主要针对字符级别的文本处理不同，BBPE 直接在字节级别上应用 BPE 算法。这种方法的主要优势在于它能够无缝处理多种语言和特殊字符，包括那些在传统字符集中无法直接表示的符号。

在 BBPE 分词方法中，文本首先被表示为字节序列。这意味着每个字符（包括特殊字符和多字节字符，如表情符号或非拉丁字符）都被映射到其对应的字节值。因此，文本被分解成了一个基本的、固定大小（256 个可能的值，对应于字节的范围）的符号集。在将文本转换为字节序列之后，BBPE 分词方法采用与传统 BPE 分词方法相同的方法来合并最常见的相邻字节对。通过迭代合并频率最高的字节对来构建一个更高级的符号表，这些符号表不仅包括单个字节，还包括字节对、字节三元组等，直至达到预设的词汇表大小或合并次数。通过在字节级别上操作，BBPE 分词方法能够自然地处理各种语言和符号，而不需要为每种语言定制特定的字符集或预处理步骤。这使得 BBPE 分词方法特别适合于多语言环境和需要处理特殊字符的应用场景。

3. WordPiece 分词方法

WordPiece 分词方法与 BPE 分词方法和其变体 BBPE 分词方法类似，旨在将词汇分解为更小的可管理的单元（称为词元或词片段），从而提高模型处理未知词或罕见词的能力。WordPiece 分词方法的基本思想同 BPE 分词方法类似，即从单个字符作为词元的词汇表开始，通过合并操作逐步构建一个更大的词汇表。但是，与 BPE 分词方法相比，WordPiece 分词方法在选择合并哪些字符或词元（元素）时采用了不同的标准。BPE 分词方法侧重于基于相邻元素对的频率进行迭代合并，而 WordPiece 分词方法侧重基于相邻元素对之间的互信息（mutual information）进行合并。如果一个元素对出现的频率很高，但是元素对中的一个元素出现频率更高，则未必值得合并；而如果一个元素对出现的频率很高，且其中的两个元素通常仅出现在这个元素对中，则说明该元素对值得合并。

4. Unigram 分词方法

与 BPE 和 WordPiece 等方法不同，Unigram 分词方法先预设一个大词表，其中包含所有可能的子词，再通过 Unigram 语言模型的打分依次移除重要度相对较低的词。其主要步骤如下：（1）初始化一个大词表，其中包含所有可能的子词（通常包含从单字母到整个单词的所有可能组合）。（2）根据 Unigram 语言模型的打分，移除当去掉该子词时后使得似然概率减至最小的子词，即移除相对重要程度最低的子词。（3）反复进行这一过程，直到词汇表降至目标大小或满足其他终止条件。

5. SentencePiece 分词工具

SentencePiece 是由谷歌公司推出的开源工具包，可在终端输入"pip install sentence-piece"进行安装。其中内置 BPE 等分词方法，可以直接用原始句子训练分词模型。使用时无须预分词，仅须以 Unicode 直接编码整个句子，其中空格会被特殊编码为"_"。该工具包分词速度更快。当前主流的大语言模型都是基于 SentencePiece 实现，例如 ChatGLM 的 tokenizer（能够快速地将输入文本转换为 tokens，以便模型进行处理）。采用 SentencePiece（版本为 0.1.99）进行分词的示例 Python（版本为 3.11）代码如下。

```python
import sentencepiece as spm

#训练模型
spm.SentencePieceTrainer.train('--input = text.txt--model_prefix = m--vocab_size = 2000')
#这将生成两个文件:m.model 和 m.vocab.m.model 是训练好的模型文件,m.vocab 是词汇表

#加载模型
sp = spm.SentencePieceProcessor()
sp.load('m.model')

text = "这是一个测试句子."
tokens = sp.encode_as_pieces(text)#使用模型进行分词
print(tokens)
```

这里假设 text.txt 是一个含有大量文本数据的语料文件，我们想要生成的词表大小设为 2 000。另外，可以在 spm.SentencePieceTrainer.train 中使用参数 model_type 指定训

练模型的类型，例如加上 - model_type＝unigram 即可采用 Unigram 模型，还可以选择 BPE 等分词模型。

值得注意的是，由于中文和英文的语言结构和特点不同，分词方法有显著差异。中文文本没有空格，因此分词是中文 NLP 的基础步骤，并且需要解决词语边界不明确、歧义和新词识别等问题。英文单词之间通常有空格或标点符号分隔，所以既可以基于规则和词典直接进行分词，也可以用 BPE、WordPiece 等分词方法进行子词或词元级别的切分。

（二）词向量构建方法

词向量构建方法是指将文本中的词语转换为可以在计算机中处理的数值向量的过程，用于 NLP 任务中，以便更好地理解和分析文本数据。常见的词向量构建方法包括 One-hot 词向量表示、基于预测的词向量表示（如 Word2Vec 和 GloVe），以及基于深度学习的模型（如 ELMo、BERT 和 GPT）。这些方法通过不同的技术手段，将词语表示为高维向量，使得语义相似的词语在向量空间中距离较近，从而提高了文本分析和处理的效果。

1. One-hot 词向量

One-hot 词向量是一种常用的文本表示方法，用于将文本中的每个词转化为一个向量。它的基本思想是将每个词表示为一个唯一的二进制向量，其中只有一个元素为 1，其余元素都为 0。具体来说，假设有一个词汇表包含 N 个不同的词，那么每个词可以用一个长度为 N 的向量表示。如果一个词位于词汇表的第 i 个位置，那么它的 One-hot 词向量就是一个长度为 N 的向量，只有第 i 个元素为 1，其余为 0。

举个例子，假设我们有一个非常简单的词汇表，包含三个词，依次为"苹果""香蕉""橙子"。那么，这些词的 One-hot 词向量表示如下：

"苹果"＝[1,0,0] "香蕉"＝[0,1,0] "橙子"＝[0,0,1]

One-hot 词向量的优点是简单，能够清晰地将不同的词区分开来。然而，它也有几个缺点：（1）维度过高。对于包含数十万甚至数百万词的大型词汇表，每个 One-hot 词向量的维度将非常高，导致计算效率低下。（2）无法表示词之间的关系。在 One-hot 词向量表示中，每个词都是独立的，这意味着向量之间没有表示词义相似度或语义关系的方式。（3）稀疏性。由于每个向量中只有一个位置是 1，其余都是 0，因此 One-hot 词向量是极其稀疏的。这种稀疏性会导致存储和计算上的浪费。

2. Word2Vec

Word2Vec 是一种广泛使用的词向量生成方法，由谷歌的研究人员开发。它使用浅层神经网络，通过学习词汇的上下文来生成词向量。相比于 One-hot 词向量采用词表长度的向量，Word2Vec 可以实现词向量的降维，同时向量的取值蕴含一定的语义信息，可以计算不同向量所代表的词汇之间的语义相似性或语义关系。Word2Vec 有两种主要的方法——CBOW（continuous bag of words）和 Skip-gram。[①]

CBOW 模型的训练目标是通过上下文（即当前词周围的词）来预测当前词。具体来

---

① MIKOLOV T，CHEN K，CORRADO G，et al. Efficient estimation of word representations in vector space [J]. Computer science，2013.

说，给定一个特定范围内的上下文词序列，CBOW 模型会尝试最大化预测当前词的条件概率。在训练过程中，上下文的词向量根据回传梯度不断更新，以最大化真实词和模型预测词之间的相似度。

Skip-gram 模型的训练目标是最大化给定当前词时上下文词出现的条件概率。即给定一个特定的词，模型尝试预测它在文本中前后一定范围内出现的词。并通过对应损失函数的回传梯度来更新当前词的词向量。采用 Python（版本为 3.11.4）和 gensim 库（版本为 4.3.2），基于 CBOW 的 Word2Vec 词向量模型的调用方法如下。这里我们尝试基于词向量的相似度找到和 computer 这个单词含义最相近的五个词。

```
from gensim.models import Word2Vec
from gensim.test.utils import common_texts ♯ common_texts 是 gensim 内置的一个小型语料库,用于
测试.你可以替换为你自己的语料库,其形式为句子列表,每个句子是由词构成的列表

♯初始化并训练 CBOW 模型
♯ sg = 0 表示使用 CBOW 模型,window 定义上下文窗口大小,min_count 是忽略总频率低于此值的所有
单词
model = Word2Vec(sentences = common_texts, vector_size = 100, window = 5, min_count = 1, sg = 0)
model.save("word2vec.model") ♯保存模型
vector = model.wv['computer'] ♯获取单词"computer"的向量表示
print(vector)

♯查找最相似的单词
similar_words = model.wv.most_similar('computer', topn = 5)
print(similar_words)
```

3. 基于预训练语言模型的词向量生成模型

随着深度学习的发展，更先进的模型如 ELMo、BERT 和 GPT 等，使用预训练语言模型来生成词向量，这些词向量不仅捕捉了词汇的静态语义，还能够根据上下文动态调整，从而更准确地表示词义。这些模型通常使用大量文本数据进行预训练，然后可以在特定任务上进行微调以进一步提高性能。

（三）句向量和文档向量构建方法

句向量和文档向量构建方法是指将文本中的句子或文档转换为可以在计算机中处理的数值向量的过程，用于 NLP 任务中，以便更好地理解和分析句子或文档级别的语义信息。常见的句向量和文档向量构建方法包括词袋模型（bag-of-word）、TF-IDF 表示、基于预训练语言模型（如 BERT 和 Universal Sentence Encoder）的方法。这些方法通过不同的技术手段，将句子或文档表示为高维向量，使得语义相似的句子或文档在向量空间中距离较近，从而提高了文本分析和处理的效果。

1. 词袋模型

词袋模型是信息检索与自然语言处理领域最常用的文档表示模型。所谓词袋，即将

一篇文档看作一个装有词语的袋子，根据词袋中不同词语的计数等统计量将该文档表示为向量。在原始的词袋模型中，我们采用词表的长度作为词袋向量的长度，并将各个词在文档中出现的次数作为对应元素的值。

假设我们有三个简单的文档：文档 1＝"我爱吃苹果"；文档 2＝"我不爱吃香蕉"；文档 3＝"香蕉苹果好吃"。构建的词汇表可能如下（假设按字典序排列）：

1. 我；2. 不；3. 爱；4. 吃；5. 苹果；6. 香蕉；7. 好

那么基于以上词汇表，这三个文档的词袋表示如下：

文档 1：[1, 0, 1, 1, 1, 0, 0]

文档 2：[1, 1, 1, 1, 0, 1, 0]

文档 3：[0, 0, 0, 1, 1, 1, 1]

词袋模型在许多 NLP 任务中都有广泛应用，包括文档分类、情感分析、主题建模等。尽管它忽略了单词在文本中的顺序，但在许多情况下，仍然能够提供有用的特征，为文本数据的进一步处理和分析奠定基础。

2. TF-IDF

TF-IDF（term frequency-inverse document frequency），即词频–逆文档频率，是一种用于信息检索与文本挖掘的常用加权技术。TF-IDF 是一种统计方法，用以评估一个词语对于一个语料库或一个语料库中的一份文档的重要程度。其原理是如果某个词语在一份文档中出现的频率高（TF 高），并且在其他文档中很少出现（IDF 高），则认为这个词语具有很好的类别区分能力，对理解文档的内容有重要作用。

TF（term frequency，词频）指的是某一个给定的词语在某文档中出现的频率，是对词数（term count）的归一化，因为同一个词语在长文档里可能会比短文档有更高的词数，而不管该词语重要与否。对于在某一特定文档里的词语来说，计算公式为：

$$TF_{i,j} = \frac{n_{i,j}}{\sum_k n_{k,j}} \tag{4-1}$$

式中，$n_{i,j}$ 表示词表中第 i 个词在文档 j 中出现的次数，$\sum_k n_{k,j}$ 则为文档 j 中的总词数。例如，某个词在某文档中出现了 5 次，文档总词数是 1 000，则 TF＝5/1 000＝0.005。

IDF（inverse document frequency，逆文档频率）是一个词语普遍重要性的度量。要得到某一特定词语的 IDF，可以将一个语料库中总文档数除以包含该词语的文档数与 1 的和，再将得到的商取 10 为底的对数。

$$IDF_i = \lg \frac{n}{1 + df_i} \tag{4-2}$$

式中，n 为语料库中文档的总数，df_i 为这些文档中包含词表中第 i 个单词的文档数。例如一个语料库有 1 000 万份文档，而"苹果"一词出现在其中的 999 份文档中，则"苹果"的 IDF 是 $\lg(10\ 000\ 000/1\ 000)=4$。

TF-IDF 是将词频和逆文档频率相乘得到的一个综合指标 $TF_{i,j} \cdot IDF_i$。如果一个词在特定文档中具有较高的出现频率并且在所有文档中并不常见，则这个词具有较高的 TF-IDF，更能代表该文档的独特语义。由于文档中每个词均可以计算 TF-IDF 值，一方面，可以选取 TF-IDF 值最高的一组词，即对文档进行关键词提取；另一方面，可以构建一个长度等于词表长度的向量，将向量中每个元素的值设为文档中该元素对应词的 TF-IDF 值，那么这个向量可以用来表征文档的语义信息。

TF-IDF 是一种非常实用的技术，广泛应用于文本相关的应用中，如搜索引擎中的关键词权重计算、文本相似性分析、文档分类等领域。通过 TF-IDF，我们可以将文本转换为向量形式，进而使用机器学习算法进行处理。

3. 基于预训练语言模型的句子及文档表征构建

基于预训练语言模型的句子和文档表征向量构建是 NLP 领域的一个重要研究方向。预训练语言模型，如 BERT、GPT、XLNet 等，通过在大规模语料库上学习语言的深层次特征，能够捕捉到词、句子和文档的丰富语义信息。这些模型可以用来生成句子或文档的向量表示，进而应用于各种下游任务，如文本分类、情感分析、文档聚类等。

以下代码基于 PyTorch（版本为 2.2.1）和 transformers 库（版本为 4.29.2）展示了采用预训练语言模型 SimCSE 获得句子嵌入的方法，其中 SimCSE 具有可供下载的开源版本。相比于传统的句子嵌入合成方法，该模型给出的句子嵌入具有很好的语义表征能力。

```python
from transformers import AutoTokenizer, AutoModelimport torch

# 加载预训练的 SimCSE 模型和对应的分词器
# 这里以 SimCSE 的中文模型为例,确保选择适合中文的预训练模型
tokenizer = AutoTokenizer.from_pretrained("princeton-nlp/sup-simcse-bert-base-chinese")
model = AutoModel.from_pretrained("princeton-nlp/sup-simcse-bert-base-chinese")

# 准备要编码的句子
sentences = ["今天天气真好", "我爱北京天安门"]

# 使用分词器编码句子
encoded_input = tokenizer(sentences, padding = True, truncation = True, return_tensors = 'pt')

# 使用模型生成句子嵌入
with torch.no_grad():
    model_output = model( ** encoded_input)
# 获取句子嵌入
sentence_embeddings = model_output.last_hidden_state[:,0,:].numpy()
```

图 4-1 是从经过数据清洗后的原始文本到不同文档表示的生成步骤示意图。原始文本经过分词可以得到构成文本的词元序列，其中每个词元根据其在词表中的位置可以表示为一个 One-hot 向量，而整段文本则表示成一个由 One-hot 向量序列构成的矩阵。一方面，将该矩阵和词嵌入转换矩阵相乘，可以得到文本的词嵌入序列矩阵，并可以经过多种方法聚合得到文档嵌入向量。另一方面，One-hot 向量序列可以根据词频统计转化成单个词袋向量，其每个位置的取值对应相应词元的频率。进一步，将每个位置的词频除以相应词元的逆文档频率，可以得到文档的 TF-IDF 表示。

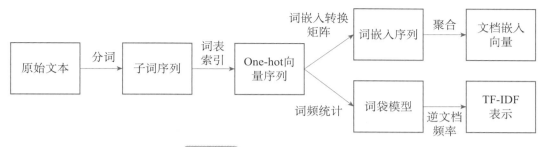

图4-1 文档表示生成示意图

二、文本分析常见任务

在经济管理领域，文本分析的常见任务包括语言模型构建、文本分类、文本聚类、关键词提取、命名实体识别、文本摘要等。本节将对一些主要的文本分析任务进行初步介绍。

（一）语言模型构建

语言模型（language model，LM）也称统计语言模型。通过语言模型可以在给定上下文的条件下对特定位置可能出现的词语进行概率分布的估计。首先定义词汇表上的语言模型 $P(x_1, x_2, \cdots, x_m)$ 为词序列 $x_1, x_2, \cdots, x_m$ 的概率分布，表示该序列作为一个句子或自然语言片段出现的可能性大小。为了减小该语言模型的样本空间，可以采用条件概率的方式进行分解：

$$P(x_1, x_2, \cdots, x_m) = P(x_1)P(x_2 \mid x_1)P(x_3 \mid x_1, x_2) \cdots$$
$$P(x_m \mid x_1, x_2, \cdots, x_{m-1}) \tag{4-3}$$

这种形式给出了一个依次进行条件生成的过程。即首先得到生成一个词 x_1 的概率，之后得到词表中每个词关于之前生成词序列的条件概率分布。

语言模型不仅可以用于进行预训练和文本生成，也可以用于判断文本的连贯性和内容的合理性，包括对新闻报道、调研报告进行质量和真实性评估等。事实上，近年兴起的生成式大模型的基本原理也是基于语言模型。

（二）文本分类

文本分类（text/document classification）是自然语言处理中的一项基础任务，其目标是将一段文本自动分配到一个或多个预定义的类别中。由于类别需要预先定义，文本分类模型通常要使用带标签的数据进行监督学习。在工商管理领域，文本分类可广泛应用于文档过滤、情感分析、新闻归类、主题标签分配等实际场景，对于组织和管理大量文本数据至关重要。

（三）文本聚类

文本聚类旨在将文本数据自动分组为相似主题或内容的集合。这种方法无须预先标注的数据，属于无监督学习的范畴。通过文本聚类，可以发现数据中的潜在结构和模式，有助于信息的组织、概括和检索。

文本聚类在商业领域中具有广泛的应用场景。例如在信息检索领域，通过对大量文档进行聚类，用户可以更容易地找到与特定主题相关的文档；在文档摘要和组织方面，可以用于对相关文档进行分组，以便快速概览和访问；在主题发现和趋势分析方面，可以用于识别和跟踪公众讨论的主题，进而进行媒体分析、市场研究等；在客户反馈分析方面，可以将客户的评论和反馈聚类，以识别产品或服务的关键改进领域。

（四）关键词提取

关键词提取是文本分析领域的一项基本任务，旨在从文本数据中自动识别出表达核心主题和概念的词语或短语。这些关键词为理解文本内容、组织和索引信息，以及进一步的文本挖掘和分析任务提供了便捷的手段。关键词提取在信息检索、内容推荐、热点话题识别、舆情分析、需求预测等多个应用场景中有着广泛的应用。

（五）命名实体识别

命名实体识别（named entity recognition，NER）是 NLP 领域的一项基础任务，旨在从文本中识别出具有特定意义的实体，并将它们分类为预定义的类别，如人名、地名、组织名、时间表达式、数量、货币值等。NER 是信息提取、问答系统、内容摘要、机器翻译等多种 NLP 应用的重要组成部分，对于理解和组织大量未结构化的文本数据（如各类商业文档）至关重要。

（六）文本摘要

文本摘要是 NLP 领域中的一个重要任务，它的目标是从一个较长的文本中提取核心信息，以简洁的方式呈现给读者。文本摘要可以帮助读者快速了解文本的主题和要点，节省阅读时间，提高信息获取效率。文本摘要任务通常分为两种类型——抽取式摘要和生成式摘要。抽取式摘要是指直接从原始文本中选择最相关、最重要的句子或短语来构成摘要。这种方法的优点是简单直接，不需要生成新的文本，但可能会忽略一些重要信息。生成式摘要是指利用自然语言生成模型，根据原始文本的语义和结构生成新的摘要文本。

（七）主题抽取

主题抽取（topic extraction）旨在从一组文档或文本数据中自动识别出隐含的主题或概念。这种技术对于理解大规模文本集合的主要内容和结构非常有用，比如新闻文章、学术论文、在线评论等。主题抽取有助于揭示文本数据中的潜在模式，从而为内容摘要、趋势分析、用户偏好分析等应用提供支持。

主题抽取广泛应用于新闻聚合、文献管理、市场研究、社交媒体分析等领域。它可以帮助组织快速理解大量文本内容的主要议题和趋势，支持决策制定和知识发现。主题抽取能自动从大规模文本数据中发现有意义的信息，这对于数据驱动的决策和分析至关重要。

（八）知识图谱构建

知识图谱（knowledge graph）是一种用于组织和存储知识的结构化语义知识库，它以图结构的方式表示实体之间的各种关系。其基本组成单位是"实体-关系-实体"三元组，以及实体及其相关属性构成的键值对，实体间通过关系相互连接，构成网状的知识结构。其核心概念包括实体、关系和属性。在知识图谱中，实体通常指代现实世界中的对象，如人、地点、组织、事件等。而实体之间的连接被称为关系，它描述了两个实体之间的某种联系，如"属于""位于""是"等。实体的属性提供了关于实体的描述性信息，比如一个人的出生日期、一个城市的人口等。

知识图谱在商业领域的应用非常广泛，如用于智能问答系统。通过理解问题和知识图谱中的信息，模型可以提供关于产品和服务的准确答案。另外，知识图谱还可以用于推荐系统，通过分析用户的兴趣和物品之间的关系，提供个性化的推荐。

第 2 节　文本分析中常用的机器学习方法

机器学习使得计算机能够从数据中学习并做出决策或预测，而无须针对特定任务进行明确编程。机器学习算法通过分析大量数据来学习数据的模式和特征，然后使用这些学习到的模式来做出预测或决策。在文本分析领域，常用的机器学习方法包括传统的机器学习模型（如朴素贝叶斯、K 均值、支持向量机、决策树、随机森林、隐马尔可夫模型、条件随机场、主题模型等）和现代的深度学习方法（如 CNN、RNN、图神经网络、扩散模型、Transformer 模型等）。近年来，基于 Transformer 模型的方法（如 BERT、GPT-4 等）已经成为许多文本分析任务的首选，因为它们在理解复杂的语言模式方面表现出色。由于绝大部分的主流机器学习算法均可用于文本分析，无法逐个展开介绍，本节仅介绍工商管理和管理信息系统领域文本分析研究中较为实用的机器学习方法。

一、TextRank 信息抽取方法

TextRank 信息抽取方法由米哈尔恰（Mihalcea）和塔劳（Tarau）在 2004 年提出，被广泛应用于自然语言处理领域的多个任务中，如自动摘要（抽取式摘要）、关键词提取和句子重要性评估等。该方法通过构建文本内部的图结构来评估文本单元（可以是单词、短语或句子）的重要性。

TextRank 信息抽取方法通过构建一个图模型 $G = (V, E)$ 来表示文本，其中图的节点 V 代表文本中的基本单元（例如，关键词提取任务中的节点可以是单词，自动摘要任务中的节点可以是句子），节点间的边 E 表示这些单元之间的关系（如共现关系、相似性等）。其算法的基本步骤如下：（1）文本预处理。包括分句、分词、词性标注等步骤，以提取作为图节点的文本单元。（2）构建图。根据文本单元之间的关系构建一个图。关键词提取通常基于单词的共现关系构建图，自动摘要可以基于句子之间的相似性构建图。（3）权重计算。使用迭代算法计算图中每个节点的权重。每个节点的权重通过相邻节点的权重（根据相似度等信息）加权求和得到。每个节点的初始权重通常设为相同，通过迭代过程不断更新每个节点的权重，直到权重值收敛。（4）排序和选择。根据计算得到的权重对节点进行排序，选择权重最高的节点作为关键词或摘要的候选。

　　然而，TextRank 信息抽取方法存在以下不足和弊端：（1）忽略深层次语义信息。TextRank 主要基于词语的共现关系，忽略了深层次的语义信息。（2）对长文本处理效果有限。TextRank 在处理长文本时可能会面临计算复杂度和内存消耗的问题。此外，长文本中的重要信息可能被稀释，导致关键词和摘要提取的效果下降。

　　以下是使用 Python（版本为 3.11.4）提取商业领域文本关键词的示例代码。这里使用了 jieba 库（版本为 0.42.1）自带的函数 jieba.analyse.textrank 进行关键词提取，让模型输出前五个关键词及其对应的分数。

```python
import jieba
import jieba.analyse

# 示例文本
text = "自然语言处理(natural language processing,NLP)是人工智能和语言学领域的分支学科,研究计算机与人类(自然)语言之间的相互作用.自然语言处理是用计算机来处理、理解和生成自然语言的技术."

# 使用基于 TextRank 的关键词提取方法
keywords = jieba.analyse.textrank(text, topK = 5, withWeight = True)
# 输出关键词及其权重
for keyword, weight in keywords:
    print(f"{keyword}: {weight}")
```

二、BM25 检索方法

　　BM25（Best Matching 25）检索方法是 TF-IDF 方法的改进变种，是一种广泛使用的信息检索（IR）评分方法。与 TF-IDF 衡量单个词语在文档中的重要程度不同，BM25 检索方法衡量查询串中多个词语与文档的关联程度，根据查询词的出现频率、文档长度和查询词的文档频率等因素，评估查询词与文档之间的相关性。通过计算大量文档对于用户查询语句的 BM25 值，可以快速找到与最相关的文档并返回给用户。

　　BM25 检索方法因其高效性和有效性，在文档检索、推荐系统、客户支持、知识管理等领域得到了广泛应用。许多现代搜索引擎和信息检索系统都采用了 BM25 或其变种作为其核心的相关性评分机制。事实上，在大语言模型的检索增强生成（RAG）过程中，常将 BM25 作为检索方法。

　　然而，BM25 检索方法有以下不足：（1）对参数敏感。不同的参数设置可能导致显著不同的检索效果，需要进行实验和调整优化以找到最适合特定应用场景的参数组合。（2）无法处理复杂查询。BM25 检索方法主要适用于简单的关键词匹配，对于复杂的查询（如自然语言查询、模糊查询等）处理能力有限，需要结合其他方法（如语义搜索、深度学习模型等）来增强检索能力。（3）忽略词序和上下文。BM25 仅考虑词项的频率和文档长度，对词序和上下文信息没有考虑，这可能在某些情况下导致检索效果不佳。

　　在实践应用中，可以采用程序代码直接实现 BM25 检索方法，也可以采用库函数，例如 Python 中的 rank_bm25 库。下面是采用 Python（版本为 3.11.4）和 rank_bm25（版本为 0.2.2）进行文档检索的代码样例，在一系列待检索的文档列表"corpus"中基于输入"自然语言处理"这一"query"进行检索，得到各个文档的 BM25 得分。

```python
from rank_bm25 import BM25Okapi
import jieba

# 示例文档
corpus = [
    "自然语言处理是人工智能和语言学领域的分支学科",
    "研究计算机与人类语言之间的相互作用",
    "自然语言处理是用计算机来处理、理解和生成自然语言的技术",
    "计算机科学和人工智能领域的研究方向之一",
    "人工智能还包括计算机视觉、推荐系统等方向"
]

# 对文档进行分词
tokenized_corpus = [list(jieba.cut(doc)) for doc in corpus]

# 构建 BM25 模型
bm25 = BM25Okapi(tokenized_corpus)

# 查询
query = "自然语言处理"
tokenized_query = list(jieba.cut(query))

# 计算 BM25 得分
scores = bm25.get_scores(tokenized_query)

# 输出结果
for i, score in enumerate(scores):
    print(f"Document {i}: {score}")
```

三、K 均值文本聚类方法

　　K 均值是一种广泛使用的基于表征向量的无监督聚类算法，它在处理文本数据时也非常有效。文本聚类是将文本文档集合分成 K 个彼此相似的簇（即组）的过程。K 均值算法通过迭代寻找簇中心（即每个簇的代表点），以此来最小化簇内文档与簇中心之间的距离总和，从而达到聚类的目的。文本聚类可以帮助发现大量文本数据中的潜在结构和主题，从而在信息检索、文档管理、用户分析、内容推荐等经济管理领域发挥重要作用。

　　K 均值文本聚类方法包括以下基本步骤：（1）特征提取。将文本数据转换为数值形式，这通常通过词袋模型、TF-IDF、词嵌入或更高级的表征学习等方法实现，将每个文档转换为一个表示向量。（2）初始化。随机选择 K 个文档作为初始簇中心。（3）分配。将每个文档分配给最近的簇中心。"最近"的判断标准通常是欧几里得距离或余弦相似度。对于文本数据，余弦相似度是一个常用的判断标准。（4）更新簇中心。对于每个簇，重新计算簇中心。其通常是簇内所有点的均值（对于文本聚类，意味着计算簇内所有特征向量的均值）。（5）迭代。重复步骤（3）和（4），直到满足停止条件，如簇中心的变化小于某个阈值，或达到预定的迭代次数。

　　在实际运用中，需要关注四点：（1）初始中心选择。K 均值对初始中心的选择非常敏感，不同的初始中心可能导致不同的聚类结果。（2）确定 K 值。选择合适的 K 值（簇的数量）是一个重要的问题，常用的方法包括肘部法（elbow method）、轮廓系数（silhouette coefficient）等。（3）数据标准化。由于 K 均值使用欧几里得距离来衡量相似性，因此数据的尺度和单位会影响聚类结果。对数据进行标准化或归一化处理是必要的。（4）数据分布。K 均值假设簇是球形且大小相似，因此不符合这一假设的数据分布效果不佳。需要事先了解数据的分布特性。

　　本方法的不足和弊端包括：（1）K 均值对离群点非常敏感，离群点可能会严重影响簇中心的计算，从而影响聚类结果。可以考虑在预处理过程中去除离群点或使用健壮的聚类算法。（2）K 均值假设簇是球形且大小相似，对于非球形的簇效果不佳。（3）K 均值需要事先指定簇的数量 K，对于一些不知道簇数量的实际问题，这可能是一个挑战。（4）由于 K 均值使用迭代优化方法，可能收敛到局部最优解而非全局最优解。多次运行 K 均值并选择最优结果是一种常见的应对策略。（5）K 均值是硬聚类算法，每个样本只能属于一个簇。对于一些需要软聚类（即一个样本可以属于多个簇）的应用，K 均值不太适用。

　　以下是基于模拟生成的二维数据的 K 均值聚类算法的 Python（版本为 3.11.4）代码实现，其中采用了 NumPy（版本为 1.24.3）和 Scikit-Learn（版本为 1.3.0）代码库。代码中设置聚类个数为 3，创建了一个 KMeans 模型类并进行训练，最终得出聚类中心的位置和每个样本点所属的类别。

```python
import numpy as np
from sklearn.cluster import KMeans

# 生成示例数据
np.random.seed(42)
X = np.random.rand(100, 2)

# 设置聚类的数量
n_clusters = 3

# 创建 KMeans 模型
```

```
kmeans = KMeans(n_clusters = n_clusters, random_state = 42)
#训练模型
kmeans.fit(X)

#获取聚类结果,包括每个样本的预测类别 labels 及各个聚类中心点的位置 centroids
labels = kmeans.labels_
centroids = kmeans.cluster_centers_
```

四、文本层次聚类

文本层次聚类是一种应用于自然语言处理和信息检索领域的技术，用于将大量文本数据（如文档、文章、评论等）分组，并揭示文本数据之间的层次结构。通过这种方法，可以发现文本数据中的层次化聚类关系。

文本层次聚类的过程通常包括以下几个步骤：（1）特征提取。将文本数据转换为数值形式，即文本表示。（2）选择合适的相似度度量方法，并计算所有文本向量之间的相似度矩阵。常见的包括余弦相似度、欧氏距离和杰卡德相似度等。（3）根据相似度矩阵，选择合适的层次聚类算法（如自下而上的凝聚层次聚类或自上而下的分裂层次聚类），逐步合并或分裂文本簇，生成层次结构。这里凝聚层次聚类是指从每个文本开始，逐步合并最相似的文本或文本簇，直到所有文本被合并到一个簇。分裂层次聚类是从包含所有文本的一个簇开始，逐步将簇分裂成更小的簇，直到每个簇只包含一个文本。（4）使用树状图或其他可视化方法展示聚类结果，同时分析和解释不同层次上的聚类结果，发现文本数据中的层次化聚类关系。

总体而言，文本层次聚类的优点是具有直观性，生成的树状图能够直观地展示文本数据的层次结构，且不需要预先指定聚类的数量。它的缺点是计算复杂度高，尤其是面对大规模文本数据集，计算相似度矩阵和聚类过程可能会非常耗时，且对噪声和异常点较为敏感，容易受其影响而产生错误的聚类结果。

以下是基于模拟生成的二维数据的层次聚类算法的 Python（版本为 3.11.4）代码，其中采用了 NumPy（版本为 1.24.3）、Scikit-Learn（版本为 1.3.0）和 Scipy（版本为 1.10.1）代码库。代码中设置聚类个数为 3，采用 Agglomerative Clustering 类创建模型，训练模型并预测每个样本的类别。

```
import numpy as np
from sklearn.cluster import AgglomerativeClustering
from scipy.cluster.hierarchy import dendrogram, linkage

#生成示例数据
np.random.seed(42)
X = np.random.rand(100, 2)
```

```
# 创建层次聚类模型
cluster = AgglomerativeClustering(n_clusters = 3, affinity = 'euclidean', linkage = 'ward')

# 训练模型并获取每个样本点的聚类结果
labels = cluster.fit_predict(X)
```

五、主题模型

主题模型是文本分析领域中用于发现大量文档集合中隐藏主题的一种统计模型。它们能够帮助我们理解文档集中的主要话题，并将文档集合中的每篇文档表示为多个主题的混合，同时每个主题被表示为一系列关键词的组合。主题模型的一个关键假设是文档中的每个词都是由一个隐含的主题生成的。这种模型可以无监督地从文本数据中学习主题的表示，广泛应用于文档分类、文本聚类、信息检索、知识管理和内容推荐系统等领域。

目前，最常用的主题模型是潜在狄利克雷分配（LDA）主题模型。它是基于贝叶斯模型的主题模型，其中引入了先验分布来描述文档-主题和主题-词汇的分布，能够将每个文档表示为一组主题的混合，同时每个主题可以被表示为一组词的混合。

以下是使用 gensim 库（版本为 4.3.2）对主题模型进行训练和推理的代码样例。

```
import gensim
from gensim import corpora
from gensim.models.ldamodel import LdaModel

# 准备文档
documents = ["人工智能是未来的大趋势", "深度学习推动了人工智能的快速发展",
  "自然语言处理是人工智能的一个重要分支", "机器学习和深度学习是人工智能领域的两个核心技术", "人工智能在医疗、金融、教育等多个领域都有应用"]

# 文档预处理
texts = [[word for word in document.lower().split()]for document in documents]

# 创建字典
dictionary = corpora.Dictionary(texts)

# 创建语料库
corpus = [dictionary.doc2bow(text) for text in texts]

# 训练 LDA 模型
lda_model = LdaModel(corpus = corpus, id2word = dictionary, num_topics = 3, random_state = 100,
update_every = 1, chunksize = 100, passes = 10, alpha = 'auto', per_word_topics = True)
```

```
#展示主题
topics = lda_model.print_topics(num_words = 4)
for topic in topics:
    print(topic)


#对新文档进行主题推理
new_doc = "深度学习在图像识别领域取得了巨大成功"new_doc_preprocessed = new_doc.lower().
split()
new_doc_bow = dictionary.doc2bow(new_doc_preprocessed)
new_doc_distribution = lda_model.get_document_topics(new_doc_bow)
print(new_doc_distribution)
```

值得注意的是，LDA 主题模型具有以下不足：（1）对长文本效果有限。LDA 在处理长文本时可能效果不佳，因为长文本的主题分布可能更加复杂多样。这种情况可以考虑将长文本划分为段落或句子来进行建模。（2）对短文本效果有限。LDA 在处理短文本时也存在不足，因为短文本中词语的稀疏性较高，难以准确捕捉主题分布。可以考虑将短文本聚合成较长的文档来进行建模。（3）对词序信息的忽略。LDA 假设词语是独立同分布的，忽略了词序信息。

六、前馈神经网络（FNN）

（一）基本概念

深度神经网络（Deep Neural Network，DNN）是机器学习的一种算法，它们受人脑工作原理的启发，能够通过模拟大量层次化的处理单元进行复杂的信息处理任务。深度学习（Deep Learning，DL）是利用 DNN 作为参数模型，通过梯度下降等方法学习数据的高层特征。

FNN 是 DNN 最基本的形式，其关键特点包括：（1）层次结构。DNN 包含多个处理层，每一层由许多神经元组成。数据在网络中流动时，每一层都会对信息进一步抽象和组合，例如引入线性或非线性变换。（2）连接权重。每个神经元与其他神经元通过连接关系相互作用，每个连接都有相应权重，这些权重在学习的过程中不断调整以最小化预测误差，而在预测和推理过程中保持不变。（3）激活函数。神经元通常会采用一个非线性的激活函数来决定是否以及如何向下一层神经元传递信号，函数的非线性保证了神经网络具有强大的表示能力，而不会退化为线性变换。

（二）应用

FNN 在许多领域都有广泛的应用。在文本分析领域，通过 FNN 可以直接输入单词、句子或文档的表征，完成各种分类或回归预测任务，例如对新闻或情感进行分类。当数据量充足时，其效果通常好于基于文本表征的传统机器学习方法。

以下是基于 PyTorch（版本为 2.3.0）构建和训练前馈神经网络的代码示例，其为一个简单的三层 FNN，并采用 PyTorch 的标准化训练流程在三分类问题的仿真数据上进行训练。

```python
import torch
import torch.nn as nn
import torch.optim as optim
from torch.utils.data import DataLoader, TensorDataset
import numpy as np

#定义网络结构
class NeuralNet(nn.Module):
    def __init__(self, input_size, hidden_size1, hidden_size2, num_classes):
        super(NeuralNet, self).__init__()
        self.fc1 = nn.Linear(input_size, hidden_size1)
        self.relu = nn.ReLU()
        self.fc2 = nn.Linear(hidden_size1, hidden_size2)
        self.fc3 = nn.Linear(hidden_size2, num_classes)

    def forward(self, x):
        out = self.fc1(x)
        out = self.relu(out)
        out = self.fc2(out)
        out = self.relu(out)
        out = self.fc3(out)
        return out


input_size = 10 #假设输入数据维度是10
hidden_size1, hidden_size2 = 50, 50 #第一个和第二个隐含层的大小
num_classes = 3 #我们要解决的是一个三分类问题
batch_size, learning_rate, num_epochs = 64, 0.001, 20


#生成一些伪数据来模拟训练和测试数据集,可根据需要替换为真实数据
x_train = torch.randn(600, input_size)
y_train = torch.randint(0, num_classes, (600,))
x_test = torch.randn(100, input_size)
y_test = torch.randint(0, num_classes, (100,))
train_dataset = TensorDataset(x_train, y_train)
test_dataset = TensorDataset(x_test, y_test)
train_loader = DataLoader(dataset = train_dataset, batch_size = batch_size, shuffle = True)
test_loader = DataLoader(dataset = test_dataset, batch_size = batch_size, shuffle = False)


model = NeuralNet(input_size, hidden_size1, hidden_size2, num_classes)
```

```
#损失函数和优化器
criterion = nn.CrossEntropyLoss()
optimizer = optim.Adam(model.parameters(), lr = learning_rate)

#训练模型
for epoch in range(num_epochs):
    for i, (inputs, labels) in enumerate(train_loader):
            #前向传播
            outputs = model(inputs)
            loss = criterion(outputs, labels)
            #反向传播和优化
            optimizer.zero_grad()
            loss.backward()
            optimizer.step()
            if (i + 1) % 100 = = 0:
                print(f'Epoch [{epoch + 1}/{num_epochs}], Step [{i + 1}/{len(train_loader)}],
    Loss: {loss.item():.4f}')

#测试模型
model.eval()
with torch.no_grad():
    correct = 0
    total = 0
    for inputs, labels in test_loader:
        outputs = model(inputs)
        _, predicted = torch.max(outputs.data, 1)
        total + = labels.size(0)
        correct + = (predicted = = labels).sum().item()

    print(f'Accuracy of the network on the 100 test images: {100 * correct / total}%')
```

这段代码首先定义了一个简单的 CNN 结构 NeuralNet，它包含两个全连接隐含层 fc1 和 fc2，每个隐含层后面跟着一个 ReLU 激活函数，同时含有一个输出层 fc3。我们采用交叉熵损失函数 CrossEntropyLoss，并使用 Adam 优化器进行参数优化。这里使用随机生成的训练和测试样本，每个样本包括一个输入向量 x 和一个标签 y，并定义了训练和测试用到的 Dataloader。在训练过程中，整个数据集遍历 num_epochs 次，我们采用 loss.backward() 和 optimizer.step() 来计算反向传播的梯度并更新参数，并采用 optimizer.zero_grad() 在初始和每次更新后清空当前的梯度值。在测试过程中，我们采用输出层向量最大值的位置作为分类结果进行预测。如果把 input_size 看作句子或文本的表示向量的维度，那么这套代码可以用于实现文本分类任务。

包括 FNN 在内的神经网络模型的主要缺点是缺乏可解释性，难以解释其决策过程和内部表示。这使得其难以应用于某些对透明度要求较高的应用场景（如医疗、金融）。

七、Transformer 模型

Transformer 模型是一种基于自注意力机制（self-attention mechanism）的深度学习模型，它在 2017 年由瓦斯瓦尼（Vaswani）等人在论文中首次提出。[①] 其核心思想是引入了基于多层自注意力机制和残差连接的编码器和解码器结构，并且通过位置编码来标记和区分 token 在序列中的位置。Transformer 模型标志着从以往依赖于 RNN 和 CNN 的 NLP 技术向基于注意力机制的模型的转变，极大地提升了处理语言任务的效率和效果。

（一）Transformer 模型的整体架构

Transformer 模型由编码器和解码器组成，每个部分都是由多层相同结构的层（layer）堆叠而成。其中编码器由多个编码器层堆叠而成，每层主要包含自注意力机制和 FNN。编码器负责处理输入序列，将其转换为连续的表示，这些表示包含了输入序列中的每个元素与其他元素之间的关系信息（见图 4-2）。在采用解码器时，需要在多头注意力部分引入单向注意力掩码，使得左边的词元无法注意到右边的词元。解码器同样由多个解码器层构成，但在自注意力机制和 FNN 之外，还引入了编码器-解码器交叉注意力机制，使得解码器在生成输出序列的每一步都能够利用到编码器的全部输出。此外，解码器可作为单向语言模型独立使用，例如 GPT 等架构。

自注意力机制允许模型在处理一个序列的每个元素时，同时考虑序列中的其他元素，从而捕获元素之间的内部依赖关系。这一机制通过计算每个元素对序列中其他元素的"注意力"分数来实现，使得模型能够动态地聚焦于重要的信息。

（二）Transformer 模型的不足之处

Transformer 模型具有极强的序列建模能力，并且相对于传统的 RNN，能够更好地实现基于 GPU 的并行计算。然而，Transformer 模型仍然存在以下不足之处：（1）计算复杂度高。Transformer 模型的计算复杂度较高，尤其是在处理长序列时，注意力机制的计算复杂度为 $O(n^2)$，其中 n 是序列长度。这导致在处理长文本时，计算资源和时间消耗较大。（2）内存占用大。Transformer 模型的内存占用较大，特别是在长序列处理和大批量处理时。需要高性能的计算资源（如 GPU）来支持训练和推理。（3）对数据依赖强。Transformer 模型对大规模高质量数据的依赖较强。在数据不足或数据质量较差的情况下，模型性能可能不及预期。

（三）实践应用中的软件和工具

在实践应用中，Transformer 模型通常可以采用 PyTorch、Tensorflow 等框架进行实现。由于模型代码较为冗长，在此不详细列出。具体模型结构及基本训练方法的相关代码

---

① VASWANI A，SHAZEER N，PARMAR N，et al. Attention is all you need [J]. Advances in neural information processing systems，30，2017.

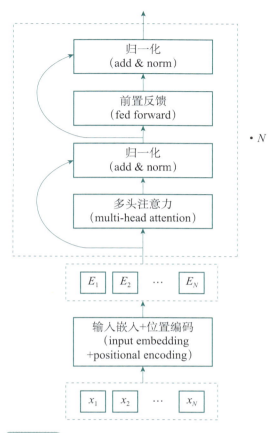

图 4 - 2　Transformer 编码器基本结构示意图

可以参考 Github 上的原始代码，通常可以采用嵌套的方式对不同层级的模块进行编码和调用。此外，由于文本分析中采用的 Transformer 模型结构参数量较大，一般主流模型具有一亿以上的浮点型参数，因此训练过程通常需要采用 GPU 进行大规模的矩阵运算。

八、预训练语言模型

预训练语言模型（pre-trained language model）是一种自然语言处理技术，其基本思想是在大量未标注文本数据上进行训练，使其能够理解自然语言的语法、语义和上下文信息，从而在各种自然语言处理任务中具有广泛的应用前景。预训练语言模型通常采用 Transformer 模型结构以保证强大的表示能力和长序列建模能力，最为常用的模型包括 BERT（bidirectional encoder representation from transformers）和 GPT（generative pre-trained transformer）。

其中 BERT 采用 Transformer 模型的编码器结构，可以采用双向预训练的方式，其每一个 token 可以同时注意到两侧的所有 token，常用于判别类任务（见图 4 - 3）。BERT 的预训练包括两个主要任务：（1）掩码语言模型（MLM）。随机掩盖一部分输入词，然后让双向 Transformer 模型根据其他的词来预测这些被掩盖的词语，通过预测的交叉熵损失来训练模型以获得上下文理解能力；（2）下一句预测（next sentence prediction）。训练双向 Transformer 模型，使其判断输入中随机拼接的两个句子是否是连续的文本，以此来帮助模型理解句子间的关系。预训练的 BERT 模型在经过下游任务微调之后可用于文本分类、回归预测、序列标注、实体识别等判别类任务。

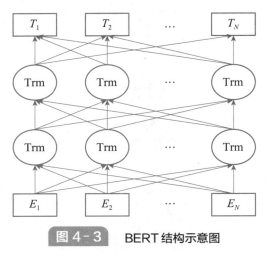

图 4 - 3　BERT 结构示意图

而 GPT 仅仅采用 Transformer 模型的解码器结构，为单向语言模型，即每一个 token 只能注意到其之前的 token，常用于生成式任务（见图 4 - 4）。GPT 的预训练主要是基于语言模型的任务，即给定一系列词语，模型需要预测下一个词是什么，并通过预测的下一个词与实际下一个词的交叉熵损失来更新模型参数。经过语言模型预训练的 GPT 能够实现各种文本生成类任务。它可以通过每次将预测的下一个词添加到输入文本，并基于已有文本依次预测下一个词来，最终生成一句话、一段文本甚至一篇文章，这样的过程也被称为自回归生成（autoregressive，AR）。为了更好地完成特定的文本生成任务，例如文本摘要、问答、对话等，往往还需要基于下游任务相应的数据集对预训练 GPT 模型进行有监督微调。

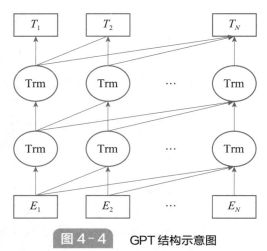

图 4 - 4　GPT 结构示意图

此外，用于单向建模的预训练模型还包括 BART、T5 等，用于双向建模的预训练模型还包括 Reformer、Longformer、Bigbird 等。此外，一些预训练模型结合单向建模和双向建模的优势，可以直接用于生成类任务，如 XLNet、GLM 等。目前主流的中小型预训练语言模型的训练和微调代码往往可以在 Github 上找到开源版本，且其预训练模型文件可以从 Huggingface 或其镜像平台上下载。

九、生成式大语言模型

（一）基本原理

近两年以 ChatGPT 和 GPT-4 为代表的生成式大语言模型受到广泛的关注，这些模型不仅能够以对话的形式实现各种 NLP 任务，而且能以较高的分数完成一系列大学科目的考试、律师资格考试、执业医师考试等相对专业的任务。在写作和计算机编程等任务中，采用基于生成式大语言模型的人机协同可以更快、更高质量地完成相应的任务。这类大语言模型通常是基于超大参数量的 Transformer 解码器架构，并且其预训练过程需要借助海量的语料，训练过程需要依赖强大的计算设备。

在参数规模方面，已有实验研究表明，随着预训练语言模型参数量的增加，大模型出现了一些规模较小的模型所不具备的能力，例如基于思维链的多步推理能力（chain of thought，CoT）、上下文学习能力（in-context learning）等，被概括为大模型的涌现能力。[①] OpenAI 于 2020 年发布的 GPT-3 参数量达到 1 750 亿，而 2023 年 4 月发布的 GPT-4 具有约 1.8 万亿参数。在训练语料方面，需要采用通用领域数据，如网页、图书、新闻、对话文本数据，以及专业数据，包括多语言数据、科学文本数据、代码及领域特有资料等。据公开资料，GPT-3 采用训练数据量达到 3 000 亿词元，而 2023 年 Meta 发布的开源大模型 LLAMA－2 训练数据量则达到 20 000 亿词元。[②]

在算力需求方面，大模型的预训练往往需要采用基于 GPU 服务器集群的大规模分布式并行计算。例如与 GPT-3 参数量相当的 OPT 模型采用大约 1 000 张 Nvidia A100 80G GPU，整体训练时间达两个月。

生成式大语言模型的训练主要包括数据准备、语言模型预训练、有监督微调、基于用户反馈的强化学习、模型评估和迭代五个阶段。

第一个阶段是数据准备阶段，涉及数据收集、质量过滤、冗余去除、隐私消除、词元切分等步骤。实验表明，采用相对少量高质量的数据训练模型的效果往往比同量高质量数据混入大量低质量数据训练模型的效果要好。与此同时，重复的数据也可能会影响训练的效果。因此，数据量、数据质量和数据多样化程度均是训练数据准备时所需要考虑的。另外，指令微调阶段的数据准备还涉及指令生成、人工标注、提示词工程等。

---

① KAPLAN J，MCCANDLISH S，HENIGHAN T，et al. Scaling laws for neural language models ［J］. arXiv preprint arXiv：2001.08361，2020.

② BROWN T，MANN B，RYDE N，et al. Language models are few-shot learners ［J］. Advances in neural information processing systems，2020.33：1877－1901；TOUVRON H，MARTIN L，STONE K，et al. Llama 2：open foundation and fine-tuned chat models ［J］. arXiv：2307.09288.

第二个阶段是语言模型预训练阶段，即采用海量语料训练一个高参数量的生成式语言模型，通过下一词预测充分提升模型的语言理解能力。事实上，通过学习对下一个词的精准预测，模型能够很好地掌握实体之间的关联，进而构建世界知识。例如，如果模型能够很准确地预测"中国""的""首都""是"的下一个词"北京"，那么模型需要对"中国""首都"等实体建立一定的理解能力。通过海量的下一词预测任务的预训练，模型将逐渐构建起关于世界的知识体系。通常预训练阶段包括文本数据的预训练，也包括代码数据的预训练。实验表明，在预训练阶段引入代码数据可以有效提高大模型的逻辑推理能力。由于大语言模型预训练计算量非常庞大，且模型参数量通常达到百亿甚至千亿量级，因而通常需要同时采用数据并行和模型并行进行大规模分布式计算。

第三个阶段是有监督微调阶段，又称指令微调阶段，是基于经过预训练的语言模型，采用基于提示词模板的下游任务标注数据进行进一步的微调，使其具备根据用户指令完成特定语言生成任务的能力。提示词模板的一些示例如图 4-5 所示。其中指令或提示词模板可以通过手动构建，也可以通过大模型自动生成。通常认为大模型在预训练阶段已经学习到了海量的世界知识，而有监督微调能够激发模型的潜能，使得模型可以利用已有的知识完成各类生成任务。因此，监督微调能够采用相对较少的下游任务数据进行微调，并在相应任务下取得比较好的生成效果及泛化能力。

请将以下内容总结称一段摘要："""[原文]""" <sep> [摘要标签]
把以下内容翻译成中文："""[英文原文]""" <sep> [中文翻译]
[特定事件介绍] 我对此感到 [心情]
全球最大的歌剧院在哪里？<sep> [地点]

图 4-5　提示词模板的一些示例

在训练时，可以填充图 4-5 的中括号里的内容，然后通过从<sep>开始的每个 token 的下一词预测进行学习。在推理时可以输入<sep>左边的部分，再由模型通过自回归方法生成右边中括号里的内容。

第四个阶段是基于用户反馈的强化学习。在模型的预训练和有监督微调完成后，模型对于一系列包含提示词的输入样例生成的输出结果会被展示给人类评估者。这些评估者会根据输入的指令或提示词，对模型的输出结果进行多维度的评价和反馈。这些反馈可以是对输出结果质量的评分，也可以对多个输出结果的排序，或者是对每一对输出结果的比较。其中涉及的维度通常包括事实一致性、通顺性、有用性、安全性等。根据大量输入（指令）、输出和评估结果的信息，可以训练一个奖励模型，能够自动对训练的模型的输出进行单维度或多维度的评分。通常采用具有较强语义理解能力的预训练语言模型，例如一个小型的生成式或判别式预训练语言模型，并在评估数据上进行微调，就可以得到奖励模型。有了奖励模型，我们可以对大模型的输出进行反馈，并基于反馈信号，采用近端策略优化（PPO）等强化学习方法进行参数更新，从而提升模型输出高质量并符合用户预期的信息的能力。

第五个阶段是模型评估和迭代。在这一阶段，可以采用人工评测等方法，构建一系列评估数据，对模型的通用能力、在特定场景中的能力或下游任务所关注的能力进行多维度的评估。通用能力评估包括考查模型的安全性、事实一致性、推理能力、数学能力、代码能力等。为了能够在具体下游场景落地，通常还需要对具体应用场景下的使用效果进行评估，其中涉及构建专有应用场景评测数据集以评测、收集真实用户的使用反馈等。对于评测中出现的各类低质量样例，可以收集起来进行分析，通过经验判断和理论分析等方法，找到可能出现问题或需要提升的环节（包括数据清洗、指令数据集构建、数据配比、数据格式、训练方法、训练参数设定等），并进行纠正。在多次迭代之后，尽可能使得模型评估结果达到应用标准。

另外，大语言模型可以采用思维链、外部工具调用、检索增强、长序列适配、多智能体协作等方法来增强模型的能力。截至 2025 年 3 月，国外除了 OpenAI 的 GPT–4.5，谷歌的 Gemini–2.0 和 xAI 的 Grok–3 等也取得了相当好的效果，国内头部的大模型包括深度求索的 DeepSeek、月之暗面的 Kimi、字节跳动的豆包、阿里巴巴的通义千问和华为的盘古大模型等。国内外很多家公司已经开源了自己的大模型，可以供用户下载、微调和部署，包括 Meta 的 LLAMA 系列、阿里的通义系列、深度求索的 DeepSeek–R1 等。

（二）实践应用

1. 高效微调

总体而言，由于大语言模型训练技术较为庞杂，涉及较多的工程细节和底层系统优化，且对计算设备和数据规模要求较高，通常只有资金雄厚的企业或实验室才有能力进行模型的预训练和大规模有监督微调。计算资源有限的普通研究者可以借助 DeepSpeed 等框架和 LoRA 等高效微调技术在特定领域数据集上进行小规模有监督微调。其基座模型可以选用开源的 LLAMA 系列模型、GPT 系列模型、通义模型、百川大模型及 Chat-GLM 等，多数开源模型可以从 Huggingface 等平台下载。主流的高效微调算法在 github 上均有开源版本。

2. API 接口调用

基于已有模型的研究和使用，除了可以使用网页版或手机应用版的模型以外，也可以在程序中调用 API 接口实现自动化的数据处理。例如要在 Python 中调用 GPT-4 的 API 接口，我们需要通过 OpenAI 提供的 API 进行操作。以下是一个简单的步骤指导，其他开放 API 的语言模型也可以通过类似的方式进行调用。

（1）获取 API 密钥。我们需要在 OpenAI 官网注册并获取 API 密钥，这个密钥将用于验证用户的请求。

（2）安装 OpenAI Python 库。可在终端界面输入 pip install openai 进行安装。

（3）使用 API 密钥调用 GPT-4 API。在安装了 OpenAI 库之后，可以使用下面的 Python 脚本来调用 GPT-4 API。这里需要将 your_api_key 替换为我们实际的 API 密钥。

这段代码首先导入 openai 库，然后设置 API 密钥。openai.Completion.create 函数用于发送请求到 GPT-4 API，其中 engine 参数指定了使用的模型（在这个例子中使是 GPT-

4)，prompt 是我们提供给模型的提示文本，而 max_tokens 指定了生成文本的最大长度。程序可以根据提示文本生成 GPT-4 相应的回复。

```
import openai

#设置你的 API 密钥
openai.api_key = 'your_api_key'

#调用 GPT-4 API
response = openai.Completion.create(
    engine = "gpt-4", #确保使用正确的引擎名称
    prompt = "这是一个测试提示,GPT-4 会根据这个提示生成文本.",
    max_tokens = 100
)

#打印出生成的文本
print(response.choices[0].text.strip())
```

第3节　文本分析的常用指标与计算方法

在使用机器学习方法进行文本分析时，我们常常需要引入定量指标来对模型的实际效果进行评估，从而帮助我们更好地理解、对比、选择和改进模型。这一节分别介绍文本分析中分类任务、回归任务、文本生成的相关评估指标。

一、分类任务评估指标

分类任务是指将输入样本分为不同的类别或标签的机器学习任务。文本分析中的分类任务包括新闻分类、情感分析、词性标注等。在评估分类模型时，常常需要对比模型预测的类别和真实类别的关系。我们使用混淆矩阵（confusion matrix）对预测结果和实际情况进行对比，如表 4-1 所示。其中 TP（true positive，真阳性）表示被模型预测为正的正例样本，FP（false positive，假阳性）表示被模型预测为正的反例样本，FN（false negative，假阴性）表示被模型预测为反的正例样本，TN（true negative，真阴性）表示被模型预测为反的反例样本。

表 4-1　混淆矩阵

实际情况	预测结果	
	正例	反例
正例	TP	FN
反例	FP	TN

根据混淆矩阵，我们可以定义准确度、精确率、召回率、$F1$ 值等评估指标。

准确度（accuracy，A）为分类模型预测正确的样本占全部样本的比例。计算公式如下：

$$A = \frac{TP + TN}{TP + FN + FP + TN} \tag{4-4}$$

精确率（precision，P）为分类模型预测是正例的结果中确实是正例的比例。计算公式如下：

$$P = \frac{TP}{TP + FP} \tag{4-5}$$

召回率（recall，R），也称查全率，指在所有正样本中被正确预测的样本比例。计算公式如下：

$$R = \frac{TP}{TP + FN} \tag{4-6}$$

$F1$ 值（F1-score）为精确率和召回率的调和平均值。计算公式如下：

$$F1 = \frac{2 \cdot P \cdot R}{P + R} \tag{4-7}$$

以下是在 Python 环境下（版本为 3.11.4），采用 scikit-learn 计算混淆矩阵和相关指标的代码示例。

```python
import numpy as np
from sklearn.metrics import confusion_matrix, ConfusionMatrixDisplay
from sklearn.metrics import accuracy_score, precision_score, recall_score, f1_score

#假设有一些真实标签和预测标签
y_true = [0, 1, 0, 1, 0, 1, 1, 0, 0, 1]#真实标签
y_pred = [0, 0, 0, 1, 0, 1, 0, 0, 0, 1]#预测标签

#计算混淆矩阵
cm = confusion_matrix(y_true, y_pred)

print("Confusion Matrix:")
print(cm)

accuracy = accuracy_score(y_true, y_pred)
precision = precision_score(y_true, y_pred)
recall = recall_score(y_true, y_pred)
f1 = f1_score(y_true, y_pred)

print(f"Accuracy: {accuracy}")
print(f"Precision: {precision}")
print(f"Recall: {recall}")
print(f"F1 Score: {f1}")
```

二、回归任务评估指标

回归任务是指根据输入样本预测连续数值的机器学习任务。文本分析中常见的回归任务包括情感强度预测、作文评分、可信度评估等。回归模型主要的评估指标包括均方误差、均方根误差、平均绝对误差、平均绝对百分比误差等。以上指标的计算通常可以直接由 Python 等编程语言来实现。

三、文本生成常用指标

(一) ROUGE 分数

文本摘要中常采用 ROUGE (recall-oriented understudy for gisting evaluation，面向召回率的要点评估) 评估方法。该方法通过比较模型生成的候选摘要和参考摘要之间的重叠程度来衡量生成摘要的准确性。常用 ROUGE 分数包括 ROUGE-N 和 ROUGE-L。

ROUGE-N 衡量自动生成的摘要与参考摘要之间的 N-gram 重叠度。这里的 N 指的是连续的单词序列（例如，N=1 时为单个单词，N=2 时为两个连续单词）。ROUGE-N 主要关注的是精确度和召回率，其中精确度是指正确预测的 N-gram 数量占自动生成摘要中 N-gram 总数的比例，召回率是指正确预测的 N-gram 数量占参考摘要中 N-gram 总数的比例。ROUGE-L 是基于最长公共子序列（LCS）的评价方法。它不要求连续序列的匹配，而是计算标准摘要与候选摘要之间的最长公共子序列，因此无须定义 N-gram 的长度超参数。

ROUGE 分数广泛应用于自动文本摘要和机器翻译的评估中。通过与人工编写的参考摘要进行比较，研究人员和开发者可以评估他们的系统在信息捕捉和表达上的性能。尽管 ROUGE 评估方法提供了一个有用的框架来评价摘要的质量，但它也有局限性，例如不能完全捕捉摘要的流畅性和可读性等方面。因此，ROUGE 评估方法通常与人类评估和其他自动评估方法结合使用，以全面评价自动摘要的质量。ROUGE 分数可以通过 Python 中的代码库如 rouge_score 或 rouge 获取。以下是 Python（版本为 3.11.4）环境下基于 rouge 库（版本为 1.0.1）计算 ROUGE 分数的示例代码，这里采用 jieba 库（版本为 0.42.1）进行中文分词。

```python
from rouge import Rouge
import jieba

#假设有两个中文文本,一个是生成的文本,一个是参考文本
generated_text = "猫在垫子上."
reference_text = "猫在垫子上玩耍."

#使用 jieba 进行分词
generated_tokens = " ".join(jieba.cut(generated_text))
reference_tokens = " ".join(jieba.cut(reference_text))
```

```
# 创建 ROUGE 评分器
rouge = Rouge()

# 计算 ROUGE 分数
scores = rouge. get_scores(generated_tokens, reference_tokens)


print(scores)
```

（二）BLEU 分数

BLEU（bilingual evaluation understudy）分数是一种广泛用于机器翻译质量评估的指标，也被应用于其他文本生成任务中，如文本问答和自动摘要。BLEU 评估的核心是测量机器生成文本与一个或多个参考文本之间的 N-gram 重叠度，从而评估生成文本的质量。与 ROUGE 分数关注生成文本的召回率不同，BLEU 分数主要关注的是生成文本的精确率，即模型生成的词汇有多少出现在了参考文本中。

以下是 Python（版本为 3.11.4）环境下基于 nltk 自然语言处理工具包（版本为 3.8.1）计算 BLEU 分数的示例代码，这里采用 jieba（版本为 0.42.1）进行中文分词。

```
import jieba
import nltk
from nltk. translate. bleu_score import sentence_bleu


# 假设有两个中文文本,一个是生成的文本,一个是参考文本
generated_text = "猫在垫子上."
reference_text = "猫在垫子上玩耍."


# 使用 jieba 进行分词
generated_tokens = list(jieba. cut(generated_text))
reference_tokens = [list(jieba. cut(reference_text))]


# 计算 BLEU 分数
bleu_score = sentence_bleu(reference_tokens, generated_tokens)


print("BLEU score:", bleu_score)
```

（三）人工评测方法

在文本分析领域，人工评测方法是评估 NLP 系统输出质量的重要手段。相比自动评估方法，人工评测方法通常能更准确地反映生成文本的可读性、相关性、准确性和流畅性等方面，尤其是在处理语义复杂性和细微差别时更为有效。以下是一些常见的人工评测方法。

（1）人工打分。在这种方法中，评估者会根据预先定义的标准给生成的文本打分。这些标准可能包括流畅性、相关性、准确性等。打分通常基于一个固定的评分标准，如 1～5 分量表或 1～10 分量表。这种方法简单直接，易于实施，但可能受到评估者主观偏见的影响。

（2）成对比较。在成对比较中，评估者会比较两个系统生成的文本的质量或一个系统生成的文本与一个参考文本的质量。评估者需要决定哪一个文本更好。如果它们质量相当，可以判定为平局。这种方法有助于减少评估的主观性，特别是当评估标准难以量化时。

（3）排序。与成对比较类似，评估者根据质量对多个文本进行排序。这种方法适用于比较多个系统的输出结果，可以提供关于不同系统性能的直观理解。排序可以明确哪些系统在特定任务上表现更优，但进行排序可能比成对比较更耗时。

（4）错误分析。错误分析涉及对生成文本中的错误进行详细分析，包括错误的类型、原因和频率。这种方法不仅有助于评估系统的整体性能，还能提供改进系统的具体指导。错误分析通常需要评估者对任务有深入的理解。

（5）任务基准测试。在某些情况下，可以通过观察用户在执行特定任务时使用生成文本的效率和效果来进行评估。例如，在机器翻译的评估中，可以让专业的翻译人员对机器翻译的结果进行编辑，并记录完成任务所需的时间和修改的数量。

人工评测方法的主要优点是能够提供对生成文本质量的直观和细致的评价，尤其是在评估文本的语义和语用层面时。然而，这种方法也有其局限性，包括评估成本高、耗时长、可能的评估者偏见以及结果的可重复性问题。因此，在实际应用中，人工评测通常与自动评估方法结合使用，以达到更全面和准确的评估效果。

第 4 节　文本分析在经济管理研究中的应用

前面介绍了文本分析的基本原理、当前主流的机器学习算法以及相关的评价指标。事实上，文本分析在经管类学科中的应用非常广泛，这一节重点介绍文本分析在经济管理研究各个领域中的应用，并结合一些文献进行说明。

一、文本分析在战略管理领域的应用

在战略管理领域，文本分析的应用正日益受到研究者的关注。通过对组织内外部环境、公司战略、战略注意力、高管特质和战略沟通等方面的文本内容进行深入分析，我们能够揭示战略管理中的关键特征和影响因素，为组织的战略决策提供更深入的见解。以下是文本分析在战略管理中的五项关键应用。

（一）战略环境

组织的战略环境是组织赖以生存的根基，主要包括外部环境和内部环境。利用文本分析，学者们能够测量出组织的内外部环境的特征。例如：有学者通过对股票分析师报告进行文本分析，识别出企业外部环境中的竞争不确定性，探究了企业如何通过任命竞争对手 CEO 的朋友进入董事会来降低竞争不确定性给公司带来的影响。[①] 还有学者通过对公司内部文件、会议安排等进行文本分析，得出组织内部决策过程中的政治环境以及程序理性等因素，并由此探究了组织内部的决策环境对组织合作伙伴的价值创造和价值获取的影响。[②]

（二）公司战略

通过文本分析，学者们可以识别出不同类型的公司战略。例如，有学者通过对公司官网上的新闻报道进行文本分析，开发了测量企业探索式创新和利用式创新的测量工具，通过开发平衡探索和开发的动态视角，阐明双元性-公司绩效关系的偶然性，为战略管理文献做出了贡献。[③] 还有学者通过将主题建模应用于公司年度报告中的非结构化文本，创建了一个新的多维度量标准，可以捕捉多部门和单部门公司的多元化程度，并引入了一种新方法，将人类判断纳入机器学习模式的解释中，以衡量产品和地域等多个维度的多元化，为加深学者们对多元化-业绩关系的理解做出了贡献。[④]

（三）战略注意力

高管的战略注意力是影响企业业绩的重要资源，高管注意力会影响关键战略决策制定、指导企业应对外部挑战以及影响企业的能力发展。通过对企业年报、盈余电话会议、业绩说明会等文本内容进行分析，可以捕捉高管战略注意力的方向及范围。例如，有学者通过对 2008—2015 年 250 家标准普尔（S&P）500 指数公司的盈余电话会议文本进行分析，识别了包括联盟战略、顾客导向战略、利益相关者管理战略、财务及风险管理战略、低成本和效率导向战略、并购战略、新市场进入战略、资源和能力发展战略、社会战略等 13 种战略类型，并构建了测量高管战略注意力广度的文本分析工具，为揭示战略注意力、机会环境与公司业绩之间的关系提供了新的见解。[⑤]

（四）高管特质

高管的特质影响了其对环境信息的过滤及解读，进而影响了高管的战略选择，并最终影响组织结果。通过对盈余电话会议、业绩说明会、致股东信进行文本分析，可以广泛捕捉高管的性格倾向、情绪特征、认知水平等方面的特征。例如，有学者通过机器学

① WESTPHAL J D，ZHU D H. Under the radar：how firms manage competitive uncertainty by appointing friends of other chief executive officers to their boards [J]. Strategic management journal，2019，40（1）：79 - 107.

② OEVER K，MARTIN X. Fishing in troubled waters? strategic decision-making and value creation and appropriation from partnerships between public organizations [J]. Strategic management journal，2019，40（SP4）：580 - 603.

③ LUGER J，RAISCH S，SCHIMMER M. Dynamic balancing of exploration and exploitation：the contingent benefits of ambidexterity [J]. Organization science，2018，29（3）：449 - 470.

④ CHOI J，A MENON，TABAKOVIC H. Using machine learning to revisit the diversification-performance relationship [J]. Strategic management journal，2021，42（9）：1632 - 1661.

⑤ EKLUND J C，MANNOR M J. Keep your eye on the ball or on the field? exploring the performance implications of executive strategic attention [J]. Academy of management journal，2021，64（6）.

习，开发出测量高管大五人格的文本分析工具。① 还有学者通过对盈余电话会议进行文本分析，测量出 CEO 权利动机、成就动机和情感动机。②

（五）战略沟通

高管的战略沟通是管理认知能力的重要组成部分。高层管理者通常需要通过沟通说服内部和外部利益相关者以赢得他们的支持，因而战略沟通是高管最重要的技能之一。通过对致股东信、盈余电话会议等进行文本分析，可以捕捉高层管理者不同类型的沟通技巧。例如，有学者运用机器学习识别了五种不同的 CEO 沟通风格：高亢、严肃、戏剧性、冗长和忧郁。③ 还有学者运用计算机辅助式文本分析测量了 CEO 语言具体性，并由此探究了语言具体性对投资者的影响。④

二、文本分析在财务会计领域的应用

文本分析在财务会计领域的研究中正发挥着越来越重要的作用。随着大数据和人工智能技术的发展，文本分析被广泛应用于财务报告、企业公告、新闻报道、社交媒体内容等非结构化数据的解读，以提取有关公司财务状况、业绩表现、风险暴露、市场情绪等有价值的信息。以下是文本分析在财务会计领域研究中的三个主要应用方向。

（一）财务报告分析

通过对公司年报、季报中的管理层讨论与分析（MD&A）、脚注等文本内容的分析，研究人员可以挖掘出公司的财务健康状况、经营风险、未来发展前景等信息。文本分析可以帮助识别出财务报告中的积极或消极语气，进而评估公司的财务表现和风险水平。例如有学者运用证据策略和语料库语言学方法分析公司财务报表，以提高破产预测的准确性，并提出了一种基于证据策略分析的量化特征生成程序。实验表明，该方法有助于判断公司的财务状况。⑤

（二）欺诈检测

通过分析财务报告和相关公告中的文本信息，文本分析技术可以帮助识别潜在的财务欺诈行为。例如，异常的语言模式、隐藏的负面信息、不一致的描述等可能是财务不当行为的迹象。有学者提出了构建具有鲁棒性的反欺诈检测系统的原则，通过理论基础的语言特征和集成学习概念来构建分类器，并用这些分类器进行评估和鲁棒性测试。实

---

① HARRISON J S, et al. Measuring CEO personality: developing, validating, and testing a linguistic tool [J]. Strategic management journal, 2019, 40 (8): 1316-1330.

② SHI W, DESJARDINE M R. Under attack! CEO implicit motives and firm competitive responses following short seller activism [J]. Organization science, 2022, 33 (3).

③ CHOUDHURY P R, et al. Machine learning approaches to facial and text analysis: discovering ceo oral communication styles [J]. Strategic management journal, 2019, 40 (11): 1705-1732.

④ PAN L, et al. Give it to us straight (most of the time): top managers' use of concrete language and its effect on investor reactions [J]. Strategic management journal, 2018, 39 (8): 2204-2225.

⑤ NIEßNER T, GROSS D H, SCHUMANN M. Evidential strategies in financial statement analysis: a corpus linguistic text mining approach to bankruptcy prediction [J]. Journal of risk and financial management, 2022, 15 (10).

验表明语言特征和集成学习可以显著提高分类器的鲁棒性，并提高鲁棒反欺诈检测的效果。①

（三）信用评级和违约预测

通过分析公司的公开文本数据，如新闻报道、财务报告等，可以构建模型来预测公司的信用评级变化或违约风险。例如：有学者通过文本挖掘和机器学习工具，采用包括分类模型和主题模型等方法，证明了贷款申请文本中的信息可以有效预测借款人是否会违约。② 还有学者提出了一种考虑文本描述的 P2P 借贷信用风险评估模型，该模型提高了违约预测的准确性，有助于平台审批贷款和投资者做出投资决策。③

三、文本分析在市场营销领域的应用

文本分析在市场营销领域的应用同样广泛且深入，特别是在消费者行为分析、品牌管理、竞争情报、市场趋势预测等方面。以下是文本分析方法在市场营销领域研究中的五项主要应用。

（一）消费者情感分析

通过分析消费者在社交媒体、评论网站、论坛等平台上留下的文本数据，可以识别消费者对品牌、产品或服务的情感倾向（如正面、负面或中性）。这对于理解消费者满意度、优化产品和服务、提高客户体验至关重要。有学者通过文本挖掘、情感分析和路径分析，探讨了航空公司服务失误及其后续恢复措施对客户消费情绪、满意度和推荐可能性的影响。④

（二）品牌形象监测

文本分析可以帮助企业监测公众对品牌的看法和讨论，及时发现品牌形象可能受损的信号，从而采取相应的策略来维护或提升品牌形象。例如：有学者提出了一种新的品牌重要性度量方法——语义品牌得分（SBS），并通过社会网络和语义分析结合的方式计算文本数据得出品牌重要性。⑤ 还有学者通过采用了一种基于词典的方法对在线消费者评论的文本进行分析，揭示了品牌形象和品牌定位的文本层面信息，实验结果表明该方法能有效挖掘出情感和心理层面的品牌关联。⑥

---

① SIERING M，MUNTERMANN J，GRCAR M. Design principles for robust fraud detection：the case of stock market manipulations [J]. Journal of the association for information systems，2021，22（1）：4.

② NETZER O，LEMAIRE A，HERZENSTEIN M. When words sweat：identifying signals for loan default in the text of loan applications [J]. Social science research network，2017，56（6）：960 - 980.

③ ZHANG W，et al. Credit risk evaluation model with textual features from loan descriptions for P2P lending [J]. Electronic commerce research and applications，2020，42，100989.

④ XU X，LIU W，GURSOY D. The impacts of service failure and recovery efforts on airline customers' emotions and satisfaction [J]. Journal of travel research，2019，58（6）：1034 - 1051.

⑤ COLLADON A F. The semantic brand score [J]. Journal of business research，2018，88：150 - 160.

⑥ ALZATE M，ARCE-URRIZA M，CEBOLLADA J. Mining the text of online consumer reviews to analyze brand image and brand positioning [J]. Journal of retailing and consumer services，2022.

（三）市场趋势分析

通过分析新闻报道、行业报告、专业论坛和博客等文本内容，企业可以及时捕捉到行业趋势、消费者需求的变化以及新兴技术的发展动态，为产品开发和市场战略的调整提供依据。例如：有学者通过大数据增强的商业趋势识别，以移动商务为例，展示了如何利用文本挖掘和语义分析处理大量文档，以研究移动商务的商业趋势。[①] 还有学者通过文本预处理和情感挖掘分析预测房地产市场趋势和价值，揭示了情感对房地产市场的潜在影响，为预测房地产市场趋势和价值提供了新的视角。[②]

（四）竞争对手分析

文本分析方法可以应用于分析竞争对手的公开信息，如新闻稿、年报、社交媒体活动等，以了解其业务动态、策略变化和市场表现，帮助企业制定有效的竞争策略。例如有学者使用基于全局优化的文本摘要技术来分析竞争对手情报，并评估了使用各种基于全局优化的文本摘要技术自动生成的摘要在质量上的表现。[③]

（五）内容营销优化

通过分析目标受众对不同内容的反应，企业可以了解哪些主题、格式或风格最能吸引用户和引发互动，从而优化内容营销策略，提高内容的吸引力和参与度。有学者通过对比分析 ChatGPT 与先前工具，指出 ChatGPT 等大语言模型技术在市场营销领域具有巨大潜力，可提高内容创作效率、研究效率和客户服务质量。[④]

四、文本分析在人力资源和组织行为学研究中的应用

文本分析在人力资源和组织行为学研究中的应用正变得日益重要。随着企业和组织越来越多地依赖于数字化沟通和文档记录，大量的文本数据产生，包括员工的电子邮件、会议记录、性能评估报告、员工满意度调查、社交媒体帖子等。这些文本数据为人力资源管理和组织行为学提供了前所未有的研究机会。以下是文本分析在这一领域的三项主要应用。

（一）员工情绪和满意度分析

通过分析员工调查、社交媒体帖子、在线论坛和反馈系统中的文本内容，组织可以更好地理解员工的情感状态、工作满意度以及对工作环境的看法。这有助于及时发现和

① SARITAS O, et al. Big data augmented business trend identification: the case of mobile commerce [J]. Scientometrics, 2021, 126 (2): 1553 – 1579.

② SINYAK N, et al. Predicting real estate market trends and value using pre-processing and sentiment text mining analysis [J]. Neuroepidemiology, 2021 (1): 35 – 43.

③ CHAKRABORTI S, DEY S. Analysis of competitor intelligence in the era of big data: an integrated system using text summarization based on global optimization [J]. Business & information systems engineering, 2018, 61 (3): 345 – 355.

④ RIVAS P, ZHAO L. Marketing with ChatGPT: navigating the ethical terrain of gpt-based chatbot technology [J]. AI, 2023, 4 (2): 375 – 384.

解决员工的不满情绪，提高员工满意度和忠诚度。例如有学者通过网络爬虫和文本挖掘来收集 Glassdoor 上的在线工作评论，分析了不同工作场所室内环境质量（IEQ）的员工反馈，揭示了非办公室类建筑的 IEQ 问题以及 IEQ 问题对工作满意度的影响。[①]

（二）招聘和人才选拔

文本分析技术可以应用于简历筛选、求职信评估和在线社交媒体资料分析，以识别符合职位要求和组织文化的候选人。此外，分析求职者的语言使用和沟通风格可以帮助人力资源部门更好地理解候选人的个性和能力。例如：有学者提出一种基于机器学习的简历推荐系统自动化方法，通过多分类器和文本挖掘算法提高简历筛选准确性和完整性。[②] 还有学者利用机器学习和文本挖掘技术，开发了一个应用于大型招聘会的 AI 简历分析和职位推荐系统，旨在提高求职者与职位匹配的效率，并为企业提供人才推荐列表。[③]

（三）员工绩效评估

通过分析绩效评估报告、项目总结和自我评价的文本内容，组织可以获取员工绩效的深入洞察，识别员工的优势和改进领域，从而为员工的个人发展和职业规划提供支持。例如有学者通过分析板球比赛的短文本评论数据，挖掘球员的优势与劣势。[④]

五、文本分析在经济学研究中的应用

文本分析在经济学研究中的应用越来越受到关注，特别是随着大数据和 NLP 技术的发展，研究人员能够从海量的文本数据中提取有价值的信息，以支持经济分析和预测。以下是文本分析在经济学研究中的三个主要应用领域。

（一）经济预测和市场分析

通过分析新闻报道、社交媒体帖子、专业论坛和博客等文本内容，研究人员可以及时捕捉到市场情绪的变化、经济事件的发展和政策变动的影响。这些信息被用来预测股市走势、消费者信心指数、房地产市场变化等经济指标。例如：有学者提出了一种混合注意力网络，通过基于最近相关新闻序列的文本挖掘来预测股票趋势。实验结果表明该框架能显著增加年化回报率。[⑤] 还有学者探讨了 ChatGPT 和其他大语言模型通过新闻头条的情感分析预测股票市场回报的潜力，并发现 ChatGPT 评分与随后的股市回报正相

① CHINAZZO G. Investigating the indoor environmental quality of different workplaces through web-scraping and text-mining of glassdoor reviews [J]. Building research and information，2021，49（6）：

② ROY P K，CHOWDHARY S S，BHATIA R. A machine learning approach for automation of resume recommendation system [J]. Procedia computer science，2020，167.

③ CHOU Y C，YU H Y. Based on the application of AI technology in resume analysis and job recommendation [J]，2020.

④ BEHERA S R，et al. Mining strengths and weaknesses of cricket players using short text commentary [E]. 2019. 673 – 679. DOI：10. 1109/icmla. 2019. 00122.

⑤ HU Z，et al. Listening to chaotic whispers：a deep learning framework for news-oriented stock trend prediction [C]. Proceedings of the eleventh ACM international conference on web search and data mining，2018.

关，且其表现优于传统情感分析方法，表明大语言模型具有预测股票回报的能力。[①]

（二）政策分析

文本分析技术可以应用于政府工作报告、立法文档和政策声明的分析，以评估特定政策的影响和公众对政策的反应。这有助于政策制定者理解政策效果，并调整策略以提高政策效能。例如有学者通过文本挖掘方法，量化分析了中国光伏发电政策的协同效应，指出政策目标与措施之间协同程度的变化趋势。[②]

（三）宏观经济研究

政府声明、中央银行的会议记录和经济学家的公开讲话等文本数据的分析，可以提供关于宏观经济政策、经济增长趋势和通货膨胀预期的重要信息。例如有学者对中央银行的文本进行了文本挖掘，使用 R 软件进行预处理、主题建模和情感分析，最终从非结构化或半结构化文本中系统地提取出定量信息。实验表明，该方法能有效从中央银行文本中提取和分析宏观经济信息。[③]

六、文本分析在经管领域未来的研究方向

由于生成式大语言模型具有通用的文本处理能力，随着该技术的快速发展，这一技术将成为未来的文本分析研究的增长点。本章已经介绍了大语言模型的基本原理以及其在工商管理领域的广阔应用前景，这里进一步展望一下未来可能的研究方向。

（一）财务预测与分析

（1）自动化财务报告生成。通过外部工具调用，大语言模型已经可以较好地处理数学计算和验证任务。利用大语言模型自动生成财务报告、分析和预测，可以提高财务报告撰写的效率和准确性。

（2）财务数据解释与分析。最新的自然语言处理技术和大语言模型可以帮助分析师解读复杂的财务数据和报告，并通过人机协同的方式提供更深刻的洞察。

（二）市场分析与消费者行为

（1）情感分析与市场情绪预测。对于特定的产品、服务和企业，通过 BM25 等检索模块提取实时相关的网络信息，大语言模型可以有效分析社交媒体、新闻和评论中的情感，预测市场趋势和消费者情绪。

（2）个性化营销。根据消费者的属性、历史行为和偏好，结合推荐系统相关技术，可以通过大语言模型生成个性化的营销内容，以提高营销效果。

---

① LOPEZ-LIRA A，TANG Y. Can ChatGPT forecast stock price movements? return predictability and large language models [J]. Return predictability and large language models，2023（6）.

② CHONG Z，WANG Q，WANG L. Is the photovoltaic power generation policy effective in China? a quantitative analysis of policy synergy based on text mining [J]. Technological forecasting and social change，2023，195.

③ BENCHIMOL J，KAZINNIK S，SAADON Y. Text mining methodologies with R：an application to central bank texts [J]. Machine learning with applications，2021，8.

（三）企业战略与决策支持

（1）战略规划与模拟。利用大语言模型的长序列多文档处理能力，以及工具调用能力，可以分析大量的市场数据和竞争情报，以帮助企业制定和优化战略规划。

（2）决策支持系统。开发基于大语言模型的决策支持系统，由模型根据背景信息和历史数据提供实时的战略建议和风险评估，并借助模型对自然人或模型提出的建议进行评估、比较和选择。

（3）市场进入策略。通过分析目标市场的文本信息和相关数据，以及决策主题的背景信息，通过调用检索模块和计算工具，生成多种备选市场进入方案，以帮助企业制定有效的市场进入策略。

（四）人力资源管理

（1）招聘与人才管理。借助大语言模型对非结构化信息的提取和理解能力，以及对语音识别等工具的调用，可以分析求职者的简历和面试记录，并给出录用建议。此外，可以调用机器学习和推荐系统模块，自动筛选和匹配合适的候选人。

（2）员工反馈与满意度分析。通过大模型所具有的情感识别和主题抽取等能力来分析员工的反馈和评论，结合对雇主相关信息的描述，可以识别潜在的问题并得到改进建议，从而提升员工满意度和留任率。

（五）金融科技与投资分析

（1）智能投资顾问。开发基于大语言模型的智能投资顾问系统，提供用户背景、偏好等信息，通过调用金融产品检索模块和数学计算模块，提供个性化的投资建议和组合管理。

（2）风险管理与合规性监控。自动分析和监控金融机构的合规性文档和报告，通过检索和学习相关的法律法规知识库，并从内部信息系统中收集相关信息和数据，识别和预防潜在风险。

（3）初创公司发展潜力分析。通过公司财务数据、市场数据、团队数据、产品数据、投资数据、行业新闻和报告等，借助模型的文本理解生成能力和数学计算能力，生成对初创公司潜力的评估，以及预测发展过程中可能存在的困难和风险。

（六）跨文化管理

利用大语言模型分析不同文化背景下的商业沟通，提供跨文化管理的建议和策略。例如，将沟通对象的属性和文化背景作为提示词输入，并输入沟通的目标，让模型生成相应的沟通策略和模板。

总体而言，大语言模型可以通过多文档分析总结、基于文本和数据的分析和内容生成，结合检索、计算工具以及传统的机器学习方法，助力经管领域的研究。大语言模型为企业和研究人员提供了更加智能和高效的工具，帮助他们发现并解决复杂的商业环境和决策过程中的难题和挑战。

第5节　文献案例分析

一、文献信息

HARRISON J S，JOSEFY M A，KALM M，et al. Using supervised machine learning to scale human-coded data：a method and dataset in the board leadership context [J]. Strategic management journal，2023，44（7）：1780－1802.

通过对非结构化文本进行人工编码，学者们能够测量出复杂的构念（construct），但这种方法往往需要花费大量的时间和资源，限制了研究样本的规模。这篇论文展示了监督式机器学习如何解决一些问题。该论文以董事会领导层作为研究情境，应用监督式机器学习，基于一个小规模的人工编码样本创建了关于 CEO 两职合一、董事会协作/控制导向的大规模数据集（N＝22 388）。通过使用生成的数据集来研究董事会领导结构、公司绩效和 CEO 解聘之间的关系，进一步证明了机器学习方法的潜在价值。

二、研究背景和问题提出

在战略管理领域，学者们越来越依赖于公开信息来源（如盈余电话会议、致股东信、社交媒体帖子等）的非结构化文本数据来测量复杂的理论构念，以此加深对组织现象的理解。在过往文献中，学者们多采用计算机辅助的文本分析方法测量构念，即使用与感兴趣的构念相关的预定义词典计算词频。但由于很多构念过于复杂且依赖文本数据的上下文信息，无法通过预先定义的词典进行测量。在这种情况下，学者们往往依靠人工编码的方式对与构念相关的文本进行定性评估。

然而，人工编码需要大量的资源投入（如时间、金钱和培训），限制了使用此方法所能构建的数据集大小，进而限制了基于这些数据进行统计分析的准确性以及得出结论的普遍性。基于此，这篇论文探讨了如何通过监督机器学习方法来克服人工编码的样本限制，进而增强对组织科学领域复杂构念的准确测量。该论文首先通过训练机器学习算法扩展了 CEO 两职合一和董事会协作/控制导向的人工编码数据集，展现了该方法在构建大规模数据集上的优势；随后利用这一数据集探索了董事会领导层结构、公司业绩和 CEO 解聘之间的关系，展现了该方法在促进新知识的发现中的贡献。

三、构念识别及训练样本构建

该论文关注"董事会协作/控制导向"这一构念。作为 2010 年《多德-弗兰克法案》的一部分，美国上市公司必须在其代理声明（即 DEF14A 文件）中包含一段文字，来说明其董事会的领导结构。公司治理领域的学者依靠这些文本数据对董事会协作/控制导向这一构念进行了人工编码，研究样本仅限于此，这是演示如何通过机器学习进行数据扩展的一个有效案例。

接下来是构建训练数据集。由于董事会导向仅在 CEO 和董事会主席两职分离的情况下才有讨论意义，因此首先需要确定董事会领导层的基本结构（CEO 和董事会主席两个职位是否分离），然后再确定非 CEO 董事会主席的协作/控制导向。该论文的训练数据集由两部分构成，一部分为先前人工编码的董事会领导结构数据，另一部分为本文作者加入的额外人工编码数据。额外补充的数据可以用来验证先前人工编码数据的准确性并增加训练样本量。

构建训练样本的一个重要方面是确保人工编码数据准确可靠。这是因为任何给定的机器学习模型的输出质量都与输入数据有很大的关联。在该论文中，由于最终训练集是从各种单独的数据集编译而来，无法直接计算数据集的评价者信度。然而，在这些数据集的初始研究中，评价者信度均在 0.75～0.90；补充数据集也已经被该论文的多位合作者反复检查确认。因此，最终训练集的准确性得到了保证。最终训练数据集包括 2010—2019 年的 2 024 个人工编码的 CEO 两职合一观测值和 2 008 个人工编码的董事会协作/控制导向观测值。

四、模型开发

构建训练样本后，作者用机器学习方法来执行学习任务。通常情况下，监督式机器学习任务包括分类（机器学习根据训练数据将文本分类为预定类别）或回归（机器学习通过将基础文本的特征与训练数据的值进行比较来预测给定构念的值）。鉴于该论文的焦点变量是二元虚拟变量，所执行的机器学习任务反映了二元分类任务。作者在 Python 中采用了多步骤流程来开发分类算法，该算法大致遵循了当时其他使用监督式机器学习的研究中使用的步骤。

首先，对文本进行预处理，包括降低训练数据的维度和删除无关信息以简化训练数据。其次，从文本中提取特征以用于机器学习任务。这一步骤使用了多种特征提取方法并对其进行比较，具体包括：（1）计数向量化器（CV）；（2）TF-IDF 向量化器；（3）Word2Vec 嵌入；（4）Doc2Vec 嵌入；（5）潜在狄利克雷分配（LDA）。再次，定义在训练过程中使用的分类算法及正则化参数。这一步骤使用了两种不同类型的分类器——逻辑回归（log）分类器和随机森林分类器。最后，使用人工编码的数据来训练模型，以根据相关的非结构化文本对每个焦点变量进行分类。为了训练模型，首先随机拆分训练数据以指定一个保留集，通过比较模型在训练集中的预测准确性（训练准确性）和保留集的预测准确性（测试准确性），来确定模型对样本外数据的准确性以及模型是否过度拟合训练数据。

在训练模型后，还要评估模型性能以确定应用哪些模型来进行数据扩展。为此，作者检查了模型准确度、训练测试损失和曲线下面积（AUC）值。

五、数据扩展

作者使用上市公司的中央索引键（CIK）从 SEC EDGAR 的公司代理声明数据库中收集了额外的文本数据。初始名单包括 2010—2018 年标准普尔 1500 指数和 MSCI 数据库中列出的 5 503 家公司的独特 CIK。为了方便收集公司文件，作者使用 Python "fetcher" 脚本通过 CIK 查找每家公司，并下载该公司自 2010 年以来所有可用的 DEF14A 文件。最终下载了 4 450 家公司的文件，约占初始名单的 88%。接下来，作者开发了一个"提取器"脚本来识别文件中包含董事会领导文本的段落，通过检测关键短语（例如董事会领导结构）来工作。使用此脚本，作者提取了 3 303 个唯一 CIK（约占所涵盖公司的 74%）的 DEF14A 文件中最相关的部分。

最终生成的数据集由 22 388 个公司年观测值组成，包括所有研究变量的预测概率和二进制编码、用于创建这些变量的 DEF14A 文件中董事会领导力部分的文本以及公司和文本段落的唯一标识符，以方便未来使用以及与其他数据集进行匹配。由于控制和协作导向只适用于具有独立 CEO 和董事会主席的公司，因此这些变量仅针对 CEO 两职合一的二进制编码取值为 0 的 13 900 个公司年观测值进行编码。

在创建最终数据集后，作者发现 CEO 两职合一的一致性为 87%，控制一致性为 82%，协作一致性为 87%。这些值与训练学习期间发现的测试准确度相当，表明模型在应用于其他数据时表现一致。

六、数据应用

为了对上述方法进行预测测试，作者将该论文的数据集与其他现有数据集合并，以检验基于机器学习的变量在多大程度上预测公司业绩与 CEO 解雇之间的负相关关系。公司治理研究表明，公司业绩不佳是 CEO 被解雇的主要预测因素，其他因素通常起到调节作用，例如，CEO 两职合一以及董事会的协作/控制导向。

作者将基于机器学习的数据集与根特里（Gentry）等开发的 CEO 解雇数据以及来自 Compustat、Execucomp、Institutional Brokers Estimates System、Institutional Shareholder Services 的公司、高管等数据进行了匹配。排除缺失数据的观测值并考虑时间滞后因素，测试样本包括 2010—2018 年的 6 963 个公司（1 249 家独立公司）年观测值。研究结果表明，公司绩效与 CEO 解雇之间存在负相关关系。与此同时，基于机器学习测量的 CEO 两职合一与解雇呈负相关，而 CEO 两职合一和公司绩效对 CEO 解雇不存在显著的交互作用。此外，控制导向的董事会主席强化了公司业绩和 CEO 解雇之间的负相关关系。上述研究结果基本与先前观点保持一致。

七、文献点评

机器学习可以应用于更多的理论和实证环境中，使学者们能够解决新的研究问题并开发出采用其他方法无法获得的新颖的数据集。作者在开发特定模型时采用了广泛的机器学习技术，包括各种特征生成技术、估计方法和 N-gram 长度，以及用于评估模型性能不同方面的多种指标。这篇论文提出关于监督式机器学习的实际操作步骤和公开的脚本，为未来开发更多难以测量的构念的大规模数据集奠定了坚实的基础。

▶ 思考题

1. 词向量、句向量和文章向量的实现方法和使用场景有什么不同？请就使用场景分别举几个例子加以说明。

2. 请列举几个文本分析当中的有监督机器学习方法和无监督机器学习方法。这些方法分别适用哪些任务？

　　3. 在哪些情况下生成式大语言模型能够提高工作效率？如何减少其生成错误信息所带来的问题？请根据自己的使用经验加以讨论。

　　4. 在招聘过程中，企业需要筛选大量的简历和求职信。请讨论如何使用文本分析技术来完成这一任务。你会如何设计一个文本分析系统来提高招聘效率和准确性？

　　5. 金融机构常常需要分析大量的新闻、报告和社交媒体帖子，以预测市场走势。请讨论如何使用文本分析技术来实现这一目标。你会选择哪些数据源和分析方法？

▷　**参考文献**

第5章 ▸ 图像数据分析技术及其在研究中的应用

王 峰 湖南大学

在数据驱动的管理研究中，机器学习与图像数据分析扮演着十分关键的角色，可以帮助研究者建起一座连接现实世界和数字世界的桥梁。本章将探讨如何对图像数据进行解析、理解和挖掘，包括从最基本的像素级操作到高级的特征提取和模式识别。机器学习是图像数据的"魔法眼镜"，有助于揭示隐藏在图像中的信息，实现从视觉信号到有意义的数据解读的转化。本章还通过 Python 操作实例，帮助读者理解如何进行图像数据分析。

第1节 图像数据分析的基本原理

图像数据分析是一种结合计算机视觉技术和机器学习算法，对数字图像进行自动或半自动分析的方法。研究者从大量数字图像数据中提取有用信息，从而更好地理解和应用图像内容。

一、图像数据基础

（一）数字图像的基本概念

数字图像，又称数码图像或数位图像，是用有限数字数值像素对二维图像的表示。数字图像是由模拟图像数字化得到的，以像素为基本元素，可以用数字计算机或数字电路存储和处理。

（二）像素与图像分辨率

像素（或像元，pixel）是数字图像的基本元素。像素是在模拟图像数字化时对连续空间进行离散化得到的。每个像素具有整数行（高）和列（宽）位置坐标，同时每个像素都具有整数灰度值或颜色值。通常，像素在计算机中保存为二维整数数组的光栅图像，这些值经常用压缩格式进行传输和储存。

图像分辨率指图像中存储的信息量，是每英寸图像内有多少个像素点，分辨率的单位为 PPI（pixels per inch），通常叫作像素每英寸。

（三）颜色模型

颜色模型也称色彩空间或色域，是一组人或设备"可见"的颜色。屏幕或视频监视器的色域代表它们能够显示的所有颜色。常见的颜色模型有 RGB、CMYK、HSV 等。

1. RGB 颜色模型

RGB 颜色模型是一种加色模型，通过红（red，R）、绿（green，G）、蓝（blue，B）三种基本颜色的不同强度组合来表示各种颜色。RGB 颜色模型被广泛应用于数字显示设备，如电视、电脑屏幕和手机屏幕。

RGB 颜色模型由三个颜色通道组成，每个通道的颜色值通常用 0～255 的数值表示。三个通道组合（R，G，B），总共可以表示 16 777 216 种颜色。当三个颜色通道都为最大值（255，255，255）时，得到白色；当三个通道都为最小值（0，0，0）时，得到黑色。

2. CMYK 颜色模型

CMYK 颜色模型是一种减色模型，用于印刷行业，通过青（cyan，C）、品红（magenta，M）、黄（yellow，Y）和黑（black，为避免与 blue 首字母混淆，简称 K）四种基本颜色的叠加来产生不同的颜色。这种模型基于油墨吸收光线的原理，当所有颜色叠加在一起时会产生黑色。

CMYK 颜色模型的每个颜色通道的值通常用百分比表示（C，M，Y，K），范围从 0（无墨水）到 100%（纯色）。例如，纯青色表示为（100，0，0，0），而纯黄色表示为（0，0，100，0）。

3. HSV 颜色模型

HSV 颜色模型是基于颜色的直观特性的一种颜色模型，由色调（hue）、饱和度（saturation）和明度（value）三个参数组成，更便于对颜色进行描述。

色调取值范围为 0～360°，表示色彩信息；饱和度表示颜色接近光谱色的程度，取值范围为 0～100%；明度表示颜色的明亮程度，取值范围为 0（黑色）到 100%（白色）。

二、图像数据分析的重要性与应用概述

图像是人类观察周围现实世界获取信息的重要媒介，一般而言，可以包括人眼可见的所有实体。伴随图像生成、存储技术的发展，图像数据已成为越来越重要的信息载体。随着图像数据飞速增加，传统的视觉内容和符号学分析方法已经难以满足需求，以人工智能技术和机器学习为代表的计算机辅助技术能够高效地处理海量图像数据，计算机图像分析和识别技术应用范围不断扩大。

在智能交通领域，图像数据分析主要应用于智能导航、驾驶辅助、车辆定位等方面，能够充分发挥技术的快速、精准判断优势，并且在交通事故鉴定当中发挥作用；在医疗服务领域，图像数据分析能够为医护人员提供更高效、更准确、更可靠的支持，提高治疗的精准度和速度。图像数据分析在市场营销和电子商务领域也有着广泛而深入的应用。第一，优质的图像内容可以有效吸引消费者的注意力，提升品牌的视觉形象。精心设计的商品图片能更直观地展示产品特点和优势，增强消费者的购买欲望。第二，图像数据分析可以帮助营销人员深入了解消费者行为。通过分析消费者在社交媒体上分享的图片和视频，营销人员可以洞察他们的兴趣爱好、消费习惯等，从而制定更精准的营销策略。第三，利用人工智能技术对图像数据进行分析，可以预测消费者的购买倾向，为营销决策提供依据。第四，图像数据分析还可应用于精准广告投放。通过对用户浏览的图像内

容进行分析，企业可推送与之相关的广告内容，提高广告的转化率。

三、图像数据分析的发展历程

图像数据分析是一个跨学科的研究领域，涉及计算机视觉、模式识别、人工智能等多个领域，经历了从理论研究到实际应用的漫长发展过程。随着科技的进步，图像数据分析已经从简单的图像处理进化至复杂的计算机视觉和深度学习领域。

1. 早期图像处理（20世纪50年代前）

早期图像处理以物理和化学方法为主，比如摄影术的发明和胶片的使用，使人类能够捕捉和保存视觉信息。早期的计算机图像处理局限于简单的图像扫描和转换，比如将光谱图像转换为彩色图像。

2. 计算机视觉（20世纪50—60年代）

1959年，英国科学家罗素·哈特利和彼特·尼尔森发表的《机器视觉：一个新领域》标志着计算机视觉的诞生。他们研究了如何使机器"看"和"理解"图像，包括图像分析、特征检测和识别等。

3. 专家系统和规则系统（20世纪70—80年代）

专家系统和规则系统通过预定义的规则和决策树来处理图像，并应用于图像数据分析。例如，早期的车牌识别系统就采用了这种方法，通过匹配特定的规则来识别车辆的标识。

4. 机器学习（20世纪90年代）

随着机器学习的发展，尤其是统计学习和神经网络的兴起，图像数据分析开始进入新阶段。SVM（支持向量机）和神经网络（如反向传播网络）开始用于图像分类和识别，比如人脸识别和手写数字识别。

5. 特征提取和描述技术（20世纪90年代到21世纪初）

特征提取和描述技术的发展，如SIFT（尺度不变特征变换）和SURF（加速稳健特征）等，使得计算机能够从图像中提取出稳定且具有代表性的特征，从而提高图像匹配和分类的准确性。

6. 深度学习、大数据和云计算、多模态融合与迁移学习（21世纪第一个十年的中后期）

21世纪第一个十年的中后期，深度学习，尤其是CNN的出现，彻底改变了图像数据分析领域。CNN能够从原始像素数据中学习特征，无须人工设计规则，极大地提高了图像识别和分析的性能。2012年，AlexNet在ImageNet比赛中取得突破性成果，开启了深度学习在计算机视觉领域的黄金时代。

随着大数据技术的发展，云计算平台如Amazon AWS、Google Cloud等提供了强大的计算资源，使得大规模图像分析任务得以实现。同时，云计算也促进了图像分析在医疗、自动驾驶、安防等领域的广泛应用。

近年来，研究人员开始探索将图像数据与其他模态数据（如文本、语音等）相结合的多模态学习方法，以获取更丰富的信息表示。同时，迁移学习技术的发展使得在有限的标注数据上快速开发新的视觉任务成为可能。注意力机制、生成对抗网络等新技术不断被引入图像分析领域，推动着该领域的持续创新。

随着人工智能和机器学习的持续发展，图像数据分析将朝着更深层次的理解、更复杂的情境感知和更高的自动化方向发展。量子计算、边缘计算和 AI 芯片等新兴技术也将为其提供新的机遇和挑战。

第 2 节　图像数据分析的流程

图像数据分析的通用流程包括数字图像获取、图像预处理、图像分割、图像特征提取和图像高级处理。数字图像获取是指数字化图像的生成，指通过摄像机、扫描仪、手机、相机等设备和技术生成数字化图像。图像预处理是指在数据分析过程开始阶段对图像所做的处理，目的是改进图像质量，为后续研究分析做好准备。图像分割是指将数字图像划分为子区域，以简化信息，获取更容易分析和有价值的数据。图像特征提取是指从图像中提取出研究者感兴趣的属性，获得可以表示图像属性的数据。图像高级处理是指基于从图像中获得的数据表示，进一步分析获得研究者可以理解的信息。本节重点介绍图像分割、图像特征提取和图像高级处理。

一、图像分割

图像分割，也称为像素标记，是指根据图像中像素的固有特性（如灰度、纹理、颜色、边缘和形状等），将图像划分为若干个互不重叠的一致性区域，使得区域内部特性一致而不同区域间的特性各有差异。图像分割是计算机视觉和图像处理中的一个基本环节，它是由图像处理层次向图像分析层次过渡的一个重要操作。图像分割结果的好坏直接影响图像的后续处理。图像分割一直是相关学科研究人员关注的热点，众多学者对此进行了广泛而深入的研究。

实际图像中的像素分布情况复杂，需要根据实际情况选择适合的分割方法。目前图像分割方法主要分为基于阈值的分割方法和基于边缘的分割方法。

（1）基于阈值的分割方法是图像分割中最基本且最常用的一种方法，因其简单有效、性能稳定、计算量小等特点而得到广泛的应用。该方法首先确定合适的或最佳的阈值，其次将图像像素的灰度跟阈值进行比较，确定每个像素所属的区域。该方法的难点和关键步骤就是确定合适或最佳的阈值，若阈值选取过低会导致背景被划分到目标区域，而阈值选取过高会导致目标区域被错误判定为背景区域。因此，该方法中的各种算法主要是围绕着寻找合适阈值展开的，最经典的算法包括最大类间方差法、最大熵法和最小误差法。当图像目标区域和背景区域灰度较大时，阈值分割法能取得很好的分割效果。但当图像目标区域与背景区域像素值差别很小时，不能准确定位边缘，图像分割效果就很差。

（2）基于边缘的分割方法。人眼之所以能看出图像的边界，是因为边界处的颜色或灰度会发生剧烈变化，基于边缘的分割方法便是依据此原理查找灰度值变化最剧烈的像素群。边缘是指其周围像素灰度有阶跃变化或屋顶变化的那些像素的集合。由于光线不均匀或是噪声的干扰，往往边缘的信息丢失或是损失严重，使得边缘模糊或不连续，因而抗噪性和检测精度是边缘检测的难点所在。常用的边缘分割方法包括并行微分算子法、基于曲面拟合的方法、基于形变模型的方法、分水岭方法等。

图像分割评价方法包括主观评价方法和客观评价方法。主观评价方法是一种以人的主观视觉感受效果作为评判标准的方法。评估者按照一定的准则或要求对给定的分割图像进行质量评价，并根据图像分割的效果给出评分。客观评价方法是指具备通用性、客观性、定量性等基本要求的评价方法。通用性强调评价方法适用于不同的图像分割算法、不同的图像以及不同的应用领域；客观性强调评价结果不受人为因素的干扰；定量性强调评价方法能够定量描述图像分割算法的性能，给出可视化结果，以方便对不同分割结果进行比较。优度法和误差法都属于客观评价方法。优度法是一种无监督评价方法，是在不知道待分割图像先验知识情况下，建立在视觉系统相关参数设定下对分割图像的特征进行衡量的评价方法。通常情况下，一个好的图像分割结果中，同一分割区域内像素的灰度差异应尽可能小，不同分割区域内像素的灰度差异应尽可能大。误差法是一种有监督评价方法，是在预先假定待分割图像的先验知识的情况下，得到测试图像理想的或预期的分割结果图，通过计算理想分割结果与实际分割结果之间所存在的误差，根据误差准则给出算法的误差质量评价。在误差法中，最常用的两种描述方法包括区域法和像素法。区域法主要通过计算实际分割结果和标准分割结果中对应区域之间的重叠比例来衡量误差，像素法主要通过计算错误分类像素和正确分类像素占标准分割像素总数的比例来衡量误差。

二、图像特征提取

特征提取基于图像结构（如边缘、角点、纹理、形状描述符等），将图像原始数据转换为计算机易于理解和处理的形式，以便用于机器学习算法的训练和分类。图片的边缘和轮廓能反映图像内容，其往往是人类能注意到、机器容易捕捉的地方；如果能对边缘和关键点进行可靠提取的话，很多视觉问题就能得到解决。

（一）边缘检测

边缘指的是图像中亮度发生剧烈变化的区域，通常对应物体的轮廓或表面的深度不连续处，它是数字图像的基本特征之一。在机器视觉系统中，边缘检测通常作为图像处理算法的前期步骤，对图像分割、目标识别等更高级别的视觉任务起着至关重要的作用。边缘检测算法分为两大类——基于梯度的方法和基于拉普拉斯算子的方法。

1. 基于梯度的边缘检测

梯度是描述图像亮度变化程度和方向的重要特征。常用的梯度算子包括 Sobel、Prewitt、Roberts 等。以 Sobel 算子为例，它采用两个 3×3 的卷积核分别计算水平和垂直方向的梯度近似值，然后利用两个梯度分量计算梯度幅值和梯度方向。梯度幅值较大的点被认为是边缘点。

2. 基于拉普拉斯算子的边缘检测

拉普拉斯算子是一种二阶微分算子，它测量的是图像亮度的二阶变化率。理想情况下，边缘处的拉普拉斯值会通过"零交叉"而产生一个较大的峰值。常用的拉普拉斯算子有 4 邻域和 8 邻域两种形式。但由于拉普拉斯算子对噪声较为敏感，通常需要先使用高斯滤波器对图像进行平滑处理。

除了基于梯度和拉普拉斯算子的边缘算法，还有许多改进的边缘检测算子，如 Canny 算子、LOG（高斯拉普拉斯）算子等。其中，Canny 算子是目前应用最为广泛的一种边缘检测算法。

（二）角点检测

在图像处理领域，边缘线的交点一般称为角点，又称为特征点。角点就是图像中的极值点，即像素值或者曲率值等属性较为突出的点。它在许多计算机视觉任务中扮演着重要角色，如图像匹配、目标检测、图像拼接等。角点检测是图像特征提取的核心步骤之一，它能够有效地提取图像中的关键特征点，为后续的图像分析和处理提供基础。

角点检测算法根据作用对象不同可以总结为基于图像灰度、基于二值图像和基于图像轮廓曲线的角点检测。应用较为广泛的是基于图像灰度的角点检测，主要针对像素点及其邻域的灰度变化，又可细分为基于梯度、基于模板和基于模板梯度组合的角点检测。直接对图像灰度进行角点检测较为方便直接，这方面的算法也较多。二值图像是对图像进行二值化处理得到的图像，常用于辅助其他算法，很少单独使用。对于基于图像轮廓曲线的角点检测算法，通常根据某个点位置的弯曲程度来判断该点是否为角点，一般将轮廓上点的曲率值以及几何位置作为衡量标准。常用的角点检测算法包括 Moravec 算子、Harris 角点检测、SUSAN 角点检测、FAST 算法等。

（三）纹理分析

纹理特征分析包括特征提取和特征聚合。

（1）特征提取。这是图像分析的重要环节。图像采集过程中目标物体存在模糊、关键信息遮盖、翻转等问题，因此纹理图像建模时需要从多方面描述纹理特征，获得目标物体存在的共性与区别于其他物体的特性。该阶段提取的特征表示可以为纹理的结构特性，空间特性等，例如对纹理亮度、粗糙度等方面的描述。

（2）特征聚合。经过特征提取得到的图像信息描述是图像各个局部区域的描述。特征聚合的方法有灰度直方图与一些机器学习算法。

（四）形状描述符

形状是图像的重要视觉特征，形状描述符在计算机视觉中是一种用于描述图像中对象形状的技术，用于对形状信息的准确提取和表示。现有形状描述符主要分为两组——基于轮廓的形状描述符和基于区域的形状描述符。基于轮廓的方法需要提取外边界信息，基于区域的方法不依赖形状边界信息，而是考虑形状区域内的所有像素。因此，出于通用目的，两种形状描述符都是必要的。常见的形状描述符有面积、周长、偏心率、长轴方向和弯曲能等。

（五）特征提取的指标

在计算机视觉系统中，对图像进行特征提取可以获得多种指标，这些指标有助于增强对图像的理解。

（1）颜色特征指标。图像的颜色特征是一种全局特征，描述了图像或特定区域内的表面性质。全局颜色分布、颜色空间分布和颜色属性是分析图像颜色特征的三个方面。

在全局颜色分布方面，颜色特征强调图像中像素颜色整体分布情况，常用颜色直方图和颜色集指标来表示，通过统计图像中各种颜色出现的频率，反映图像颜色的统计分布和基本色调。在颜色空间分布方面，颜色特征强调颜色在图像中的空间分布信息，常用颜色矩、颜色聚合向量和颜色相关图等指标来表示，强调颜色在局部图像中的聚集情况，以及不同颜色之间的空间分布和相对位置关系。在颜色属性方面，颜色特征描述图像区域中所对应内容的表现性质，常用亮度、饱和度和色调等指标来表示，强调颜色的视觉感知及使人产生的情感和反应。颜色特征相关的指标计算简单、速度快，适用于实时处理，且对图像的尺寸、方向、视角等变化不敏感，因此在图像识别中得到了广泛的应用。

（2）纹理特征指标。图像的纹理特征是一种全局特征，描述了图像内容表面的性质，用于分析表面的细微模式和结构，有助于区分图像中的不同内容。局部序列性、方向性、粗细和疏密等都属于图像纹理特征。在局部序列性方面，纹理特征强调图像中细部结构出现模式的频率重复特征，强调局部纹理是否遵循某种特征的规律或模式来排列，常用熵、逆差矩和周期性指标来表示，描述图像中纹理的非均匀程度或复杂程度。在局部方向性方面，纹理特征强调纹理基元或模式是否按照某种特定的方向进行排列，常用对比度、能量和相关性等指标来表示，描述纹理在特定方向上的强度和频率，反映图像纹理的清晰程度。在局部粗糙和疏密方面，纹理特征描述了纹理基元或模式的尺寸、密度和分布方式，常用粗糙度指标来表示，强调纹理的周期性或重复性。纹理特征通常具有旋转不变性，即无论图像如何旋转，纹理特征都能保持一致。相对于颜色特征，纹理特征对噪声有较强的抵抗能力，能通过捕捉图像表面的细节信息，为图像的理解和解释提供了丰富的视觉线索。

（3）形状特征指标。图像的形状特征主要关注图像内容的外形和结构。这些特征可以大致分为轮廓特征和区域特征两类。在轮廓特征方面，形状特征关注图像内容中物体的边界，即物体的边缘形状。这些特征能够描述物体的基本形状，如圆形、方形、椭圆形等。在区域特征方面，形状特征更加关注图像中某个区域的形状信息。这些特征通常包括一些几何参数，如周长、面积、圆度、矩形度、伸长度等，这些属性能够描述物体的整体形状或局部形状特征。图像的形状特征提取在物体识别、目标检测、图像配准等任务中具有重要的应用价值，但它受到光照条件、拍摄角度、遮挡等因素的影响。

（4）空间关系特征指标。图像的空间关系特征描述了图像内容中多个目标之间的空间位置或相对方向关系，捕捉了图像中不同目标之间的空间布局信息。相对空间位置信息和绝对空间位置信息是图像空间关系特征常用的分析视角。在相对空间位置信息方面，图像的空间关系特征依赖不同目标的距离和尺度，关注图像中目标之间的相对位置关系，常用连接关系、邻接关系、交叠关系、重叠关系、包含关系、包容关系等来表示。在绝对空间位置信息方面，图像的空间关系特征关注图像目标在图像中的具体方位和距离，用以描述目标在图像中的具体位置信息。空间关系特征的使用可以加强对图像内容的描述和区分能力，捕捉图像中不同目标之间的空间布局和相对位置关系。然而，空间关系特征通常对图像或目标的旋转、反转、尺度变化等比较敏感。

三、图像高级处理分析

图像高级处理涉及从图像中提取信息，分析并理解这些信息，主要关注从图像中识别出有意义的模式、物体及其相互关系，以及将这些信息转化为可以被计算机理解和使用的形式。也就是说，图像高级处理的核心目的是使机器能够"理解"图像中的信息，这不仅仅是识别图像中的物体，还包括理解物体之间的关系、场景的语义以及可能的行为预测。本节主要从信息提取视角，系统阐述图像高级处理技术的应用。

1. 对象检测与识别

对象检测与识别可以识别出图像中的具体对象以及类别，如汽车、行人、动物、家具、日常用品等，并定位它们在图像中的位置，还可以识别出著名的地理或建筑地标、品牌标志等。

2. 场景理解与分类

场景理解与分类可以识别图像所代表的整个场景，如海滩、森林、办公室、街道等，可以理解场景中的上下文信息，如天气情况、季节、昼夜等，而且可以识别出艺术作品的绘画风格，如印象派、立体派等。

3. 面部识别与属性分析

面部识别与属性分析可以识别出图像中的人脸，并进行身份验证，识别面部的关键特征点，如眼睛、鼻子、嘴巴等，以此来分析面部的属性，如年龄、性别、表情等。

4. 姿态估计与行为分析

姿态估计与行为分析用于分析图像中对象行为，以理解其动态变化，比如估计人体或物体的姿态，如站立、行走、跑步等，并分析图像中人物行为模式，如交通违规行为、运动动作等。

5. 图像语义分割

图像语义分割是指将图像分割成不同的区域或对象，并为每个区域分配一个类别标签，并识别图像中不同对象之间的边界和关系。

6. 异常检测与预警

异常检测与预警是指检测图像中的异常事件或行为，如火灾、交通事故、入侵者等，发出预警或警报，以便及时响应和处理。

7. 情感分析与情绪识别

情感分析与情绪识别是指通过分析图像内容，判断图片可能引发的情感反应，如快乐、悲伤、愤怒等，特别是识别图像中人的情绪状态，以进行情感分析。

这些高级特征识别能力为各种应用场景提供了强大的技术支持，包括但不限于自动驾驶、安防监控、医疗诊断、虚拟现实、增强现实、人机交互等。随着图像分析技术的不断发展，图像高级特征识别的能力将进一步提高，并应用于更广泛的领域。

四、图像分析软件与工具介绍

在机器学习与图像数据分析的工作中，还需要各种专业软件和工具来辅助完成相关任务。这些软件和工具提供了强大的功能和便捷的使用体验，能够大大提高工作效率。

（一）常用的软件与工具介绍

1. Jupyter Notebook

Jupyter Notebook 是一种交互式计算环境，广泛应用于数据分析、机器学习等领域。

它支持多种编程语言，包括 Python、R、Julia 等，并提供了丰富的可视化功能。Jupyter Notebook 具有单元格编辑、代码运行、输出显示等特点，为用户提供了一个灵活、高效的工作环境。其运行优点有：

（1）交互式编程，可以即时查看代码执行结果；

（2）支持多种编程语言；

（3）内置丰富的可视化工具，如 Matplotlib、Seaborn 等；

（4）可以轻松地分享和协作，方便团队协作；

（5）支持 Markdown 语法，可以嵌入文字、公式、图表等。

2. TensorFlow

TensorFlow 是谷歌开发的开源机器学习框架，被广泛应用于深度学习、计算机视觉等领域。它提供了高级 API，如 Keras，使得模型的构建和训练变得更加简单易用。Tensor-Flow 拥有强大的 GPU 加速能力，在大规模数据处理和复杂模型训练中表现出色。其优点有：

（1）支持多种编程语言，如 Python、Java、C++等；

（2）提供高度灵活的计算图机制，便于构建复杂的神经网络；

（3）拥有丰富的预训练模型和工具包，减轻开发负担；

（4）具备出色的分布式训练和部署能力，适合大规模应用；

（5）具有活跃的开源社区，提供大量教程和示例代码。

3. PyTorch

PyTorch 是脸书人工智能研究院开发的开源机器学习库，它提供了动态计算图和丰富的神经网络层，在深度学习领域广受欢迎。与 TensorFlow 相比，PyTorch 的语法更加简洁，适合快速原型开发和实验。同时 PyTorch 也支持 GPU 加速，在训练大规模模型时具有良好的性能。其优点有：

（1）支持动态计算图设计，更加灵活和易于调试；

（2）提供简单易用的 API，适合快速迭代和实验；

（3）支持 GPU 加速，提高训练效率；

（4）拥有丰富的预训练模型和扩展库，降低开发成本；

（5）具有活跃的开源社区，提供大量教程和示例代码。

4. OpenCV

OpenCV 是一个开源的计算机视觉和机器学习库，广泛应用于图像处理、目标检测、人脸识别等领域。OpenCV 提供了丰富的 API，涵盖了图像/视频读写、图像变换、特征检测、机器学习等功能，是图像数据分析中不可或缺的工具。其优点有：

（1）跨平台性。可在 Windows、Linux、macOS 等多种操作系统上运行，具有很好的跨平台性。

（2）高性能。利用 C、C++语言，支持 CPU 和 GPU 优化，在图像处理和计算机视觉任务中表现出色。

（3）丰富功能。提供大量计算机视觉和图像处理算法，包括图像滤波、特征检测、对象跟踪等。

（4）活跃社区。拥有活跃的开源社区，提供丰富的教程、示例代码和第三方扩展库。

（5）易用性。提供 Python、Java、C＋＋等多种语言的 API，并有丰富的文档和示例，降低学习成本。

（二）Python 图像处理库

Python 作为一种通用编程语言，在图像处理领域也有许多优秀的库可供使用。这些库提供了丰富的功能，涵盖了图像读写、增强、分割、特征提取等各个方面。常用的 Python 图像处理库如下：

1. PIL

PIL（Python Imaging Library）是 Python 中最常用和最基础的图像处理库。PIL 支持多种图像格式，并提供了丰富的图像处理功能，如图像打开、保存、裁剪、缩放、旋转、滤镜应用等。PIL 并不提供高级的图像分析功能，但它的简单易用使得它在许多基础应用场景中都是首选。

2. scikit-image

scikit-image 是基于 NumPy 和 SciPy 的图像处理库，提供了许多用于图像分割、测量、变换、颜色空间转换等高级操作的函数。scikit-image 不仅有图像处理功能，还包含一些机器学习和优化算法，使得它在图像分析和计算机视觉领域具有一定的竞争力。

3. Matplotlib

Matplotlib 是 Python 中的一个数据可视化库，也广泛用于图像处理。虽然它的主要功能是绘制图表，但通过一些技巧，如 imshow 函数，可以用来显示和处理像素级的图像。Matplotlib 可以实现图像的简单展示和基本处理，但对于复杂图像处理任务，可能需要和其他库共同完成。

4. NumPy

尽管 NumPy 主要用于数值计算，但通过结合其他库，如 OpenCV 和 scikit-image，就可以进行高效的图像处理。NumPy 的数组操作和高效计算能力使得其可以轻松处理大量图像数据。

5. Keras

Keras 在机器学习和深度学习领域非常流行，它提供了用于图像分类、对象检测、图像生成等深度学习任务的高级 API。Keras 通常用于处理大规模的图像数据集，通过 CNN 进行高级图像分析。

6. SimpleCV

SimpleCV 专为教育和初学者设计，提供了易于使用的 API 进行图像处理和计算机视觉研究。它支持摄像头捕获、视频处理、物体跟踪等操作，适合入门级别的图像处理任务。

7. Mahotas

Mahotas 特别适合用于细胞图像分析和机器视觉领域。它包含许多科学级的图像处理函数，可进行形态学操作、纹理分析等。

8. Pillow-SIMD

Pillow-SIMD 是 Pillow 的一个扩展，利用了英特尔的 SIMD 指令集，可以显著提升图像处理速度，尤其在大量图像处理任务中。

9. Imageio

这是一个用于读取和写入图像数据的库，它支持多种图像格式。Imageio 的 API 非常简单易用，可以快速地读取和写入图像数据。

10. Segmentation-models-pytorch

这是一个用于图像分割的库，它提供了许多图像分割算法，支持多种图像格式。它的 API 非常简单易用，可以快速地完成各种图像分割任务。

11. TVTK

这是一个用于三维图像处理的库，它提供了许多三维图像处理算法，包括三维重建、三维查看、三维图像处理等。

第3节 图像数据分析在经济管理研究中的应用

随着大数据和人工智能技术的迅猛发展，图像数据分析逐渐成为现代经济与管理领域研究中的一项重要工具。图像数据不仅包括传统的照片和视频，还涵盖社交媒体上的视觉内容等多种形式。由于数据丰富且多样，图像数据分析在经济学、财务会计、市场营销等领域的研究中展现出巨大潜力。

一、图像数据分析在经济学领域的应用

人类通过视觉系统处理信息，将视觉输入提炼成有用信息。在经济学领域中，提取的有用信息常与经济决策和博弈有关。有学者使用注意力模型（SAM）算法分析图像数据，预测图像中每个像素的刺激驱动显著性值，并进一步分析显著性值是否有助于解释经济决策。[①] SAM 算法是通用的，可应用于受图像影响的经济或社会决策，如商店价格标签或电子商务网站的视觉图像，指导金融监管机构设计宣传海报。

二、图像数据分析在财务会计领域的代表性应用

在财务会计领域，图像数据分析多用于将从照片中提取到的情绪信息转化为后续金融投资相关活动的风向标，用于帮助研究人员理解和预测市场回报。例如，观看悲观照片的投资者情绪起伏增加，其投资倾向不稳定性增加，换手频率增高，回报率下降。[②] 资产定价中，研究人员将从机器学习中得到的情绪信息应用于预测风险溢价并寻找真正的风险因素等。[③]

---

① LI X. Predictable effects of visual salience in experimental decisions and games [J]. The quarterly journal of economics，2022，137：1849 – 1900.

② BIRRU J. Day of the week and the cross-section of returns [J]. Journal of financial economics，2018，130 (1)：182 – 214.

③ GU S, KELLY B, XIU D. Empirical asset pricing via machine learning [J]. The review of financial studies，2020，33 (5)：2223 – 2273.

三、图像数据分析在市场营销领域的应用

科技进步和智能移动设备使消费者在社交媒体平台上积极分享图像，社交媒体平台正逐渐成为以视觉为导向的环境。通过分析社交媒体上的图像数据，能够识别消费者的兴趣与偏好，辅助精准营销与新品开发，开展消费者行为研究。例如，使用深度卷积神经网络训练图像分类器来对社交媒体网络上发布的品牌相关图像进行分类，以衡量图像中的品牌属性（迷人、粗犷、健康、有趣）。有研究提出了基于深度学习的可视化数据分析来构建视觉内容的测量指标（如图像丰富度），发现图像丰富度对客户行为和情感参与有正向影响，但对客户认知参与度有负面影响。[1] 此类研究在视觉内容的测量和客户参与度方面做出方法论上的贡献，利用计算机测量图像丰富度，使得在实证研究中处理大规模图像数据成为可能。

此外，有学者通过两步法分析社交网络中与品牌相关的用户生成内容（user gen-erated content，UGC），对发布在 Instagram 上的品牌相关图片、标题文本和社交标签进行收集和标记，并使用 Google Cloud Vision API 的图像识别功能获取 UGC 中的产品信息和购买场景信息。[2]

还有学者利用从推特和 Instagram 收集的有关主要航空公司和汽车品牌的社交媒体帖子，运用了大量的机器学习算法，实证研究了图片内容对社交媒体参与度的影响。[3] 他们使用 Google Cloud Vision API 的"图像属性"功能，检测出图像的主要颜色 RGB 值和占总像素计数的百分比；使用"人脸检测"功能，检测是否存在一张人脸，以及其表现的情绪状态。之后采用倾向评分匹配法，发现高质量和专业拍摄的照片可以在推特和 Insta-gram 平台上带来更高的参与度，并且色彩的影响因产品类别而异。此外，人脸和图像-文本的匹配可以在推特上诱导更高的用户参与度，但在 Instagram 上不会。

第4节　图像数据分析实例

一、案例背景

随着微博和微信等社交媒体平台的普及，作为品牌与消费者沟通的主要渠道，众多品牌在平台创建账号并发布企业创造内容（firm generated content，FGC），旨在增强品牌的可见性并促进顾客的参与。

目前，关于 FGC 绩效的研究主要集中在消费者参与度方面，包括点赞、评论和转发

---

① ZHAO，L，ZHANG，M，MING，Y，et al. The effect of image richness on customer engagement：evidence from sina weibo［J］. Journal of business research，2023，154，113307.

② KLOSTERMANN J，PLUMEYER A，BEGER D，et al. Extracting brand information from social networks：integrating image，text，and social tagging data［J］. International journal of research in marketing，2018，35（4）：538 - 556.

③ LI，Y，Xie，Y. Is a picture worth a thousand words? an empirical study of image content and social media en-gagement［J］. Journal of marketing research，2020，57（1）：1 - 19.

量。但 FGC 的研究依然存在以下不足。首先，缺乏对 FGC 图片内容的分析，忽略了亮度、形状和颜色等视觉特征对消费者偏好的分析。FGC 中视觉元素的特征尚未完全挖掘，本节旨在探索哪些具体的 FGC 图像属性能够有效提升消费者参与度。其次，视觉复杂性作为衡量图片视觉元素丰富度的关键指标，在视觉营销研究中尚未得到足够关注，特别是其对消费者参与度的影响。虽然用户在浏览图片时会自然关注图片信息的丰富性，但是目前关于视觉复杂性的研究主要局限于广告和网页设计等领域。因此，在社交媒体这一特定环境下，探讨视觉复杂性如何影响消费者参与显得尤为重要。

视觉复杂性是指图片中视觉元素的复杂度，包括元素的数量、模式和排列方式。复杂性体现了图片内元素的多样性和传递信息的丰富性。先前的研究已经探讨多种视觉媒介和环境的视觉复杂性，包括网页设计、广告图片、产品包装、品牌标识、零售环境等，但品牌帖子图片作为社交媒体营销的重要组成部分，对其视觉复杂性的研究相对缺乏。

二、数据收集

我们以汽车产业为例，选取了 27 个有官方账号的知名汽车品牌作为样本（见表 5—1）。汽车市场的活跃及各品牌与消费者的频繁互动，使汽车行业成为研究社交媒体影响下的品牌推广的理想对象。

表 5—1　汽车品牌样本名称

奥迪	本田	福特	雷克萨斯	斯柯达
宝骏	别克	红旗	林肯	特斯拉
宝马	长安汽车	吉利汽车	玛莎拉蒂	雪佛兰
保时捷	大众	凯迪拉克	马自达	
北京汽车	法拉利	兰博基尼	梅赛德斯奔驰	
北京现代	丰田	劳斯莱斯	奇瑞汽车	

数据收集流程分为三个主要步骤：首先，选定研究对象为已完成企业认证的各品牌官方微博账号，每个账号具有独一无二的用户 ID（UID）。其次，通过自研网络爬虫程序收集自微博成立（约 2010 年）至 2021 年 5 月选定品牌微博账号发布的所有帖子信息。对于帖子数量超过 4 000 条的账号，添加 cookie 以确保数据完整性。最后，采用 JSON 库、BeautifulSoup 库和 re 库解析帖子数据，提取文本、图片、发布时间、转发量和点赞量等信息。

三、数据清洗

首先，排除所有转发帖子，仅保留公司原创内容，只研究原始内容质量对消费者参与度的影响。其次，基于研究目的，剔除纯文本帖子，仅留包含图片的帖子，聚焦于图片视觉复杂性对消费者参与度的影响。再次，排除受欢迎程度最高的千分之一样本，以免特殊品牌活动导致的高参与度样本干扰研究结果。然后，通过目标检测深度学习程序，筛选出图片中含有产品（汽车）的帖子，剔除不含产品的样本。最后，将来自 27 个品牌官方微博的 85 975 张图片作为研究样本。这确保了样本质量，为分析视觉复杂性如何影响消费者参与度提供了基础。以下为使用 Python 软件进行数据收集和分析的示例代码。

```python
import requests
import json
import time
import random

#这个列表中的元素为微博帖子的 URL
url_list = [r'https://m. weibo. cn/api/container/'
        r'getIndex?containerid = 2304131841218153_ - '
        r'_WEIBO_SECOND_PROFILE_WEIBO&page_type = 03&page = 1']

#爬虫添加请求头,防止被反爬虫
user_agent = 'Mozilla/5. 0(Windows NT 10. 0; Win64; x64)' \
        'AppleWebKit/537. 36(KHTML, like Gecko)' \
        'Chrome/86. 0. 4240. 111 Safari/537. 36'
#获取第 4001 条及以后的帖子需要添加 cookie
cookie = ''
headers = {'User - Agent': user_agent, 'cookie': cookie}

#保存 json 文件
for url in url_list:
    response = requests. get(url, headers = headers)
    result = json. loads(response. text)
    json_path = '{uid}_{page}. json' \
        . format(uid = url. split('containerid = 230413')[1]
            . split('_ - _')[0], page = url. split('03&page = ')[1])
    with open(json_path, 'w + ')as f:
        json. dump(result, f)
    time. sleep(random. randint(3, 5))

#解析 json 文件
import re
from bs4 import BeautifulSoup
import datetime
def get_weibo_info(one_post):

    one_post_info = ['']* 23
```

```python
#如果有的帖子无信息,标记为-1并返回
if not one_post['user']:
    one_post_info[0] = -1
    return one_post_info
#用户 id
user_id = one_post['user']['id']
one_post_info[0] = user_id

#用户名称
screen_name = one_post['user']['screen_name']
one_post_info[1] = screen_name

#电脑 id
id = one_post['bid']
id = 'https://weibo.com/{user_id}/{id}'.format(user_id = user_id, id = id)
one_post_info[2] = id

#手机 id
mobile_id = one_post['id']
mobile_id = 'https://m.weibo.cn/detail/{mobile_id}'\
    .format(mobile_id = mobile_id)
one_post_info[3] = mobile_id

#创建时间
    created_at = one_post['created_at']
    created_at_split = created_at.split(' ')[:4] \
                + created_at.split(' ')[5:6]
    created_at = str(datetime.datetime.
                strptime(' '.join(created_at_split),
                    '%a%b%d%H:%M:%S%Y'))
    one_post_info[4] = created_at

#文本
text = one_post["text"]
one_post_info[5] = text

#文本内容
regex_text = re.compile(r'<.+?>')
text_content = text
for text_content_match in regex_text.findall(text):
    text_content = text_content.replace(text_content_match, '')
one_post_info[6] = text_content
```

```python
#小表情符号
#表情符号内容
#表情符号链接
regex_emoticon = re. compile(r'<img. + ?>')
if regex_emoticon. findall(text):
    text_emoticon = ''
    text_emoticon_url = ''
    for text_emoticon_match in regex_emoticon. findall(text):
        soup = BeautifulSoup(text_emoticon_match, 'html. parser')
        try:
            text_emoticon + = soup. img. attrs['alt'] + '\ n'
            text_emoticon_url + = soup. img. attrs['src'] + '\ n'
        except:
            pass
    one_post_info[7] = text_emoticon
    one_post_info[8] = text_emoticon_url


#标签内容
regex_tag = re. compile(r'<a   href. + ?/a>')
if regex_tag. findall(text):
    text_tag = ''
    text_tag_url = ''
    for text_tag_url_match in regex_tag. findall(text):
        soup = BeautifulSoup(text_tag_url_match, 'html. parser')
        text_tag + = soup. a. text + '\ n'
        text_tag_url + = soup. a. attrs['href'] + '\ n'
    one_post_info[9] = text_tag
    one_post_info[10] = text_tag_url


#转发数量
reposts_count = one_post['reposts_count']
one_post_info[11] = reposts_count


#评论数量
comments_count = one_post['comments_count']
one_post_info[12] = comments_count


#点赞数量
attitudes_count = one_post['attitudes_count']
one_post_info[13] = attitudes_count
```

```python
# 图片数量
pic_num = one_post['pic_num']
one_post_info[14] = pic_num

# 如果图片数量不为 0,获取图片内容
if pic_num:
    little_picture = ''
    large_picture = ''
    for one_picture in one_post['pics']:
        little_picture += one_picture['url'] + '\n'
        large_picture += one_picture['large']['url'] + '\n'
    one_post_info[15] = little_picture
    one_post_info[16] = large_picture

# 获取帖子下面的视频
if one_post.get('page_info'):
    if one_post['page_info']['type'] == 'video':
        # 视频封面
        video_cover = one_post['page_info']['page_pic']['url']
        one_post_info[17] = video_cover
        # 视频链接
        try:
            video_urls_1 = '\n'.join(list(one_post['page_info']['urls'].
                            values()))
            one_post_info[18] = video_urls_1
        except:
            pass
        try:
            video_urls_2 = one_post['page_info']["url_ori"] + '\n' \
                        + one_post['page_info']["page_url"]
            one_post_info[19] = video_urls_2
        except:
            pass

# 是否是长微博
isLongText = one_post['isLongText']
one_post_info[20] = isLongText

# 是否可以评论
try:
    enable_comment_guide = one_post['enable_comment_guide']
    one_post_info[21] = enable_comment_guide
```

```
except:
    pass


＃@里面的内容
regex_at = re. compile(r'<a href. + ?/a>')
if regex_at. findall(text):
    text_at = ''
    text_at_url = ''
    for text_at_url_match in regex_at. findall(text):
        soup = BeautifulSoup(text_at_url_match,'html. parser')
        if soup. a. text ! = '全文':
            text_at + = soup. a. text + '\ n'
            text_at_url + = 'https://weibo. com' + \
                        parse. quote(soup. a. attrs['href']) + '\ n'
    one_post_info[21] = text_at
    one_post_info[22] = text_at_url


    return one_post_info


＃解析得到帖子信息
data = get_weibo_info(json. load(open(json_path,'r + ', encoding = 'utf − 8')))
```

四、指标测量

（一）消费者参与行为

因变量为消费者参与行为，点赞和转发行为可以直接反映消费者对品牌内容的兴趣和参与程度，是衡量消费者参与度的重要指标，因此我们选择品牌帖子的点赞量作为消费者参与行为的衡量指标。

（二）对象复杂性

为了计算图片中的对象复杂性，我们需要通过图像分类模型识别图片中包含的不同对象。在模型训练方面，我们选择了迁移学习的方法，通过预先训练好的 ResNet50 模型，快速且高效地完成模型训练，减少了对大量标注数据的依赖，也降低了模型过度拟合数据的风险。

第一步：我们构建图片数据集，包含 51 种汽车行业频繁出现的对象类别，如汽车、山峰、道路等。这个数据集的建立起始于下载自 ImageNet‑1k 和 COCO2017 两大公开数据库的约 140 万张图片，涵盖了绝大多数所需类别。针对部分未覆盖的特定对象，如山峰，进一步通过网络爬虫技术从各大图片网站补充相应的样本。最终，我们通过 Python 的 random. sample 函数从这些类别中随机抽取了 11 000 张图片，按照 4∶1 的比例，分出训练集和测试集，旨在训练深度学习模型准确识别图片内容的能力，以计算汽车品牌图片的对象复杂性。

第二步：为了从汽车品牌图片中识别对象，我们选择了高效的 ResNet50 图像分类模型。ResNet50 在性能上优于 AlexNet、VGG 等模型，且相对于更复杂的 ResNet 版本，如 ResNet101、ResNet152，更简单高效。ResNet50 通过初步的卷积和池化操作提取图片特征，然后通过 4 个残差块深层次捕捉图片特征，最后通过平均池化和全连接操作实现图像分类。这种结构让 ResNet50 模型能有效识别图片中的对象，支持我们分析汽车品牌图片复杂性的目标。

我们通过微调和数据增强（如图片缩放）对该模型进行了优化，以防过拟合。该模型使用 relu 和 softmax 激活函数，采用 adam 优化器和交叉熵损失，以 top1 准确率 74.9%，top5 准确率 92.1% 为标准来评估模型性能，模型累积需要训练的参数总数为 2 150 451 个，共进行了 50 次训练迭代。

第三步：我们微调后的 ResNet50 模型，主要关注 top1 准确率和 top5 准确率。top1 准确率表示模型预测为最可能类别的准确性，而 top5 准确率表示模型预测的前 5 个最可能的类别中包含真实类别的准确性。在测试集中，模型达到了 86.8% 的 top1 准确率和 98.0% 的 top5 准确率。

为衡量图像的对象复杂性，先通过训练好的模型获取图像在 51 个类别上的置信度分数。然后使用香农指数计算图像复杂性，该指数根据图像在各类别置信度评估其内容多样性。图像跨多类别的高置信度意味着更大的对象复杂性。

$$对象复杂性 = -\sum_{i=1}^{n} p_i \log(p_i) \qquad (5-1)$$

我们通过分析图片 i 在各类别的置信度分数 p 来计算图片 i 的对象复杂性。图片置信度集中在少数类别上时，对象复杂性低，分布在多类别上时，对象复杂性高。当图片置信度均匀分布于所有类别时，对象复杂性最高。为了在回归模型中使用，我们将对象复杂性进行了标准化处理，以确保数据可比性和分析准确。

计算对象复杂性的 Python 示例代码如下。

（1）安装并导入相关的库，然后读取需要分析的图片路径。

```
import numpy as np
import pandas as pd
import tensorflow as tf
from tensorflow.keras.applications.resnet50 import ResNet50
from tensorflow.keras.applications.resnet50 import preprocess_input
from tensorflow import keras
from tensorflow.keras.layers import Dense
tf.config.experimental_run_functions_eagerly(True)
```

（2）创建基于预训练的 ResNet50 模型，用于图像分类任务的特征提取。

```
inputs = keras.Input(shape = (224,224,3))
base_model = ResNet50(
```

```
    weights = "imagenet",
    input_shape = (224,224,3),
    include_top = False)
base_model.trainable = False
```

（3）在预训练的 ResNet50 模型上添加全局平均池化层、全连接层和输出层，构建该分类任务的完整神经网络模型。

```
model_a = base_model(inputs,training = False)
model_b = keras.layers.GlobalAveragePooling2D()(model_a)
model_c = Dense(1024,activation = 'relu')(model_b)
model_d = Dense(51,activation = 'softmax')(model_c)
model = keras.Model(inputs = inputs,outputs = model_d)
```

（4）为了训练过程的有效性和稳定性，提高模型的泛化能力，对数据进行随机排序。

```
file_path = r'train.xlsx'
data_train_ = pd.read_excel(file_path)
data_train_ = data_train_.iloc[np.random.permutation(list(range(len(data_train_))))]
```

（5）通过定义预处理函数并应用于训练数据，以高效的批量处理方式来准备数据，为模型的训练做好准备。

```
def process_image(fpath,label):
    image = tf.io.read_file(fpath)
    image = tf.image.decode_jpeg(image,channels = 3)
    x = tf.image.resize(image,(224,224))
    x = preprocess_input(x)
    label = tf.one_hot(label,51)
    return x,label
ds_ = tf.data.Dataset.from_tensor_slices((data_train_.iloc[:,0].tolist(),
                        data_train_.iloc[:,1].tolist()))
ds = ds_.map(process_image)
ds = ds.shuffle(buffer_size = len(data_train_))
ds = ds.cache().batch(20).prefetch(10)
```

（6）将整个数据集分成训练集和测试集。在模型训练过程中能够评估模型在未见过的数据上的性能，以此来监控和调整训练过程，防止模型过拟合。

```
val_batches = tf.data.experimental.cardinality(ds)
train_dataset = ds.skip(val_batches // 5)
```

```
val_dataset = ds. take(val_batches // 5)
model. compile(optimizer = 'adam',
          loss = tf. keras. losses. CategoricalCrossentropy(),
          metrics = tf. keras. metrics. TopKCategoricalAccuracy(k = 1))
model. fit(train_dataset, epochs = 50, validation_data = val_dataset)
```

（7）通过较小的学习率进行微调，训练模型，提高模型在特定任务上的表现，并最终保存微调后的模型。

```
base_model. trainable = True
ds_ = tf. data. Dataset. from_tensor_slices((data_train_. iloc[:,0]. tolist(),
                              data_train_. iloc[:,1]. tolist()))
ds = ds_. map(process_image)
ds = ds. shuffle(buffer_size = len(data_train_))
ds = ds. cache(). batch(20). prefetch(10)
val_batches = tf. data. experimental. cardinality(ds)
train_dataset = ds. skip(val_batches // 5)
val_dataset = ds. take(val_batches // 5)
model. compile(optimizer = tf. keras. optimizers. Adam(1e - 5),
          loss = tf. keras. losses. CategoricalCrossentropy(),
          metrics = tf. keras. metrics. TopKCategoricalAccuracy(k = 1))
model. fit(train_dataset, epochs = 10, validation_data = val_dataset)
model. save(r'resent50. h5')
```

（三）像素复杂性

像素复杂性是评估视觉细节的密度的指标。具体来说，颜色变化大、亮度对比强烈、纹理变化丰富的图像的像素复杂性高。通常，像素复杂性通过计算将原始图像压缩后的文件的大小来衡量，通过分析压缩效率间接反映图像的视觉复杂度。

为量化品牌帖子图片的像素复杂性，该研究使用 OS 库计算文件大小以反映像素复杂性。随后，通过对文件大小进行标准化处理，消除量纲的影响，提高数据在回归模型中的可比性和分析的准确性，更有效地评估图片像素复杂性对消费者参与度的影响，为理解图片特征与消费者互动之间的关系奠定基础。

量化像素复杂性的操作与 Python 示例代码如下。

（1）安装并导入相关的库，然后读取需要分析的图片路径。

```
import os
import cv2
import pandas as pd
from PIL import Image
import io
```

（2）读取图片类型，用 PIL 库遍历图片。

```
supported_extensions = ['. jpg','. jpeg','. png']
pil_image = Image. open(image_path)
```

（3）检查图片并转换图片格式。

```
if pil_image. mode in ['RGBA','P']:
    pil_image = pil_image. convert('RGB')
```

（4）将处理后的图片保存到内存中的二进制流对象，并设置图片质量参数。

```
img_byte_arr = io. BytesIO()
pil_image. save(img_byte_arr,format = 'JPEG',quality = 85)
```

（5）获取压缩后的图片大小，然后保存到本地。

```
compressed_size = img_byte_arr. tell()
pd. DataFrame(image_data). to_excel(…)
```

（6）计算图片亮度。我们使用 OpenCV 库把图片从 RGB 颜色空间转换到 HSV 颜色空间，进而计算图片中所有像素点的平均亮度。在回归模型中对图片亮度进行了标准化处理。

（四）实证结果

回归分析结果如表 5-2 所示。模型 3 中，对象复杂性对点赞量负向显著（$\beta = -0.0207$，$p < 0.01$），这表明较为简单或直观的图片更容易获得用户的喜欢和点赞，而复杂的图片可能需要花费更多的时间去理解和欣赏，从而影响用户的欢迎程度。而像素复杂性对点赞量正向显著（$\beta = 0.028$，$p < 0.01$），这说明图片如果有较高的像素复杂性，其细节丰富度和视觉效果更吸引人，就更容易得到用户的认可。

表 5-2　点赞量的回归分析

参数	β		
	模型 1	模型 2	模型 3
主效应			
对象复杂性		-0.0206^{***}	-0.0207^{***}
像素复杂性		0.0301^{***}	0.028^{***}
亮度		-0.0592^{***}	-0.0596^{***}
调节效应			
对象复杂性×亮度			0.0082^{*}

续表

参数	β		
	模型 1	模型 2	模型 3
像素复杂性×亮度			−0.0108**
控制变量			
被关注的数量	−0.085***	−0.0818***	−0.0817***
文本情感	0.1069***	0.106***	0.1066***
文本长度	−0.001***	−0.001***	−0.001***
已发帖时间	−0.0012***	−0.0012***	−0.0012***
饱和度	−0.0004	−0.0165***	−0.0162***
表情符号的数量	0.1316***	0.1301***	0.1303***
标签"#"的数量	−0.1401***	−0.1425***	−0.1429***
"@"的数量	0.0191***	0.0212***	0.0214***
截距	5.819***	5.7693***	5.766***
样本量	85 975	85 975	85 975
R^2	0.5713	0.5726	0.5727

注：* 代表 $p < 0.1$，** 代表 $p < 0.05$，*** 代表 $p < 0.01$。

模型 3 中，图片亮度正向调节对象复杂性与点赞量的关系（$\beta = 0.0082$，$p < 0.1$），这表明，较高的图片亮度改善了图片的视觉效果，使得复杂的内容更易于被观众理解。同时，像素复杂性与图片亮度之间的交互项对点赞量的回归系数显著为负（$\beta = -0.0108$，$p < 0.05$），这表明较高的图片亮度使图像的视觉细节的复杂性变得很明显，减少了用户的点赞意愿。

第 5 节　文献案例分析

一、文献信息

SHIN D，HE S，LEE G M，et al. Enhancing social media analysis with visual data analytics：a deep learning approach [J]. MIS quarterly，2020，44：1459 - 1492.

该论文详细介绍了一种基于数据驱动的视觉和文本内容表示方法，旨在通过机器学习技术深入分析社交媒体上的视觉内容。研究团队开发了新的度量标准，如内容一致性和图像-文本相似性，以量化社交媒体帖子之间的语义关系。通过深度学习框架，从大规模非结构化数据中提取关键特征，并优化迭代机器学习模型开发过程，以增强模型的稳健性和可扩展性。

二、研究背景

社交媒体是企业与客户沟通的关键渠道。为了更好地接触现有客户和潜在客户，企业会不断增加在社交媒体营销方面的资源投入。在社交媒体上，企业常使用文本内容向消费者提供详细的产品或服务信息。然而，与文本相比，视觉内容的直观性和感染力等特征能迅速地吸引消费者的注意力，产生情感共鸣，提高信息传达的效率。因此，随着数字化媒介的普及，"一图胜千言"的视觉冲击力和即时性更容易促使信息成为讨论的焦点。

当消费者面对海量信息时，社交媒体上视觉内容的作用很重要。带有图片的帖子会获得更高的点赞数量和转发率，这表明图像不仅增加了帖子的吸引力，也增加了用户的互动行为。企业通过优化视觉内容，扩大图像内容在社交媒体的影响力，更有效地促进用户的关注和参与。

已有研究表明传统媒体的图像内容能有效地提升广告效果，这不仅揭示了视觉元素对消费者参与行为的影响，还强调了通过视觉策略来优化广告效果和提升营销效率的潜在价值。由此可见，深入分析视觉内容对消费者的情感和决策过程的影响会促使品牌更准确地设计广告，提高内容说服力。

社交媒体的文本内容特征提取，如情感分析和关键词提取，已经被广泛探索。但视觉内容由于分析难度较高，对其系统性的研究相对较少。在信息系统（IS）和营销学领域，构建视觉特征往往依赖于更专业的知识和复杂的编码过程，这阻碍了处理大型社交媒体数据集的可操作性。尽管面临这些挑战，视觉内容的研究价值却不容忽视。

通常，计算机视觉系统利用深度学习框架，如 CNN 处理和分析大规模图像数据集，提取大量图像的特征和执行复杂模式识别，这表明在处理高维数据和执行分类任务时，计算机视觉展示了其超越人类视觉识别的速度和准确性。此外，为了验证 CNN 技术从图像中有效提取视觉特征的效果，该研究还比较了深度学习模型生成的数据和 Amazon Mechanical Turk（MTurk）上人类评分的准确性和可信度。

三、主要理论和研究逻辑

研究表明，图像特征是广告效果的关键因素，其影响可以通过精细可能性模型（ELM）框架中的中心路径和外围路径分别解释图像如何通过吸引注意力或促进消费者深入思考来影响广告效果。然而，这些视觉特征在社交媒体环境中的有效性尚未被系统评估。因此，使用 ELM 理论作为基础理论，能够更全面地理解图像在不同媒介中的说服效果，更有助于制定广告策略。

视觉线索通过外围路径影响广告的说服效果，例如名人代言或专家推荐等。有研究表明，通过社会影响理论解释了外围视觉线索如何影响消费者行为，例如当名人或专家推荐产品时，消费者可能会因顺从、认同或内化影响因素而对产品产生更高的信任度。此外，图像的美学设计也是影响消费者的注意力以及广告效果的重要视觉线索，而视觉吸引力尽管会迅速引起消费者的兴趣，但也会干扰他们处理信息的过程。与此同时，像素复杂性增加了视觉处理的难度，这虽然增强了消费者的记忆力，但是阻碍了他们对广告内容的识别，并对消费者的态度产生了负面影响。

视觉内容的复杂性通过中心路径影响信息处理，例如，图像中特定对象、形状及其排列方案的视觉结构需要消费者投入较高的认知努力来理解信息。有研究表明，图像的设计复杂性越高，消费者需要的信息处理能力越多，进而可能对广告产生更积极的态度。而中等复杂度的设计最能引起积极回应。同时，内容一致性也有助于消费者处理信息。此外，社交媒体用户往往订阅特定账户以获取持续信息，其中偏好一致性的消费者更喜欢常规内容，而追求多样性的消费者倾向于创新内容。图像和文本的关系也会影响消费者信息处理的方式。与图像相关的文本可以增强消费者对广告的理解。图像内容可以减少疲劳感，提高客户评价，而文本内容需要消费者付出较高的认知努力，例如处理单词和句子的细节以及整体意义。

四、数据分析和主要结论

研究收集了汤博乐（Tumblr）平台的数据，包括文本和图片数据，通过 CNN 衡量社交媒体的视觉内容特征，这种深度学习技术不仅构建并识别了视觉内容的通用特征，还证明了 CNN 在计算机视觉领域中作为图像分析方法的稳健性，提高了对象检测、图像识别和分类任务的准确性。此外，通用文本内容特征通过词嵌入（word embedding）模型学习，该模型捕捉词汇间的语义关系，并通过这些关系形成词向量，同时这种方法已广泛应用于各种自然语言处理任务，如情感分析、文档分类和机器翻译，不仅展现出优异的性能，也具有良好的可扩展性。

视觉复杂性理论认为，图像的像素复杂性，通过颜色、亮度和纹理的多样性，增强人的视觉激活和记忆力，同时影响人的信息处理方式。该论文以图像的分辨率 r 和压缩质量 q 标准化图像的压缩文件大小 f（以字节为单位）衡量像素复杂性：$ImagePixelComplexity = (100 \cdot f)/(q \cdot r)$。

分析视觉内容的高级语义，需要检测出图像包含的对象，这属于计算机视觉的图像识别任务。该论文利用雅虎开发的 CNN 模型，包括照片服务 Flickr。研究将社交媒体的图像输入到训练好的 CNN 模型，以获得这些图像在 1 700 个对象类别上的置信度分数。然后，采用香农指数（Shannon index）衡量图像的对象复杂性，评估 CNN 模型置信度分数在 1 700 个对象类别的分布变化。假设 $p \in [0,1]^d$ 为给定图像的置信度分数，在本文中 $d = 1\,700$。据此，衡量对象图像复杂性：$ImageObjectComplexity = -\sum_{i=1}^{d} p_i log(pi)$。

文本的主题复杂性是指通过主题识别模型（LDA）衡量的文本内容包含的关键词的多样使用情况，其假设每个文档（帖子）由若干潜在主题构成，通过分析文本中的词汇来确定这些主题。LDA 模型为每个文档提供了两类主要输出内容：各个主题的关键词集合和每个文档的主题分布。此外，每个文档被转换为一个主题向量，每个向量代表了文档在各个主题上的分布。文本主题复杂性通过香农指数来评估，这一指数反映了文本中涉及的主题的多样性。具体而言，一个文本涉及主题越多，其语义越复杂。相反，如果文本主要围绕单一主题展开，其语义较为简单。

句子复杂性通过 Word2Vec 词嵌入模型来测量，该模型分析句子中每个词的上下文关系，并通过最大化对数似然来评估每个句子的可预测性及其概率，同时考虑社交媒体文本的独特性，如非标准词汇和多语言环境。因此，为了适应多样化的文本内容，句子复杂性被定义为基于其上下文的预测难度，从而为每个帖子提供一个量化的复杂度评分。

图文相似性通过深度学习方法和机器学习技术来测量，用于评估社交媒体帖子中图像内容和文本内容之间的关联。该论文首先通过 CNN 模型将图像转换成标签集合，构建图像标签的语料库，再将文本内容与图片内容相对应。然后，利用 LDA 主题识别模型分析图像和文本的主题分布。最后，通过计算这两种内容的主题分布之间的余弦相似度来量化图文之间的相似性。这种方法帮助我们理解和评估图像和文本内容在语义层面上的一致性。

五、文献点评

该论文基于深度学习的视觉数据分析框架，扩展了社交媒体的视觉信息，以及理解消费者行为的研究。其不足之处是：首先，研究主要关注社交媒体发布的内容，尚未扩展到其他领域，例如产品图像或制造业的视觉内容。其次，研究仅关注图像语义层面的数据，没有涉及视频等其他类型的视觉数据。最后，尽管深度学习已展示出处理复杂智能任务的潜力，但方法的应用层面还需要进一步提高。这些局限性为未来的研究提供了众多改进的机会。

▷ **思考题**

1. 什么是 RGB 颜色模型？
2. 图像数据分析为什么重要？
3. 简述图像数据分析基本流程。
4. 特征提取的指标有哪些？
5. 有哪些 Python 图像处理相关库？请利用 Python 分析识别图像中的面部情绪。

▷ **参考文献**

第 6 章 ▸ 语音数据分析技术及其在研究中的应用

刘　汕　西安交通大学

社交媒体上的用户互动、商品购物平台上的虚拟数字人直播、企业高管的会议讨论等均是语音的应用场景。用户在互动过程中使用的语音可能会影响沟通效果，进而衍生出一系列的管理学问题。例如，在互联网健康平台上，医生会使用语音与患者进行互动。医生语音可能会对患者产生影响。如果医生使用不恰当的语音，可能会加重患者的心理负担，系统分析医生语音对患者情感产生的影响，这对于医疗健康领域的管理实践具有深远的意义。因此，通过运用语音分析方法来分析不同场景下的用户交互语音对沟通效果的影响，可以提升用户之间的语音沟通效果。本章将介绍语音数据分析的基本原理、主要指标计算流程及在管理研究中的应用。另外，本章将选取语音数据分析的代表性文献进行详细解读。

第 1 节　语音数据分析的基本原理

语音是人们沟通中重要的信息传递媒介，具有复杂性、规律性和系统性的特征。根据梅拉宾法则，听觉交流在人们全部类型信息沟通中的占比高达38％。语音分析是一门结合物理学、声学、语言学、心理学知识与数字信号系统分析技术的交叉学科。语音凭借其沟通便捷性、信息丰富性等优势已广泛应用于人工智能、医疗保健、电子商务、智能家居等行业。了解语音数据分析的理论基础和发展演进过程是提升管理学中语音交互质量和用户交互体验的前提。

一、语音数据分析的理论基础

语音主要由人体发声器官产生，被用于储存人际交流信息，与其他自然界声音的产生方式和用途相似而又有所差异。人体内的呼吸器官会通过收缩压力产生气流，气流流经喉咙部位的发声器官形成声波，最终形成语音。人体内的发声器官包括肺、气管、喉头、声带、咽腔、口腔、鼻腔等。其中，肺是语音产生的动力源，通过收缩产生压力，导致肺内空气通过气管流经喉部。声带是重要的声源器官。气流通过声带时会对声带产生压力，进而发生振动，为语音发声提供了振动源。器官肌肉活动也会导致声带随着气流量发生相应变化。声带振动会引起流经声门的空气压强发生变化，进而形成周期性的脉冲气流。

　　语音声波的频率主要由声带完成一次开启和闭合的时间周期决定，声带振动周期越长，语音声波的频率越低。不同个体的声带大小、厚度等有所不同，决定了基音频率的高低，即声带振动的快慢。气流通过声带和声门后会进入声道并向外辐射传播。声道主要由口腔、鼻腔等呼吸器官构成，作为气流的谐振腔。不同个体的口腔、鼻腔等器官的生理结构存在差异，即不同个体的声道往往具有不同的形状，会对气流产生不同的共鸣和筛选作用。气流通过声道会产生不同形状的声波。人体的唇、舌等器官会改变声道的形状，从而对语音产生调节作用。

　　从物理学特征上说，语音可以被视为一种模拟信号波，它具有特定的周期性和频率特性，主要由人体发声器官之间的相互作用所产生。语音具有一些物理量，如声压、声功率和声强等，也具有一些声学要素，如音高、音强、音长和音色等。其中，音高是接收者对说话者的语音的高低的主观感知，与语音信号波形的频率有关，取决于发声源振动的快慢。音强主要指声音的强弱，与波的振幅有关。音长表示语音持续的时长，取决于发声源振动持续时间长短。音色是语音在波形及其频谱结构方面表现出的特性，不同语音信号的振幅及频率的差异表现为语音音色的不同。音色主要由说话者发音方式、发音器官生理结构等共同决定。因此，音色是区分不同个体语音、进行语音合成的重要特征指标。语音声波表现出的不同物理特性是语音复杂性和多样性的重要来源，在声学研究、信号系统分析等方面扮演着重要角色。

　　语音数据分析的一个重要目的是基于语音系统信号处理的相关理论和技术方法来获取语音中的重要信息，并用于指导人们沟通交流、企业管理、产品营销等众多管理实践。语音不仅包含文字信息，也包含丰富的副语言信息，如音调、音强、共振峰等。语音信号的波形呈现出来的幅度和疏密程度大小是反映语音能量和文本信息密度的重要指标。对语音中副语言信息的分析需要借助一系列的信号处理技术方法，如频谱特征分析、音频特征提取、语音信号识别、语音参数合成、语音情感分析等。

　　由上述分析可知，语音具有一系列不同的物理量，其本质是具有一定规律和结构的模拟信号波。通过对语音采样和量化操作，可以将连续的语音声波对应的模拟信号转化为离散的数字模拟信号，以便在计算机和语音分析软件中进行语音数据的储存、处理和分析。语音也具有不同的声学韵律和语言学特性，如抑扬顿挫、平缓等。不同个体的语音表达特征也存在差异，如口音和方言，主要受个体的生活习惯、成长环境等因素影响。语音数据分析的基本原理主要基于语音信号的声学、物理学等特征，并借助一系列信号处理方法和技术手段来获取和分析语音中的信息。

　　在实际的语音分析操作中，首先使用麦克风或其他录音设备来记录原始的语音信息。录音时尽可能使周围环境保持安静，减少背景噪声的干扰。原始语音被视为由一组按照时间顺序排列而成的连续数值构成的模拟信号波，但不适用于计算机储存和处理，因此需要将其转化为离散形式的数字信号。语音数字信号数据的获取涉及复杂的流程，如反混叠滤波、采样、幅值量化、编码存储等。

　　采样时需要使用低通滤波器对语音信号进行滤波，防止采样频率不足导致的高频成分与低频成分发生重叠。然后通过采样操作从连续的语音模拟信号中获取与其近似的离散信号。采样频率是指每秒对语音模拟信号波的采集次数，决定了离散形式的信号波形与原始的语音模拟信号波的接近程度。通常将采样频率设置为语音模拟信号最高频率的两倍及以上，这样才能获得完整的语音信号。在采样完成后，需要对不同时间点的离散信号进行量化，具体的操作是将语音信号的幅值划分为不同的区间，落入同一区间内的采样信号幅值被赋予相同的值。在实际操作中，以上采样和量化过程可以通过模数转换器来完成，实现语音模拟信号到数字信号的自动转换。经过量化操作后的语音信号就可以被具有不同编码方式的计算机存储和处理。

人们的语音往往夹杂着背景噪声，从而产生冗余信息。为了降低背景噪声的干扰，提高语音质量及其识别准确率，通常需要在正式分析语音之前对其进行预加重、分帧、加窗等预处理操作。预处理是语音信号处理的常规环节。语音信号波在介质中辐射传播时，其不同频率段的语音成分受到发声器官和空气介质影响的程度不同。其中，高频段成分比低频段成分更容易受到影响，会损耗较多的能量，因此导致语音信号波的能量主要集中在低频段，可以采用预加重操作来弥补高频段的语音信息能量的损失。预加重的主要目的是提高频段语音成分的能量，使语音信号频谱中不同频率段成分的分布更加均匀。长时语音信号波形呈现明显变化，其特征参数的均值、方差等统计学特征会随着时间发生变化，具有非平稳的属性，不利于语音信号的处理和分析。语音信号在较短的时间内（10～30ms）能够表现出平稳性，即短时平稳性，因此可以将整段语音分割成许多短段（帧）来进行语音合成、语音识别、傅里叶变换等操作。为了避免帧与帧之间的截断效应，需要设置帧移参数来保证相邻两帧的衔接，即保证相邻两帧有重叠，避免语音信息的缺失。帧移的长度一般设置为帧长的一半。为了增加相邻帧衔接的平滑性，需要进行加窗操作，即将语音信号帧乘以一个窗函数，如矩形窗、汉明窗、汉宁窗等。加窗处理的另一个重要目的是减少分帧导致的语音失真和信号噪声，使语音信号具有更高的质量。衡量语音质量的常用参数有基频微扰、振幅微扰和声门参数等。

语音信号数据分析主要涉及两部分：时域和频域。

时域主要反映信号随时间的真实变化情况，如图 6-1 所示。语音信号时域分析主要是对信号随时间的变化的波形进行分析，具有直观、简单、运算量小等特点。通过时域分析能够获得语音信号波的周期、频率、振幅和相位变化等信息。语音信号的时域也能反映说话者的语音表达方式（如停顿），以及语音文字信息的密度（如语速）。语音信号时域分析涉及短时能量、短时过零率、短时自相关等动态属性指标，能够为语音分割、语音识别、语音情感分类等提供有力支持。其中，短时能量反映了语音信号幅值的变化情况，一般为每帧内各点语音信号幅值的平方和。短时过零率是一帧内语音信号波横跨横轴的次数。通常用相邻两个语音点的幅值是否异号来判断。如果异号，则过零率增加，否则不变。短时能量和短时过零率在识别清音和浊音方面起着重要作用。短时自相关通常用于衡量语音信号自身的相似性和周期性。

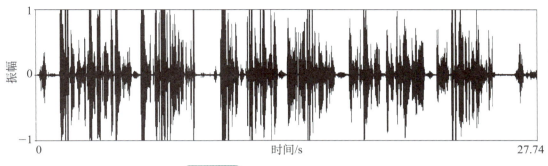

图 6-1 语音信号时域图示例

语音中许多重要的信息蕴含在频域中。语音信号频域的频谱图示例如图 6-2 所示。根据图 6-2，频谱图的横坐标为频率，纵坐标为各频率成分对应的功率谱密度，可以反映不同频率成分的大小和相位信息，其频谱结构主要由声带打开和闭合的精确模式、声道形状这两个因素决定。

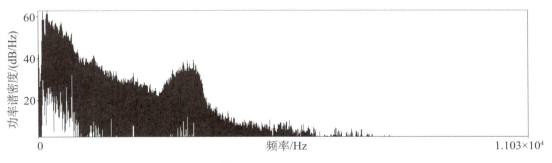

图 6-2 语音信号的频谱图示例

对语音信号进行分割和分类是完成语音识别、语音合成、语音情感分析等任务的重要基础。语音信号分割是将语音信号划分成相互独立的基本单元，如音节、单词、句子等。语音信号分割的精确程度决定了后续语音识别和内容分析的效果，主要包括手动和自动分割两种方法。其中，手动分割主要指人工标注，需要具有丰富语音知识的专家来完成。尽管该方法具有较高的灵活性和准确性，能够很大程度满足分割目的，但是需要耗费大量的时间和精力，因此无法满足大规模的语音数据分析需求，尤其是无法用于语音合成。

因此，自动分割方法在语音分割中的地位日益突出，该方法可以结合先验知识或参考模型算法来进行时间归并和调整，也可以基于语音信号本身的特征参数来进行分割。另外，语音自动分割方法主要包括阈值分割、深度学习分割、统计模型分割等。语音分类是指借助人工神经网络、支持向量机等算法模型对语音信号不同的单元特征进行识别和分类，包括时域和频域特征，如短时能量、基频、短时过零率等。通过语音分类的模型算法可以将语音转换为文字，也能将不同的语音单元合成为目标语音，还可以识别语音情感。

总的来说，语音数据分析需要遵循声学、语音信号波的物理学特性和信号处理分析等基本原理，这些原理构成了语音分析的基础。在提取语音特征参数时需要结合声音物理学特征，使用合适的分帧、加窗、傅里叶变换等操作，科学地对语音信号进行时域和频域分析，从中提取语音重要的时域和频域特征参数。语音数据的分析也应该考虑语音的声学特征，如发音方式、音高、音强等，并基于获得的语音特征参数来构建合适的声学模型，用于后续的语音识别、语音合成、语音情感分类等。

二、语音数据分析方法的发展演进过程

随着语音识别、数据处理技术的快速发展，语音数据分析方法大致经历了三个阶段。

(一) 模板匹配阶段

当前阶段，语音数据分析方法尚处于发展初期，局限于简单的语音处理和分析，主要借助预先制定好的语音标准模板，将模板与输入的语音信号进行相似性匹配。匹配过程通常涉及欧式距离、马氏距离、余弦相似度等多种相似性度量方法。最终，匹配度最高的模板被视为输入语音的识别结果。模板匹配方法在语音识别中得到了初步应用，其识别结果的准确率也不断提高。但该方法最初只能用于识别简单的词汇，很难准确识别复杂、偏僻的新词汇。该阶段的语音分析主要基于短时语音信号，即通过分帧操作来将长时的语音信号进行切割，进而从每一帧语音信号中提取特征。另外，该方法对于语音信号的信噪比十分敏感，因此需要对输入的语音信号进行预处理。为了提高模板匹配的鲁棒性和识别效果，动态时间规整算法也被使用。

(二) 统计学模型阶段

随着语音数据分析需求的逐渐增加，统计学模型广泛用于语音分析中，为连续的语音识别和合成提供了可能。语音统计学模型是统计学和语言学的跨学科结合产物，主要通过建立相应的模型来识别语音和解释语音文本，可以用于合成语音。隐马尔可夫模型的引入是语音数据分析方法发展过程的重要节点。语音信号通过隐马尔可夫模型框架可以生成语音单元的序列，通过进一步训练可以获得相应的参数，最终解码出最准确的语音信号序列。语音统计学模型还可以分析各种语音对象和元素的频率以及观测它们的分布情况，从而对语音信号序列的特征有系统化的了解。

(三) 机器 (深度) 学习模型阶段

近年来，随着新算法的不断涌现，机器学习的出现突破了传统的统计学模型语音分析方法，尤其是以神经网络 (如 DNN 和 RNN) 为主导的深度学习技术为大规模的长时语音数据分析找到了新的突破口。深度学习模型具有较高的非线性建模能力，能够显著提升语音数据处理分析的精度和广度，因此广泛用于语音合成、特征提取等领域。这一阶段标志着语音数据分析技术的成熟。深度学习模型通过自动学习语音信号的复杂序列特征，构建并学习语音输入到输出的复杂映射关系，最终进行语音信号序列的预测。基于深度学习模型的语音分析方法已在医疗、商业、教育、智能家居、智能客服、新能源汽车等领域得到了应用，未来将为人们的工作和生活带来更多的便利。

第 2 节　语音主要指标计算流程

通过语音数据分析方法可以提取一系列重要的语音信号时域和频域的特征指标，如频率、声强、短时能量、短时平均幅度、短时过零率、梅尔频率倒谱系数等，该方法涉及短时自相关、傅里叶变换等重要的环节。本节将介绍语音中重要特征指标的定义及相应的计算公式，同时探讨语音分析研究中的常见问题和注意事项。

一、语音主要指标及其计算

1. 音高

语音一个重要的特征指标是音高，主要指语音的高低，由声带振动的频率决定。频率越高，音高越高。语音的音高主要受到口腔、鼻腔等发音器官的生理结构的影响，反映了个体对语音的主观感受。人耳能够听到的频率范围为 20～20 000 Hz。假设语音信号波形的周期为 T，其频率 f 可通过公式（6-1）来计算。

$$f = \frac{1}{T} \tag{6-1}$$

2. 声强

语音声强主要指单位时间内，语音在垂直于传播方向的单位面积上所传递的能量，即声波在单位面积上的功率。语音声强主要取决于声带振幅的大小，也会受到发声器官结构、声音传播过程中空气介质等因素的影响。人们说话时用力越大，气管中气流量越大，声带的振幅就越强，语音信号的声强也就越高。在实际的声强测量中，常用声强级的对数值来反映语音信号的强弱，其单位为分贝（dB）。语音声强（SouInt）可以通过公式（6-2）来计算。

$$\text{SouInt} = \frac{\text{En}}{t \cdot s} \tag{6-2}$$

其中，En 表示语音信号的能量，t 表示语音信号传播时间，s 表示与语音信号传播方向垂直方向的面积。

3. 信噪比

语音信号的信噪比是指语音有效信号与噪声信号的比值，常用于衡量语音的清晰度和质量。信噪比越高，语音中有效的信息成分越多，同时语音的清晰度和质量越高。信噪比（Snr）可以通过公式（6-3）来计算。

$$\text{Snr} = 10 \cdot \lg\left(\frac{Ps}{Pn}\right) \tag{6-3}$$

其中，Ps 表示语音信号功率或强度，Pn 表示噪声的功率或强度。

4. 平均能量

语音信号的平均能量是指语音信号在单位时间内的能量，与语音信号的振幅有关，其计算过程主要包括计算语音信号波形中各采样点的幅度的平方和，然后除以时间区间长度。对于周期为 T 的语音信号 $x(t)$，其对应的平均能量（AveEn）可以通过公式（6-4）来计算。

$$\text{AveEn} = \frac{1}{T}\int_{t=0}^{T}\left[x(t)^2\right]\mathrm{d}t \tag{6-4}$$

5. 短时能量

语音能量反映了信号幅值的大小，会随着时间变化呈现出明显变化。由于语音信号具有短时平稳性的特征，可以通过计算来获得每一帧语音信号的平稳能量，即短时能量。短时能量可以用于区分清音和浊音，以及识别语音中的有声段和无声段。在获取语音信号短时能量之前，需要对语音信号进行分帧，然后可以使用公式（6-5）所示的矩形窗函数 $w(m)$ 或者其他类型的窗函数来减少每帧两端的截断效应。语音信号的加窗操作如公式（6-6）所示。连续的语音信号 $x(t)$ 经过分帧、加窗处理后，获得第 n 帧，第 m 个采样点的语音信号 $x_n(m)$，其短时能量（SE_n）可以通过公式（6-7）来计算。

$$w(m) = \begin{cases} 1, & 0 \leqslant m \leqslant N-1 \\ 0, & \text{其他} \end{cases} \tag{6-5}$$

$$x_n(m) = w(m)x(n+m), \, 0 \leqslant m \leqslant N-1 \tag{6-6}$$

$$SE_n = \sum_{m=0}^{N-1} x^2(m) \tag{6-7}$$

其中，$n=0$，T，$2T$，$\cdots$；T 为帧移长度；N 表示帧长。除了使用矩形窗进行加窗，还可以使用汉明窗函数进行加窗，如公式（6-8）所示。

$$w(m) = \begin{cases} 0.54 - 0.46\cos\left(\dfrac{2\pi m}{N-1}\right), & 0 \leqslant m \leqslant N-1 \\ 0, & \text{其他} \end{cases} \tag{6-8}$$

6. 短时平均幅度

语音信号的短时平均幅度可以用于弱化幅值平方能量对于高幅值语音信号的放大作用，通常用于语音识别、语音端点检测等。短时平均幅度的计算过程：首先将语音信号分成帧，然后计算一帧语音信号采样值的绝对值之和，接着将结果除以帧长，最后获得语音信号的短时平均幅度。语音信号 $x_n(m)$ 的短时平均幅度（M_n）可以通过公式（6-9）来计算。

$$M_n = \frac{1}{N}\sum_{m=0}^{N-1} |x_n(m)| \tag{6-9}$$

其中，$x_n(m)$ 表示帧信号，N 表示帧长。

7. 短时过零率

短时过零率反映了语音信号在短时间内通过零的频率，是识别清音和浊音的重要特征参数。短时过零率越高，语音信号的频率越高。短时过零率的计算包括将语音信号划分短时窗口、检验相邻采样点符号是否一致、计算每帧内语音信号的过零点次数。语音信号 $x_n(m)$ 的短时过零率（Z_n）可通过公式（6-10）和（6-11）计算。

$$Z_n = \frac{1}{2}\sum_{m=0}^{N-1} |\text{sgn}[x_n(m)] - \text{sgn}[x_n(m-1)]| \tag{6-10}$$

$$\text{sgn}[x] = \begin{cases} 1, x \geqslant 0 \\ -1, x < 0 \end{cases} \tag{6-11}$$

其中，$x_n(m)$ 表示帧信号，N 表示帧长。

8. 短时自相关函数

语音信号的短时自相关分析作为一种重要的语音处理技术，可以高效检测语音中的有效信号和噪声，识别语音信号端点，判断语音信号是浊音还是清音，切割语音。该技术也常被用于分析语音信号的周期性和相似性，往往需要较大的乘法计算量，耗费较长的时间，可以通过预加重或较为高效的算法和语音信号特征指标来减少计算量。语音信号 $x_n(m)$ 的短时自相关函数 $R_n(k)$ 如公式（6-12）所示。

$$R_n(k) = \sum_{m=0}^{N-1-k} x_n(m)x_n(m+k), 0 \leqslant k \leqslant K \tag{6-12}$$

其中，k 表示延迟，K 表示最大延迟点数，N 表示帧长。

9. 梅尔频率倒谱系数

根据人的听觉机理，人耳对不同频率的语音信号的敏感度不同，往往对较低频率的语音信号有较高的敏感度。换句话说，人耳感知声音信号的频率与实际的频率并不是线性相关的。高频率的语音信号成分在传播过程中容易被低频率的语音信号成分掩蔽。梅尔频率倒谱系数从人耳听觉机理的角度进行频谱分析，常用于语音识别、语音合成、噪声识别、端点检测等。语音信号的实际频率与梅尔频率对应的关系如公式（6-13）所示。

$$f_{\text{Mel}} = 2595 \cdot \lg\left(1 + \frac{f}{700}\right) \tag{6-13}$$

其中，f_{Mel} 为以梅尔（Mel）为单位的感知频域，f 为以 Hz 为单位的实际语音信号频率。

梅尔频率倒谱系数的获取过程包括：分帧、加窗，对每一帧信号进行快速傅里叶变换，计算每一帧频域信号数据的谱线能量，将每一帧信号的能量谱通过 Mel 滤波器组得到 Mel 频谱。然后，在 Mel 频谱上进行倒谱分析，即对 Mel 滤波器组输出的能量取对数后作离散余弦变换，最后取第 2—13 个系数作为梅尔频率倒谱系数。

10. 离散傅里叶变换

为了对语音信号进行频域分析，首先需要对其进行傅里叶变换。傅里叶变换可以将随时间变化的时域信号分解为一系列不同频率的正弦波或余弦波。傅里叶变换将时域的语音信号转换到对应的频域，频域描述了语音信号各频率成分与其对应的信号幅值的关系。时域的语音信号经过分帧、加窗后，可以采用如公式（6-14）所示的离散傅里叶变换获得语音信号 $x(m)$ 对应的频域 $X(k)$。

$$X(k) = \sum_{m=0}^{N-1} x(m)e^{-j(2\pi/N)km} \tag{6-14}$$

其中，N 表示帧长，k 表示频率。

二、语音分析研究中的常见问题与注意事项

语音分析的一个重要目的是获取语音的特征参数，也就是从语音中提取能够捕获语音信息的关键参数，以便用于后续的管理研究。管理者在获取研究所需的语音特征信息

之前，往往需要对语音进行预处理操作，如分帧、端点检测、预加重、去噪等，以便保证提取语音特征参数的整体质量，从而为后续分析提供可靠参数。由于语音数据的多样性和复杂性，研究者提取指标以及分析语音时面临着重要的挑战。不同的人具有不同的发声生理结构，大大增加语音数据结构的多样性以及语音数据分析的难度。

例如，不同地区的人具有不同的口音或发音习惯。单一的语音分析的模型算法很难区分多样化的语音。语音数据的多样性会降低语音数据分析方法和技术手段的精确度。因此，管理者在提取不同类型的语音指标数据时应调整模型算法的结构或参数，准确提取语音的特征参数。语音数据往往不可避免地会包含背景噪声，其会混淆真实的语音信号。研究者在提取语音指标时应注意这一问题，可以通过调整模型算法来对语音进行降噪处理。另外，语音具体的信息内容也会影响语音的特征指标的作用效果。例如，常规的语音识别系统很难识别一些生僻的单词短语、同义词、发音相同的单词、语速较快的语音内容等。因此，研究者在运用模型算法来设计语音识别系统时应考虑语音内容特征。

隐私保护和数据安全也应该是研究者在处理和分析语音时应该注意的问题。规范使用语音数据分析方法对于保护说话者的信息隐私至关重要。研究者往往主观判断语音信息，可能会导致语音内容评估偏差。研究者在标注语音时应确保标注的准确性，也要确保语音数据具有代表性，以便后续进行准确分析。

由于语音处理涉及多项操作和多种方法技术，管理者需要综合使用各种语音分析措施或借助相关的语音分析软件来高效准确地提取语音信号的时域和频域特征参数。相信未来研究人员会不断通过技术创新和算法优化措施来提升语音分析方法的准确性和鲁棒性，例如使用更丰富的训练数据集、规范化的数据标注流程、客观的语音内容判断等。另外，管理者进行语音分析时还需要结合现实背景来识别语音中的关键特征要素，结合以往文献来概念化语音特征要素，并基于现有的声学原理和管理学理论分析各要素之间的关系。

第3节 语音数据分析技术在管理研究中的应用

语音数据分析技术不断发展，为语音在人们生活中的应用提供了更多可能，也促成了一系列管理研究，例如服务员的语音如何影响产品的营销效果、医生的在线语音如何影响患者的心理情感、患者语音与疾病类型之间存在怎样的关系等。在不同的研究问题中，不同的语音指标发挥的作用存在差异。因此，语音数据分析所采用的指标并不是固定的，本节将概述语音数据分析应用框架、语音数据分析当前在研究中的应用和语音数据分析未来在研究中的应用领域。

一、语音数据分析应用框架

（一）应用背景及问题介绍

语音的应用已经渗透到我们生活的方方面面，并非局限于传统的线下场景，如人们的日常交流、工作会议、教学授课等。随着互联网信息技术的迅猛发展和人们个性化需求水平的不断提高，语音通信技术在线上平台同样发挥着重要作用。越来越多的在线社交平台开始推出语音功能，方便用户使用语音进行沟通。例如，苹果的 Siri、小米的小爱同学等助手允许用户使用语音来控制设备。不同类型的互联网服务平台提供了语音交互系统，能够针对用户的问题提供自动或人工语音回复，如好大夫在线、春雨医生、百度地图等。许多在线零售商开始使用虚拟数字人、聊天机器人来营销产品和处理客户反馈的常见问题，进而为客户提供即时帮助。许多社交媒体也推出了语音交互功能，如微信、QQ、腾讯会议、钉钉等，允许用户便捷地进行远程沟通。某些社交娱乐媒体，如抖音、快手等也具有语音的应用场景，据此用户会产生大量的语音数据。通过天猫精灵，用户可以使用语音命令来实现影音娱乐、信息查询等。用户通过 Amazon Echo 或 Google Home 的语音功能可以控制智能灯泡的开关和亮度。这些场景展示了语音功能如何在不同的互联网服务和应用中提供便利，提高沟通效率，并增强用户互动体验。随着技术的进步，语音功能服务将变得更加便捷和智能，具有更加广泛的应用场景。

众所周知，语音相较于文本具有较高的媒介丰富性，能够传递出表达者丰富的情感，如开心、悲伤等。在多样化的语音场景下，语音交互使用可能会对不同用户间或人机间的沟通效果产生影响。例如，在零售商客户服务中心的背景下，客服语音的准确性和语气关系着客户的满意度。在互联网健康平台的医患沟通过程中，医生语音情感直接影响患者的远程问诊满意度。另外，在电影、游戏或有声读物中，语音的拟人化和情感表达也可能会影响用户体验。综上分析，语音技术在各种应用场景中的普及和应用，在为用户带来便利的同时，也衍生出了一系列有关语音使用的管理学问题，即不同场景下的语音对沟通效果的影响，值得学者们进行研究。

（二）语音数据收集与处理

为了分析不同场景下的语音交互效果，首先要收集各交互场景产生的语音数据。由于语音交互场景的多样性和复杂性，并没有一种单一的技术手段能够适用于所有场景下的语音收集。因此，研究人员必须根据每个场景的具体特点和研究需求，选择和采用合适的数据收集方法和技术。

对于线下的语音交互场景，研究人员可以借助录音设备来收集语音音频数据，包括专业的录音笔、智能手机等。值得注意的是，为了确保收集语音数据的准确性，满足特定场景下的语音数据分析需求，研究人员在录音时应尽可能保持周围环境的安静，减少噪声的干扰，也要保证语音表达者的信息隐私和安全。

对于互联网平台场景下的语音数据，可以事先借助 Python 编程语言来捕获语音链接（这些链接可能对应多种格式的音频），再将语音链接转成对应的语音音频。Python 提供了丰富的库和程序包，如 requests 用于网络请求，BeautifulSoup 用于从 HTML 或 XML 文件中提取数据，pyaudio 和 sounddevice 用于音频输入，speech_recognition 用于语音识别。

使用 Python 编程获取开放平台语音数据的流程如下所示：

（1）编写 Python 脚本，访问存储在服务器上的语音音频文件链接。通过发送 HTTP 请求，可以直接下载这些音频文件到用户设备上。

（2）调用 Python 音频处理库，如 librosa 或 pydub，将这些音频文件转换为统一格式，以便于后续的语音分析和处理任务。

（3）利用 Python 的自然语言处理库，如 nltk 或 spacy，对收集的语音数据进行预处理，包括分割、降噪、特征参数提取等。

（4）将处理好的语音数据保存至 MySQL、MongoDB 等数据库中，以便后续研究。研究人员在爬取网络数据时，应确保爬虫行为符合目标网站的 robots. txt 规定，并控制请求频率，避免对目标网站服务器造成过大压力。

对于互联网平台上未公开的语音数据，可以询问一些科研机构、商业数据集提供商，也可以与其他研究人员、数据供应商或公司合作，共同进行语音研究。研究人员从互联网平台获取未公开的语音数据时，应始终遵循法律法规和平台的规范要求，以避免违反版权和隐私政策。

（三）语音数据分析软件操作

在语音研究领域，Praat 是一款专业的开源软件，具有解析语音音频的时域、频域、音高、强度等内容，以及录制、合成和操纵音频的功能，深受语音学家、语言学家、心理学家、语言治疗师和语音技术开发者的青睐。这款软件由来自荷兰阿姆斯特丹大学的保罗·博尔斯玛（Paul Boersma）和大卫·维尼克（David Weenink）两位语音学家开发，是一个功能强大的语音分析工具。该软件以简洁明了的用户界面和高效便捷的操作流程著称。下面将介绍使用该软件分析语音音频的主要步骤：

（1）下载 Praat 软件，它支持 Windows、Linux 等多种操作系统。

（2）Praat 软件的初始窗口如图 6-3 所示。其中，左侧区域为命令窗口，包括打开、创建、保存等命令，右侧区域用于绘制语音音频。

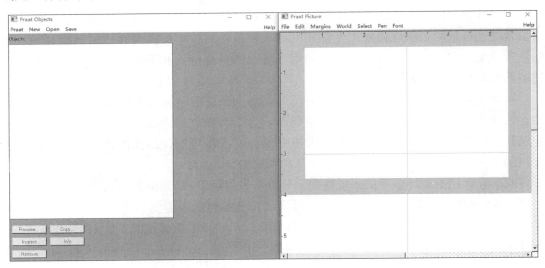

图6-3　　软件初始窗口

（3）通过"Open"命令可以读取已经收集好的语音音频文件，如图 6-4 所示。

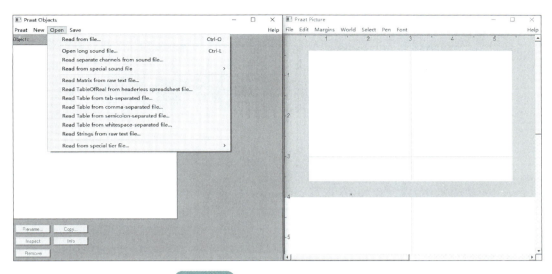

图 6-4　读取语音音频的命令操作

（4）导入语音音频文件后的窗口如图 6-5 所示。该窗口中的"Rename"命令表示对音频对象的重命名操作，"Copy"命令表示对音频对象的复制操作，"Inspect"命令表示对音频对象的内部数据浏览操作，"Info"命令表示对音频对象的结果信息询问操作，"Remove"命令表示对音频对象的删除操作。图像右上区域为对音频对象的其他操作命令，其中"View"命令用于展示音频对象重要的波形、频谱（见图 6-6）等内容。

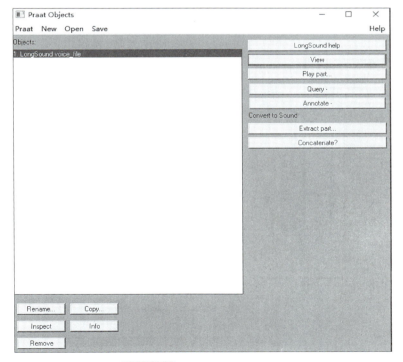

图 6-5　导入后的语音音频

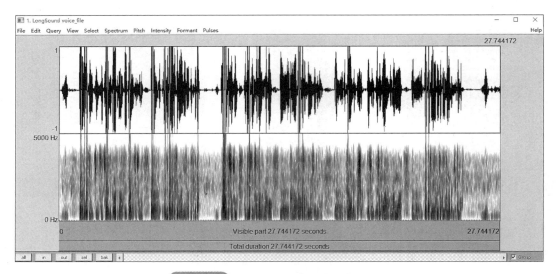

图 6-6 语音音频对象的波形和频谱

（5）在语音音频对象的编辑窗口，"File" 命令表示对音频对象的抽取、保存、绘制操作。"Edit" 命令表示对音频对象的复制、粘贴操作。"Query" 命令表示光标位置获取、边界选择等操作。"View" 命令表示语谱图、强度等内容选择，以及内容缩放控制的操作。"Select" 命令表示光标位置控制的操作。"Spectrum" 为音频对象的频谱菜单，如图 6-7 所示。"Pitch" 为音频对象的音高菜单，如图 6-8 所示。"Intensity" 为音频对象的强度菜单，如图 6-9 所示。"Formant" 为音频对象的共振峰菜单，如图 6-10 所示。"Pulses" 为音频对象的脉冲菜单，如图 6-11 所示。

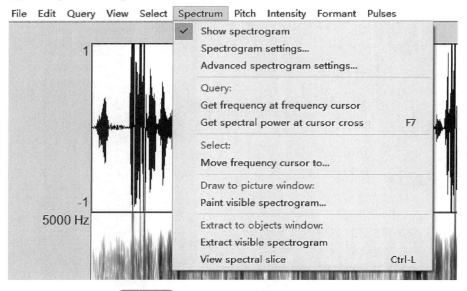

图 6-7 语音音频对象的频谱菜单命令

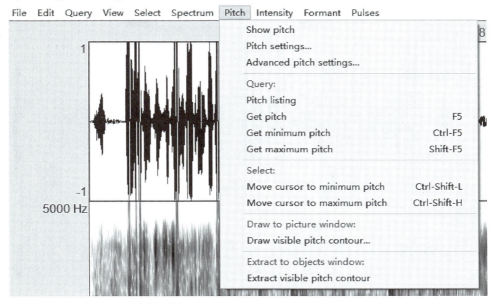

图6-8　语音音频对象的音高菜单命令

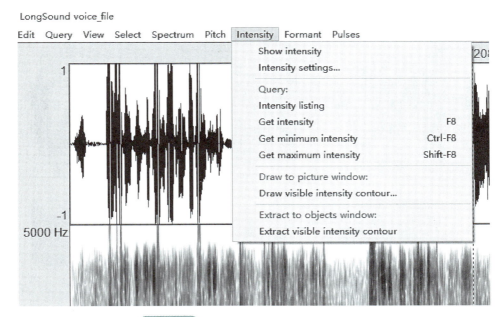

图6-9　语音音频对象的强度菜单命令

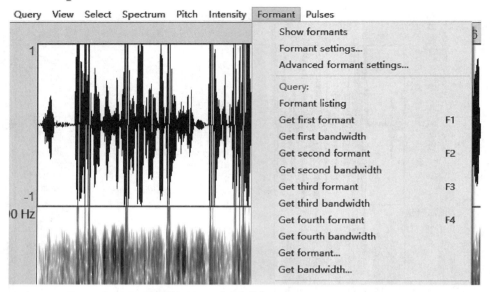

图 6-10 语音音频对象的共振峰菜单命令

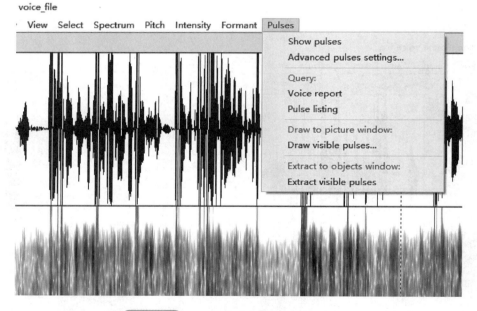

图 6-11 语音音频对象的脉冲菜单命令

（四）语音影响模型分析

为了探究特定场景下的交互语音如何影响沟通效果，研究人员应构建有关语音影响的实验或实证研究模型，进而对语音数据进行挖掘分析。模型的自变量为语音所蕴含的重要信息，主要包括音高、语速、停顿、强度、清晰度等，这些变量信息可以由基于语音分析软件的语音特征参数来衡量。模型的因变量为语音的沟通效果，主要包括沟通满意度、沟通效率等。通过探究这些语音自变量信息如何单独或共同对沟通效果产生作用，模型将揭示语音在沟通效果中的具体作用机制。除了自变量和因变量信息，研究人员在构建语音影响模型时，还应考虑语音影响的不同背景因素，如语音表达者或接收者的社会身份地位、语音交流者的个人偏好等，这些背景因素可能会改变语音关键信息对沟通效果的影响。另外，一些额外的干扰因素也会混淆模型结果，因此需要在模型中加以控制。

为了进一步分析语音对沟通效果的影响机制，研究人员可能需要设计语音互动实验，以确定语音影响沟通效果的可能路径。构建语音影响的系统研究模型是一个复杂的任务，一个精心设计的模型有助于人们更好地理解语音在实际沟通中的作用，以及揭示语音影响信息传递和情感表达的作用机理。模型结果能够为管理实践提供有力的支持，主要体现在市场营销领域的服务策略优化、医疗健康领域的医患沟通效果改进、组织管理领域中的领导力发展、人际交流领域的关系改善等。

二、语音数据分析当前在研究中的应用

以往研究基于语音数据指标进行了语音识别和合成、语音情感分析、医疗疾病诊断等方面的研究。在语音识别方面，RNN 被用于构建编码-解码的机器翻译结构，将语音转化为文本，以解决不同语言交流者之间的障碍。隐马尔可夫模型被用来识别语音。企业可以借助语音识别技术开发语音助手，实现语音会议记录与转写、语音搜索、语音智能沟通等功能，从而提升员工的工作效率。它的工作原理是通过机器学习识别和理解个体的发音模式和语音信号的声学特性，进而解析语音所包含的文本信息。

例如，通过一些深度学习的神经网络模型，如 RNN 和 CNN，可以有效地识别语音信号序列之间的关联，捕捉个体复杂的发音模式和语音信号结构。在语音合成方面，以长短期记忆网络为基础，结合语音旋律和基频、振幅和声强等韵律指标，可以优化将文本转换为语音的算法，提高计算机生成语音的真实性，增强电子阅读性，辅助说话困难人群进行语音表达。

不同类型的机器学习方法在语音情感识别中得到了广泛的应用。例如，已有研究结合模糊 C 均值聚类、多变量隐马尔可夫和支持向量机等模型算法对语音信号特征进行分析，从而识别和检验说话者的语音情感。[1] 另外，唐国亮和徐尤峰提出了基于双向递归神经网络的意图理解模型，对电力客服通话中的语音情感进行预测，显著提升了客服情感状态的识别准确率，进而提高了电力智能客服的服务质量。[2]

---

[1]　REVATHI A，SASIKALADEVI N，NAGAKRISHNAN R，et al. Robust emotion recognition from speech：gamma tone features and models [J]. International journal of speech technology，2018，21（3）：723-739.

[2]　唐国亮，徐尤峰. 基于机器学习的电网客服语音智能检测系统的设计与实现 [J]. 微型电脑应用，2024，40（1）：217-219，223.

　　与传统方法相比，机器学习被认为是一种从数据中自动分析和获取规律的学习方法，这意味着它有能力自发学习数据特征。K 近邻、随机森林、朴素贝叶斯等模型常被用来构建语音识别系统，实现对说话人语音情感的识别和分类。

　　语音数据分析在医疗健康管理领域得到了广泛的应用。k 近邻、多层感知神经网络、支持向量机、随机森林等预测模型算法被用于识别临床多发性硬化症疾病，这对于疾病的诊断和进展跟踪具有积极意义。另外，语音具有一系列的特征参数，能够反映医生不同的情感和态度。以往研究表明，医生交互语音的情感特征可能会对患者的感知和行为产生影响。例如，医生语音中的音高、声强、语速、频谱质心会对患者产生刺激，从而影响患者满意度。通过对医生语音信号进行时域分析，可以获得管理学领域研究中常用的语音停顿、语音信息传输速度、音高、声强等特征参数。医生的语音停顿反映语音信息的质量，较多的语音停顿有助于患者理解医生语音中包含的疾病治疗信息，而较少的语音停顿可能导致语音信息过载，不利于患者解码医生语音信息。基于语音信号的短时能量、短时过零率等特征参数可以识别语音的无声段和有声段，进而获得语音的停顿信息。

　　医生的语音信息传输速度也是管理学领域中具有重要意义的指标，与医生提供的信息支持有关，能够反映医生单位时间内提供的信息量和医生的专业知识水平。为了获得该指标，首先需要借助深度学习技术来构建语音信号特征与文字之间的映射关系，接着使用训练完成的模型来识别医生语音中所包含的文字信息，最后计算单位时间内语音包含的字符数。

　　通过计算语音信号的短时能量可以获得医生语音的声强，是识别语音情感的重要指标，能够强调语音信息的可靠性，反映医生的自信和决心，促进患者对于医生语音信息的感知。通过傅里叶变换可以将医生语音信号从时域转至频域，获得医生语音信号中的各频率成分信息，是提取医生语音的音高、频谱质心等重要研究指标的前提。医生的语音音高与其提供的情感支持有关，能够影响患者判断医生情感状态，进而影响患者对医生服务的感知。基于医生语音信号的频域还可以获得频谱质心，该指标可以捕捉医生通过语音为患者提供的情感支持。随着频谱质心的增加，医生语音变得积极，因此能够为患者提供更多的情感支持。综上可知，基于不同模型算法和特征参数的语音分析在管理研究中有着广泛的应用。

三、语音数据分析未来在研究中的应用领域

　　语音分析吸引了不同研究领域学者的关注，尤其是在模式识别、数字信号处理、语言声学、人工智能等方面。随着互联网设备上语音功能的逐渐普及，语音应用所衍生的管理学问题不容小觑，具有重要的研究价值。例如，通过对人机交互领域中的语音分析可以优化语音交互系统，提高用户对系统的满意度。语音特征能够反映个体的情感态度。通过对不同领域的语音进行分析可以改善语音情感表达和提高交互的效果。另外，通过分析患者的语音信号可以识别患者疾病类型以及检测患者的身体康复情况。语音蕴含了丰富的信息，为解决管理学问题提供了丰富的数据资源。

随着人工智能和大数据分析技术的快速发展，语音分析将受到医疗健康管理、公司管理、项目众筹、产品或服务营销、人工智能等领域学者更多的关注。在医疗健康管理研究领域，语音分析在理论层面可以为医生语音特征对患者满意度的影响提供重要见解，丰富医疗领域的语音相关研究，也能够为医生如何合理使用语音与患者进行高效沟通提供管理实践，值得研究者进一步关注和分析。另外，在公司管理方面，借助语音识别技术可以检测高层管理者的语音演讲或会议报告中的欺诈信息、领导风格等，并探究其带来的一系列影响。在项目众筹研究领域，研究者可以借助语音情感识别方法来进一步探究项目演讲者的语音情感对项目筹资结果的影响。在产品或服务营销领域，可以借助语音识别技术分析客户或服务者的语音信息内容，改进服务质量，提高客户满意度。在人工智能领域，可以借助语音合成技术来优化智能机器人的语音表达，从而改进客户的服务感知。

借助机器（深度）学习技术分析语音并获取语音中重要的管理学信息，是管理学领域值得进一步探索的方向。语音包含了丰富的情感信息，如高兴、悲伤、愤怒等，存在于互联网社交平台用户交互、产品或服务营销、公司管理等多个管理研究场景中。语音情感分析也是未来管理学领域值得探索的方向。

第4节 文献案例分析

随着语音功能在互联网社交媒体上的广泛应用，语音分析也开始吸引管理学领域学者的关注。

在娱乐直播领域，音频作为直播内容的重要组成部分，对消费者或观众感知的影响不容忽视，这在一篇具有代表性的文献中得以体现——Frontiers：In-consumption Social Listening with Moment-to-moment Unstructured Data：The Case of Movie Appreciation and Live Comments，该文献在2020年被发表于 *Marketing Science*。[1] 有学者以哔哩哔哩平台为背景，研究了平台音频特征对创作者平台绩效的影响。[2]

另外，随着在线健康平台的兴起，语音已经成为医生与患者进行远程沟通的重要工具。许多学者挖掘分析了医生交互语音的特征信息，并探究其对患者满意度的影响，其中具有代表性的两篇文献为 Which Voice are You Satisfied with? Understanding the Physician-patient Voice Interactions on Online Health Platforms[3] 和 Physician Voice Characteristics and Patient Satisfaction in Online Health Consultation[4]。

---

[1] ZHANG Q，WANG W，CHEN Y. Frontiers：in-consumption social listening with moment-to-moment unstructured data：the case of movie appreciation and live comments [J]. Marketing science，2020，39（2）：285 – 295.

[2] FU S，WU Y，DU Q，et al. The secret of voice：how acoustic characteristics affect video creators' performance on Bilibili [J]. Decision support systems，2024，179：114 – 167.

[3] LIU S，SI G，GAO B. Which voice are you satisfied with? understanding the physician-patient voice interactions on online health platforms [J]. Decision support systems，2022，157：113754.

[4] LIU S，ZHANG M，GAO B，et al. Physician voice characteristics and patient satisfaction in online health consultation [J]. Information & management，2020，57（5）：103233.

▶ 思考题

　　1. 如何运用语音分析技术来识别不同方言?

　　2. 如何结合语音和视觉等多种模态信息来提高语音识别的精度?

　　3. 随着人工智能技术的发展,如何运用大模型来收集与分析语音数据,并用于管理研究?

▶ 参考文献

第7章 ▶ 视频数据分析技术及其在研究中的应用 *

许开全　中国人民大学
赵　斌　西北工业大学

　　视频是信息量最丰富的一种承载媒体。在人类接受的信息中，有80%左右来自视觉。近年来，随着高清摄像机和配有高清摄像头的手机的普及，许多领域都积累了海量的视频数据。深度学习视频处理技术的快速发展，也为经济管理领域利用丰富的视频数据开展学术研究提供了技术条件。因此，经济管理领域利用视频数据所作研究如雨后春笋般涌现。本章首先介绍视频数据分析的基本方法和原理，其次总结视频数据分析方法在经济管理领域研究中的应用，最后以一项具体的研究为例，展示如何将视频数据分析方法应用于营销研究。

第1节　视频基础知识

　　视频实际上是一组随时间变化的动态图像（如图7-1所示），所以视频又称为运动图像或活动图像（motion picture）。视频利用了人眼视觉暂留的原理，通过播放人眼并不会感觉到停顿的一系列图像，使观看者认为视频是连续的。许多视频都配有音频。一般而言，

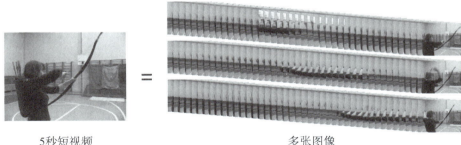

5秒短视频　　　　　　　　　　　　　　多张图像

图.7-1 视频由一组动态图像构成

图片来源：OpenMMLab. 视频理解与MMAction2 [Z/OL]. (2021-09-23) [2024-10-01]. 哔哩哔哩网站.

　　* 本章由国家社会科学基金（项目名称：人工智能赋能的营销与电子商务；项目编号：22VRC174）和国家自然科学基金（项目名称：多渠道与多屏幕营销；项目编号：71622008）资助。

按照处理方式的不同，视频可以分为模拟视频和数字视频。数字视频比模拟视频更容易存储和传输，而且不会失真，所以目前大部分视频都是数字视频。本章所讨论的视频默认是指数字视频。

视频的数据量大得惊人，这对存储、传输和处理都带来了很大的挑战。为了对视频进行压缩，国际组织和企业提出多种视频编码方式，如 H.264、MPEG-4、MPEG-2、WMA-HD、VC-1 等。要将原始视频转换为某种编码的视频数据进行存储或传输，通常需要编码器（coder）。而当需要播放视频时，需要通过解码器（decoder）将编码过的视频数据转换为原始视频数据（如图 7-2 所示）。

图 7-2 视频的编码和解码

有时为了特定商业或学术研究，研究者可能需要自己安装摄像机来收集视频数据。通常的视频数据收集系统架构如图 7-3 所示。摄像机录制的视频需要通过网络交换机传输到网络视频录像机（network video recorder，NVR）、数字视频录像机（digital video recorder，DVR）进行存储，或直接由配备 GPU 的服务器下载并存储。

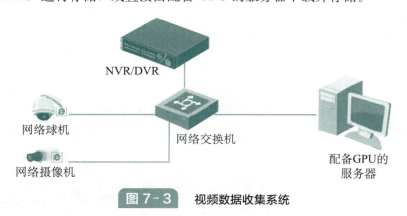

图 7-3 视频数据收集系统

研究所需要的视频数据准备就绪后，研究者根据所研究的问题来决定采用何种视频数据分析方法。分析视频数据的一种常用思路是，将视频按指定帧率分解为图像，然后采用图像处理方法对每张图像进行处理，再把处理结果按时间顺序连接起来。但对于一些特定的视频数据分析任务，有一些专门的方法能够获得更好的效果。下面将针对此类视频数据分析任务，介绍方法的基本思想和相关的代码演示。

第 2 节　目标追踪

目标追踪（object tracking）是指在视频中追踪特定目标的位置和运动状态的过程。

目标追踪与目标检测经常被混淆，两者的联系和区别：目标检测主要指识别出单张图像中物体的位置和类别信息，可应用于视频中的每一帧图像，但帧之间的检测结果是独立的，没有依赖关系；目标追踪则是在目标检测的基础上加入追踪机制，需要判断相邻帧被检测到的目标是否是同一个物体，并为同一物体分配唯一的编号，来区别不同的目标。例如在短跑比赛的视频中，目标检测只需要识别出帧图像中人体的位置即可［见图 7 - 4（a）］，而目标追踪还需要判断不同帧图像中的目标是否为同一个人［见图 7 - 4（b）］。

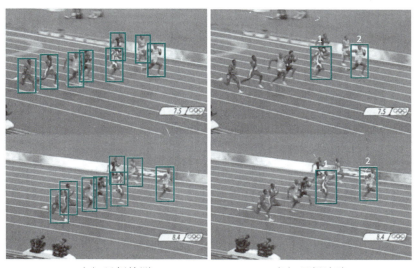

(a) 目标检测   (b) 目标追踪

图 7 - 4   目标检测与目标追踪的区别

一、单目标追踪和多目标追踪

在视频中，单目标追踪（single object tracking，SOT）只需要追踪一个目标，而多目标追踪（multi-object tracking，MOT）需要同时追踪多个目标。由于单目标追踪可以看作多目标追踪的简化形式，后面提到的追踪（如跨镜头追踪）默认是多目标追踪。

二、单镜头追踪与跨镜头追踪

单镜头追踪是指在一个特定的镜头范围内进行目标追踪，而跨镜头追踪是指在不同的镜头之间实现目标的无缝追踪。下面我们将分别介绍单镜头与跨镜头的追踪方法。

（一）单镜头追踪方法

根据思路的不同，单镜头追踪方法可以分为两大类：基于检测的追踪（tracking-by-detection）和联合检测与追踪（simultaneous detection and tracking）。

1. 基于检测的追踪

将追踪任务拆成两个子任务，先对每帧图像进行目标检测得到每帧中目标的边界框（bounding box），然后再根据同一目标在帧间的关联性，追踪该目标。典型的代表算法有简单在线实时追踪（simple online and realtime tracking，SORT）和深度简单在线实时追踪（deep simple online and realtime tracking，Deep SORT）。

基于检测的追踪基本流程如图7-5所示。首先采用目标检测算法检测每帧图像上的物体，得到其边界框；然后提取每个物体的特征，通常包括视觉特征和运动特征；再根据特征计算相邻帧上物体的相似度，来判断其是同一个目标的概率；最后将相邻帧的物体进行匹配，并给同一物体分配特定ID。

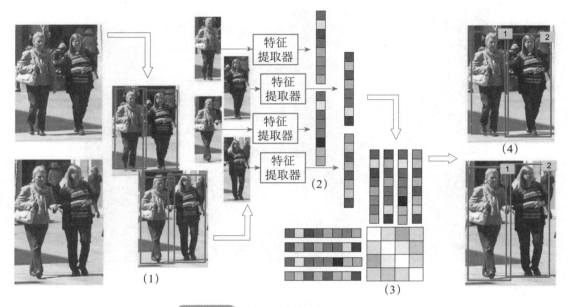

图7-5 基于检测的追踪的基本流程

图片来源：CIAPARRONE G，LUQUE SÁNCHEZ F，TABIK S，et al. Deep learning in video multi-object tracking：a survey [J]．Neurocomputing，2019，381：61-88．

2. 联合检测与追踪

基于检测的追踪方法由于将目标检测和匹配分开进行，因此匹配阶段很难利用到检测阶段的信息，也很难平衡两者的重要程度。联合检测与追踪的方法则不对追踪任务进行拆分，而是同时进行目标检测和匹配，这样可以实现检测和匹配的交互和促进，也会提升处理速度。CenterTrack算法和FairMOT算法等便是采用这种思路。

以下是通过MMTracking这款基于PyTorch的视频目标追踪开源工具箱进行单镜头追踪的代码。MMTracking支持的算法包括SORT/Deep SORT、Tracktor、QDTrack、ByteTrack、OC-SORT等。

```
打开 Anaconda 命令提示符(Anaconda Prompt)
1. 安装 MMTracking
# 安装 MMCV(一个开源的计算机视觉库)
pip install mmcv-full-f https://download.openmmlab.com/mmcv/dist/cu111/torch1.10.0/index.html
# 安装 MMDetection(一个目标检测工具库)
```

```
pip install mmdet
#克隆 MMTracking 仓库(repository)
git clone https://github.com/open-mmlab/mmtracking.git
cd mmtracking
#安装 MMTracking 及相关依赖包
pip install-r requirements/build.txt #安装项目要求的工具包
pip install-e.                    #在当前目录下安装当前目录中的 Python 包
#安装 TrackEval(用来评估多目标追踪)
pip install git + https://github.com/JonathonLuiten/TrackEval.git


2. 单镜头追踪模型推理
#运行单镜头多目标追踪 demo
import mmcv
import tempfile
from mmtrack.apis import inference_mot, init_model
#采用 deepsort 方法
mot_config = './configs/mot/deepsort/deepsort_faster-rcnn_fpn_4e_mot17-private-half.py' #里面
配置了模型的超参数和测试的参数,还可以选择 deepsort_faster-rcnn_fpn_4e_mot17-public-half.py
input_video = './demo/demo.mp4' #源视频文件
imgs = mmcv.VideoReader(input_video) #读取视频文件
#初始化模型
mot_model = init_model(mot_config, device = 'cpu') #加载预训练模型
prog_bar = mmcv.ProgressBar(len(imgs)) #这行代码使用了 mmcv 库中的 ProgressBar 类来创建一个进
度条对象,用于追踪和显示处理图像列表时的进度.
out_dir = tempfile.TemporaryDirectory() #临时文件夹
out_path = out_dir.name
#追踪并显示和存储图像
for i, img in enumerate(imgs): #一帧帧图像进行处理
    result = inference_mot(mot_model, img, frame_id = i) #进行追踪 #result 结果里包含了检测和追
踪的结果信息(检测框,追踪 ID,类别信息)
    mot_model.show_result(
        img,
        result,
        show = False,
        wait_time = int(1000. / imgs.fps),
        out_file = f'{out_path}/{i:06d}.jpg') #将结果图片保存到 out_path 文件夹中
    prog_bar.update()


output = './demo/mot.mp4'
print(f'\n making the output video at {output} with a FPS of {imgs.fps}')
mmcv.frames2video(out_path, output, fps = imgs.fps, fourcc = 'mp4v') #将图片整合成视频
out_dir.cleanup()
```

图7-6和图7-7分别是输入视频的截图和追踪结果的截图。

图 7-6　输入视频的截图

图 7-7　追踪结果的截图

（二）跨镜头追踪方法

　　由于单个摄像机覆盖范围有限，很多场景需要安装多个摄像机，这也为目标追踪带来更大的挑战。在多个镜头的情况下，目标通常会在一些帧图像中消失，单镜头目标追踪技术很难适用。如果安装的镜头能较好地捕获人脸图像，则可以利用非常成熟的人脸图像分析技术，通过比对人脸的相似性来实现跨镜头的目标追踪。对于此种方法，我们将在本章第 6 节中用一个研究案例进行讲解。

在很多情况下，由于摄像机分辨率和拍摄角度的缘故，无法得到高质量的人脸图像，利用人脸相似性的跨镜头追踪技术不再适用。因此行人重识别（person re-identification，ReID）技术被提出，用来解决跨镜头、跨场景中的行人追踪问题（见图 7-8）。在本章后面部分，我们将交替使用跨镜头追踪、行人重识别和 ReID 三个术语，它们具有相同含义。

图 7-8 行人重识别技术

图片来源：贝壳 er. 小白入门计算机视觉系列：ReID（一）：什么是 ReID？ 如何做 ReID？ ReID 数据集？ ReID 评测指标？［EB/OL］.（2019-09-20）［2024-10-01］. CSDN 网站.

ReID 主要是从视频产生的图像库中，通过行人目标的衣着、配饰、体态等进行特征提取匹配，属于图像检索。其基本流程分为三步（见图 7-9）。

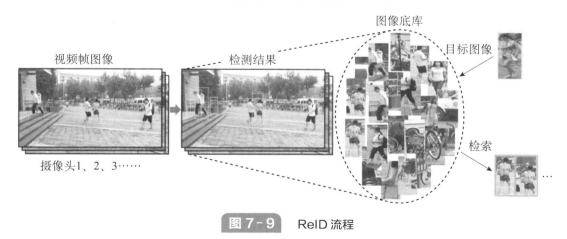

图 7-9 ReID 流程

图片来源：贝壳 er. 小白入门计算机视觉系列：ReID（一）：什么是 ReID？ 如何做 ReID？ ReID 数据集？ ReID 评测指标？［EB/OL］.（2019-09-20）［2024-10-01］. CSDN 网站.

第一步：对于原始视频中的每帧图像，利用目标检测技术检测出行人，这些行人构成图像底库（gallery）。

第二步：训练一个特征提取网络，能够提取行人特征以便计算特征距离。

第三步：在使用时，计算目标图像（probe）与底库中图像的特征距离，并进行排序。通常距离较小的图像和目标图像是同一目标。

在此流程中，特征提取网络是最关键的一步，一些常用的 ReID 特征提取网络技术包括基于表征学习的 ReID 方法、基于度量学习的 ReID 方法、基于局部特征的 ReID 方法、基于视频序列的 ReID 方法、基于生成对抗网络（generative adversarial network，GAN）造图的 ReID 方法。

Torchreid 是一个基于 PyTorch 的深度学习行人重识别库，支持多尺度特征学习（omni-scale feature learning），能够从不同尺度的特征中学习并提高识别的准确性。下面是通过 Torchreid 进行行人重识别的代码。

```
打开 Anaconda 命令提示符(Anaconda Prompt)
# 安装 TorchReid
pip install torchreid


# 下载测试数据并放在 Dataset 文件夹中
https://drive.google.com/file/d/0B8-rUzbwVRk0c054eEozWG9COHM/view?usp = sharing
# 解压并命名为 market1501


# 下载预训练权重放在 weights 文件夹中
https://drive.google.com/file/d/1LaG1EJpHrxdAxKnSCJ_i0u-nbxSAeiFY/view?usp = sharing


# osnet_x1_0 模型推理
import torchreid
# 加载数据集
datamanager = torchreid. data. ImageDataManager(
    root = "Dataset",
    sources = "market1501",
    targets = "market1501",
    height = 256,
    width = 128,
    batch_size_train = 32,
    batch_size_test = 100,
        transforms = ["random_flip","random_crop"]
)
# 加载预训练模型
model = torchreid. models. build_model(
    name = "osnet_x1_0",
```

```
    num_classes = datamanager. num_train_pids,
    loss = "softmax",
    pretrained = False
)
model = model. cuda()
# 构建优化器
optimizer = torchreid. optim. build_optimizer(
    model,
    optim = "adam",
    lr = 0. 0003
)
# 构建学习率调度器
scheduler = torchreid. optim. build_lr_scheduler(
    optimizer,
    lr_scheduler = "single_step",
    stepsize = 20
)
weight_path = 'weights/osnet_x1_0_imagenet. pth'
torchreid. utils. load_pretrained_weights(model, weight_path)
# 构建引擎
engine = torchreid. engine. ImageSoftmaxEngine(
    datamanager,
    model,
    optimizer = optimizer,
    scheduler = scheduler,
    label_smooth = True
)
# 推理结果:log/osnet_x1_0/visrank_market1501/
# 开始推理
engine. run(
    save_dir = "log/osnet_x1_0",
    max_epoch = 60,
    eval_freq = 10,
    print_freq = 10,
    visrank = True,
    test_only = True
)
```

图 7 - 10 是运行结果的一个例子。左侧黑色框内是目标图像，右侧包含了与目标图像最相似的前 k 个图库图像。

图 7-10　行人重识别结果

图片来源：Torchreid 网站.

其他常用的单镜头和跨镜头追踪软件包括：PP-Tracking 是基于百度飞桨（Paddle-Paddle）深度学习框架的实时多目标追踪系统，支持单镜头追踪和跨镜头追踪两种模式。FastReID 是京东 AI 研究院提供的 ReID 开源工具包，已经在行人重识别、车辆重识别上都取得了优异的评测结果，并已广泛应用于智慧园区、线下零售等方面。Open-ReID 是一个轻量级的行人重识别库，旨在为不同的数据集提供统一的界面和一整套模型及评估指标。

第 3 节　动作识别

动作识别（action recognition）的目的是识别一段视频（通常是短视频）的场景或动作，例如判定某段视频是足球比赛还是天气预报，类似于对视频进行分类。通常一段较长的视频中只有一小部分是观众感兴趣的某类内容，帮助观众判断某段视频中是否包含此类内容，并识别这类内容出现的时间段的任务，被称为时序动作检测（temporal action detection）。例如在跳远视频中，观众可能只对起跳部分的视频感兴趣，而想忽略前面的准备活动和助跑部分，时序动作检测就可以定位起跳的时间点。有时候观众不光想知道视频是否包含其感兴趣的内容及其发生的时间段，还想定位动作发生在画面中的空间位置，这就需要时空动作检测（spatio-temporal action detection）。动作识别的主要方法包括双流神经网络、时序分段网络、膨胀的三维卷积神经网络（inflated 3D conv-nets，I3D）、可分离的三维卷积网络（separable 3D convolutional networks，S3D）、SlowFast 等。

MMAction2 是一款基于 PyTorch 开发的行为识别开源工具包，支持的算法包括 C3D、TSN、I3D、R（2+1）D、TSM、SlowFast、MViT、UniFormer 等。下面是通过 MMAction2 进行动作识别的代码。

```
打开 Anaconda 命令提示符(Anaconda Prompt)
# 安装 MMAction2
git clone https://github.com/open-mmlab/mmaction2.git
cd mmaction2
pip install-v-e.
```

```
＃模型推理
from mmaction.apis import inference_recognizer,init_recognizer
config_path = 'configs/recognition/tsn/tsn_imagenet-pretrained-r50_8xb32-1x1x8-100e_kinet-
ics400-rgb.py'＃配置文件,里面配置了模型的超参数和测试的参数
checkpoint_path = 'https://download.openmmlab.com/mmaction/v1.0/recognition/tsn/tsn_imagenet-
pretrained-r50_8xb32-1x1x8-100e_kinetics400-rgb/tsn_imagenet-pretrained-r50_8xb32-1x1x8-100e_
kinetics400-rgb_20220906-2692d16c.pth'＃预训练模型
img_path = 'demo/demo.mp4'　＃视频文件
model = init_recognizer(config_path,checkpoint_path,device = "cpu")　＃初始化模型
result = inference_recognizer(model,img_path)＃推理,及识别图像动作
```

输出结果如图 7-11 所示。

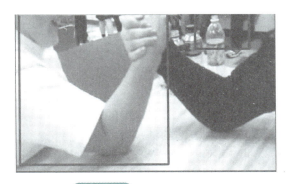

图 7-11　动作识别结果

常用的动作识别软件包括：PP-Human 是基于百度飞桨深度学习框架的动作识别软件，它支持异常行为的识别，主要包括摔倒、打架、抽烟、打电话、人员闯入等。MMSkeleton 是一个基于骨架的人体行为开源工具箱，以时空图卷积网络（ST-GCN）为基础。

第4节　人体姿态估计

人体姿态估计（human pose estimation），又称人体关键点检测，是从图像或视频中识别出身体的关键点（如图 7-12 所示）。基于人体姿态估计，可以开发许多有趣的应用，例如推断视频中的行为动作、驱动生成电脑动画（computer graphics，CG）、制作增强现实（augmented reality，AR）体感游戏等。尽管可以在单张图像上估计人体姿态，但更多的应用需要估计人体姿态随时间的变化，即通过视频来估计人体姿态。本节用单张图像讲解人体姿态估计方法，应用于视频分析时，只需要分析每帧图像，再将每帧图像的人体姿态连接起来，就能得到视频中动态的人体姿态估计。

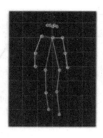

人体姿态估计算法 →

输入图像　　　　　　　　　　　　输出预定义关键点的坐标

臂部坐标：(x_1, y_1)
颈部坐标：(x_2, y_2)
右手肘坐标：(x_3, y_3)
……

图 7-12　人体姿态估计

图片来源：Donny0v0. 人体姿态估计、关键点检测与 MMPose［EB/OL］.（2023-06-02）［2024-10-01］. CSDN网站。

　　人体姿态估计可以分为单人姿态估计和多人姿态估计，单人姿态估计是指图像中只有一个人，只估计这个人姿态即可。多人姿态估计是指图像中有多人，需要估计所有人的姿态。本节主要介绍二维多人姿态估计方法，可以分为两种思路：自顶向下和自底向上。

一、自顶向下的方法

　　自顶向下的方法是先用目标检测识别图像中的每个人体，然后基于单人图像做单人姿态估计（如图 7-13 所示）。这种方法的精确度受限于目标检测的精度，如果目标检测的精度不高的话，人体姿态估计的结果也不会太好。此外，这种方法的估计速度受图像中人数的影响较大。

（1）使用目标检测算法
检测出每个人体

（2）基于单人图像
估计每个人的姿态

自顶向下　→　人体检测　→　　→　单人姿态估计　→

图 7-13　自顶向下方法的流程

图片来源：Donny0v0. 人体姿态估计、关键点检测与 MMPose［EB/OL］.（2023-06-02）［2024-10-01］. CSDN网站。

二、自底向上的方法

　　自底向上的方法是先检测出关键点，再聚类关键节点所属的人体（见图 7-14）。自底向上方法的一个特点是处理速度和人数无关。

　　OpenPose 是一种自底向上的方法，它从图像中同时预测关键点和四肢走向，利用肢体走向辅助关键点聚类。如果两个关键点由肢体相连，则这两个关键点属于一个人（见图 7-15）。

（1）使用关键点模型检测出
所有人体关键点

（2）基于位置关系或其他辅助信息
将关键点组合成不同的人

自底
向上   关键点检测   关键点聚类

图 7-14 自底向上方法的流程

图片来源：Donny0v0. 人体姿态估计、关键点检测与 MMPose［EB/OL］.（2023-06-02）［2024-10-01］.
CSDN网站.

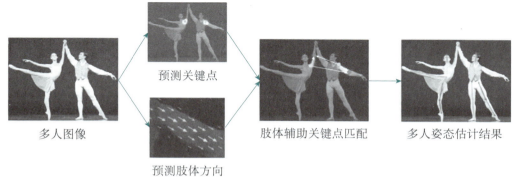

多人图像   预测关键点

预测肢体方向

肢体辅助关键点匹配   多人姿态估计结果

图 7-15 OpenPose 方法的流程

除了自顶向下和自底向上的方法，近年来出现了一些单阶段方法和基于 Transformer
模型的方法。多人姿态估计方法的分类如图 7-16 所示。

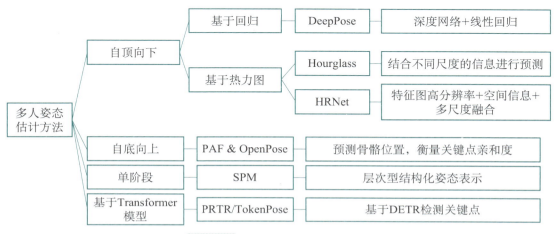

图 7-16 多人姿态估计方法分类

图片来源：OpenMMLab. 人体关键点检测与 MMPose［Z/OL］.（2023-05-16）［2024-10-01］. 哔哩哔哩
网站.

代码演示：

MMPose 是一款基于 PyTorch 的姿态分析的开源工具箱，支持的算法有 DeepPose、CPM、Hourglass、Associative Embedding、HRNet 等。下面是通过 MMPose 进行人体姿态估计的代码。

```
打开 Anaconda 命令提示符(Anaconda Prompt)
# 安装 MMPose
pip install-U openmim
mim install mmengine
mim install "mmcv> = 2. 0. 1"
# 如果需要使用 MMDetection(mmdet)检测人体,需要安装 mmdet
mim install "mmdet> = 3. 1. 0"
# 将 MMPose 作为 Python 包安装
mim install "mmpose> = 1. 1. 0"


# 下载预训练权重
mim download mmpose-config td-hm_hrnet-w48_8xb32-210e_coco-256x192--dest.


# 模型推理
from mmpose. apis import inference_topdown, init_model
from mmpose. utils import register_all_modules


register_all_modules()


config_file = 'td-hm_hrnet-w48_8xb32-210e_coco-256x192. py'# 配置文件
checkpoint_file = 'td-hm_hrnet-w48_8xb32-210e_coco-256x192-0e67c616_20220913. pth'# 预训练模型
model = init_model(config_file, checkpoint_file, device = 'cpu')    # or device = 'cuda:0'


# 请准备好一张带有人体的图片
results = inference_topdown(model, 'demo. jpg')
results = merge_data_samples(results)
# 结果保存在 results 文件夹中
img = imread('demo. jpg', channel_order = 'rgb')
visualizer. add_datasample(
    'result',
    img,
    data_sample = results,
    draw_gt = False,
    draw_bbox = True,
    kpt_thr = args. kpt_thr,
    draw_heatmap = args. draw_heatmap,
```

```
show_kpt_idx = args. show_kpt_idx,
skeleton_style = args. skeleton_style,
show = args. show,
out_file = 'results/vis_results. jpg')
```

运行结果如图 7 - 17 所示。

图 7 - 17　人体姿态估计结果

　　常用的人体姿态估计软件包括：PP-TinyPose 是基于百度飞桨深度学习框架的人体姿态估计软件，包含一些先进的关键点检测算法，包括自顶向下和自底向上两种方法。OpenPose 是一个开源项目，它是第一个能够在单个图像上联合检测人体、手部、面部和足部关键点（总共135 个关键点）的实时多人系统。DensePose 是由脸书 AI 研究院提供的开源工具箱，能将人体所有像素的二维 RGB 图像实时映射到三维人体模型上。AlphaPose 是由上海交通大学开发的实时多人姿态估计开源工具包。Mediapipe 是谷歌开源的计算机视觉处理框架，支持人的脸和身体关键点检测。

第 5 节　视频分析在经济管理研究中的应用

　　目前利用视频数据的研究大多数集中于营销领域，主要原因是营销领域产生的视频较多，如线下实体店中消费者购物视频数据，各种新营销模式产生的海量视频数据——UGC 中的视频、直播带货视频、人工智能生成内容（artificial intelligence generated content）技术产生的视频等。在运营管理、金融和财务领域，也有一些研究利用运营过程的详细记录视频、CEO 等管理人员演讲的场景等视频数据。

相比其他格式的数据，视频数据最大的特点是记录了真实的动态场景，不会有信息的损失。深度学习技术可以帮助提取视频中动态的细粒度信息。这些信息可以帮助解决其他格式数据源经常面临的研究局限：（1）信息缺失带来的变量遗漏问题，这是实证研究最常见的导致结论不可靠的原因。（2）不能观察到动态过程，例如利用其他类型数据研究消费者在实体店购物过程，通常只能看到消费者最终购买的产品信息，而缺失了其购买的动态决策过程。

视频数据分析在不同的研究领域具有以下优势：

（1）在营销领域，一方面，其他类型数据只能记录消费者最终购买的产品信息，而缺失了其动态的购物活动。利用视频数据可以观察和测量消费者几乎所有购物活动，包括观察、触摸、试用、交流、放入购物篮、结账等。此外，从视频中可以观察或测量消费者的年龄、性别等个人信息，以及面部表情变化等动态信息。另一方面，传统销售人员的销售过程通常很难被记录和分析。而直播营销的兴起，为研究销售人员（主播）的销售行为提供了难得的机会。通过视频数据，不仅可以记录销售人员的销售话术，还能测量其肢体语言和面部表情变化。

（2）在财务、金融和企业管理领域，通常很难客观测量 CEO 或管理人员性格特征。而视频的出现，使得研究人员能够通过管理人员演讲或谈话的视频捕获其动作、表情等丰富信息，从而较客观地推断其性格特征。

（3）在运营管理领域，视频可以详细记录运营过程，从而更准确地测量运营效果，例如产品货架的摆放位置如何影响消费者选择。

（4）在影视或视频教学领域，视频数据分析可以测量动态信息带来的影响，例如场景切换频率、场景长度、前景面积占比等。

近年来经济管理领域利用视频数据的相关研究示例见表 7-1。

表 7-1　近年来基于视频数据的经济管理相关研究示例

论文名称	所属领域	研究问题	视频来源	视频处理技术	提取指标
Capturing the "First Moment of Truth": Understanding Unplanned Consideration and Purchase Conversion Using In-Store Video Tracking	营销	理解消费者在商店内的计划外的考虑和购买转化	消费者戴上便携式视频追踪设备，记录在商店内选择和购买商品的视频	人工标注	考虑产品集

续表

论文名称	所属领域	研究问题	视频来源	视频处理技术	提取指标
Consumer Behavior in the On-line Classroom：Using Video Analytics and Machine Learning to Understand the Consumption of Video Courseware	营销	理解视频课件消费	MasterClass 和 Crash Course 的课程视频	PySceneDetect4、微软 Azure 的人脸 API、OpenCV 前景/背景、OpenCV 密集光流	视频长度、每分钟单词数、场景长度（scene length）、字幕文本情感、人脸表情、性别与年龄等、前景运动面积百分比、密集光流、色彩、亮度
Engagement That Sells：Influencer Video Advertising on Tiktok	营销	测量视频广告中由产品带来的参与度（engagement）	抖音视频	三维卷积神经网络（3D CNN）	参与度热力图（engagement heatmap）、产品热力图（product heatmap）
Frontiers：In-consumption Social Listening with Moment-to-moment Unstructured Data：The Case of Movie Appreciation and Live Comments	营销	利用弹幕和视频内容测量观众在消费中的参与度	在线电影视频	OpenCV 等	镜头长度、运动、声音的响度和音高、字幕单词数
The Effect of Sales Assistance on Purchase Decisions：An Analysis Using Retail Video Data	营销	销售助理在购买决定中的作用	中东某化妆品店铺视频数据	人工标注	顾客购物决策过程中的活动，如进入店铺、与购物助理沟通、结账等
Frontiers：Unmasking Social Compliance Behavior During the Pandemic	营销	消费者社会遵从行为与购买之间的关系	亚洲某连锁零售商店内视频	Face＋＋API、多任务级联卷积网络（MTCNN）、卡尔曼滤波、人脸相似聚类等	人脸、人脸关键点、人脸相似性等
Persuading Investors：A Video-Based Study	金融	利用视频研究初创企业如何说服投资者	初创企业的推介视频	Face＋＋、Google API、pyAudioAnalysis	人脸表情、年龄、性别、语音文本、语音频谱图（spectrogram）、色谱图（chromagram）、能量（energy）、音频愉悦度（valence）、唤醒度（arousal）、音频情感
The Effect of Product Placement on Shopping Behavior at the Point of Purchase：Evidence from Randomized Experiment Using Video Tracking in a Physical Bookstore	运营管理	产品摆放对购物行为的影响	3D 摄像机拍摄的书店货架的视频	3D 摄像机特定编程工具、人工确认	商品摆放位置、顾客选取的商品
Using Video to Disclose Forward-looking Information：The Effect of Nonverbal Cues on Investors' Judgments	会计	当用视频披露前瞻性信息时，非言语的线索对投资者的影响	实验录制 CEO 信息披露视频	人工处理	表情、肢体语言等

未来基于视频的经济管理研究可以从以下三个方面考虑：

（1）新颖的视频数据源。通常一些新的商业模式会产生新颖的视频数据，而这些视频数据一般会包含新特征或信息。挖掘这些新特征或信息，通常会产生一些有价值和影响力的研究。

（2）先进的视频分析技术。先进的视频分析技术一般能够从视频中抽取新特征。如果这些特征能更好地测量或启发经济管理研究中的构念，通常能解决以前研究难解决或未解决的问题，产生新的研究发现。

（3）生成式视频技术。生成式视频技术的快速发展，将会颠覆广告、创意等很多领域。而其产生的视频如何影响消费者和整个产业，都是值得关注的研究问题。目前生成式视频实际商业应用发展很快，学术界也对其表现出了极大的兴趣，这将是一个快速发展的领域。

第 6 节　文献案例分析

本节将以一篇典型文献为例，讲解营销领域中利用视频数据分析消费者购买行为的研究。

一、文献信息

ZHANG S，XU K，SRINIVASAN K. Frontiers：unmasking social compliance behavior during the pandemic [J]. Marketing science，2023，42：440-450.

该研究利用零售商店的视频数据，探索疫情期间消费者佩戴口罩的不同动机与购买行为之间的关系。该研究应用了较多的视频分析技术，利用基于人脸的跨镜头追踪技术获取消费者的购物时长数据，利用人脸关键点检测判定消费者戴口罩是否规范，利用半人工的方法将消费者人脸与交易联系起来。

二、研究背景和研究问题

新冠疫情期间，人们被建议在公共场所佩戴口罩以防止病毒传播。根据社会影响和口罩佩戴研究，该研究将消费者分为三类：完全遵守型消费者因担心自身健康而佩戴口罩；部分遵守型消费者虽然佩戴口罩，但佩戴方式不正确，他们主要为了遵循社会规范；不遵守型消费者完全不佩戴口罩。研究问题为消费者佩戴口罩的方式与其购买行为之间存在何种关系。

三、数据来源

这项研究中的数据来自一家零售商店。能够捕获人脸的高分辨率摄像头安装在一些关键位置，如入口、收银台、女装区等，用来收集商店营业期间的视频。数据主要包括2020 年 1 月 1 日—5 月 31 日的视频和交易数据。

四、视频分析流程

从购物视频中，研究者抽取每个消费者的戴口罩行为和购物行为变量，图 7-18 展示了视频分析的流程：（1）从收银台视频中抽取消费者的人脸，并和交易数据连接。（2）检测消费者戴口罩的行为，并将收银台视频中的人脸与入口视频中的人脸进行匹配，得到消费者的购物时长。

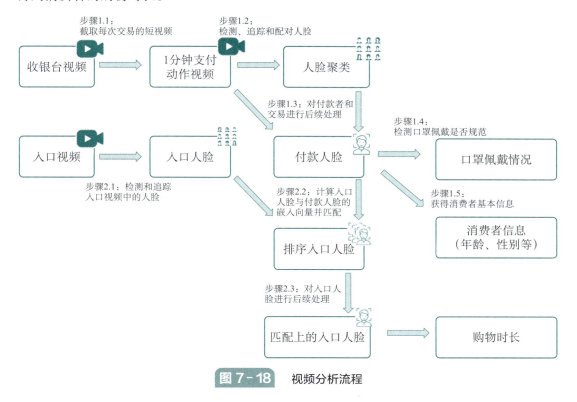

图 7-18　视频分析流程

五、抽取和分析付款人脸

步骤 1.1：截取每次交易的短视频。从收银台的视频中，截取每次交易的一分钟短视频（交易前 40 秒到交易后 20 秒）。

步骤 1.2：检测、追踪和配对人脸。采用多任务级联卷积网络（multi-task cascaded convolutional network，MTCNN）模型，对短视频中的人脸进行检测和裁剪。由于检测到的人脸数非常多，此处使用卡尔曼滤波对相邻帧中人脸进行追踪，使得同一人的人脸能被归集在一起。根据支付时间，将支付人脸与交易记录进行配对，即确定每个交易付款者人脸。

步骤 1.3：对付款者和交易进行后续处理。步骤 1.2 有时会裁剪出多个人脸（通常是因为其他顾客站在付款人附近）。为此该研究开发了一个标注网站，请科研助理根据消费者的支付动作，人工检查支付人脸与交易记录的匹配结果。

步骤 1.4：检测口罩佩戴是否规范。该研究开发了一种有效的检测口罩佩戴是否规范的方法。首先应用面部关键点识别技术,检测付款者脸部的 106 个关键点 [如图 7 - 19 (a) 所示]。然后,该研究利用颜色差别,将口罩与皮肤、嘴唇、衣服等区分开来。再根据不同部位像素坐标,得到口罩、鼻子、嘴的高度(相对于下巴)[如图 7 - 19 (b) 所示]。

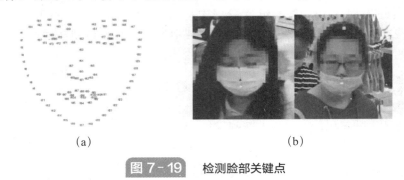

(a)   (b)

图 7 - 19   检测脸部关键点

图片来源:根据文献整理。

步骤 1.5:获得消费者基本信息。该研究调用 Face++API 来识别每个消费者的年龄和性别等人口统计数据。

六、计算社交距离

该研究利用收银台视频计算了消费者与收银员的社交距离。由于收银员位置相对固定,消费者根据自身风险偏好会自动调整与收银员的距离。该研究使用付款人的脸框中心与收银员脸框中心之间的二维欧式距离,来近似地表示两人的社交距离(如图 7 - 20 所示)。

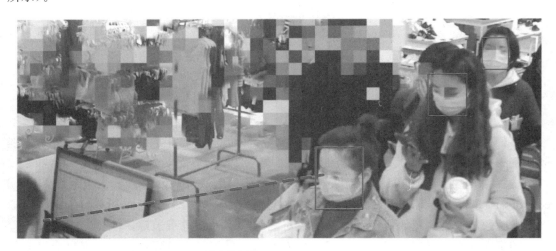

图 7 - 20   计算社交距离

七、计算购物的持续时间

店内购物的时间可能反映了消费者对疫情风险的担忧。该研究从入口视频中抽取人脸，并将其与付款时的人脸进行匹配，从而知道付款者进入商店的时间，并计算购物时长。

步骤 2.1：检测和追踪入口视频中的人脸。按照步骤 1.1 和步骤 1.2 所述方法，提取并裁剪入口视频中每一帧的所有人脸。

步骤 2.2：计算入口人脸与付款人脸的嵌入向量并匹配。采用相应方法来计算入口人脸与付款人脸的嵌入向量（embedding），并通过两个嵌入向量的内积，来选择与付款人脸相似的入口人脸并对其排序。

步骤 2.3：对入口人脸进行后续处理。通过对排好顺序的入口人脸进行后续处理，确定匹配上的入口人脸，从而确定购物时长。

八、文献点评

运用这些视频分析技术获得相关自变量和因变量之后，该研究利用双重差分（difference-in-difference）方法，来分析不同戴口罩行为的消费者的购买行为的差别。研究发现，不同佩戴口罩行为的消费者，其购买的产品类型和价格有显著不同，其购买行为也存在差异。

该研究巧妙地利用了视频数据，探索了疫情这一大规模社会实验带来的消费者新表情——佩戴口罩的方式与其购买行为之间的关系。该研究采用了较多视频分析技术，包括基于人脸的跨镜头追踪技术、人脸关键点检测技术、连接购物视频与交易数据技术等。这些都为探讨线下店消费者购物行为与其购买决策之间的关系提供了新的解决思路。

▶ **思考题**

1. 假设你计划研究大型实体商店内消费者的购买决策行为，首先需要安装一些摄像头来收集视频。（1）你认为应该在哪些地点安装摄像头，才能更好地收集研究所需视频？（2）收集到视频后，处理视频可能会用到哪些视频分析技术？这些视频分析技术可能有哪些不足？（3）有哪些将视频数据和交易数据进行匹配的方法？

2. 随着直播经济的兴起，产生了大量直播视频。如果打算对主播的行为进行分析，可以应用哪些视频分析技术？不同视频分析技术能否产生非常准确的结果？

3. 在运营管理、会计财务、企业管理和金融等领域，会产生哪些新颖的视频数据？利用这些视频数据可以研究哪些问题？

▶ **参考文献**

第 8 章 ▶ 多模态信息、机器学习与"硬"管理研究：机遇与挑战

邵开愚　首都经济贸易大学

多模态信息正在悄无声息地渗透并改变着管理实践。如何运用机器学习方法更好地提取、理解和研究多模态数据，成为学术界关注的前沿热点问题。本章在分析机器学习在处理高维多模态数据、发现潜在规律、探索真实世界等方面的优势的同时，也指出了管理学者在应用机器学习方法时面临的挑战，即缺乏理论精度、可解释性问题、范式冲突与局限、伦理与价值导向问题。本章提出未来管理学多模态研究应促进机器学习方法与多模态理论结合，推动管理研究范式创新，并尽快建立健全适应机器学习方法的研究伦理和审查机制。

第 1 节　管理学中的多模态转向

21 世纪以来，无处不在的网站、宣传册、短视频、录像、表情包、商标、PPT 等，不仅构成了一个丰富多彩的世界，也正在悄无声息地渗透、改变着企业组织和管理实践。文字、声音、图像、肢体语言等超越了管理学传统研究对象的信息承载媒介，也逐渐被管理学者所关注。近年来，学者普遍认为管理学的多模态转向（multimodal turn）已经来临。[①] 其核心假设是人类社会中，信息传递和意义建构是由多种信息承载媒介［即模态（mode）］共同完成的，同时企业和其他组织恰恰是在这个多模态世界的建构中最重要的参与者。在多模态转向下，管理学者对于文字、图像、语音和视频等数据的关注达到了前所未有的高度。而同时，这个急速扩张的研究领域也为管理学现有的理论、研究方法乃至研究范式带来了全新的机遇与挑战。

一、理论研究方面的机遇与挑战

在理论方面，由于传统管理学中相对缺乏可指导我们探索理解文字、图像、声音等模态的理论视角，近年来学者们正在不断从其他学科借鉴转换理论框架，包括语言学、

---

① BOXENBAUM E，JONES C，MEYER R E，et al. Towards an articulation of the material and visual turn in organization studies [J]. Organization studies，2018，39（5-6）：597-616.

符号学、人类学和社会学、文学、艺术史和文化研究、沟通和传媒理论、心理学等。具体而言，模态的概念起源于符号学，模态（如图像、文字、排版、音乐、动作、演讲、音轨等）是一种由社会文化塑造的意义建构资源。[①] 由此，社会符号学理论认为，意义的建构由模态的表意特性、原则与社会互动共同决定。语言学专注语言文字这一最重要的信息模态，在语句的逻辑结构和修辞语法、对话中的互动与相互理解、宏观话语背后的深层含义及其对社会认知的建构作用等方面都发展出详细的理论和分析框架。人类学和社会学早期就开始对历史照片或当代照片进行研究，并通过布迪厄的惯习（habitus）概念、拉图尔的行动者网络理论、知识社会学等理论对其进行解读，进而拓展对于特定社会的理解。[②] 艺术史研究、文化研究、文学集中关注多模态信息的文化意义，发展出诸如电影理论、文学批判、意象学等针对不同模态信息的文化意义进行解读的相对独立完整的理论体系。除此之外，传播学关于媒介形式（如电视、互联网等）对于信息的影响的讨论，心理学和脑科学关于人类如何记忆、认知多模态材料的探索，以及心理学中关于表情、动作、肢体语言与认知、情绪等心理学变量之间相互关系的研究也都为多模态研究的开拓提供了理论指导。

广阔的理论空间为管理学中的多模态研究提供了巨大的机遇。然而，当前管理学对多模态理论的借鉴仍处于初级阶段，理论引入较为零散，缺乏系统性整合。这一现状主要源于多模态研究的跨学科属性。一方面，大量关于文字、图像、声音的理论根植于人文学科，其关注点在于意义、文化和价值，与社会科学关注的人类行为和社会结构存在一定差异。这种差异的背后是人文学科与社会科学中基本哲学假设的分歧，导致管理学在借鉴人文理论时面临较大的挑战。另一方面，学科壁垒的存在使得管理学者对其他学科理论的理解和应用可能存在偏差。如何在尊重原有理论内涵的基础上，结合管理研究特点，对多模态理论进行适当转化和应用，是当前研究中的一个关键问题。

二、研究方法方面的机遇与挑战

在研究方法上，管理研究偏好基于数学模型的实证分析。对于多模态数据的分析，目前管理学者主要从语言学和符号学的讨论中借鉴了其对于不同模态的"语法"分析框架。其中，各类语言学分析方法在管理学中的应用相对成熟，被广泛用以分析企业年报、网站、管理层发言等文本中的修辞、语法等。针对多模态信息分析方法近年来发展较为迅速，例如基于"视觉语法"的图像分析方法目前被用于对公益宣传、企业社会责任视频、媒体报道等多模态数据的分析。而针对作为影音记录的多模态数据，如视频和录音材料等，部分管理研究借鉴了影像民族志的分析方法，由研究者对研究对象进行拍摄、编辑和呈现，并在其过程中不断反思以求达到对于研究对象更为整体、透明且更侧重于

---

① JEWITT C. The Routledge handbook of multimodal analysis［M］. London：Routledge，2009.

② BECKER H S. Visual sociology，documentary photography and photojournalism：its（almost）all a matter of context［M］. London：Taylor & Francis，1998.

感官的理解[①]；一部分针对视频记录的研究则采纳或借鉴了多模态对话分析的方法[②]，通过对视频中人物的语言、表情和肢体动作的分析以理解其交互动态。此外，围绕特定多模态材料（如照片、视频等）展开访谈的研究方法也逐渐被应用于管理研究。

然而，目前大部分对于多模态数据的分析仍存在以质性研究为主、样本量小、欠缺系统性、受研究者主观因素影响等问题。也正是这些问题的存在使得人工智能在多模态数据分析中有着至关重要的作用和广阔的发展空间。

三、研究范式方面的机遇与挑战

在研究范式上，管理学以实证主义研究范式为主导，与多模态研究的研究范式有着不可忽视的矛盾。无论是分析文字、图像、视频、音频还是其他模态的数据，都以理解意义及产生意义的社会实践为核心任务。然而，意义及其产生具有显著的主观性和情境性，因而传统社会科学中的多模态研究多采用诠释主义、建构主义和批判研究等研究范式，与追求客观、普适、确定性知识的实证主义范式有着内在的冲突。具体到研究中，目前管理学以假设检验的研究范式为主导，强调变量之间的因果机制而多模态研究首要关注意义的分类、深层含义、参与意义产生的各方之间的互动和冲突等。此外，在诸如研究过程是否需要具备可重复性，研究者是否需要或可能保持"客观中立"，研究结论是否需要具有统计学意义上的可推广性等问题上，多模态分析与主流管理学的实证主义范式存在一定的分歧。如何理解和应对这些分歧直接决定着未来多模态研究是否能在管理学中充分发挥其潜力。

总体而言，尽管在当今的大数据时代，管理学者对于文字、音频、图像、视频等多模态数据的关注达到了前所未有的高度，但多模态管理学研究领域依然面临着理论、方法和范式上的重重挑战。目前管理学研究中对于多模态数据的分析普遍存在缺乏相关理论引导、数据处理规模有限、系统性和标准化水平有待提高、忽视情境因素对于多模态信息的影响等问题。学者们也纷纷就多模态管理研究未来的发展方向进行探索和讨论，而在各方面的努力中，应用机器学习方法分析多模态数据的尝试无疑最引人瞩目也最具潜力。

第2节　机器学习在多模态管理研究中的应用

早在管理学关注到多模态数据之前，机器学习领域已经分析文字、图像、视频等数据并取得了丰硕的成果。由于其在处理这些数据时展现出的突出优势，机器学习被广泛应用于管理研究中。然而，目前管理学中以机器学习方法处理多模态数据的研究方法也面临一系列严峻的挑战。

---

① STOWELL A F，WARREN S. The institutionalization of suffering：embodied inhabitation and the maintenance of health and safety in e-waste recycling [J]. Organization Studies，2018，39（5-6）：785-809.

② MONDADA L. Contemporary issues in conversation analysis：embodiment and materiality，multimodality and multisensoriality in social interaction [J]. Journal of pragmatics，2019，145：47-62.

一、应用机器学习处理多模态数据的优势

相较于传统算法，机器学习算法具有高效处理大量数据、发现潜在规律、擅长处理复杂数据、高灵活性和适应性等优势。这些特点也使其在处理多模态数据方面有着得天独厚的优势。

（一）处理复杂数据：高维数据的特征选择和提取

机器学习方法应对复杂性的优势集中体现在其处理高维非结构化数据的能力。高维数据是指包含大量特征或属性的数据。对于传统算法而言，受数据集和计算资源的限制，高维数据建模通常面临着计算量爆炸和过度拟合等问题，可行性较低。因而，面对真实世界中的复杂性，传统算法往往避免构建复杂模型，只针对其中个别变量进行建模，这也导致其最终的预测效果受到影响，模型的泛化能力有限。相比而言，机器学习方法不仅可以在数据集的诸多维度中选择最相关、最具有信息量的特征，也可以通过各种特征提取技术对高维数据进行"降维"，即将高维空间的特征向量通过各种方法映射到低维特征空间中，进而以现有特征为基础创建新的特征，将原始数据转化为更具代表性的格式，使其更适合机器学习算法。

多模态数据天然属于非结构化的高维度数据。文字、图像、声音等数据本身具有大量模糊的特征属性。"如何系统地分析一幅乃至多幅画"的问题长久以来困扰着管理学者。正因如此，学者在面对此类数据时往往感觉"无从下手"，难以从中有效提取分析维度。与此同时，管理研究中所关注的多模态数据如网页、宣传海报、视频等往往同时包含文字、图像、声音等多个模态，因此在各个模态内的分析维度之上又增加了模态间协同的问题，进一步增加了数据处理的复杂性。面对这样的挑战，目前管理学中的实证研究对于多模态数据的处理普遍是选取个别特征（如颜色、图片数量、词频等）进行统计分析。这些研究虽然有效地增进了我们对于这些浅层特征的理解，但此类基于零星、单个特征的研究与多模态数据的整体性和组态特性存在冲突，难以促进对于多模态数据在管理实践中的使用和影响更为整体的理解，也未能充分地发掘多模态数据的潜力。

相比之下，机器学习方法在处理管理研究中的多模态数据时不仅可以有效地识别和拣选在给定数据集中最为相关的特征属性，还可以发现特征之间的相互关联性并由此对数据维度进行简化。举例而言，对一个假想的企业社会责任报告中的图片数据集进行分析，机器学习可能会发现这些图片在像素高低、色彩饱和度、人物情绪、图片大小等数十个维度上具有显著差异。同时，算法可能发现高像素与高色彩饱和度密切相关，由此以像素-色彩这一新的特征替代旧有的两个特征。更为常见的，研究者可以使用主成分分析、线性判别分析、局部性嵌入等方法将原高维空间中的数据点映射到低维度空间中，以此达到降维目的。在此基础上，机器学习方法可以进一步对数据进行分类、预测、规律探寻等操作。通过特征学习和降维，机器学习使得复杂的多模态数据易于处理和理解。相比对多模态数据的单个特征的分析，机器学习方法可以对数据集有显著意义的所有特征开展探索，因而提供了更为整体的理解。由此进行的预测推断等操作的准确性也随之大为提升。

总体而言，机器学习方法使得系统、全面地分析管理实践中的多模态数据成为现实。通过对相关机器学习算法的应用，多模态数据的复杂性将不再是管理学分析中不可逾越的障碍，极大地丰富了管理研究的数据来源和研究现象。

（二）发现潜在规律：基于大数据的"扎根方法"

机器学习方法的另一个显著优势在于其以数据驱动，善于发现潜在规律并由此加深我们对于现实世界的理解，而这对于多模态管理研究恰恰有着非比寻常的意义。传统管理学普遍遵循假设-检验的研究范式：首先由理论出发进行推导，进而预测规律，而后选择合适的数据对理论预测的规律进行检验。然而，面对多模态数据，研究者普遍面临理论的缺位，即管理学目前依旧相对缺乏成熟的多模态相关理论框架，难以有效指引我们对管理实践中的多模态使用及影响做出合理且具有一定理论深度的假设。换言之，多模态管理学研究者往往会发现自己面临着"无理论假设可供检验"的困境。

实际上，这并不是社会科学的研究者们第一次注意到此类困境。早在 20 世纪 60 年代，作为对在当时已经占据社会科学主流的假设-检验范式的回应，巴尼·格拉瑟（Barney Glaser）和安塞尔姆·斯特劳斯（Anselm Strauss）在 1967 年提出扎根理论方法（grounded theory）。其核心在于相较于传统的由理论推导出发的研究，扎根理论方法强调从（质性）数据出发，核心概念的提出乃至理论模型的建构均应通过对于数据的分析归纳而获得。尽管所面对的数据截然不同，但是机器学习方法与扎根理论的核心思想有着异曲同工之妙，即它们都可以不依赖先验的理论而独立发现特征及规律。

作为大数据时代的原生方法，机器学习算法"扎根"于海量的数据，可以从中提取有价值的信息并"反哺"理论。举例而言，假设我们想要根据用户在社交媒体上日常使用的表情包对其从若干重要维度（如年龄、受教育程度、收入水平）上进行分类预测，即使不局限于管理学理论，研究者可能也很难基于心理学、传播学等学科的现有理论中进行理论推导并做出假设。而使用机器学习方法可以相对轻松地完成这一任务，在揭示数据中的规律的基础上帮助我们发展完善用户特征与表情包使用之间的理论模型。在尝试选择和调试不同机器学习算法的过程中，一些可解释性较强的算法（如决策树）甚至可以提供关于机制以及特征之间关系的见解（如年龄对于用户所使用表情包色彩鲜艳程度这一特征的分类能力最强，即年龄作为决策点更靠近根节点，而其他特征如受教育程度和收入在这一特征上的分类能力较弱，即更靠近叶节点）。

相比上例中所使用的有监督学习算法，无监督学习和深度学习放宽了已有（人类）知识对于规律识别的限制，在更大程度上"允许"数据中存在的规律浮现在我们眼前。尽管理解这些规律可能会对人类理性造成挑战，但一方面，这些由机器学习所发现的规律已经一再证明其真实性和实用性，另一方面，这些由数据驱动获得的规律也将启发管理学者拓展和构建新的理论。有学者提出了基于多案例机器学习的理论建构方法，这是将扎根理论与机器学习结合的一次有益的尝试。[①]

---

① TIDHAR R, EISENHARDT K M. Get rich or die trying… finding revenue model fit using machine learning and multiple cases [J]. Strategic management journal，2020，41（7）：1245 - 1273.

除了通过"扎根"大数据，解决"无假设可供检验"的困境外，机器学习善于发现潜在规律的优势对多模态管理研究格外重要的另一个原因是，多模态数据中的规律往往更为复杂和模糊。其复杂性在于相比"企业财务绩效越好，投资人投资意愿越强"这类相对简单的因果关系，多模态数据中往往存在"过犹不及"的非线性关系以及多模态协同的组态关系。例如，当企业以多模态形式呈现自己的企业社会责任贡献时，过于"冰冷"或过于情感充沛的图文表达可能都不能获得积极的受众反馈——前者不能有效地调动受众情感，后者可能被受众认为是故意"煽情"从而激发受众警觉乃至反感，此外图文是否保持一致的情感基调可能会对受众产生影响。从数据出发的机器学习方法可以更为真实准确地呈现多模态数据中的复杂关系。

此外，多模态数据中规律的模糊性也在于其往往不仅诉诸受众的理性和逻辑，也诉诸感性和直觉，而后者难以从经验感知中利用语言和变量的形式进行精准的归纳总结。举例而言，一些知名企业在产品设计、宣传材料、管理层发言等方面都有着突出的"风格"并引来模仿者，比如我们经常会采用"一场乔布斯式的发布会"或"一个小米风格的产品界面"的表述方式。然而，我们却很难简洁准确地描述该风格的具体特征规律是什么，因而难以利用传统方法围绕其展开研究。而机器学习方法可以绕过此类棘手的定义或描述过程，经过训练后直接判断某作品是否符合该"风格"，继而探索管理学所关心的因果关系。换言之，机器学习方法也允许我们对一些复杂、模糊的多模态变量进行"黑箱"处理，不仅节约了精力和计算资源，也有效地帮助研究者避免了对多模态数据的过度细分和机械化拆解，从而能更好地把握其整体的特征和效果。

总而言之，由于缺乏充分的理论指引，以及多模态数据中所蕴藏的规律往往具有更强的复杂性和模糊性，用传统的研究方法探寻其规律的尝试面临重重困难。而机器学习方法恰恰可以有效地应对这些挑战，以数据为驱动，让数据"说话"，有效地绕过多模态数据中模糊的细节特征而专注整体，因而更好地揭示和把握多模态管理实践中的隐藏规律。

（三）与真实世界对话：基于大数据的研究方法

机器学习方法的发展与大数据时代的到来可以说是相辅相成的两个既独立又相互依存的过程。一方面，大数据为机器学习提供了必要的数据；另一方面，机器学习的发展也为大数据的分析奠定了基础，极大地增加了大数据的有用性和价值。目前学界普遍认为，机器学习得益于算法的可拓展性和高效率，以及对复杂数据的处理能力和发现潜在规律的优势，是目前最适合处理大数据的方法之一。[①]

在此需要特别指出的是，大数据和管理学常用数据不仅存在"量"上的差异，也为管理研究带来了"质"的改变。在传统的管理学中，量化研究占据主导地位，但常常被批评过分简化，脱离了纷繁复杂的现实世界，成为"黑板管理学"；质性研究虽然更加深入丰富的现实情境，却始终面临着研究结论如何推广的问题。以大数据为基础、机器学

---

① DAVENPORT T H，BARTH P，BEAN R. How big data is different [J]. MIT sloan management review，2012，54（1）：43.

习为方法的管理研究在一定程度上融合了这两类研究的优势，即可以在深入真实世界情境和细节的同时保证结论的可推广性。

1. 现实数据

机器学习方法可以利用现实世界中自然产生，而非由研究者激发或生产的大量数据探寻现实世界中的规律。换言之，通过机器学习对于大数据的处理，我们得以直接和真实世界进行大规模对话，而不再需要依赖问卷、访谈、实验、二手数据等对于真实世界的模拟或"快照"进行推测。想象一项针对员工幸福感的研究，传统方法中研究者主要依赖问卷形式。而在大数据和机器学习方法下，有可能通过员工工作邮件的文本、内部沟通软件的使用、会议时的面部表情，甚至其电子手表记录的睡眠、心跳等数据，直接测度其幸福感。这不仅将极大地提升此类研究的效度，也通过更加丰富的信息呈现了一个更为贴近真实体验的多模态世界。

2. 复杂情境

基于大数据的机器学习方法更加完整地呈现了真实世界的复杂性。管理学传统方法有时难以捕捉到现实世界中多个特征变量之间复杂的互动关系。而机器学习凭借处理复杂数据和识别潜在规律方面的优势，通过对真实世界的数据进行分析，能更好地揭示变量是如何相互影响并共同发挥作用的，进而提供对于管理学现象的更为整体、全面的理解。特别是对于多模态数据的分析，对情境因素的充分理解更是有着举足轻重的地位，因为文字、图像、声音、视频等数据的产生、使用和消费都是高度情境化的。比如说，有研究发现在美国红色可以更好地激发投资人的风险意识，降低其风险偏好，然而这一效应在中国并不成立，因为红色在中国代表繁荣，有着积极的社会含义。仅仅是针对颜色这样一个在多模态数据中最简单的特征变量，在两个文化情境中的含义和作用效果就有着如此巨大的差异。可以想见，随着我们尝试分析的多模态数据更加复杂，特征变量更加多样，情境因素的作用也越发凸显。而对真实世界中的大数据进行机器学习，也是我们理解多模态数据与情境因素互动关系的重要途径。

3. 洞察细节

基于大数据的机器学习方法可以进行颗粒度更细的分析。相比传统方法更关注均值和整体趋势，机器学习方法可以对子类别进行细分。比如对于企业社会责任沟通材料（如网站、海报、视频等）的研究，传统研究普遍专注其多模态文本中某一特征（如内容、修辞、图像数量）及其影响。[①] 机器学习方法不仅可以同时分析多项多模态文本特征，通过对社交媒体和新闻报道的分析理解公众认知和情绪，通过受众在浏览网站、视频等材料时的浏览行为（时长、停留等）探索公众对于材料中不同内容的关注程度，也可以对公众进行细分，理解不同人群对于该沟通或者沟通中某一特征的反馈。总体而言，通过对不同数据源的整合分析、对复杂规律的探索和对细分人群内部的细粒度信息抓取，大数据允许管理学者突破宽泛的概括，深入传统研究方法可能遗漏的细节，进而极大地

---

① FELDNER S B, BERG K T. How corporations manage industry and consumer expectations via the CSR report [J]. Public relations journal, 2014, 8 (3): 1-25. WANG H, JIA M, XIANG Y, et al. Social performance feedback and firm communication strategy [J]. Journal of management, 2022, 48 (8): 2382-2420.

加深我们对于真实世界的理解。

二、应用机器学习处理多模态数据所面临的挑战

在拓展管理学数据分析能力和研究范畴的同时，机器学习在多模态管理学中的应用目前也面临若干重大挑战。这些挑战不仅限制了该方法在管理学中的大规模应用，也为管理研究带来了新的认知和伦理上的风险。

（一）缺乏理论精度：我们在测量什么？

使用机器学习方法探索多模态数据的一个重大挑战在于如何将机器学习所测量的多模态特征变量与管理学所关心的构念相联系。变量测量是机器学习在管理研究中最常见的应用场景之一①。对于多模态管理研究这样一个新兴领域而言，一个核心任务是如何（快速地）从"理解管理实践中的多模态数据"过渡到"通过多模态数据理解管理实践"[对于领域核心任务的讨论，可参考波杰（Boje）等关于管理学中话语分析的讨论②]。从根本上讲，多模态管理研究的目标不应局限于理解多模态数据的特性及其影响，而需要努力跨越理论上的鸿沟，透过多模态数据理解其背后的管理学规律。

目前使用多模态数据的管理研究可以分为两类：一类研究是将多模态数据本身的某些特征作为核心变量，考察其在管理实践中的前因后果。比如上述关于红色如何影响了投资人风险偏好的研究即为此类研究的代表。这类研究在金融、市场营销等更偏重实践的子学科内相对普遍，而其不足是理论贡献相对有限。另一类研究是将多模态数据的特征用于对已有管理学核心构念的测度，进而回答一个超越多模态，而隶属于核心管理学的研究问题。举例而言，有研究者通过对企业高管致辞中使用"我"的频率③或企业年报中高管个人照片的有无及大小作为高管"自恋"程度的测度④，进而探索高管"自恋"与企业绩效、社会责任绩效等变量之间的关系。有学者通过对企业社会责任宣传视频的质性符号学分析，探索了企业如何通过社会责任建构其与利益相关者的权力关系。⑤ 这类研究常见于战略、组织理论、人力资源管理、组织行为学等强调理论贡献的子学科，而其面临的挑战是如何建立多模态数据与管理学构念的合理联系。这一困难也在很大程度上限制了机器学习方法在这些学科中的应用。

使用机器学习方法分析管理实践中的多模态数据，探寻其数据特征的理论意义，面临很大的挑战。机器学习作为一个新兴方法，有着较高的实践门槛；多模态的相关理论

---

① 刘景江，郑畅然，洪永淼. 机器学习如何赋能管理学研究？：国内外前沿综述和未来展望 [J]. 管理世界，2023，39（9）：191 – 216.

② BOJE D M，OSWICK C，FORD J D. Language and organization：the doing of discourse [J]. The academy of management review，2004，29（4）：571 – 577.

③ RASKIN R，SHAW R. Narcissism and the use of personal pronouns [J]. Journal of personality，1988，56：393 – 404.

④ CHATTERJEE A，HAMBRICK D C. It's all about me：narcissistic chief executive officers and their effects on company strategy and performance [J]. Administrative science quarterly，2007，52（3）：351 – 386.

⑤ SHAO K，JANSSENS M. Who is the responsible corporation？a multimodal analysis of power in CSR videos of multinational companies [J]. Organization studies，2022，43（8）：1197 – 1221.

散布于人文社科各个学科之中，有着较高的理论门槛。在长于机器学习的学者和长于多模态理论的学者间有着厚厚的学科壁垒，阻碍了学科的进一步发展。

为机器学习方法中的数据特征找寻理论意义在现阶段也存在着较大的困难。即使暂时抛开机器学习的可解释性问题不谈，我们也不得不承认，对于很多应用机器学习方法从多模态数据中提取的特征变量，由于传统方法无法测量，因此在过去的学术研究中普遍疏于对其理论意义的讨论，更欠缺实证研究的支持。更为重要的是，学者往往发现，使用机器学习对多模态数据进行的测量，与管理学的核心构念之间并不能无缝对接。这一问题很大程度上源于现有的管理学构念实际上是基于传统的理论、数据和测量工具（例如问卷、访谈、二手数据等）而提出的，因而在其定义、内涵和测度上与多模态大数据和机器学习方法存在必然出入。举例而言，尽管目前已有若干研究尝试使用口语文本和电话记录等多模态数据测量 CEO 的大五人格特质，但此类研究似乎并没有充分挖掘多模态数据的特征和潜力。由于其对于自评问卷的依赖，大五人格的理论构念集中于人格特性中可被有意识自我感知的维度，而多模态数据适合行为测度，有潜力通过对语音语调、肢体动作、面部表情等特征的测量发现无意识的人格特性。两者之间的强行匹配势必会导致多模态数据和机器学习方法的价值被低估，甚至产生新的理论误区。

尽管面临种种挑战，对于目前尝试应用机器学习方法分析多模态数据的管理学者而言，不能止步于多模态数据特征的测量本身，而应该尽力深挖其理论意义，拓宽管理学的理论构念。正如相关研究指出的，如何说服读者"机器学习是对于那些具有理论意义的构念的有效测度手段"是摆在研究者面前的一项重大挑战。[①] 而从行动者网络理论的视角理解，现有管理学构念是基于研究者、数据、测量工具等行动者的网络，而机器学习算法作为新加入这一网络的行动者，必然对网络形成扰动。如何基于新的方法和数据，建构全新的理论构念网络，拓展我们的理论认知，正是使用机器学习方法需要解决的问题。

（二）可解释性问题：我们在产生知识还是远离知识？

机器学习方法中存在的可解释性问题是该方法在包括管理学在内的社会科学领域大规模应用的最主要障碍。虽然可解释的人工智能（explainable AI，XAI）是目前学界和业界重要的突破方向，然而以深度学习为代表的复杂的也是最具有应用潜力的机器学习算法模型，依然难以通过人类理性被理解。这些模型通常涉及大量的参数和复杂的计算过程，使得我们难以理解它们内部的运作机制。自 2023 年起吸引了全世界注意力的各类基于大语言模型的生成式人工智能算法，在技术上提出新的路径，也带来新的挑战（例如大语言模型会给出貌似真实、实则虚假的咨询，即所谓"人工幻觉"），我们对商业机构的大语言模型（如 ChatGPT、Gemini、Kimi 等）的技术细节、训练数据集、人工标记过程和标准等关键信息都无从深入了解。因此，尽管深度学习和大语言模型可以提供精

---

① GRÉGOIRE D A，TERWAL A L J，LITTLE L M，et al. Mobilizing new sources of data：opportunities and recommendations ［J］．Academy of management journal，2024，67（2）：289 - 298.

准预测，但不能引导我们理解它们预测背后的逻辑和机制。缺乏可解释性极大地限制了我们对其算法结果的解读、信任和运用。

对于管理学这样一个强调理解，特别是重视因果机制的学科而言，机器学习算法缺乏可解释性的问题显然严重影响了该方法在学科内的推广。缺乏可解释性就意味着我们难以基于机器学习算法的结果进行理论建构。不能有效地理解因果路径或分类标准，也就意味着我们难以将机器学习的研究成果纳入现有的理论框架，并进一步发展新的理论体系。不能进行理论建构不仅极大地限制了机器学习结果的可推广性，也将导致学术共同体所生产的知识呈现碎片化，不能进行有效的知识积累。在此需要特别强调的是，学者们一再警告，从某些机器学习算法的结果出发逆推其机制和因果路径是危险的。[①] 这主要是因为机器学习理解和分析世界的方式与人类理性有着本质的差异，而我们尝试以人类思维方式去推断机器学习的分类或预测结果，可能会南辕北辙，因此需要慎之又慎。虽然 XAI 为解决机器学习的可解释性问题提供了新的希望和途径，但我们也需要正视 XAI 技术的局限性。即使近年来 XAI 取得了令人瞩目的技术进步，全面解释深度学习，特别是支撑大语言模型的复杂模型依然面临着严峻的挑战。诸如交错复杂的神经网络结构以及准确性和可解读性之间的取舍等因素往往降低了 XAI 的有效性。[②] 同时，对于管理学而言，XAI 虽然可以提供一些对模型行为的洞察，但是它可能依然无法完全满足理解因果机制和构建稳定理论框架的管理学核心理论诉求。考虑到这些挑战，我们有理由认为在当前阶段管理学不应将解决机器学习方法的黑箱问题的希望完全寄托在 XAI 技术的发展上。一方面，管理学的学术共同体很难将对于机器学习方法的使用局限于 XAI，而严格排斥所有不具有解释性的算法模型——这既不现实，也将极大地制约机器学习方法在管理学中做出有意义的贡献。另一方面，这会影响管理学作为一个独立学科的自主性。可以说，机器学习的不可解释性是管理学界需要应对和反思的重要问题。

更进一步，机器学习的不可解释性也对我们如何理解和定义"知识"形成了挑战。正如基辛格等学者在《人工智能时代与人类未来》一书中所提出的，当我们应用人类无法识别或理解的模型替我们完成任务甚至做出决策时，我们是在向知识迈进吗？还是说，知识正在离我们而去？[③] 换言之，那些（大概率）正确，然而超出我们理解范畴的知识，应不应当被认为是"知识"？也许很多学者在第一次面对这个问题的时候，出于对"真理"的信仰，会毫不犹豫地将其认定为知识，因为它们精准地描摹了世界的客观规律。然而，随着机器学习等人工智能技术的突飞猛进，当人类的理性思维将其思考的各个层面逐步委托给了技术，我们甚至不能理解其思考的逻辑，只能在一定程度上决定是否采纳其结果。甚至当我们的这种决定权在不知不觉中逐渐被侵蚀时，学术共同体乃至人类将面临"去知识化"的风险。

基辛格等人向我们描绘这样一个场景："如果有一种人类无法理解或控制的智能，能

———

① MAYER-SCHÖNBERGER V，CUKIER K. Big data：a revolution that will transform how we live，work，and think [M]. New York：Houghton Mifflin Harcourt，2013.

② SAEED W，OMLIN C. Explainable AI（XAI）：a systematic meta-survey of current challenges and future opportunities [J]. Knowledge-based systems，2023，263：110273.

③ 基辛格，施密特，胡腾洛赫尔. 人工智能时代与人类未来 [M]. 北京：中信出版社，2023：15.

够给出十分灵验又透着几分神异的结论。在这样一个世界中，遵从这种智能的判断难道是愚蠢的吗？在这种逻辑的推动下，世界可能会随之'复魅'，人工智能则会因其发布的'神谕'而使一些人对其深信不疑，言听计从。"① 不可解释的机器学习是否可能会成为新的"魔法"？科技的进步是否会带来理性的退化？精准的预测是否会导致知识的贫乏？而我们这个时代是否会"复魅"？这是摆在所有学者面前共同的问题。

对管理学者而言，"复魅"的风险也带来了一系列的诘问：如果由机器学习产生的知识只能预测而不能被理解，那么管理学的核心任务是什么？管理学相对其他学科，尤其是人工智能科学，其学科定位是什么？在不能对其结果进行有效解读的情况下，相比管理学者，人工智能学者可能对管理现象中的规律做出更好的归纳和预测，那么管理学者何以自处？相比更看重知识有用性的业界而言，管理学者在抵御"复魅"风险的过程中应发挥怎样的作用？这些问题显然在短期内都得不到回答，但它们理应成为管理学者在应用机器学习方法时始终萦绕在其思维"后台"的根本问题。

（三）范式冲突与局限：机器学习与假设检验是否完美兼容？

尽管近年来管理学一直在倡导范式的多元化，但基于实证主义的假设-检验范式依然是管理学学科中毋庸置疑的主流范式，而且几乎是管理学量化研究的唯一范式，也似乎成为采用机器学习方法处理管理学中的多模态数据时的默认范式。然而，如前所述，机器学习方法的内核或优势是由（大）数据驱动来识别规律，又存在可解释性的问题，这就使得机器学习方法与假设检验范式间存在不容忽视的张力。具体而言：在研究问题上，机器学习适合探索更为开放式的现象和问题，而假设-检验范式强调精准验证；在研究逻辑上，机器学习更偏重基于数据的归纳和预测，而假设-检验范式则要求理论推演；在研究范围上，机器学习可以同时关注众多特征变量之间的关系，而假设-检验范式对变量数量和关系复杂度有较强的限制。

目前，管理学中应用机器学习方法分析多模态数据的研究大多依旧遵循了假设-检验范式。对于机器学习的使用更多地是利用该方法对自变量或因变量进行测度，进而验证理论假设。这些研究当然存在着积极的意义，尤其是对相关变量进行了更准确或更具有创新性的测量。然而，仅仅将机器学习方法作为变量的测量工具或统计规律检验，难免有削足适履之嫌，未能充分发挥其发现数据中隐藏的潜在规律的潜力。近年来，有少数研究开始尝试将机器学习作为"一个用于发现量化数据中稳健规律的强大的工具"，并强调"用机器学习发现规律的研究应该遵循探索式的归纳或溯因的研究逻辑"，其结论"不应被当作对理论推演出的因果关系的检验"。② 随着管理学者对于机器学习方法使用和理解的不断深入，其与假设-检验范式的张力也会日益凸显，随之而来的对于范式的挑战似乎正在逐渐形成。

机器学习作为一个新的研究方法，其在管理学的应用不可避免地需要历经一个"本土化"的过程。与此同时，为了充分发挥机器学习这样一个强大工具的真正潜力，管理

---

① 基辛格，施密特，胡腾洛赫尔. 人工智能时代与人类未来［M］. 北京：中信出版社，2023：261.

② CHOUDHURY P, ALLEN R T, ENDRES M G. Machine learning for pattern discovery in management research［J］. Strategic management journal，2021，42（1）：30-57.

学似乎也有必要进一步拓展其研究范式，以接纳更多元的研究方法。然而，"机器学习需要怎样的管理学研究范式"这一问题的答案并不明了。考虑到机器学习的前述解释性问题，学界普遍对从机器学习结果逆推因果关系也存在较大的疑虑；而考虑到"复魅"的风险，我们似乎又不应满足于仅仅利用机器学习发现规律，却"知其然而不知其所以然"。在研究范式的层面，我们应该如何在管理研究中使用机器学习方法？如何建立与机器学习方法相匹配的研究范式？如何理解、阐释并推广该范式背后的基本哲学立场和假设？对这些问题的回答将是决定机器学习方法是否能为管理学做出实质贡献的重要因素。

（四）伦理与价值导向问题：如何处理大数据中内嵌的"偏见"？

机器学习方法可以用来有效地发掘现实世界数据中存在的客观规律。然而，当我们拥有了这样强大的工具，允许我们以前所未有的能力和效率去揭示现实世界中的规律时，一个随之而来需要我们考虑的问题是：是不是所有的规律都应该或者可以被揭示？如果机器学习发现"企业宣传材料中，在性别/种族方面更贴合社会刻板印象的文字和图片能获得更好的受众反馈，进而导致更好的企业经济收益"，"来自某地区的员工从事组织内部欺诈的概率更高"，甚至"具有某种基因的人更具有领导力"，作为研究者，我们是否应该将这样的规律或者"知识"公之于众？知识本身是"客观中立"的吗？研究者以及社会的价值观在知识生产中扮演怎样的角色？

相比于医学和自然科学（如基因工程和人工智能领域），管理研究对于研究伦理和知识内嵌的价值观等问题相对关注较少[①]，这在一定程度上是因为管理学对现实世界产生影响的能力相对较小。然而，如果我们将获得如机器学习方法这样强大的研究工具，管理学者无疑需要更加谨慎地对待我们所产生知识的社会影响。在此，法国哲学家米歇尔·福柯（Michel Foucault）对于权力-知识关系的讨论可以帮助我们理解和反思管理学"知识"的本质。相对"知识是对真理的客观中立的追求"的传统认知，福柯继承了尼采的重要主题，提出不存在超然的真理，所有的知识本质上都是与权力相纠缠的共同体：权力影响了什么样的知识可以被生产，知识被怎样传播和使用，以及什么被认为是"真理"；而知识也往往被用于增强和巩固现有的权力结构。知识与权力的纠缠不仅是通过有形的权力机构对于知识生产传播的干预和筛选，也是通过观念、话语、研究方法等无形的权力过程渗透完成。

以这样的视角看待机器学习，特别是其针对大数据的分析，从广义上而言，可以说是通过对于规律的"知识化"，将其包装成为客观中立的"真理"，进而抹除其内嵌的价值观和伦理维度的问题，从而进一步巩固和增强现有的权力结构。

换言之，通过机器学习这样一个看似"客观中立"的研究方法，现实社会中存在的偏见、不公正和权力机制得以以"知识"的形式被呈现，并可能被进一步利用和放大。具体而言，之所以伦理和价值导向问题在机器学习方法应用于管理研究时凸显，首先是因为其数据驱动的基本逻辑。在传统的、理论先行的管理研究中，研究者普遍会有意无

---

① GREENWOOD M. Approving or improving research ethics in management journals [J]. Journal of business ethics，2016，137（3）：507-520.

意地回避在伦理价值上有争议的研究问题；而作为人工智能的机器学习显然没有此类道德禁忌。当研究者使用机器学习来充分挖掘数据中的规律，允许数据带给我们"惊喜"的同时，一个更大的问题在于我们怎样处理数据带给我们的"惊雷"。

此外，目前管理研究领域弥漫着对于"技术和数据的迷恋"[①]，充斥着以更先进的分析方法和更大的数据量消弭研究者自身偏见和影响，进而实现"硬核"管理学的迷思。机器学习方法似乎完美地迎合了这一需求，允许我们以超越人类狭隘视角和局限的方式对大量数据进行"客观"分析。然而，需要指出的是，机器学习方法本身是远非"客观中立"的。一方面，算法本身往往内嵌了强烈的目标和价值观[②]；另一方面，用于训练算法的数据集的选择、标记也明显受到研究者的主观判断影响。因此，机器学习方法本身并不是天然地摒弃了价值判断，恰恰相反，伦理和价值问题深埋于方法之下，因此加剧了忽视这些问题的风险。

管理学者需要更谨慎地对待机器学习研究中的伦理和价值导向的一个更根本的原因在于其研究的对象，特别是大数据，常常是内嵌了强烈的"偏见"的。大数据通常不可避免地包含了选择偏差：老人、儿童、女性、少数群体、低收入群体等通常在大数据中代表性不足；大数据中包含的观点往往会自我增强并呈现极端化；大数据所搜集的数据源，比如社交媒体和应用程序数据，往往是由其他人工智能筛选、推送的，同时一些企业和组织如社交媒体平台对这些数据拥有极强的控制和审查能力；等等。如果我们不加反思地使用机器学习方法对大数据进行分析，其结果往往是将这些"偏见"作为世界的"真相"来呈现，并进一步加剧这些偏见。基辛格等学者一针见血地指出，"人工智能加大了对世界的扭曲，以迎合人类的本能偏好。在这一领域，人工智能可以轻易地放大我们的认知偏差，而我们却还与之共鸣"。[③]

人工智能的出现对人类理性作为世界现象唯一的发现者和认识者的地位乃至人类理性的优越性构成了挑战。然而，正如康德在《纯粹理性批判》中提出的"理性应该重新承担其所有任务中最困难的任务，即自我认识"，这恰恰是机器学习和人工智能所不能完成的任务。对机器学习方法局限的认识，对其伦理和价值观问题的审慎，以及对研究的意义和世界的"偏见"的反思，是在应用机器学习方法探索管理实践时应当由人，也只能由人完成的任务。

第3节　多模态视角下机器学习方法在管理研究中应用的若干建议

鉴于前述对于应用机器学习处理管理学中的多模态数据的优势和挑战的讨论，本节对于该领域未来的发展提出若干建议。

---

①　BELL E，SENGUPTA S S. Empowering methodologies in organisational and social research ［M］. London：Routledge India，2021.

②　MITTELSTADT B D，ALLO P，TADDEO M，et al. The role of verbal and visual text in the process of institutionalization ［J］. The academy of management review，2018，43（3）：392-418.

③　基辛格，施密特，胡腾洛赫尔. 人工智能时代与人类未来 ［M］. 北京：中信出版社，2023：273-274.

一、与多模态相关理论和方法相结合

目前多模态管理研究中，机器学习方法与多模态相关理论的结合严重不足，亟待加强。理论解释是管理研究的"命门"，机器学习方法如果要对多模态管理研究做出实质性贡献，与理论的结合不可或缺。具体而言，理论可以在以下三个方面对机器学习方法做出指引和支持。

第一，在问题的提出上，心理学、社会学、人类学、语言学等学科中的相关理论可以帮助研究者提出既契合多模态数据，又有着充分的管理学理论深度和实践意义的问题。这些理论有助于我们更深刻地理解多模态数据的特性，进而思考此类数据可以回答怎样的管理学问题。比如，心理学和人类学研究都指向人类情绪与其表情、动作的关联，因此可以启发管理学者通过多模态数据探索员工情绪对其表现的影响；语言学中的批判话语分析讨论文本的微观语法和修辞结构与社会宏观价值观乃至意识形态之间的相互作用，可以启发管理学者展开对企业文本中价值导向和潜在预设的讨论；文化研究和传播学中对短视频等流行文化现象的探讨，可以启发管理学者展开对企业在短视频平台上的形象构建的研究；等等。总体而言，相关理论可以帮助管理学者深化对于多模态数据的理解，开拓新的研究角度，在研究问题的提出和研究设计上拥有更多抓手。

第二，在多模态数据的特征提取上，语言学、符号学、艺术史和电影研究等相关理论可以提供很多有意义的参考。这些学科中在语言文字、图像、视频等多模态数据的结构和分析维度已经有了大量的讨论。更为难能可贵的是，相关理论和分析方法不仅提出了若干多模态数据中的特征维度，也往往涉及这些维度的理论和实践含义。举例而言，社会符号学分析中提出可以从如布局、相机角度、行动主体、景深等一系列维度对图像进行分析[①]，且对不同维度的社会含义有着充分讨论，如近距离正面拍摄的人像往往与观众形成较近的社会距离和情感联结。电影研究则对运镜、镜头切换、背景音乐等元素所传递的意义有着深入的讨论。而且专业的导演和摄影师普遍接受通用的电影语言并加以运用，因而进一步加强了这些元素中蕴含的意义表达和建构作用。将机器学习方法与这些长于多模态数据分析的理论相结合可以节约计算资源并提升效率，更重要的是极大地增进了其结论的可解释性和理论重要性。

第三，在结论的诠释和解读上，多模态相关理论也提供了必要的灵感和支持。机器学习方法擅于发现数据中的规律，而管理学者需要合适的理论对其进行解读。例如，假设机器学习算法发现评价高的商品的退货率也较高这样一个反直觉的规律，管理学者可能利用心理学中的失望理论解释：当实际收益不及预期时会导致负面情绪，从而产生退货行为。同时，机器学习往往只能发现相关性而非因果性，学者需要理论以建立完善因果链，构建新的理论模型。总体而言，对于机器学习所发现的数据中的规律，学者需要借助多学科理论视角对其进行筛选并赋予其理论意义，并通过与以往理论的对话讨论其研究的理论贡献。

---

① KRESS G，LEEUWEN T V. Reading images：the grammar of visual design［M］. London：Routledge，2006.

理论和方法是管理研究中最重要的两个构件，两者需要相辅相成才能共同推进学科的发展。然而，对于管理学而言，理论和方法的突破往往并不同源，即它们可能来自不同的学科领域和知识脉络，因此常常存在较大的壁垒。机器学习作为管理学近年来也许是最重大的方法上的突破，亟待理论上的跟进。这一方面要求管理学者在现有的各学科知识谱系中广泛寻找可以与之适配的理论，另一方面也期待学者可以根据机器学习以及其所处理的数据的特征，创造和发展更适用于指导和支持该方法的管理学乃至社会科学理论。

二、与机器学习方法更为匹配的研究范式创新

为了充分发挥机器学习方法的潜力，管理学需要加速研究范式上的创新。目前管理学领域中，特别是在国内的管理学界中，实证主义的研究范式（包括以假设-检验范式为代表的量化研究和以扎根理论为代表、以提出可供检验的假设为目标的部分质性研究）占有绝对的统治地位。实证主义对于管理学的贡献，以及实证主义范式下所生产的知识和理论，其价值都毋庸置疑。然而，管理学所面临的问题在于（过于）强势的实证主义范式屏蔽了我们对于范式背后的哲学问题的理解和思考，也阻碍了其他范式的发展。目前，管理学培养体系中普遍缺乏对社会科学哲学以及研究范式的讨论，而直接讲授实证主义范式和方法，以至于其往往被认为是唯一"科学"的管理研究范式。其问题之一即在于使研究者缺乏了突破主流范式以更好地适应某些研究问题和研究方法的勇气。

对于机器学习方法，鉴于其数据驱动的核心逻辑，有必要为其发展出更具探索性的、归纳性的、量化属性的管理研究范式。比如，舒杜里（Choudhury）等学者提出，机器学习可以用来做归纳性的规律探索，其结果应被理解为某种"观察"，从这些观察出发，管理学者可以进行理论建构，并在未来研究中使用传统方法进行检验。对于这种归纳式的研究范式，管理学依然面临诸多需要逐渐摸索的问题，比如如何对其进行评价。舒杜里等人给出了若干检验机器学习算法的标准。[①] 然而，我们如何评定其发现规律的重要性？是否需要使用其他算法或方法来检验所发现规律的稳健性？如何评价其理论模型？如何在不同模型的可解释性和预测准确性中做取舍？管理学界也需要重新考虑一篇期刊论文的"容量"。是否要求每篇基于机器学习的归纳式论文都完成"观察—理论建构—假设检验"的闭环？如果需要，如何对这三部分内容进行切割？是否可以允许期刊论文只呈现（重要的）机器学习结果而搁置理论解释？是否可以对前人发现的规律进行（不同的）理论建构？考虑到机器学习对于数据的处理和规律的探索都远超传统方法的规模，且其存在的不可解释性的问题带来的挑战过于艰巨，管理学界是否可以在一定程度上放松对于"确定性"知识的要求，允许论文呈现"未解之谜"（为什么机器学习算法会发现这样的结果）或"理论猜想"（对于发现的、规律的、可能的，但并不一定正确甚至不唯一的解释）等更为开放也更具启发性的知识，以促进学科内部更为广泛和深刻的合作，共同推进学科知识的前沿？这些问题都需要在未来的不断尝试中逐渐寻求答案，但更重要的是

---

① CHOUDHURY P, ALLEN R T, ENDRES M G. Machine learning for pattern discovery in management research [J]. Strategic management journal, 2021, 42 (1)：30 - 57.

管理学者要具有在研究范式上进行探索和创新的勇气。

三、与机器学习方法相适应的研究伦理

考虑到机器学习方法的巨大能量所带来的潜在伦理问题，管理学界亟须讨论并建立健全与其相适应的研究伦理及机制。对于此类问题，有若干方面的尝试值得我们努力。

首先，通过组织研讨会、特刊等形式开展讨论，充分讨论机器学习方法在管理研究中的使用可能带来的潜在伦理风险以及应对原则，在提高学界对于该类问题的关注的同时尽可能地确立若干在管理研究中应用机器学习方法的伦理准则。值得管理学者关注和讨论的问题包括但不限于以下四点：

（1）数据隐私和安全问题。机器学习模型往往需要使用大量数据进行训练，这些数据可能包含个人隐私信息。其分析所使用的数据的获取往往也未经过数据当事人的同意。因此，如何保护数据隐私和安全是需要重点考虑的问题。

（2）算法和数据偏见问题。机器学习模型可能存在算法偏见，导致对特定群体的不公平或歧视。因此，需要对算法进行评估和改进，以减轻算法偏见的影响。而数据中所包含的偏见需要研究者审查，尽可能地明确并反思其影响。

（3）知识产权问题。机器学习算法的开发和应用可能涉及知识产权问题，例如算法的版权、专利等。因此，需要明确知识产权的归属和使用规则，以避免纠纷。

（4）社会影响问题。机器学习方法的应用可能会产生意想不到的社会影响，例如加剧社会不平等、影响就业等。因此，需要对其社会影响进行评估，并采取措施减轻负面影响。

其次，有必要在管理学界进行更为广泛的研究伦理教育，提升研究者的伦理意识。目前，在大部分院校的培养方案中，研究伦理的教育普遍缺失或严重不足。在国内的管理学界，科研伦理问题常被狭义地等同于科研诚信问题，或至多考虑接触研究对象的过程中的若干道德准则，而对更广泛也更深刻的作为对知识生产过程的反思以及所产生知识的社会影响的科研伦理的理解普遍缺位。[①] 以机器学习方法为契机，就科研伦理开展普及教育也尤为必要。

最后，需要建立健全科研伦理审查机制，对使用机器学习方法的管理研究进行伦理审查。目前各高校和研究机构对于管理学研究的伦理审查范围普遍较窄，仅针对部分与研究对象进行密切接触，且存在对其造成心理或生理伤害的一定风险的研究进行审查，而对使用公开或二手数据的研究几乎没有审查。考虑到机器学习方法可能带来的伦理风险，有必要加速完善伦理审查机制。审查机制应当由来自不同领域的专家组成，以确保审查的全面性和专业性。审查应当涉及研究设计、数据收集、数据分析、结果解释等各个环节，以确保研究符合伦理规范。

总而言之，面对机器学习方法在管理研究中的广泛应用，我们必须高度重视其潜在的伦理问题，积极采取措施，建立健全的研究伦理体系，确保管理研究的健康发展。

---

① 　BELL E，SENGUPTA S S. Empowering methodologies in organisational and social research ［M］. London：Routledge India，2021.

▷ **思考题**

1. 在你的研究领域，如何基于针对多模态数据的机器学习方法构造新的管理学构念？

2. 哪些其他学科的多模态相关理论可以对你的研究提供理论启发或指导？

3. 应用机器学习方法分析多模态（大）数据时可能面临哪些伦理困境？应以何种标准进行评判？

▷ **参考文献**

第三篇　认知驱动的管理
研究前沿方法

第 9 章 ▸ 管理研究实验设计概要

王小毅　浙江大学

　　本章聚焦于管理研究领域内的实验设计方法，首先阐释了实验设计的必要性，包括为理论模型的验证提供工具、辨识因果关系等关键方面。随后，本章详细论述了管理研究中所采用的实验范式，例如因素设计、随机控制实验、模拟研究、决策过程跟踪，并对这些范式的理论基础、实验设计策略、数据分析技术以及所面临的挑战进行了深入探讨和比较分析。本章进一步探讨了实验设计在组织行为、消费行为、信息系统管理研究中的具体应用，介绍了实验室实验、实地实验、数字实验及其实验设计与实施过程。本章最后重点介绍了如何使用 DeepSeek 开展实验研究。

第 1 节　实验设计的必要性

　　实验设计在管理研究中具有悠久的历史，是管理研究的主流方法之一。科学管理之父弗雷德里克·泰勒（Frederick Taylor）在 20 世纪初，通过对工人生产活动（铁锹实验①）的详细观察和实验，优化了工作流程，显著提高了生产效率。这种在管理研究和实践中通过实验设计方法来寻找优化方案的方法，为科学管理奠定了基础。随着管理学的演进，实验设计逐渐成为理解和解决复杂管理问题的重要手段，贯穿组织行为、市场营销、战略管理等多个研究领域。通过精心控制变量，实验研究确保了研究结果的准确性和可靠性，为企业经营管理实践提供了强有力的理论支持和实证依据。无论是历史上的经典研究，还是当代的管理实验，实验设计在帮助管理者应对复杂决策挑战、提升组织效能方面发挥着不可替代的作用。

一、实验设计的目的

　　实验研究为理论模型的验证提供了可靠的工具。新的理论模型在形成之后，要想在学术界和实务界得到广泛认可和应用，必须经过严格的实证检验。这是因为理论模型往

---

　　①　在著名的铁锹实验中，泰勒通过测试不同重量铁锹的使用效果，找出了最适合搬运不同物料的最佳铁锹重量。通过这一实验，泰勒发现，使用最合适重量的铁锹，工人每日搬运量和每日工资都显著提高。这一实验不仅证明了科学管理的有效性，也展示了实验设计在管理实践中的巨大潜力。

往建立在抽象的概念和假设之上，而实证检验是将理论模型与真实世界的数据进行比对，以验证其有效性。在管理实践中，这一点尤为重要，因为任何管理决策都建立在一定的理论模型基础上，而错误的模型可能导致决策失误，给企业带来重大损失。实验设计通过人为控制某些变量，观察在其他变量恒定的情况下，特定变量之间的关系变化。这种可控的环境使得研究者能够更准确地识别变量之间的因果关系，从而验证理论假设的有效性。然而，实验设计并非一劳永逸的过程。随着市场环境、技术进步和组织变革的不断发生，理论模型也需要不断进行修正和完善。因此，实验设计需要持续进行，以便及时发现问题、调整模型，以适应新的管理实践需求。

以下将逐一介绍实验设计在识别因果关系、控制外部变量、跨学科整合、提高决策效果等方面的重要作用。

二、实验设计与识别因果关系

实验设计是科学研究中一种强有力的方法，它在揭示因果关系方面具有独特的优势。在管理研究中，实验设计因其能够控制和操作自变量，从而观察这些变量对因变量的影响，得到了广泛的应用。这种直接干预的方法使研究者能够更加确凿地推导出因果关系，而不仅仅是依赖于变量之间的相关性分析。通过实验设计，研究者可以在排除其他干扰因素的情况下，准确观察到因变量的变化，进而测量自变量产生的影响。

（一）实验设计中的关系假设

在实际操作中，实验设计的首要任务是明确研究假设，并围绕这些假设精心设计实验方案。首先，研究者需要选择合适的实验对象，这些对象应当能够代表研究所要探讨的群体或现象。例如，若研究员工激励政策对工作效率的影响，研究对象应为不同部门、不同岗位的员工，以确保结果的普适性。

接下来，研究者要明确自变量（independent variable）和因变量（dependent variable）。例如，在研究激励政策对工作效率的影响时，激励政策的变化（如奖金、绩效奖励等）是自变量，而工作效率（如生产率、任务完成时间等）是因变量。为了验证这些变量之间的因果关系，研究者需要通过实验组和对照组的设置进行对比研究。

（二）实验设计中的实验组与对照组

在实验设计中，实验组和对照组的设置至关重要。实验组接受研究者设计的干预措施，而对照组接受标准条件（如无干预或安慰剂），这样的对比能够揭示出自变量的影响。例如，在探讨绩效奖励对工作效率的影响时，实验组的员工会接受新的绩效激励政策，而对照组的员工继续采用原有政策。通过对比两组员工的工作效率，研究者可以评估绩效激励政策的有效性。

操作示例：将某企业员工随机分配到实验组和对照组，实验组员工在完成既定任务后可获得奖金，而对照组员工不享受这一激励政策。经过一段时间的实验，研究者发现实验组的员工工作效率显著提高。这一结果不仅验证了绩效奖励对工作效率的正向影响，还为企业提供了具体的管理策略建议。

（三）实验设计中的统计与计量

在实验结束后，研究者需要对收集到的数据进行深入分析。描述性统计分析可以提供基本的趋势和分布情况，而更为复杂的因果分析可以揭示变量之间的动态关系。通过计量经济学工具，如回归分析、方差分析等，研究者可以精确测量自变量对因变量的影响强度，并验证研究假设的有效性。

例如，某研究团队在分析员工激励与工作效率的关系时，通过回归分析控制其他可能影响工作效率的变量，如员工的工作年限、岗位职责等，最终得出绩效奖励显著提高工作效率的结论。这一结论为企业管理决策提供了科学依据。

三、实验设计与控制外部变量

在管理研究中，我们往往面临着各种复杂因素的干扰，其中外部变量的干扰尤为突出。这些外部变量可能源自多方面，如市场环境的波动、政策法规的变动、技术的迅速发展等。这些因素如果不加以控制，可能会干扰实验结果，导致研究结论的偏差。因此，有效地控制外部变量是确保管理研究准确性和有效性的重要手段。实验设计作为一种科学研究方法，提供了系统地排除或控制外部变量影响的途径。通过合理设计实验，可以最大限度地减少外部变量对研究结果的干扰。以下是五种常见的控制外部变量的方法。

（一）随机分配

随机分配是控制外部变量的核心方法之一。通过将研究对象随机分配到实验组和对照组，研究者可以确保这些组在实验前的特征是相似的。例如，假设某企业正在评估新产品的市场潜力，如果仅选择一个特定的市场区域进行实验，可能无法排除该区域独特的经济环境、消费者偏好等因素的影响。通过随机分配，企业可以在多个市场区域进行实验，使得外部条件更加均衡，从而提高实验结果的可靠性。研究者可以将参与实验的门店随机分为两组，一组实施新促销策略，另一组保持现有策略。通过随机分配，研究者可以排除门店位置、顾客群体差异等因素对实验结果的影响。

（二）匹配控制

当随机分配不现实时，匹配控制是一种有效的替代方法。通过选择在关键变量上具有相似特征的实验组和对照组，研究者可以在不随机分配的情况下控制外部变量的影响。例如，在研究员工培训对工作绩效的影响时，研究者可以匹配年龄、工作年限、职位等因素，使实验组和对照组的这些特征保持一致。某制造企业想要测试一项新的生产流程对产量的提升效果。研究者选择了两个不同的生产车间进行实验，并确保这两个车间在设备类型、员工经验、生产规模等方面具有相似性。这样，研究者就可以更准确地评估新流程的影响，而不会受到车间差异的干扰。

（三）实验环境的标准化

研究者在标准化实验环境下进行实验，可以减少环境因素对实验结果的干扰。例如，在进行消费者行为研究时，研究者可以在统一的实验室环境中进行实验，以避免噪声、温度、光照等外部环境变化对被试行为的影响。一家科技公司希望测试不同用户界面对用户体验的影响。研究者在同一实验室中，使用相同的设备和网络条件，让被试在统一的环境下体验不同的界面设计。通过标准化实验环境，研究者能够更精确地测量界面设计本身对用户体验的影响。

（四）重复实验

为了确保实验结果的稳健性，研究者可以在不同的时间和地点重复实验。通过重复实验，研究者可以验证结果是否具有一致性，并减少因外部变量在特定时间或地点的波动所带来的影响。某食品公司希望了解新品广告对销售的影响。研究者在不同的城市和时段内多次进行广告投放实验，观察各地销售数据的变化。通过这种重复实验方法，研究者可以排除特定地区或季节性因素对实验结果的干扰，得出更具普遍性的结论。

（五）实际研究中的外部变量控制：一项市场导向策略的实验设计

在实际研究中，研究者常常面对复杂的现实环境，这使得对外部变量的控制更具挑战性。然而，通过精心设计实验并应用上述方法，研究者可以有效降低外部变量对研究结果的影响。假设某公司希望评估市场导向策略对其销售增长的影响。市场导向策略涉及多个方面，如产品定价、广告投放、客户服务等，而这些因素都可能受到外部变量的影响。例如，竞争对手的反应、消费者偏好的变化、宏观经济环境的波动等，都会对研究结果产生干扰。这种情况下，实验控制可以考虑的方法如下：

（1）随机分配。公司可以随机选择不同地区的门店实施市场导向策略，并将这些门店的销售数据与未实施该策略的门店进行对比。

（2）匹配控制。如果无法随机分配，公司可以选择在市场规模、消费者结构等方面相似的地区进行实验，确保实验结果的可比性。

（3）标准化实验环境。在广告投放策略的评估中，公司可以选择在相似的媒体平台、相同的时间段内进行广告投放，以减少外部媒体环境的影响。

（4）重复实验。通过在不同的季度或年度重复实验，公司可以评估市场导向策略在不同经济周期中的效果，从而排除季节性或经济环境变化的影响。

四、实验设计与跨学科整合

实验设计在管理研究中占据重要地位，其价值不仅体现在管理学内部，还体现在与其他学科的跨学科整合上。管理学本身是一门融合多种学科知识的领域，实验设计作为一种重要的研究手段，能够结合心理学、社会学、经济学等多个学科的理论与方法，为复杂的管理问题提供了更为全面、深入的解决方案。

（一）实验设计在多学科中的应用

实验研究作为一种科学方法，在心理学、经济学、生物学等多个学科中广泛应用。它通过精心设计的实验条件和操作，来探究某一特定现象或问题背后的规律与机制，从而为相关学科提供有力的数据支撑和理论验证。在心理学研究中，实验设计用于理解个体和群体的行为模式，揭示人类思维和决策背后的心理机制。例如，经典的斯坦利·米尔格拉姆（Stanley Milgram）的服从实验，通过控制情境变量，揭示了人类服从权威的心理机制。在经济学研究中，实验设计被用来测试市场行为和经济决策。例如，诺贝尔经济学奖得主丹尼尔·卡尼曼（Daniel Kahneman）通过行为经济学实验，揭示了人类在风险和不确定性下的非理性决策行为。

（二）实验设计在管理学中的跨学科整合

管理学实验研究与其他学科的整合，能够更全面地分析管理问题并提出解决方案。心理学帮助管理学者深入理解员工的需求、动机及其行为背后的心理机制。例如，在员工激励研究中，管理学者可以借鉴心理学的动机理论，设计实验来测试不同激励策略对员工绩效的影响。社会学则为管理学者提供了社会结构、关系和互动的分析框架。通过实验设计，管理研究可以模拟和测试不同的社会情境对组织行为的影响。例如，研究团队合作时，社会学理论可以帮助设计实验，探索团队合作如何影响群体决策和绩效。经济学通过微观和宏观的视角，提供了管理决策的经济效益评估工具。例如，成本效益分析和博弈论模型可以用于设计实验，测试不同决策方案的经济可行性。这种跨学科方法不仅丰富了管理学的理论基础，还为实际决策提供了更加坚实的依据。

此外，实验设计方法的跨学科整合还有助于推动管理学发展。通过引入不同学科的新理论和新方法，实验设计可以为管理研究提供新的视角和思路，推动管理理论和实践的创新。这种创新不仅有助于解决当前的管理问题，还能够为应对未来的管理挑战提供有力的支持和指导。

五、实验设计与提高决策效果

实验设计方法的跨学科整合，不仅推动了管理科学的发展，还促进了管理实践的创新。通过吸收其他学科的新理论和方法，管理学实验设计能够提出新的研究问题和思路。例如，在创新管理研究中，融合认知科学和组织行为学的理论，设计实验来测试如何激发员工的创造力，从而推动组织创新。随着人工智能和大数据技术的发展，管理学实验设计可以借鉴计算机科学的算法模型，设计复杂的模拟实验，以预测未来管理决策的效果。

神经营销学（neuromarketing）是近年来兴起的跨学科研究领域，它将神经科学的实验方法与市场营销理论结合，用以探究消费者的决策过程。神经营销学的研究设计通常包括实验室条件下的脑电图（EEG）或功能磁共振成像（fMRI）实验，通过监测消费者在观看广告或购物时的脑活动，来揭示品牌偏好、情感反应等背后的神经机制。这种实验不仅丰富了市场营销的理论基础，也为企业设计更有效的营销策略提供了数据支持。例如，一项研究通过 fMRI 扫描发现，强烈情感内容的广告比单纯理性内容的广告更能激发消费者的购买欲望，这为广告设计提供了新的思路。

又如，在复杂的管理决策中，计算实验设计（computational experiment design）发挥着越来越重要的作用。计算实验结合了计算机科学、数学和经济学等多学科知识，通过模拟复杂系统的运行，帮助研究者分析决策的长期效果。例如，企业在制定供应链策略时，可以使用多智能体建模（agent-based modeling，ABM）模拟供应链中各个参与者的行为，观察不同策略在市场竞争中的表现。这种实验设计不仅提高了决策的科学性，还帮助企业提前识别潜在风险，优化决策方案。具体而言，假设一家制造企业希望优化其供应链，以提高抗风险能力。研究者可以设计一个多智能体模型，其中每个智能体代表供应链中的一个环节，如供应商、制造商、分销商和零售商。通过调整不同环节的策略，如库存管理、采购策略、运输方式等，研究者可以观察整个供应链的动态变化。例如，通过仿真实验发现，分散化的供应链结构在面对突发事件（如自然灾害、市场波动）时比集中化结构更具弹性。这一发现可以为企业的供应链管理决策提供有力依据。

第 2 节 管理研究中的实验范式

实验范式是指在科学研究中用来指导实验设计、数据收集和分析的标准方法或模型。在管理研究领域，不同的实验范式被用于解决不同类型的研究问题、评估理论模型或者测试特定的管理实践。管理研究中常用的实验范式主要包括因素设计、随机控制实验、仿真模拟实验、决策过程跟踪。

一、因素设计

（一）因素设计的核心概念

因素设计（factorial design）是一种实验设计方法，允许研究者在一个实验中同时操控多个自变量（因素），并观察这些因素对一个或多个因变量的影响。其核心优势在于能够同时检验各个因素的主效应（即单个因素对因变量的直接影响）以及因素之间的交互效应（即多个因素共同作用时对因变量的综合影响）。这种设计方法极大地提高了实验的效率和结果的解释力，尤其适用于复杂的管理研究场景。

（二）采用因素设计的实验设计

例如，研究者希望探讨工作环境（安静与嘈杂）和工作类型（个人任务与团队任务）这两个因素对员工绩效的影响。他们可以采用 2×2 因素设计，生成 4 个不同的实验组别：

> 安静环境＋个人任务
> 安静环境＋团队任务
> 嘈杂环境＋个人任务
> 嘈杂环境＋团队任务

在实验中，研究者会将参与者随机分配到这 4 个实验组别中开展任务。然后，他们测量每个组别的任务完成速度和任务质量。这种设计使研究者不仅可以分析工作环境和任务类型的单独影响，还可以检验两者的交互效应。例如，研究者可能发现，嘈杂环境对个人任务的影响较小，但对团队任务的影响较大，这就是交互效应的体现。

在数据分析阶段，研究者通常采用两因素或多因素方差分析来检验不同因素的主效应和交互效应。它们可以帮助研究者确定各因素及其组合对因变量（如任务完成速度和质量）是否具有显著影响。假设分析结果显示，嘈杂环境显著降低了团队任务的完成质量，这将为企业在选择工作环境时提供重要的依据。研究者还可以进行事后检验（post-hoc tests），如 Tukey HSD 或 Bonferroni 检验，以探讨不同实验条件之间的具体差异。例如，他们可能会进一步分析，在嘈杂环境下，团队任务的绩效是否显著低于个人任务。

（三）因素设计的挑战与解决策略

1. 因素设计的复杂性与管理难度

随着实验中因素数量的增加，因素设计的复杂性也随之提升。更多的因素意味着需要更多的实验条件，这不仅增加了实验的规模，也可能导致数据分析的复杂度提升。例如，一个 $3 \times 3 \times 2$ 的设计涉及 18 种不同的实验条件，这对资源配置和实验管理提出了较高要求。为了解决这一挑战，研究者可以考虑以下策略：

（1）缩小范围。只选择最关键的因素进行研究，减少不必要的复杂性。

（2）分组实验。将复杂的实验拆分成几个小实验，每个小实验单独分析一部分因素的影响。

（3）正交设计。通过正交设计（orthogonal design）减少实验条件的数量，但仍然保持实验结果的统计效能。

2. 因素设计的复杂性和可行性平衡

由于因素设计需要多个实验条件，通常会带来较高的成本和资源需求。在实际研究中，研究者需要在实验设计的复杂性和可行性之间取得平衡。例如，在企业内进行大规模员工绩效研究时，研究者可能需要权衡实验的深度和广度，以确保在有限的预算和时间内获得有意义的结果。

二、随机控制实验

（一）核心概念

随机控制实验（randomized controlled trial，RCT）是一种在管理学和社会科学中广泛使用的实验设计方法，旨在测试特定干预措施的效果。随机控制实验通过将研究对象随机分配到实验组和对照组，有效减少了样本选择偏差，确保了因果关系的有效识别。通过这种设计，研究者可以精确评估干预措施的效果，并为政策制定或管理决策提供科学依据。

（二）采用随机控制实验的实验设计

例如一家企业希望评估某种新型员工培训计划对工作绩效的影响。研究者可以设计一个随机控制实验来测试这一干预的效果。

1. 样本选择与随机分配

（1）研究者在企业内部选择一组具有相似背景的员工（如职级、部门、工作年限等），以减少个体差异的影响。

（2）将这些员工随机分配到实验组（接受培训）和对照组（不接受培训）。随机分配的过程可以通过计算机生成随机数或使用随机数表来完成，以确保两组之间没有系统性差异。

2. 干预措施与数据收集

（1）实验组的员工参加培训，对照组的员工不参加任何培训。为了减少对实验结果的影响，研究者应确保对照组员工的工作条件与平常一致。

（2）在培训完成后，研究者收集两组员工的绩效数据，如工作效率、任务完成质量、客户满意度等。这些数据可以通过绩效评估系统、员工自评或主管评价来获得。

3. 数据分析与结果解释

数据收集完成后，研究者通常使用 t 检验或协方差分析来比较两组员工的平均绩效。t 检验适用于分析两组间的均值差异，而协方差分析可以控制基线差异（如员工的初始绩效水平），从而提供更精确的估计。通过统计分析，研究者可以判断培训计划是否对员工绩效产生了显著的积极影响。如果实验组的绩效显著高于对照组，这表明培训计划是有效的。

（三）随机控制实验的挑战

尽管随机控制实验内部有效性较高，但其结果的外部有效性（即在不同环境或群体中的可推广性）可能受到限制。例如，在企业内进行的培训评估可能无法完全推广到其他类型的组织或行业。在某些情况下，随机分配可能涉及伦理问题，尤其是在涉及健康、教育等敏感领域时。例如，若研究者将部分患者随机分配到不接受治疗的对照组，可能会引发伦理争议。因此，研究者需要在设计阶段谨慎考虑这些因素。

三、仿真模拟实验

（一）核心概念

仿真模拟实验（simulation studies）是一种强大的研究方法，通过建立数学或计算模型来探索复杂系统中的行为和假设情境。仿真模拟实验特别适合那些无法在现实环境中直接观察或实验的复杂现象，如市场竞争、供应链管理、流行病传播等。研究者利用计算模型创建虚拟实验环境，以便在受控条件下测试各种策略、预测系统行为，并探索可能的结果和影响。例如，在公共卫生领域，研究者可以使用仿真模拟实验来预测流行病的传播路径和速度。通过构建包含人口密度、感染率、隔离措施等因素的流行病模型，研究者可以测试不同政策（如社交距离、疫苗接种）的效果。这种仿真模拟实验有助于公共卫生决策者在做出决策之前预测不同措施的潜在影响，从而制定更有效的防疫策略。

（二）采用仿真模拟实验的实验设计

例如研究者希望了解不同市场策略（如定价、广告）对企业盈利的影响。为了实现这一目标，可以采用以下步骤进行仿真模拟实验。

1. 模型构建

（1）研究者需要构建一个代表市场竞争情境的数学模型。该模型可能包括多个竞争者（企业）、定价策略、广告支出、市场需求函数等。研究者可以使用博弈论模型来模拟企业之间的竞争行为，或者使用系统动力学模型来描述市场需求和供应的动态变化。

（2）确定模型中的关键变量及其相互关系。变量包括价格、广告投入、市场份额、消费者偏好等。

2. 参数设定与校准

（1）研究者需要根据历史数据和文献研究来设定模型参数，包括价格弹性、广告效果系数、市场饱和度等。

（2）为确保模型的有效性，研究者应使用实际数据进行模型校准，即调整模型参数，使模拟结果与历史数据相吻合。例如，可以利用过去的销售数据来校准定价策略的效果。

3. 模拟运行与数据生成

一旦模型构建完成并校准，研究者可以运行模拟，测试不同市场策略的效果。例如，通过调整价格和广告支出，研究者可以观察这些策略对企业所占市场份额和盈利能力的影响。在模拟运行过程中，模型会生成大量数据，如各个时间点的市场份额、利润、广告效果等。这些数据为进一步分析提供了基础。

4. 数据分析与结果解读

研究者可以采用多种数据分析方法来解读模拟结果，如统计测试、回归分析、机器学习技术等。例如，使用回归分析可以识别定价策略与企业盈利之间的关系。机器学习技术可以帮助研究者识别数据中的模式，预测未来的市场行为。例如，聚类分析可以帮助识别出不同消费者群体对价格敏感度的差异。

5. 敏感性分析与模型验证

（1）为确保模型的稳健性，研究者需要进行敏感性分析，即通过改变模型参数，观察结果如何变化。敏感性分析有助于识别哪些参数对结果影响最大。

（2）还需要对模型进行验证，确保其可靠性。这可以通过与实际市场数据进行对比来完成。如果模型能够准确预测过去的数据，则其预测未来的能力也会更强。

NetLogo 是一个广泛使用的多智能体建模（ABM）工具，具有简单直观的编程界面和丰富的可视化功能，方便用户创建和模拟多智能体系统，特别适用于模拟复杂系统的行为。

（三）仿真模拟实验的挑战与应对

仿真模拟实验的一个主要挑战是确保模型的有效性和可靠性。模型有效性取决于其对现实情况的准确反映，而模型可靠性要求模拟结果在不同情境下具有一致性。研究者应当对所模拟的系统有深入理解，包括关键变量、系统动态和相互作用，这可以通过文献研究、专家访谈和实际数据分析来实现；使用实际数据对模型进行参数校准，并通过与历史数据对比进行验证。通过敏感性分析识别对结果影响最大的参数，确保模型在不同情境下的稳健性；结合统计分析、机器学习等多种方法，对模拟结果进行全面分析，这可以帮助识别数据中的隐藏模式，并验证结果的有效性。

四、决策过程跟踪

（一）核心概念

决策过程跟踪（decision process tracing）是一种由技术赋能的实验设计方法，旨在通过实时收集决策者在决策过程中生成的行为数据，揭示他们的决策动态和认知过程。

这种方法能够深入分析决策者如何处理信息、形成偏好，以及最终做出决策。决策过程跟踪可以通过多种手段进行，包括眼动跟踪、鼠标轨迹记录、脑电图和行为序列分析等。这些技术帮助研究者理解在复杂的决策环境中，哪些信息和因素对决策者影响最大，以及决策过程的关键节点在哪里。

（二）采用决策过程跟踪的实验设计

在设计决策过程跟踪实验时，研究者通常从以下四个步骤入手。

1. 确定研究目标

明确需要探讨的决策问题，例如研究投资经理在市场波动时的决策行为，或了解消费者在选择产品时的注意力分配。

2. 选择合适的跟踪技术

根据研究目标选择适当的跟踪技术，如眼动仪用于追踪视线焦点，鼠标轨迹记录用于分析网页交互，或使用脑电技术来监测大脑活动。

3. 实验环境的设置

构建一个接近真实决策情境的实验环境，可以是虚拟环境中的购物网站、投资平台，或者是现实中的决策任务模拟。

4. 数据收集与分析

使用相应的技术收集被试的行为数据。数据分析方法通常包括热图生成、时序分析、兴趣区域分析、脑电时间相关电位和频谱分析，它们可以用来解释被试的行为模式和决策过程。

例如，研究者希望了解消费者在电商平台上如何选择产品。研究者设计了一个实验，要求被试在一个模拟的购物网站上浏览和选择产品。实验使用 Tobii Pro 眼动仪，这是一种高精度眼动跟踪设备，能够实时记录被试的视线运动。在实验中，眼动仪记录了被试的视线停留点（fixation points）、扫视轨迹（saccades）和瞳孔直径变化。这些数据帮助研究者分析被试在浏览产品页面时的视觉注意力如何分布，特别是他们在产品描述、价格标签和用户评论之间的注意力分配情况。

（三）决策过程跟踪的挑战与应对

决策过程跟踪技术要求较高，尤其是在数据采集和分析阶段。眼动仪等设备的高精度要求必须严格控制实验环境，如光线、距离、屏幕分辨率等，以确保数据的准确性。决策过程跟踪生成的数据量庞大且复杂，特别是在处理眼动数据、脑电图数据等时，需要使用专业的软件和算法进行处理和分析。实验室环境可能与实际决策环境存在差异，导致实验结果在现实情境中的适用性受限。

研究者应尽量标准化实验条件，并定期校准设备。在实验设计阶段，可以通过预实验来测试设备的可靠性和数据的可重复性。研究者可以采用分步处理方法，先进行数据清洗和初步分析，再结合高级统计模型进行深入分析，可以使用数据可视化工具（如热图生成软件）来帮助解读数据。研究者还可以采用混合方法，将实验室研究与实地研究结合，或通过虚拟现实技术使实验情境更接近现实决策环境。

五、不同实验范式的比较

在管理研究中，因素设计允许研究者同时探索多个因素及其相互作用的影响，随机控制实验通过随机分配被试来测试干预效果，仿真模拟实验利用数学或计算模型来模拟复杂系统行为，决策过程跟踪则通过收集实时数据揭示动态决策规律。每种范式有其独特的应用场景和方法，因素设计适合复杂交互效应的研究，随机控制实验强调干预效果的严谨测试，仿真模拟实验擅长处理复杂系统模拟，决策过程跟踪则专注于行为和生理数据的过程性分析。选择最适合的实验范式应基于具体的研究问题和目标。表 9-1 对这四类实验范式进行了比较。

表 9-1 四类实验范式的比较

实验范式名称	所针对的研究问题	实验设计特点	数据分析方法	存在的挑战
因素设计	研究多个自变量（因素）及其交互作用对因变量的影响	允许同时操控多个自变量，并观察其主效应和交互效应；使用不同的实验组组合分析多重因素的影响	两因素或多因素方差分析、事后检验（如 Tukey HSD 或 Bonferroni 检验）	随着因素数量增加，因素设计的复杂度和管理难度提升；要平衡实验复杂性与可行性
随机控制实验	测试特定干预措施的效果，评估因果关系	将被试随机分配到实验组和对照组，以减少样本选择偏差，确保了因果关系的有效识别	t 检验、协方差分析	外部有效性有限，难以推广至其他环境；可能涉及伦理问题，尤其是在健康和教育领域
仿真模拟实验	探索复杂系统中的行为与假设情境，特别是难以直接观察或实验的复杂现象	使用数学或计算模型模拟复杂系统；通过虚拟实验环境测试各种策略和假设，预测系统行为和结果	统计测试、回归分析、机器学习技术	需要确保模型的有效性与可靠性；需要特别关注参数校准和敏感性分析
决策过程跟踪	研究决策过程中的行为数据，揭示决策者的决策动态和认知过程	实时收集决策者的行为数据，如眼动轨迹、鼠标轨迹、脑电图等，以分析决策者的注意力分配和信息处理方式	热图分析、时序分析、兴趣区域（AOI）分析、脑电时间相关电位和频谱分析	需要高精度设备，严格控制实验环境；数据处理复杂，且解读分析结果需要结合多种技术手段

第 3 节　实验设计在管理研究中的应用

实验设计在管理学的多个领域中扮演着举足轻重的角色，它通过科学的方法对管理现象进行深入探究，为管理者提供了有力的决策依据。以下将详细探讨实验设计的几个具体应用领域。

一、组织行为研究

实验设计在组织行为研究中具有重要的应用价值，能够为理解员工行为、团队动态、领导效能等提供科学依据。通过实验设计，研究者可以操控变量，控制环境，系统地探索各种因素对组织行为的影响。这种研究方法不仅帮助学者揭示行为模式，还为企业管理实践提供了实证支持。

（一）领导风格与员工绩效的实验研究

在组织行为学中，领导风格对员工绩效的影响是一个常见的研究主题。实验设计可以通过模拟工作环境，控制其他变量，对比不同领导风格下员工的行为和绩效。例如，某项研究通过实验将被试分为两个组，一组接受任务导向型领导，另一组接受关系导向型领导。结果显示，任务导向型领导在短期任务中提高了绩效，而关系导向型领导提高了员工的工作满意度和长期绩效。还有一项研究通过实验设计探讨了变革型领导对团队创新行为的影响。在实验中，研究者将团队置于一个模拟创新任务的情境中，一部分团队受到变革型领导的引导，另一部分则处于传统领导风格下。实验结果表明，变革型领导能够显著提升团队成员的创造性贡献和整体创新能力。

（二）团队动态与组织绩效的实验研究

在探讨团队动态对组织绩效的影响时，实验设计提供了一个理想的平台。通过模拟不同的团队协作和沟通模式，研究者可以观察这些因素如何影响团队的工作效率和决策质量。一个经典的实验研究中，研究者设置了几种不同的沟通模式（如集中式与分散式）来分析其对团队决策效率的影响。结果表明，集中式沟通模式能够在任务简单时提高效率，而在复杂任务中容易导致信息堵塞和决策延误。实验设计也被用于研究团队多样性对创新绩效的影响。例如，通过操控团队成员的背景多样性，分析其对团队创造力和创新产出的影响。实验结果表明，多样性的团队能够在解决问题时提供更广泛的视角，然而，这种多样性可能带来沟通和协调的挑战。

（三）工作设计与员工行为的实验研究

工作设计的不同策略，如工作丰富化（job enrichment），在激励员工方面的作用也可以通过实验设计来研究。研究者可以通过设置不同的工作内容和自主权级别，观察其对员工内在动机和工作满意度的影响。实验结果通常显示，工作丰富化能够提升员工的内在激励，并带来更高的工作满意度和绩效。

实验设计方法在组织行为研究中提供了强大的工具，帮助学者揭示复杂的行为模式和因果关系。随着技术的发展，如虚拟现实（VR）和人工智能的应用，实验设计在组织行为研究中的应用前景将更加广阔。

二、消费者行为研究

实验设计在市场营销和消费者行为研究中扮演着关键角色。通过实验设计，研究者能够系统地操控变量并观察其对消费者行为的影响，从而揭示消费者行为的内在机制。

这种方法帮助营销人员理解消费者在不同情境下做出的购买决策，并评估不同营销策略的有效性。实验设计的应用不仅推动了消费者行为理论的发展，也为企业制定精准的营销策略提供了数据支持。

（一）消费者决策过程的实验研究

经典的实验研究通常聚焦于消费者决策过程的各个阶段，从问题认知到最终购买决策。例如，通过实验设计来研究情绪状态如何影响消费者的购买决策。在实验中研究者操控了被试的情绪，发现积极的情绪能够提高消费者对产品的评估，并促使他们更快做出购买决策。这一发现为理解情绪在消费行为中的作用提供了新视角。

一项实验研究探讨了选择超载对消费者决策的影响。在实验中，消费者被随机分配去面对 6 种选择或 24 种选择。结果表明，尽管 24 种选择初期吸引了更多的消费者，但实际购买率和决策满意度在 6 种选择的条件下更高。这一研究揭示了"选择超载"现象，表明过多的选择可能会导致消费者的购买疲劳和决策困难。

（二）营销策略与消费者行为的实验研究

实验设计广泛应用于研究广告内容如何影响消费者的反应。例如，使用眼动追踪技术可以研究广告视觉设计中的注意力分布。研究者通过操控广告布局和内容，观察了被试的视觉焦点和对广告的记忆效果。结果显示，广告中的视觉复杂度和品牌信息的整合度对消费者的注意力和记忆力有显著影响。这类研究为指导广告设计如何有效传达品牌信息提供了有力的实证支持。

促销策略对消费者的购买意愿和行为有着直接的影响。通过实验设计可以测试不同促销策略（如折扣、买一送一）对销售绩效的影响。一项研究发现，适度的折扣促销能够有效提升销量，而过高的折扣反而可能降低品牌价值感知，从而影响长期销售。这类研究发现能够有效帮助企业在制定促销策略时，平衡短期销量提升与长期品牌维护。

（三）价格敏感度与消费者行为的实验研究

动态定价策略在电子商务中越来越常见。通过实验设计，研究者可以模拟不同的定价情境，分析消费者的响应行为。例如，通过操控在线产品价格的波动，同时观察消费者的购买意愿和价格敏感度。研究结果显示，价格的频繁变动可能导致消费者的不信任感，进而影响他们的购买决策。这类研究可以为电商平台在定价策略上的实践提供重要参考。

实验设计还可以揭示价格锚定效应对消费者行为的影响。例如，可以通过实验展示价格锚定如何影响消费者的意愿支付价格。一项研究发现，当消费者在做决策时首先看到一个高价格（锚点），即使随后看到较低的价格，他们仍倾向于支付更高的价格。这样的研究为企业在产品定价和促销中如何利用锚定效应提供了策略依据。

（四）实验设计在消费者行为研究中的前沿应用

随着技术的发展，虚拟现实被越来越多地用于消费者行为实验研究。研究者利用虚拟现实模拟现实购物场景，观察消费者在虚拟环境中的决策行为。这样的实验不仅能够控制实验条件，还能够提供高度逼真的购物体验，使研究结果更具生态效度。例如，通过虚拟现实技术可以模拟不同的零售环境，从而发现环境设计对消费者的感知价值和购买意愿的影响。

在大数据时代，实验设计与大数据分析的结合正在开辟新的研究领域。研究者通过实验设计和机器学习算法相结合，预测消费者未来的购买行为。比如，谷歌和亚马逊等公司利用大数据分析和实验设计来优化个性化推荐系统，显著提升了用户的购买率和平台的整体销售额。

三、信息系统管理研究

随着信息技术的快速发展，信息系统在企业管理中扮演着越来越重要的角色。实验设计在评估新系统的用户接受度、使用效率和系统改进方案的有效性方面非常重要。通过实验设计，研究者可以深入探讨如何优化信息系统，以提高其用户体验和操作效率，从而为企业的信息化建设提供科学依据。

（一）用户感知与体验的实验研究

实验设计常用于评估信息系统的用户界面设计对用户接受度的影响。例如，在移动银行应用中，研究者通过实验测试不同用户界面设计对用户接受度的影响。结果表明，界面的简洁性、操作的便利性和视觉设计的美观性都会显著影响用户对系统的接受度。在这一领域的实验研究不仅帮助识别关键设计要素，还为开发更加直观、用户友好的信息系统提供了依据。

在信息系统中，用户体验（user experience，UX）对系统的成功至关重要。研究者通过实验设计评估新系统的用户体验，尤其是操作效率。例如，有研究探讨了不同用户界面设计在移动应用中的影响，结果显示，用户在使用优化后的界面时，操作效率显著提高。这些研究结果为信息系统的设计和改进提供了实证支持，帮助企业开发更具用户吸引力的系统。

（二）数字化系统的使用效果

企业管理信息系统是现代企业信息化的核心组件。研究者利用实验设计来评估管理信息系统的优化效果。例如，通过模拟不同的 ERP 实施策略，研究者发现特定的优化策略能够显著提高系统的操作效率和用户满意度。这种实验设计方法使得企业能够在实施管理信息系统之前进行预测和评估，从而选择最优的系统实施方案。

客户关系管理（customer relationship management，CRM）系统在现代企业中广泛应用，用于管理客户互动和提高销售绩效。研究者通过实验设计来测试 CRM 系统对销售团队绩效的影响。例如，有研究通过随机控制实验评估了 CRM 系统的引入如何影响销售人员的工作效率和客户满意度，实验结果为企业管理者在选择和实施 CRM 系统时提供了有力的决策支持。

实验设计还被用于评估决策支持系统（decision support system，DSS）的效能。研究者通过实验探讨 DSS 如何影响管理者的决策质量。例如，有研究通过实验测试了不同的决策支持工具对管理决策的影响，结果显示，适当的 DSS 能够显著提高决策的准确性和效率。这些研究结果帮助企业在选择和开发 DSS 时做出更明智的决策。

（三）未来研究方向与前沿探索

随着信息系统的进一步发展，实验设计在该领域的应用也将更加广泛。未来的研究可能会更多地关注如何利用实验设计评估基于人工智能的系统、区块链技术在信息管理中的应用和其他前沿技术对企业管理的影响。这些研究不仅能够推动信息系统理论的发展，还将为企业的信息化建设与数智化转型提供新的视角和方法。

第 4 节　实验室实验及其设计与实施

一、实验室实验的概念

实验室实验（laboratory experiment）是指在高度控制的环境下进行的实验研究方法，其核心概念是通过严格操控实验中的各种变量，以排除外部干扰，确保研究者能够准确测量自变量对因变量的影响。实验室实验的历史可以追溯到 20 世纪初，随着科学管理理论的发展，这种方法逐渐被广泛应用于管理学领域。其分支涵盖了多个学科和研究领域，包括组织行为、消费行为、行为决策等。

实验室实验的最大特点是其高度的控制性，使得研究者可以精确地操控实验条件，从而能够探测因果关系。这种控制性确保了实验结果的内部效度，即实验效果确实是由操控的自变量引起的。然而，由于实验室环境往往简化了现实世界的复杂性，其结果的外部效度可能受到限制，即应用于真实情境的可能性不强。尽管如此，实验室实验仍然是验证理论、测试假设的重要工具，在管理实践中具有重要的指导意义。

二、实验室实验的步骤

（一）被试选取

实验室实验通常要求从目标人群中随机抽取被试，以确保实验结果的普适性。管理研究中的目标人群可能包括企业职员、中高层管理人员以及其他专业团体。为了提升实验的外部有效性，研究者需考虑被试的代表性，例如工作经验、教育背景和行业特性等。同时，样本量的选择也至关重要，足够的样本量可以提供充足的统计能力来检验研究假设。

（二）任务设计

管理研究中的任务设计必须紧密贴合实际管理场景。例如，在组织行为研究中，任务可能模拟团队协作的情景，要求被试在一个模拟的项目中扮演不同的角色。任务设计时需要考虑实验的控制性，确保能够有效区分自变量和因变量。同时，应当提前设计任务难度、时长和反馈机制，这些因素都可能影响被试的行为和实验结果。

（三）实验过程

在实验进行时，环境设置需要避免无关变量的干扰，以保证实验的内部有效性。同时，研究者需要记录实验过程中的所有细节，例如每个被试的决策时间和交互模式。管理研究特别重视决策过程的分析，因此实验往往需要收集细粒度的行为数据。

（四）数据收集与分析

管理研究不仅关心实验的终端结果，还会关注整个决策过程中的数据。实验室环境下，研究者可以更精确地测量和记录这些数据。数据收集包括定量数据（如完成任务的时间、正确率）和定性数据（如被试的主观反馈）。在数据分析方面，除常规的统计分析方法外，管理研究可能还会利用结构方程模型、多层次分析等方法深入探索数据结构。

三、实验室实验示例

（一）背景与问题定义

在供应链管理中，库存管理决策是一个关键问题。企业需要在不确定的需求和供应条件下做出最佳库存决策，以平衡存货成本和服务水平。现实中的供应链决策过程涉及众多不确定性因素，如需求波动、供应延迟、库存成本等，使得决策过程变得极其复杂。因此，在可控环境中研究这些复杂的决策问题，成为实验室实验的突出优势。

（二）将复杂的供应链问题抽象为实验变量

为了将复杂的供应链决策问题简化为可控的实验室实验，研究者首先需要识别核心变量。例如，供应链决策中的核心变量可能包括以下四个：

（1）需求波动。需求的不确定性可以通过实验设计中的随机变量来模拟。

（2）供应延迟。供应商的交货时间可以通过控制变量的形式加以调节。

（3）库存成本。通过设置不同的库存成本参数，研究不同成本情境下的决策效果。

（4）服务水平。通过设置服务水平目标（如 95%服务水平），研究者可以评估不同库存策略的有效性。

（三）实验室实验设计与实施

1. 被试选取

研究者可以选择具有供应链管理经验的企业职员或 MBA 学生作为实验被试。为了确保结果的普适性，被试应具有不同的行业背景和不同的决策经验。此外，被试的数量应足够大，以保证实验数据的统计有效性。

2. 任务设计

实验室实验的任务设计通过模拟一个典型的供应链环境，要求被试在给定的情境下做出库存决策。研究者可以设计一个虚拟的市场环境，被试需要根据历史需求数据和未来预测，决定每个周期的库存量。在实验过程中，研究者可以控制需求的波动、供应延迟和库存成本等变量，并观察被试的决策行为。例如，在一个实验情境中，被试可能需要在一个具有高度不确定性的市场中决定每月的库存补货量。他们将面临两种选择：一种是通过提高库存水平来降低缺货风险，但这会增加库存成本；另一种是保持较低的库存水平，节约成本，但可能导致缺货和客户流失。在每个实验周期结束后，系统会给出决策反馈，包括成本、库存水平和服务水平。

3. 实验过程

在实验过程中，实验室环境会严格控制不相关变量的影响，例如通过计算机模拟供应链决策过程。被试将在规定时间内完成每个决策周期，实验系统会自动记录他们的决策时间、库存决策量、预测准确性等行为数据。

4. 数据收集与分析

实验数据包括定量数据（如库存量、缺货次数、总成本等）和定性数据（如被试的决策策略和主观反馈）。研究者可以使用多元回归分析、结构方程模型等统计方法，分析不同实验条件下的决策效果。此外，还可以利用决策树模型或随机森林模型来分析被试的决策路径，并探讨哪些因素对决策效果的影响最大。

四、实验室实验的局限性与应对

实验室实验在管理学中具有重要的探索价值，其局限性也需要被充分认识和解决。通过优化实验设计、提高样本代表性、增强被试依从性、提升实验的生态效度、遵守伦理规范、减少新奇效应、控制实验污染和确保实验安全，可以有效应对其局限性，确保实验结果的有效性和可靠性。

（一）实验设计和实施条件要求高

实验室实验需要高度的控制和严格的条件，这在实际操作中有时难以实现。为了确保实验的内部有效性，研究设计必须细致入微，考虑到每一个可能的干扰因素。这种高要求可能导致实验设计和实施过程中的困难，增加了研究的复杂性和成本。

研究者可以通过简化实验设计、使用标准化的实验操作流程，以及在设计阶段就充分考虑潜在问题，来降低复杂性。同时，研究者可以适当利用仿真技术和预实验来优化实验流程和操作。

（二）样本代表性不足

由于受控实验环境的限制，所选择的研究对象可能不具备足够的代表性，这会影响实验结果推论到总体的准确性。在管理研究中，样本的代表性至关重要，但实验室实验的严格条件往往使得样本选择受限。

研究者可以通过扩大样本量和多样化样本来源，提高研究对象的代表性。此外，可以结合实地实验来验证实验室实验结果，以增强结果的外部有效性。

（三）被试依从性问题

在涉及大量人群且随访时间长的实验中，被试依从性可能成为一个问题。这可能会影响实验结果的可靠性，特别是在长时间追踪研究中，保持高水平的被试依从性是一个挑战。

研究者可以提高被试的积极性和参与度，通过提供经济补偿、增加实验的趣味性、改善实验环境等方式来增强依从性。此外，研究者应具备良好的沟通技巧，及时解决被试的问题，提升他们的信任感和满意度。

（四）生态效度低

实验室实验往往在高度受控的环境中进行，这可能导致其结果缺乏外部有效性，即实验室环境与真实世界环境之间存在差异，从而限制了实验结果的推广性和适用性。

研究者可以在实验设计中尽量模拟真实场景，增加实验的现实感。同时，可以通过后续的实地实验验证实验结果，以提高研究的生态效度。

（五）伦理问题

某些实验可能涉及人类或动物被试，这引发了伦理上的争议和挑战。确保实验过程符合伦理标准，保护被试的权益，是实验室实验中的重要考虑。所有涉及人的研究都必须经过伦理委员会的审查和批准。

研究者应确保被试知情同意，保护其隐私，并采取措施减少潜在风险。此外，研究者应遵守动物实验的伦理准则。

（六）新奇效应

实验室实验可能会因为实验环境的人为性而产生新奇效应，即被试因为知道自己处于实验中而改变行为，这种效应可能会影响实验结果的真实性。

研究者可以通过隐蔽实验设计减少被试的觉察程度，或者在实验说明中淡化实验的特殊性。同时，通过使用盲法（blind method）或双盲法（double‐blind method）减少实验被试的偏差。盲法是一种实验设计方法，其中被试不知道他们所属的实验组别（如实验组或对照组）。这样可以防止被试因知道自己的实验条件而改变行为，从而影响实验结果的真实性。双盲法是进一步消除偏差的实验设计方法。在双盲法中，实验的被试和实验的管理员都不知道被试所属的实验组别。这不仅防止了被试的行为改变，还避免了实验管理员在数据收集和处理过程中的无意识偏见。

（七）实验污染

在实验室环境中，各种变量可能相互影响，导致实验污染，这可能会掩盖真实的因果关系。研究者可以严格控制实验条件，减少不必要的变动。使用对照组和随机分配方法来隔离变量的相互影响，并通过精密的数据分析技术（如多变量分析）来识别和控制潜在的污染因素。

第5节　实地实验及其设计与实施

一、实地实验的概念

实地实验（field experiment），又称田野实验，是一种在实际工作环境或自然环境中进行的实验研究方法。与在高度控制的实验室环境中进行的实验相比，实地实验是在复杂、动态的真实环境中实施的，因此能够捕捉到更贴近现实的行为和结果。实地实验最早在社会科学和经济学领域中得到应用，逐渐扩展到工商管理、市场营销、政策评估等多个领域。

实地实验的历史可以追溯到 20 世纪初的社会心理学研究，但在过去的几十年里，这种方法在管理学和经济学中变得越来越流行。它允许研究者在自然环境中引入控制变量，以观察不同干预措施的效果。例如，研究者可能会在实际企业中随机分配员工接受不同的培训方式，然后评估这些培训对工作绩效的影响。这种方法在政策效果评估、市场机制分析和组织行为研究中具有不可替代的作用。

二、实地实验与自然实验的差异

实地实验和自然实验（natural experiment）是两种常用于社会科学、经济学和管理学中的研究方法，它们在研究设计和应用上有一些相似之处，同时在概念、操作方式和适用场景上也存在显著的差异。

（一）概念差异

实地实验是指研究者在真实的工作环境或自然环境中，主动引入实验条件或干预措施，并通过对实验组和对照组的比较，来观察和分析干预措施对结果变量的影响。这种方法使研究者能够在不脱离现实环境的情况下测试理论和策略的有效性。实地实验通常具有高度的外部效度，因为它们在真实环境中进行，结果更容易推广到现实世界。

自然实验是指研究者利用现实中已经发生的事件或政策变化，来观察这些自然发生的"实验"对某些变量的影响。在自然实验中，研究者并不主动引入干预措施，而是利用自然或社会事件形成的"准实验"情境进行研究。由于研究者无法完全控制实验条件，自然实验的内生性问题（即因果关系的双向性或复杂性）可能更加突出。

（二）干预的引入方式差异

在实地实验中，研究者主动设计并引入实验条件或干预措施，这种主动性使得实地实验具有很强的可控性。例如，一家零售公司想要测试不同广告策略对销售的影响，研究者可以在多个商场中设置不同的广告策略，比如在一个商场中投放折扣广告，在另一个商场中投放新品推荐广告。然后，通过对比这些商场的销售数据，研究者可以得出不同广告策略的效果。这种方式允许研究者直接观察干预措施对结果变量的影响，提供明确的因果关系。

与实地实验不同，自然实验并不依赖研究者主动引入干预措施，而是利用已经发生的事件或政策变化来研究其影响。例如，政府突然实施了一项新的税收政策，研究者可以利用这一变化作为"自然实验"来研究该政策对消费者行为或经济活动的影响。由于这些事件是自发发生的，因此研究者在设计和控制实验方面具有较少的主动性。例如某地区政府在某一年度突然提高了香烟税，研究者利用这一政策变化，研究了这一变化对当地吸烟率的影响。通过比较政策实施前后的数据，研究者得出了税收政策与吸烟率之间的因果关系。

（三）控制与随机性差异

实地实验通常包括随机分配，这使得研究者可以通过随机化来控制其他干扰变量。随机分配能够确保实验组和对照组在所有潜在混淆变量上都是同质的，这意味着任何观察到的效果都可以更自信地归因于干预措施本身。例如，在一个涉及员工培训的实地实验中，研究者可以随机分配员工接受不同的培训课程，以确保任何绩效的变化是由培训内容而非其他因素引起的。

由于自然实验中的干预措施不是由研究者引入的，随机性更多依赖于自然事件的"随机分布"或政策变化的"外生性"。在这种情况下，研究者通常通过匹配法、倾向评分匹配法或其他计量经济学方法来处理内生性问题，确保观察到的结果尽可能地反映因果关系。例如，研究者可能使用倾向评分匹配法来比较受到政策影响的群体与未受影响的群体之间的差异。一项研究利用自然发生的经济危机，研究了危机对企业融资行为的影响。研究者通过匹配在危机前财务状况类似的企业来分析危机后这些企业的融资行为变化，从而避免了内生性问题带来的偏差。

（四）内部与外部效度差异

实地实验的一个显著优势在于其较高的外部效度，因为它们是在真实的环境中进行的，所以结果更容易推广到其他类似的实际环境中。然而，由于实地实验涉及复杂的现实世界，研究者在控制实验条件时可能会面临挑战。外部环境的变化、不可控的干扰变量等都可能影响实验结果的准确性和稳定性，这些因素可能导致实验的内部效度降低。例如，在一项关于消费者在线购物行为的实地实验中，研究者发现不同时间段内的网站流量波动影响了实验的结果，从而降低了实验的内部效度。

自然实验通常也具有较高的外部效度，因为它利用的是实际发生的事件或政策变化，研究结果在现实中的适用性较强。由于研究者无法控制干预措施的引入方式，因而自然实验在确定因果关系时面临更大的挑战，内部效度可能较低。尤其是在处理内生性问题时，自然实验更容易受到干扰因素的影响。例如，研究者分析了某国政府实施的一项新的劳动法对就业率的影响。尽管研究结果在其他类似国家可能具有较高的外部效度，但由于研究者无法控制法案实施的其他相关因素，该研究的内部效度受到一定限制。

（五）计量方法的差异

实地实验中的数据分析通常使用传统的统计方法，如回归分析，结合随机性检验和稳健性检验，以增加结论的可靠性和稳健性。由于研究者可以控制实验条件并进行随机分配，因此通过回归模型来分析干预效果较为直接，结果也更具解释力。例如，在一项关于员工培训效果的实地实验中，研究者使用回归分析来比较接受培训的员工与未接受培训的员工的绩效差异，同时进行随机性检验以确保分配的公平性，并使用稳健性检验来验证结果的可靠性。

由于自然实验的内生性问题较为复杂，研究者经常使用更为复杂的计量方法，如工具变量法（instrumental variables）、倾向评分匹配法、双重差分法（difference-in-differences，DID）和断点回归设计（regression discontinuity design，RDD）等，以确保因果推断的有效性。这些方法能够帮助研究者处理因果关系中可能存在的双向性或复杂性，从而更好地理解自然事件对结果变量的影响。例如，在研究某国税收政策变化对中小企业投资行为的影响时，研究者使用了 DID 来比较税收政策实施前后不同企业投资行为的变化，同时结合 RDD 来检验政策对边际企业投资决策的影响，从而更好地处理了政策变化带来的内生性问题。

三、实地实验设计与实施

（一）实地实验设计的关键步骤

1. 明确研究的核心问题和假设

在实地实验设计的初期阶段，明确研究的核心问题和假设是至关重要的，包括清晰地定义要研究的因果关系和假设。例如，若研究的核心问题是"个性化推荐对消费者购买行为的影响"，则需要详细阐述个性化推荐如何被定义，以及具体的影响是通过什么途径实现的，如通过增加点击率、提升购买率或提高用户停留时间等。

2. 确定和定义变量

在实验设计中，确定和定义主要变量和控制变量是实验成功的基础。主要变量是直接与研究假设相关的因素，如个性化推荐策略，将作为实验的自变量。控制变量是那些可能影响研究结果的其他因素，需要在实验设计中进行控制或记录，以避免它们对实验结果产生干扰。例如，消费者的年龄、性别、收入水平、购物历史等，都是需要加以控制的变量，以确保实验结果的准确性。

3. 控制外部变量

在实地实验中，外部环境往往是复杂和不可控的，这使得控制外部变量变得尤为重要。研究者应尽可能记录和控制市场推广活动、季节性销售变化、节假日等外部变量的影响。例如，假设实验在不同的时间段进行，研究者应确保实验组和对照组在相同的时间段内接受干预，以防止时间因素造成的干扰。可以通过设置固定的时间窗口来观察这些外部因素对结果的潜在影响。

4. 选择实验组和对照组

选择实验组（treatment group）和对照组（control group）的原则是保持两者的相似性，以确保实验结果的有效性和可比性。例如，在大型电商平台上进行的实地实验中，可以选择两个用户行为相似、市场条件接近的购物群体，一个作为实验组，另一个作为对照组。实验组的购物平台展示个性化推荐，而对照组的购物平台不展示，通过这种对比来观察干预措施的效果。

5. 随机分配被试

随机分配是确保实验内在有效性的关键步骤。通过使用随机数字表或计算机生成的伪随机数，将被试随机分配到实验组和对照组中，以消除样本选择偏差。例如，在研究个性化推荐对消费者行为的影响时，可以随机选取用户样本，并将其随机分配到实验组和对照组，从而确保两个组在实验开始前具有相似的特征。

（二）实验实施与数据收集

1. 实施实验

实验的实施需要严格按照预定的计划进行。研究者在实际购物环境中实施实验干预，例如在实验组中推送个性化推荐，在对照组中则不进行推荐，确保整个过程的标准化。研究者需要密切观察和记录被试的行为反应，包括点击率、购买率、停留时间等关键指标。重要的是，实验的执行必须确保对变量的控制和变量的一致性，以减少非实验因素的影响。

2. 数据收集与分析

数据收集是实地实验的重要环节，收集的数据需要系统化和精确化。研究者可以使用方差分析、回归分析等统计方法来分析数据，检验不同实验组之间的显著差异。具体而言，可以运用双重差分法（DID）来控制外部时间效应，或通过断点回归分析（RDD）来处理自然阈值的干预效果。

（1）DID。通过比较实验组和对照组在实验前后各自的变化，来消除时间趋势和外部事件的影响，从而识别干预措施的真实效果。例如，可以测量个性化推荐推送前后实验组和对照组的购买行为变化，并使用 DID 模型来分析个性化推荐的效果。其公式为：

$$\text{DID}=\left(\begin{matrix}\text{实验组实验后}\\\text{测量值}\end{matrix}-\begin{matrix}\text{实验组实验前}\\\text{测量值}\end{matrix}\right)-\left(\begin{matrix}\text{对照组实验后}\\\text{测量值}\end{matrix}-\begin{matrix}\text{对照组实验前}\\\text{测量值}\end{matrix}\right) \quad (9-1)$$

如果 DID 结果为正且显著，这意味着个性化推荐确实对购买行为产生了正面影响。

（2）RDD。在某些情境下，干预措施的实施可能基于某一阈值或条件，RDD 可以帮助研究者识别在阈值附近的边际效应。例如，某平台可能根据用户活跃度划分用户是否接收个性化推荐，研究者可以利用活跃度的断点进行分析，观察阈值附近用户的购买行为变化。若在阈值附近用户的购买行为显著变化，说明干预措施在特定群体中产生了预期效果。

（三）实地实验设计与实施示例

在一个大型电商平台上进行实地实验，研究个性化推荐对消费者购买行为的影响时，研究者需要将用户随机分配到实验组和对照组。为了确保分组的随机性和可比性，可以按照以下步骤进行实验设计。

1. 随机分组

利用平台的用户数据库，使用计算机生成的伪随机数将所有被试分为两组。实验组接收个性化推荐，而对照组不接收个性化推荐。通过确保两组用户在性别、年龄、购买历史、地理位置等控制变量上的均衡分布，可以减少潜在的样本偏差。

2. 样本量

假设研究涉及 20 000 名用户，10 000 名分配到实验组，10 000 名分配到对照组。这种规模足以提供具有统计意义的结果，并能更好地捕捉不同推荐策略对用户行为的影响。

3. 实验实施与数据收集

（1）在实施过程中，平台会向实验组用户展示基于其浏览和购买历史的个性化推荐，而对照组用户会看到随机推荐或无推荐内容。

（2）在实验进行的特定时间段内，研究者应密切跟踪并记录每个用户的行为数据，包括点击率、购买率、停留时间、订单金额等。每个用户的交互数据应精确记录时间戳，以便后续的时间序列分析。

4. 回归分析

研究者可以使用如下软件进行数据分析：

（1）Stata。适用于复杂的回归分析，包括 DID 和 RDD 分析。

（2）R。具有丰富的统计分析包，如用于线性回归的 lm()，用于 RDD 分析的 rdrobust 包。

（3）Python。使用 statsmodels 库进行回归分析，用 NumPy 库和 Pandas 库处理数据，用 Matplotlib 库或 Seaborn 库进行可视化。

四、实地实验研究的挑战与应对

由于实地实验是在真实的环境中进行的，控制变量的难度较大。外部环境因素如市场波动、政策变化、季节性因素等，都会对实验结果产生影响。尤其是当多个外部因素同时作用时，难以确定某一特定干预措施的效果。此外，这种不可控性还容易导致变量之间产生相互作用，引发内生性问题（即自变量和因变量之间存在相互影响的关系），使得因果关系难以明确。这种复杂的互动使得研究者在分析结果时面临挑战，可能导致实验结果的混淆或误导。

为了有效控制变量，研究者可以采用以下措施：使用随机化方法（如随机分配被试或随机化处理顺序），最大限度地减少不可控变量对实验的干扰；在数据分析时引入控制变量和交互项，使用工具变量法（IV）、倾向得分匹配（PSM）等技术处理内生性问题；在不同时间点和场景下重复实验，观察结果的一致性，增强研究的稳健性和可靠性。

实地实验要求研究者亲自参与和观察现场情况，这容易导致主观偏见。研究者的个人信念、期望或倾向性可能会在无意中影响实验设计、数据收集、结果解读，从而削弱实验结果的客观性。主观性在实验设计、执行、数据分析等阶段都会对结果产生影响，它可能导致实验设计中的偏差，影响数据的准确性，甚至在分析和解释阶段出现选择性关注和结果的过度解释，从而影响研究结果的真实性和普适性。

为了减少主观性带来的影响，研究者可以采取以下措施：尽量设计双盲实验，即研究者和被试都不清楚实验组和对照组的分配情况，从而减少主观性影响；在实验设计、数据收集和分析过程中，使用标准化的流程和工具，减少研究者主观判断的介入；引入多学科团队合作设计和实施实验，借助同行评审机制，确保实验设计和数据分析的公正性和科学性。

在实地实验中，由于实验直接涉及真实的个体和组织，研究者必须严格遵循伦理标准，确保实验被试的权益和隐私得到保护。实验的干预措施、数据收集方式和结果应用，都需要考虑伦理的合规性。被试必须自愿参与，并对实验内容有充分的知情权。如果在实验过程中忽视伦理问题，可能会引发被试的不满，甚至导致实验的中断和法律争议。此外，被试可能因担心隐私泄露或利益受损而拒绝参与实验，影响实验样本的代表性和研究结果的外部有效性。

为了妥善处理伦理问题，研究者应采取以下措施：在实验设计阶段，确保实验通过伦理委员会的审查，并获得必要的伦理批准；在实验开始前，向所有被试提供详细的实验说明，确保他们在知情的基础上自愿参与实验；收集数据时，严格遵循数据保护规定，将个人信息匿名化处理，以保护被试的隐私。

内生性问题是实地实验中常见的挑战，指的是自变量和因变量之间存在相互影响的关系，使得因果关系难以确定。具体来说，在实地实验中，由于实验是在真实环境中进行的，研究者往往难以完全控制所有外部变量。这种复杂的环境增加了自变量和因变量之间发生双向因果关系的风险。举例来说，如果研究者想通过实地实验来评估某项政策的效果，可能会发现不但政策的实施会影响目标群体的行为（因变量），而且目标群体的行为或特征可能反过来影响政策的执行方式或力度（自变量），从而导致难以准确识别政策的真正效果。这种相互作用导致了内生性问题的出现，进而削弱了研究结果的因果推断能力。

以下是一些有效的避免和处理实地实验中内生性问题的方法：随机分配被试，通过将实验对象随机分配到处理组和对照组，可以最大程度地减少内生性问题。在某些情况下，使用双盲设计可以进一步减少偏差，即被试和研究人员都不知道谁处于处理组或对照组，从而减少因预期效应带来的内生性问题。此外，一些计量方法，如工具变量法、固定效应模型（fixed effects model）、DID、RDD 可以有效控制内生性问题。

第 6 节　数字实验及其设计与实施

一、数字实验研究的概念

（一）基本概念

在管理研究领域，数字实验（digital experiment）是一种创新的研究方式。它基于数字平台和数字技术环境，通过海量多模态数据分析以及计算工具与实验研究的结合，对管理理论、策略或决策进行实证或模拟测试。这一过程紧密结合大数据、机器学习、仿真建模等先进方法，为研究者和企业提供了一个独特的环境，使其能够在低成本、低风险的条件下，深入探索复杂的管理问题。

与传统的管理研究方法相比，数字实验不再局限于实地观察、问卷调查等较为传统的手段。它充分利用现代信息技术的优势，突破了时间和空间的限制，能够对各种复杂的管理场景进行高度还原和深入分析。例如，在研究市场竞争策略时，数字实验可以模拟不同企业在各种市场环境下的竞争行为，预测市场的动态变化，为企业制定科学合理的竞争策略提供有力支持。

（二）数字实验常用方法

1. A/B 测试

A/B 测试是一种在数字实验中广泛应用于消费者行为和数字营销领域的方法。它的实验逻辑基于对比验证，将线上用户随机分为对照组（A 组）和实验组（B 组）。在实验过程中，在保持其他变量尽可能一致的情况下，仅对单一变量进行改变，这个变量可以是在线广告文案、页面设计、定价策略等。之后，运用统计学方法对两组用户的行为差异进行分析，以此来验证不同策略的有效性。

与传统对照组实验方法相比，A/B 测试通常依托于互联网平台或数字化系统，能够获取大量的用户数据作为样本，样本量往往较大。这些样本数据可以通过用户在平台上的自然行为记录自动收集，如用户的点击、浏览、购买等行为数据。A/B 测试还具有快速迭代的特点，实验周期通常较短。其在数字环境中运行，能够快速部署不同版本的测试方案，收集数据并进行分析，根据结果迅速调整策略或设计，进行下一轮测试，以实现产品的快速优化和改进。因此，A/B 测试的真正价值不仅在于一组一次测试，而是同时并行多组测试，经过多轮迭代，从而能够以较低的成本快速验证假设，为企业的在线商业决策提供量化的数据支持，帮助企业在众多的数字营销和数字化产品设计方案中找到最优选择。

例如，某电商平台为了提高用户点击率，对"立即购买"按钮的颜色进行了 A/B 测试。将一部分用户（A 组）看到的按钮颜色设为蓝色，另一部分用户（B 组）看到的按钮颜色设为红色。经过一段时间的数据收集和分析，发现 B 组用户的点击率比 A 组高 12%。这一结果为电商平台优化页面设计提供了有力依据。在流媒体平台奈飞（Netflix）的运营中，A/B 测试也发挥了重要作用。奈飞通过对不同用户分组，测试不同的推荐算法对用户留存率的影响。奈飞根据测试结果，不断优化个性化内容推送机制，提高了用户对它的黏性和满意度。

2. 基于智能体的建模

基于智能体的建模（agent-based modeling，ABM）是一种模拟复杂系统进行计算实验的有效方法，特别是在供应链和运营管理领域有着广泛的应用。具有自主决策能力的虚拟智能体可以代表供应链中的各个环节，如供应商、分销商、消费者等。每个智能体都具有一定的行为规则和决策能力，能够根据自身的状态和所处的环境做出相应的决策。研究者可以设置不同的环境参数，如需求波动、物流中断、原材料价格变化等，来模拟各种复杂的现实情况。通过观察这些智能体之间的动态交互过程以及它们对整体系统表现的影响，深入研究供应链系统的运行机制。ABM 方法突破了传统线性模型的局限，能够很好地捕捉到复杂系统中的非线性、突现性等特征，为研究供应链管理中的复杂问题提供了更真实、更有效的视角。

在疫情期间，全球供应链面临着巨大的挑战。某汽车制造商运用 ABM 构建了包含全球 200 家供应商的供应链模型，模拟在部分供应商停产、物流受阻等困难情况下，供应链的运作情况。通过实验发现，采用"多源采购 + 区域仓库"的策略，可以将供应链中断的风险降低 47%。这一发现为汽车制造商在疫情期间保障供应链的稳定提供了重要的决策支持。

3. 机器学习预测模型

机器学习预测模型在管理领域的应用越来越普遍，为企业决策提供了更科学的依据。通过收集和分析大量的企业经营和管理的历史数据，运用机器学习算法构建预测模型。

这种利用机器学习预测模型的数字实验，将企业决策从过去依赖经验的模式转变为数据驱动的科学决策模式，大大减少了主观判断带来的偏差，使企业能够更精准地把握企业内外部需求和个体行为趋势，制定更有效的管理策略。

例如某跨国科技公司拥有庞大的员工群体，为了降低员工流失率，利用随机森林模型对上万名员工的数据进行深入分析。通过模型的学习和分析，识别"薪资增长停滞"和"跨部门项目参与率低"是员工离职前六个月的关键预警信号。基于这一发现，公司推出了弹性薪酬制度和轮岗计划，鼓励员工积极参与跨部门项目，增加薪资调整的灵活性。实施这些措施后，核心员工流失率明显降低。

4. 离散事件仿真

离散事件仿真借助计算机软件，如 AnyLogic、Simio 等，对业务流程进行动态建模。在实际的运营管理中，存在许多随机事件，如客户到达间隔时间的不确定性、服务时间的波动等，这些随机事件会对系统性能产生重要影响。离散事件仿真通过模拟这些随机事件，能够更真实地反映业务流程的实际运行情况。离散事件仿真技术特别适用于存在多重随机变量的复杂系统优化，能够帮助企业提前发现业务流程中存在的问题，优化资源配置，提高系统的整体性能。

某三甲医院在优化急诊室运营流程时，使用离散事件仿真技术对急诊室的运营进行建模。通过模拟不同的情况，发现增加一名分诊护士可以使患者平均等待时间从 52 分钟缩短至 37 分钟，同时使医护资源的利用率提升了 19%。这一结果为医院合理配置人力资源、优化急诊室流程提供了科学依据。某电子制造企业在生产线布局优化中，运用离散事件仿真技术模拟生产线的运行过程。通过对不同布局方案的模拟和分析，发现优化后的生产线布局可以使单位产品工时减少 15%，提高了生产效率，降低了生产成本。

5. 强化学习

强化学习是一种让智能体在动态环境中通过持续试错来学习最优决策策略的方法。例如强化学习在动态定价策略中的应用，充分利用了数据和算法的优势，使企业能够根据市场的实时变化灵活调整价格，提高企业的竞争力和盈利能力。

某网约车平台构建了基于强化学习的模型，该模型可以实时分析城市各区域的司机/乘客密度、交通状况和历史订单数据等信息。通过不断试错和学习，模型能够动态调整定价系数，以实现收益最大化。实验结果显示，运用该模型后，高峰时段司机的收入提升了 28%，同时将乘客平均等待时间控制在 3 分钟以内，实现了司机和乘客的双赢。在酒店行业，可以运用强化学习技术预测节假日的需求弹性，并据此制定动态房价策略。通过不断优化定价策略，RevPAR（每间可用客房收入）显著提升。

6. 社会网络分析

社会网络分析主要通过挖掘企业内外部的关系链接数据，如邮件、聊天记录、会议记录等，来构建个体（如员工、客户）关系图谱。通过分析这个图谱，可以识别出企业的关键信息节点，即那些在信息传播和组织协作中起到重要作用的个体。社会网络分析尤其为组织行为学研究提供了新的视角，帮助企业更好地理解员工之间的关系和互动模式，优化组织沟通和协作机制，提升组织绩效。

某咨询公司对全球团队在 Slack 上的沟通数据进行分析，发现跨部门沟通频次低于每周 2 次的团队，其项目创新评分普遍低于基准值 31％。基于这一发现，公司推出"协作大使"，鼓励员工加强跨部门沟通与协作。实施该制度后，客户满意度提升了 19％。在另一个案例中，某企业通过社会网络分析识别出非正式组织中的意见领袖，让这些意见领袖参与文化变革项目。由于意见领袖在员工群体中的影响力，新政策的落地速度加快了 40％，有效推动了企业的文化变革。

7. 数字孪生技术

数字孪生技术是一种通过物联网传感器等智能感知技术实时同步物理世界设备和个体运行状态，在虚拟空间中构建与物理实体高度相似的仿真模型的技术。特别是在智能制造领域，数字孪生技术有着广泛的应用前景。数字孪生技术正在改变智能制造的模式，实现了对物理设备的实时监测、预测性维护和生产过程的优化，为企业提高生产效率、降低成本、提升产品质量提供了有力支持。

制造业企业为某汽车工厂建立了数字孪生系统，在新产线投产前，利用该系统模拟不同的生产线布局对产能的影响。工厂通过数字孪生系统提前发现了设备干涉等问题，并进行了优化调整，使得新产线的调试时间缩短了 80％，显著提高了生产效率，降低了生产成本。通用电气利用风力涡轮机的数字孪生系统，实时分析其振动频谱数据。通过对这些数据的监测和分析，能够提前 14 天对可能出现的故障进行预警，及时安排维护，使维护成本降低了 65％。

8. 大语言模型

大语言模型作为一种新兴的技术，正在逐渐成为数字实验的新型工具。它具有强大的文本处理与生成、逻辑推理和多角色扮演能力，为管理研究带来了新的思路和方法。

在自动化文本分析方面，研究者可以使用大语言模型对 10 万份上市公司财报进行分析。通过提取战略转型关键词，并运用相关算法构建行业趋势预测模型，帮助企业了解行业动态，制定科学的战略规划。

在决策过程模拟中，研究者可以构建虚拟 CEO 角色，在输入市场数据等信息后，观察大语言模型生成的并购策略是否符合博弈论原理。通过这种方式，模拟企业在复杂市场环境下的决策过程，为企业的战略决策提供参考。

在消费者行为仿真方面，企业在元宇宙环境中部署 AI 消费者代理，测试其对不同营销话术的反应模式。例如，咨询公司使用大语言模型模拟不同文化背景的虚拟消费者，测试全球化广告方案的接受度差异。通过这种方式，企业可以在实际投放广告之前，了解不同消费者群体对广告的反应，优化广告策略，降低市场调研成本。

二、数字实验设计与实施

例如一家零售公司希望优化其定价策略，以提高销售额和利润。为了达到这一目标，公司决定使用数字实验来模拟不同定价策略对消费者购买行为的影响，并找出最佳策略。

步骤 1：明确研究问题。首先，明确研究的核心问题和假设。例如，研究不同的定价策略（如折扣、动态定价、固定定价）对消费者购买行为和公司利润的影响。

步骤 2：建立数字模型。使用 ABM 来构建模拟环境。在模型中，定义不同类型的消费者（如价格敏感型、品牌忠诚型等）和他们的购买决策规则。同时，定义零售商的定价策略和库存管理规则。

步骤 3：设定参数和运行仿真。设定模拟中的关键参数，如消费者数量、初始库存水平、价格范围等。使用历史销售数据校准模型参数，确保模型能够准确反映现实情况。然后，运行仿真实验，模拟不同定价策略在各种市场条件下的表现。

步骤 4：收集和分析数据。仿真运行后，收集数据，包括销售量、库存水平、利润等指标。使用统计分析方法，如回归分析、方差分析，评估不同定价策略的效果。通过比较不同策略在各个指标上的表现，找出最优策略。

步骤 5：验证和优化模型。对模型结果进行验证，确保其准确性和可靠性。可以通过对比仿真结果和实际销售数据进行验证。根据验证结果，调整模型参数，优化模型性能。

有学者的研究展示了数字实验在数字营销中的应用，特别是在个性化促销策略优化方面。他们的研究目标是设计一个能够优化促销策略的智能体，利用深度强化学习（deep reinforcement learning，DRL）技术，通过与消费者行为模拟器的互动，逐步学习如何在不同的市场情境下最大化企业的长期收益。[①] 消费者行为模拟器的核心目标是准确模拟用户在面对不同促销策略时的行为反应。该模拟器在数字实验中扮演着"虚拟实验室"的角色，为智能体提供训练环境。通过模拟不同的市场情境，研究者能够在一个受控的虚拟环境中测试各种营销策略的效果，而无须承担在现实世界中进行实验的风险。

第 7 节　使用 DeepSeek 开展实验研究

在管理研究领域，实验研究对于探究管理现象、验证理论假设具有重要意义。随着技术的发展，DeepSeek 作为一款功能强大的工具，为管理研究中的实验开展提供了新的途径和方法。本节将详细介绍如何使用 DeepSeek 开展管理研究中的实验研究，包括使用它完成的工作、设计的提示词以及搭配的软件示例。

一、实验设计阶段：构建研究框架与假设生成

（一）简述

DeepSeek 作为一款功能强大的工具，在多个领域展现出卓越的应用价值，其核心能力涵盖逻辑推理、知识图谱构建、假设生成等方面。

在逻辑推理方面，DeepSeek 能够基于给定的信息和规则，进行严谨的思考与推导，帮助用户解决复杂的逻辑问题。例如在学术研究中，处理大量文献资料时，它可以梳理其中的逻辑关系，如因果关系、对比关系等，协助研究者深入理解研究内容，为进一步的研究分析提供有力支持；在商业决策场景里，面对复杂的市场数据和竞争态势，DeepSeek 能通过逻辑推理，分析各种策略的可行性和潜在影响，为企业制定合理的决策提供依据。

知识图谱构建是 DeepSeek 的又一核心能力。它能够整合各类碎片化的知识，构建结

---

① WANG W, LI B, LUO X, et al. Deep reinforcement learning for sequential targeting [J]. Management science, 2023, 69 (9): 5439-5460.

构化、网络化的知识体系。以企业管理领域为例，DeepSeek 可以将企业内部的人员信息、业务流程、市场动态等多源信息进行关联和整合，形成一个全面且清晰的知识图谱。这不仅有助于企业内部员工快速了解公司整体架构和业务关系，还能为企业的战略规划、市场分析等提供全面的知识支撑。在智能客服领域，知识图谱可以帮助客服系统更准确地理解用户问题，快速给出精准的回答，提升用户体验。

DeepSeek 的假设生成能力也十分突出。在面对未知问题或需要探索新方向时，它能够根据已有的数据和知识，提出合理的假设。在科学研究中，当研究者面对新的现象或问题时，DeepSeek 可以参考相关领域的研究成果和数据，为研究者提供多种可能的假设方向，激发研究思路。在产品研发过程中，企业可以借助 DeepSeek 的假设生成能力，对市场需求、用户偏好等进行假设，为产品的设计和优化提供参考，降低研发风险。

（二）DeepSeek 操作示例

1. 使用 DeepSeek 进行变量关系建模

提示语：

作为管理研究专家，我需要设计一个关于"远程办公对团队绩效影响"的实验。请基于组织行为学理论：

（1）列出五个可能的中介变量（如沟通效率）和三个调节变量（如领导风格）；

（2）绘制变量关系图（使用 Mermaid 语法）；

（3）生成三条可验证的研究假设（H1，H2，H3）。

输出示例：

graph LR

A［远程办公］→B［沟通频率］

B→C［团队绩效］

A→ D［工作自主性］

D→C

E［领导支持］→A

E→C

为了更有效地进行任务分解，可以采用 SPECTRA 模型：

（1）分割（segmentation）。将大任务分为独立但相关的部分。例如"将'总任务描述'分解为 3～5 个主要组成部分，确保每个部分都是相对独立但与整体目标相关的"。

（2）优先级（prioritization）。确定子任务的重要性和执行顺序。例如"对上述分解的任务进行优先级排序，考虑它们对总体目标的重要性和逻辑顺序"。

（3）细化（elaboration）。深入探讨每个子任务的细节。例如"选择优先级最高的子任务，将其进一步细化为 2～3 个具体的行动项或小目标"。

（4）连接（connection）。建立子任务之间的逻辑关联。例如"分析各个子任务之间的关系，确定它们如何相互支持和影响，以及如何共同推进总体目标的实现"。

（5）时序安排（temporal arrangement）。考虑任务的时间维度。例如"为每个子任务制定一个粗略的时间表，考虑它们的依赖关系和完成所需的相对时间"。

（6）资源分配（resource allocation）。为每个子任务分配适当的注意力资源。例如"评估每个子任务的复杂度，分配 1~10 的'注意力分数'，指导在执行过程中如何分配计算资源"。

（7）适应（adaptation）。根据 AI 反馈动态调整任务结构。例如"在执行每个子任务后，评估其输出质量和对总体目标的贡献，必要时调整后续任务的优先级或内容"。

2. 使用 DeepSeek 进行实验方案优化

提示语：

现有实验设计：采用 2×2 组间设计，自变量为任务复杂度（高/低）和激励机制（物质/精神）。请进行批判性分析：

（1）指出 3 个潜在混淆变量；

（2）提出改进的 3×3 混合设计建议；

（3）生成实验流程甘特图（使用 Mermaid timeline 语法）。

二、实验材料生成：智能化内容生产

（一）简述

在现代研究与实践中，实验材料的生成对于各个领域的发展起着至关重要的作用，而 DeepSeek 涵盖了多种前沿且极具价值的核心能力，如文本生成能力、多模态内容生成能力、语体模拟能力，为实验材料的创新与高效生成提供了有力支持。

文本生成能力是 DeepSeek 智能化内容生产的基础核心能力之一。它具备强大的文本创作功能，能够根据给定的主题、要求和背景信息，生成高质量、逻辑连贯的文本内容。在学术研究领域，研究人员可借助该能力快速生成文献综述、实验报告的部分章节等。在商业领域，文本生成能力同样大显身手，它可以为企业生成各种营销文案，像产品介绍、广告宣传语等。

多模态内容生成能力进一步拓宽了 DeepSeek 在实验材料生成方面的边界。它不再局限于单一的文本形式，而是能够融合文本、图像、音频、视频等多种模态，创造出更加丰富、生动且具有沉浸感的内容。

语体模拟能力是 DeepSeek 智能化内容生产的又一突出能力。它能够精准地模拟各种不同的语体风格。无论是正式的学术语体、严谨的商务语体，还是活泼的网络语体等，它都能轻松驾驭。在翻译工作中，语体模拟能力也具有重要价值。当翻译不同类型的文本时，译者可以利用 DeepSeek 模拟目标语言的对应语体风格，使译文更加符合目标受众的阅读习惯和文化背景。

为了使生成的实验材料更具深度和细节，可以利用 DES（detailed explanation strategy，详细解释策略）来构建一个关键概念细节矩阵。

DES 实施步骤：

（1）识别关键概念：确定需要详细阐述的核心想法；

（2）设计细节矩阵：为每个关键概念创建多维度的细节要求；

（3）构建微观-宏观桥接：设计连接具体事例和抽象概念的提示；

（4）创建感官描述指南：为抽象概念设计具体的感官描述要求；

（5）制定数据展示策略：规划如何将数据转化为生动的叙述或可视化形式。

（二）DeepSeek 操作示例

1. 使用 DeepSeek 优化问卷题项细节

提示语：

生成 20 个测量员工创新行为的利克特量表题项，要求：

（1）包含认知、行为、结果三个维度；

（2）使用反转题控制应答偏差；

（3）输出格式：

维度 1：［题项 1］［题项 2］［反转题项 3］；

维度 2：……

2. 使用 DeepSeek 进行情景模拟材料

提示语：

创建 3 个管理决策情景用于实验刺激：

（1）危机处理场景（200 字）；

（2）资源分配困境（带数据图表）；

（3）跨文化冲突案例（含对话脚本）。

要求嵌入 3 个隐蔽的伦理陷阱供被试识别。

三、实验实施：自动化流程控制

（一）简述

DeepSeek 凭借其强大的功能为实验实施带来了极大的便利，尤其是在自动化流程控制方面发挥着关键作用。它具备的代码生成、流程自动化、实时交互等核心能力，从多个维度优化实验实施过程，提高实验的效率、准确性和可靠性。

代码生成是 DeepSeek 助力管理实验研究的重要能力之一。在管理实验中，常常需要编写大量代码来实现数据处理、模型构建、实验模拟等功能。DeepSeek 能够根据实验的具体需求，自动生成相应的代码。例如，在进行一项关于市场竞争策略的模拟实验时，研究人员只需要向 DeepSeek 清晰地描述实验目的、涉及的变量、所需的算法、预期的输出格式等关键信息，它就能迅速生成适用于该实验的代码框架，涵盖数据输入、处理逻辑、模型计算、结果输出等各个部分。

流程自动化能力进一步提升了 DeepSeek 在管理实验实施中的价值。管理实验往往涉及多个复杂的环节和步骤，从实验设计、数据收集、数据处理到结果分析，每个环节都需要精确把控和协调。DeepSeek 的流程自动化功能可以将这些烦琐的流程进行整合和自动化处理。它能够依据预设的实验方案，自动执行各项任务，如定时收集实验数据、按照既定算法对数据进行处理和分析、及时更新实验模型等。以企业人力资源管理中员工培训效果评估实验为例，DeepSeek 可以根据实验设定，自动收集员工在培训前后的绩效数据、培训反馈数据等，然后按照预先设定的分析流程，对这些数据进行统计分析，生成详细的分析报告，并及时反馈给研究人员。流程自动化还能够实现实验过程的标准化，使得不同研究人员在进行相同或相似实验时，能够遵循一致的流程，增强实验结果的可比性和可重复性。

（二）DeepSeek 操作示例

1. 使用 DeepSeek 搭建实验平台

提示语：

用 Python 编写在线实验程序：

（1）实现随机分组（A/B 测试）；

（2）集成注意力检查题；

（3）记录反应时数据。

输出要求：

（1）使用 Django 框架；

（2）包含数据加密模块；

（3）生成 API 接口文档。

2. 使用 DeepSeek 进行虚拟被试交互

提示语：

模拟五类典型员工人格（OCEAN 模型）：

（1）高外向低尽责型；

（2）高开放高神经质型；

··········

为每类人格生成十组对话响应，用于管理培训实验的 AI 角色扮演。

四、数据分析：智能化处理与洞见挖掘

（一）简述

在管理实验研究领域，数据分析是获取有价值信息、验证研究假设、推动管理理论与实践发展的关键环节。DeepSeek 可以实现智能化处理与深度洞见挖掘，它的核心能力涵盖统计建模、数据可视化、因果推理这三个主要方面，为研究者提供了全面且高效的数据分析支持。

DeepSeek 拥有强大的统计建模能力，它能够依据研究目的和数据特点，自动选择最合适的统计方法，构建精准的模型。同时，它还能对模型进行严格的检验和评估，确保模型的可靠性和有效性。如果模型存在问题，DeepSeek 会给出相应的改进建议，如增加或剔除某些变量、调整模型形式等，帮助研究者不断优化模型。

数据可视化是 DeepSeek 的另一项核心能力，它支持多种可视化图表类型，包括柱状图、折线图、饼图、散点图、热力图等，研究者可以根据数据的特点和研究需求选择最合适的图表。此外，对于多维数据，DeepSeek 还可以生成交互式的可视化图表，研究者可以通过缩放、筛选等操作，深入探索数据的细节。

因果推理是 DeepSeek 在管理实验研究数据分析中最具深度和洞察力的能力之一。在

管理领域，确定变量之间的因果关系对于制定科学合理的决策至关重要。DeepSeek 运用先进的算法和技术，能够从复杂的数据中准确推断出变量之间的因果联系，避免了仅仅基于相关性得出错误结论的风险。例如，在研究企业广告投入与销售额之间的关系时，DeepSeek 不仅能够分析两者之间的相关性，还能通过因果推理，控制其他可能影响销售额的因素，如市场竞争状况、产品质量、季节因素等，从而准确判断广告投入的增加是否真的会导致销售额的上升，以及这种影响的程度有多大。

（二）**DeepSeek** 操作示例

以利用 DeepSeek 代码补全能力快速构建标准化分析流程为例。

1. 使用 DeepSeek 进行数据清洗

提示语：

（1）编写 R 语言脚本；

（2）处理利克特量表数据（反向计分转换）；

（3）识别并处理缺失值（多重插补法）；

（4）生成数据质量报告（含响应时间分布图）。

输出要求：

（1）使用 tidyverse 包；

（2）包含异常值检测函数。

2. 使用 DeepSeek 进行统计模型构建与解释

在进行模型分析的时候，可以结合思维链优化策略，自动关联相关理论进行数据解释。优化思维链不仅在于提示语的微调，更在于优化逻辑链（logic chain）、知识链（knowledge chain）与创意链（creativity chain），使得生成内容的逻辑严谨性、知识广度与创新深度达到学术研究的要求。

（1）优化逻辑链，确保推理的严密性和论证的连贯性。可应用形式逻辑原理、构建论证结构图，以及使用逻辑关系词强化连接。

（2）优化知识链，激活和应用相关领域知识。需要构建多层次知识图谱、实施知识检索与集成，以及进行跨域知识映射。

（3）优化创新链，促进创新思维和独特见解。可以应用创造性思维技巧、实施概念重组与融合，或者进行情境转换与类比。

提示语：

对员工满意度（Y）与 10 个预测变量进行建模：

（1）比较 OLS、随机森林、SEM 模型效果；

（2）输出变量重要性排序（SHAP 值）；

（3）用通俗语言解释"领导支持—心理安全感—满意度"的中介效应。

五、理论模型构建：知识整合与创新

（一）简述

在管理实验研究的复杂领域中，理论模型构建是理解管理现象、预测管理行为以及指导管理实践的关键环节。DeepSeek 凭借其概念嫁接、跨域映射、涌现思维等能力，为理论模型构建带来了全新的思路和方法，实现了知识整合与创新的有机结合，助力研究者在管理实验研究中取得更具价值的成果。

概念嫁接是 DeepSeek 在理论模型构建中发挥关键作用的核心能力之一。在管理研究中，不同领域的概念和理论往往蕴含着独特的视角和方法，将这些看似不相关的概念进行有机融合，能够为理论模型注入新的活力，创造出更具创新性和解释力的理论框架。DeepSeek 的概念嫁接功能基于认知科学中的概念整合理论，通过明确要融合的两个或多个概念领域，找出它们之间的共同特征，从输入空间选择相关元素进行融合，在融合空间中创造新的结构。例如，在研究企业创新管理时，传统的管理理论主要关注企业内部的研发投入和创新流程优化。而 DeepSeek 可以将社交媒体领域中用户生成内容的概念嫁接到企业创新管理中。通过分析发现，企业员工类似于社交媒体中的用户，他们在日常工作中也会产生大量的创意和想法，如同用户生成内容一样。基于此，企业可以借鉴社交媒体的互动机制，搭建内部的创新交流平台，鼓励员工分享创意，形成类似社交媒体的创新生态系统。

跨域映射是 DeepSeek 助力理论模型构建的又一强大能力。它借鉴了认知语言学中的概念隐喻理论和认知科学中的类比推理方法论，通过源域选择、映射点识别、类比生成和类比细化等步骤，实现不同领域知识的迁移和应用，为理论模型构建提供丰富的灵感和资源。在管理实验研究中，许多问题在不同领域可能存在相似的解决思路和模式。DeepSeek 能够帮助研究者发现这些潜在的联系，并将其他领域的成功经验和方法引入到管理研究中。比如，在研究企业供应链管理时，将人体免疫系统的工作原理作为源域进行跨域映射。人体免疫系统通过识别和抵御外来病原体的入侵来维持身体的健康，这与供应链管理中防范供应风险、保障供应链稳定运行有着相似之处。DeepSeek 可以引导研究者识别出两者之间的映射点，如将供应链中的供应商类比为人体免疫系统中的细胞，将供应风险类比为病原体，将供应链的风险管理机制类比为免疫系统的防御机制。基于这些映射点，研究者可以进一步类比生成新的理论假设和模型。例如，借鉴免疫系统的自适应能力，提出供应链应具备根据市场变化和风险情况快速调整供应策略的自适应机制；类比免疫系统的记忆功能，建立供应链的风险记忆库，以便在遇到类似风险时能够快速做出反应。

涌现思维体现了 DeepSeek 在激发创新思维、推动理论模型构建方面的独特优势。涌现思维基于复杂系统理论，认为在一个复杂系统中，个体之间的相互作用会产生一些无法简单从个体特性预测的整体行为和特征。在管理实验研究中，DeepSeek 利用涌现思维，通过分解与重组复杂问题、设定互动规则、观察整体行为等方式，帮助研究者发现管理系统中隐藏的规律和潜在的创新点，从而构建出更符合实际情况的理论模型。例如，在研究组织变革时，DeepSeek 可以将组织视为一个复杂系统，将组织成员视为系统中的个体。通过设定组织成员之间的互动规则，如信息交流方式、决策机制等，模拟组织变革过程中的各种情况。在这个过程中，DeepSeek 观察组织整体行为的涌现现象，如组织文化的变化、组织结构的调整等。研究者可以根据这些涌现现象，发现组织变革过程中一些新的规律和影响因素，如组织成员之间的非正式沟通网络对组织变革的推动作用。

（二）DeepSeek 操作示例

1. 使用 DeepSeek 提出理论创新建议

提示语：

将复杂适应系统理论（CAS）与高阶领导力理论结合：

（1）识别 3 个核心概念的嫁接点；

（2）提出 2 个新构念（如"领导涌现性"）；

（3）构建包含正负反馈环的理论模型图。

2. 使用 DeepSeek 进行模型验证设计

提示语：

为新建构的"数字化领导力生态模型"设计验证方案：

（1）确定三个核心假设的检验方法（实验/问卷/案例）；

（2）生成多方法三角验证的整合分析框架；

（3）输出混合研究的时间−资源矩阵。

▶ **思考题**

1. 讨论实验设计在管理研究中的必要性。

2. 如何通过实验设计来识别和验证理论模型中的因果关系？

3. 在实验设计中，如何确保实验的外部有效性，即能够将结果推广到更广泛的场景中？

4. 在数字时代，管理实验研究在研究环境、研究设计、研究实施、数据统计方面有哪些新的范式？

5. 以 DeepSeek 为代表的强推理的大语言模型，将在管理研究中扮演什么角色？它能否代替研究者进行理论创新和规律洞察？

▶ **参考文献**

第 10 章 ▸ FaceReader 技术及其在研究中的应用

张　喆　西安交通大学

　　情绪是人类行为表现和心理状态的核心部分，并通过各种有意识或无意识的感知影响人们的思想和行为。尽管在现实的人际交往中判断一个人的情绪相对简单，但在管理研究领域，科学准确地测量个体情绪对学者们来说却是一大挑战。情绪测量旨在通过各种方法评估个体的情绪状态和变化，这对于理解个体行为至关重要。因此，情绪测量成为管理学及其他行为科学的重要部分，FaceReader 作为主要的情绪测量技术也在相关研究领域被广泛应用。本章内容主要从情绪测量的原理出发，简要介绍 FaceReader 的基本信息和操作流程，进一步概述 FaceReader 在管理研究中的现实应用，并分析了两篇典型研究案例。

第 1 节　情绪测量的基本原理

　　情绪测量主要来源于心理学和神经科学。当代情绪理论认为，情绪反应包括生理唤醒、面部及躯体行为、主观体验等成分。随着现代科技的发展，情绪测量方法从早期量表形式的自我报告法到如今采用更为客观的生理信号采集设备进行精确测量。情绪测量的方法主要包括自我报告法、行为表现测量和神经生物学测量。本节将对这三种测量方法的基本原理进行介绍。

一、自我报告法

　　自我报告法是情绪测量中最简便易行的方法，基本原理是运用各种情绪评定量表和相关问卷，由被试汇报自己主观情绪体验。典型的情绪测量量表为 PANAS 量表，题项包括 20 个形容词：10 个代表正向情绪，如愉悦的、热情的；10 个代表负向情绪，如内疚的、生气的。但是，自我报告法较容易产生偏差，例如已有研究证明特定人群的自我报告存在较大偏差，个体在汇报自己整体情绪特征和瞬时情绪反应时也会产生不同的偏差。[①]

---

①　PODSAKOFF P M，MACKENZIE S B，PODSAKOFF N P. Sources of method bias in social science research and recommendations on how to control it [J]. Annual review of psychology，2012，63（1）：539-569.

二、行为表现测量

个体的情绪状态可以通过其声音特征、面部表情和躯体行为等表现来推断。例如，语音响度和音高被证明可以用来推测个体的情绪状态，惊跳反应也可以作为情绪效价测量的指标。除此之外，面部表情分析技术近年来已被广泛认为是客观测量个体情绪的方法。

基于面部表情分析的研究认为，存在着数种可以跨文化识别的情绪原型，包括愤怒、恐惧、厌恶、快乐、悲伤、惊奇。① 面部表情分析测量的技术基础为肌电图（EMG），两个最常用的测量肌肉群是皱眉和颧肌（与嘴角上提有关）。目前心理学及行为科学认可度最高的面部表情分析产品是 FaceReader，其可以避免自我报告法的偏差，并提供相对客观准确的情绪测量结果。

三、神经生物学测量

由于情绪的产生涉及激素、神经系统、大脑不同区域（如杏仁核、前额叶）等的生物唤醒，通过测量这些区域的神经活动也可以评估个体的情绪状态。这一原理下常见的测量方法包括脑测量，例如脑电图和功能磁共振成像，以及自主神经系统（ANS）活动测量，评估指标如皮肤电反应或心血管反应，包括皮肤电导级别、心率和血压等。但是，由于这类测量方式更为精细，所耗费的成本较高且情绪评价结果指向性不明确，这类测量方式常见于神经科学等领域，在行为科学领域还未普及。

第 2 节　FaceReader 简介、使用流程、主要情绪指标和注意事项

考虑到情绪测量的自我报告法的主观性以及神经生物学测量的操作复杂性，Face-Reader 作为典型的面部表情分析软件，已经成为一种重要的情绪测量工具。

一、简介

FaceReader 中文名为面部表情分析系统，是用于自动分析面部表情的专业软件，能够准确、可靠地识别面部表情。Facereder 软件集成了三个功能模块：面部查找（face finding）、面部建模（face modeling）与面部分类（face classification）。

（一）面部查找

在面部查找模块中，FaceReader 使用主动匹配模板（active template method，ATM）来快速在图像中搜索具有不同尺度的面部区域。ATM 方法中，一个可以变形的面部模板会置于图像之上，以找到最可能的面部位置。这种方法可以识别多个面部的位置。

---

① EKMAN P. Basic emotions[J]. Handbook of cognition and emotion，1999，98（1）：45 - 60.

（二）面部建模

在面部建模模块中，FaceReader 基于深度神经网络的面部建模技术，使用活动外观模型（active appearance model，AAM）合成面部模型，通过描述大约 500 个关键点的位置及其区域的面部纹理进行建模。AAM 算法使用一系列注释图像（annotated images）来计算面部图像的主要变异源，并使用主成分分析方法（principal components analysis，PCA）降低模型的维度。AAM 算法可以对个人面部以及由姿势、朝向、光线和面部表情所带来的变异进行细致建模。

（三）面部分类

在面部分类模块中，FaceReader 使用人工神经网络算法对面部图片进行分类，从而识别出面部模型背后的情绪。超过 20 000 张人工标注的图像被用来训练人工神经网络。在训练数据足够多的情况下，算法可以对大量面部特征进行分类，具有稳定性与准确性，面对各种姿势、朝向、光线和面部表情，均可以进行稳定准确的自动分类和情绪识别。

二、使用流程

FaceReader 可以对面部视频进行实时分析或离线分析。如果用户选择离线分析方式，则需要在启用 FaceReader 软件进行数据分析前，依据研究设计获取面部视频。需要注意的是，在获得良好图像的情况下，FaceReader 才能正确分类面部表情。相机的位置和拍摄对象面部的光照对于获得可靠的分类结果至关重要。可行的操作方式包括实验室采集（推荐使用 Microsoft LifeCam Studio）和网络视频搜集。具体的操作流程如下。

（一）安装软件

先安装 FaceReader 软件（其为付费软件，需要提前购买）。在启动软件前，将软件加密狗插入电脑 USB 接口。

（二）创建项目

启动软件并创建新项目，设置项目名称及存储目录。

（三）项目设置

用户可以根据实际需要进行不同的项目设置，具体包括面部模型选择（可针对不同国家的被试选择不同的面部模型）、分析设置和数据输出设置。

（四）分析视频

在新创建的项目中添加被试，之后依据需求对离线视频或在线视频进行分析。对离线视频的异步分析，系统可以实现视频批处理。

（五）保存导出

可以将分析结果按照需要的格式导出以供接下来的研究分析使用。

更详细的操作流程，读者可自行查阅 FaceReader 使用说明书。

三、主要情绪指标

在 FaceReader 8.0 版本中，系统可自动识别 7 种基本情绪——快乐（happy）、悲伤（sad）、愤怒（angry）、惊讶（surprised）、害怕（scared）、恶心（disgusted）和蔑视（contempt），以及情绪中立值（neutral）。FaceReader 可以将每个视频切片成帧。在实时的摄像机分析中，FaceReader 以 15fps（15 帧/s）的速度处理视频文件，每秒视频含有15 个样本。而在离线分析中，FaceReader 的采样率为研究者在分析设置中选择的采样率，研究者可以自行选择离线视频的分析速度。FaceReader 会根据编码规则计算情绪程度，用 0 到 1 的客观分数表示每帧的情绪值。因此，Facereade 的数据分析结果文件中会包含对应时间（帧）上的 7 种情绪效价（valence）值和情绪中立值。研究者可以根据刺激事件出现的时间节点自行截取需要的数据。FaceReader 还可以分析情绪唤醒度（arousal），即个体面部表情状态是否活跃。与此同时，FaceReader 能提供情感态度（感兴趣、困惑和无聊等）、心率和视线方向等指标的分析。

四、运用 FaceReader 的注意事项

FaceReader 可以克服情绪自我报告带来的方法偏差，能够在节省大量人力成本的同时产生更统一客观的评价标准。通过 FaceReader 的识别，研究者可以获取更精准的被试情绪状态。然而，FaceReader 也存在由算法模型和训练数据带来的局限性，在识别一些表情时依然存在易混淆和敏感程度不高的问题。下面是运用 FaceReader 进行科学研究的三点注意事项。

（一）明确面部表情分析数据的来源

如选择视频分析，FaceReader 需要对输入的视频材料自动进行面部表情分析，因此研究者需要明确视频材料的来源。一是通过实验室实验获取的视频。这要求实验设备的摄像头能清晰获取视频，也需要研究者合理设计实验并且规范操作流程。二是通过网络搜集的公开视频数据。研究者需要检查视频的清晰度和流畅度，以确保 FaceReader 可以有效地对其进行分析。

（二）情绪分析数据及指标的选取

正如前文所述，FaceReader 会生成对于材料全程的分析数据，包括 7 种基本情绪及中立情绪值，以及情绪效价和情绪唤醒度等一系列指标。因此研究者需要明确情绪刺激的时间点、有效时间段、重点关注情绪类别、变量测量指标等，以从软件输出信息中选取恰当的内容。

（三）实验及研究伦理问题

由于 FaceReader 分析的材料是图片或视频材料，需要特别注意实验材料获取的伦理及数据安全问题。一方面，在实验室实验过程中，研究者要妥善保管好实验材料，也要确保被试知情且同意，自愿参与，告知被试拥有可随时退出实验的权利；另一方面，在网络或企业调研中获取实验材料时要遵守相应的操作规范及法律法规，保护隐私。

第 3 节　FaceReader 在管理研究中的应用

由于 FaceReader 能够自动分析面部表情，科学客观地反映不同刺激对情绪的影响，因此许多管理研究人员使用 FaceReader 来获取更准确的情绪评估。它被广泛应用于营销、战略管理、组织行为等多个研究领域，帮助研究者更好地理解和测量个体的情绪反应。

一、营销研究应用

FaceReader 技术在营销领域的消费者研究场景得到了广泛应用。例如：有学者通过该技术研究证明了消费者的面部反应可以解释其在面对不同产品时的接受度[①]；有学者运用 FaceReader 探究了体验式广告对银行消费者行为的影响，发现体验式的银行广告可以给消费者带来更强的积极情绪和幸福感[②]；还有学者通过使用 FaceReader 软件测量被试在消费过程中的情绪反应和决策时间，发现具有较多金融知识的消费者更能避免各种销售策略的误导和引诱[③]。

二、战略管理研究应用

近年来，战略管理领域的研究也开始采用 FaceReader，以期对情绪进行客观科学测量。例如：在公司治理方面，贾明等人通过董事长在 IPO 路演讲话过程中所呈现出的负面情绪水平来推测公司对外披露信息的真实性，以此来预测公司在创业板上市之后业绩变脸的水平。[④] 在创业管理方面，有学者探究在融资过程中表现出积极情绪是否有助于企业家获得更多的财务支持，并通过 FaceReader 的情绪分析结果发现了两者之间的倒 "U" 形关系。[⑤] 在企业社会责任（CSR）管理方面，有学者发现企业先前高 CSR 水平对利益相关者感知其随后的不负责任行为（CSIR）有双刃剑效应，并运用 FaceReader 分析出对于不同类型的 CSIR，利益相关者会对该企业产生不同的情绪反应。[⑥]

---

① JUODEIKIENE G, BASINSKIENE L, VIDMANTIENE D, et al. The use of face reading technology to predict consumer acceptance of confectionery products [C]. The 9th Baltic Conference on Food Science and Technology, FOODBALT, 2014: 276 - 279.

② LACROIX C, RAJAOBELINA L, ST-ONGE A. Impact of perceived experiential advertising on customers' responses: a multi-method approach [J]. International journal of bank marketing, 2020, 38 (6): 1237 - 1258.

③ WEST T, BUTLER D, SMITH L. Sludged! can financial literacy shield against price manipulation at the shops? [J]. International journal of consumer studies, 2023, 47 (5): 1853 - 1870.

④ 贾明，姚晨雨，张喆. 路演中董事长面部表情与 IPO 后公司业绩变脸 [J]. 管理工程学报，2020，34 (3): 55 - 64.

⑤ JIANG L, YIN D, LIU D. Can joy buy you money? the impact of the strength, duration, and phases of an entrepreneur's peak displayed joy on funding performance [J]. Academy of management journal, 2019, 62 (6): 1848 - 1871.

⑥ ZHANG Z, GONG M, ZHANG S, et al. Buffering or aggravating effect? examining the effects of prior corporate social responsibility on corporate social irresponsibility [J]. Journal of business ethics, 2023, 183 (1): 147 - 163.

三、组织行为研究应用

认知和情感是组织行为研究的重点关注方向，以往的组织行为研究大多采用自我报告法进行情绪测量。近年来 FaceReader 在员工管理的研究领域得到逐步应用，它有助于深入分析情绪与行为之间的关系。例如：有学者通过 FaceReader 技术证明了一线服务员工的积极情感表现与他们获得的正向服务评价呈正相关[①]；还有学者运用 FaceReader 检验了领导辱虐导致的第三方幸灾乐祸情绪，并验证了这一情绪与领导辱虐（第三方视角）和工作参与度的关系[②]。

四、其他研究应用

除以上三个领域之外，FaceReader 也被应用于金融市场、公共管理、人机交互等方面的研究。例如：有学者运用该技术讨论了交易者情绪与资产市场行为之间的关系。[③] 有学者使用 FaceReader 探究了宠物慈善机构人员的情绪状态与收到的捐赠规模之间的关系。[④] 还有学者依据对网站用户的面部表情分析，得出了在更复杂的网站任务中用户更容易产生愤怒情绪的结论，并表明这种愤怒情绪可以用来衡量网站的可用性。[⑤]

第 4 节　文献案例分析

一、FaceReader 在创业研究中的运用

（一）文献信息

JIANG L，YIN D，LIU D. Can joy buy you money？the impact of the strength，duration，and phases of an entrepreneur's peak displayed joy on funding performance [J]. Academy of management journal，2019，62（6）：1848 – 1871.

在融资游说中表现出积极的情绪（如喜悦）是否能帮助创业者获得更多的资金支持？过去的研究大多将情绪表现视为静态的，专注于创业者表现出的情绪整体或平均水平来进行研究。然而，情绪表现在时间维度上是动态的。根据格式塔特征（gestalt characteristics）和事件系统理论（event system theories），该研究通过使用 FaceReader，分析了 1

---

① SÖDERLUND M，SAGFOSSEN S. The depicted service employee in marketing communications：an empirical assessment of the impact of facial happiness [J]. Journal of retailing and consumer services，2017，38：186 – 193.

② QIAO Y，ZHANG Z，JIA M. Their pain，our pleasure：how and when peer abusive supervision leads to third parties' schadenfreude and work engagement [J]. Journal of business ethics，2021，169：695 – 711.

③ BREABAN A，NOUSSAIR C N. Emotional state and market behavior [J]. Review of finance，2018，22（1）：279 – 309.

④ SHEPELENKO A，SHEPELENKO P，OBUKHOVA A，et al. The relationship between charitable giving and emotional facial expressions：results from affective computing [J]. Heliyon，2024，10（2）.

⑤ TALEN L，UYL T E D. Complex website tasks increase the expression anger measured with FaceReader online [J]. International journal of human-computer interaction，2022，38（3）：282 – 288.

460 个广告视频中超过 800 万帧的数据，揭示了展示喜悦情绪在创业推广中的好处，特别是在推广的开始和结束阶段。

（二）研究背景和问题提出

越来越多的研究揭示了企业家情绪在其创业努力中的作用。鉴于筹集资金对企业家的重要性，研究者将注意力转向了解企业家在融资过程中的积极情绪表现是否与获得的资金量有关。虽然之前的研究产生了有价值的见解，但创业者在融资过程中情绪表现的时间特征影响仍未得到充分研究。情绪表现是动态的，这表明企业家演讲的听众在某些时刻可能比在其他时刻更容易受到演讲者情绪表现的影响。因此，该研究以一种更动态的视角来看待创业者在融资推介过程中所表现出的情绪的作用。结合格式塔特征，该研究关注企业家创业时情绪表现的一个新颖的时间特征——"峰值"时刻（即情绪强度最高的时刻），进一步提出研究问题：在创业阶段，企业家展示愉悦的峰值是否会影响其融资表现？

（三）主要理论与基本假设

除格式塔特征外，该研究使用的另一个核心理论为事件系统理论。事件系统理论认为，为了更全面地理解事件的影响，研究者不仅应该考察事件的强度（该研究的事件为企业家喜悦情绪的高峰表现），还应该考察事件持续时间和事件发生时间。时间与人类的经验紧密地交织在一起。为了建立一个更强大的理论框架，必须研究随时间推移而演变的事件的影响。因此，该研究还研究喜悦峰值（peak displayed joy）的持续时间和出现阶段。具体来说，研究者假设并验证了企业家表现出最强烈喜悦情绪的总时间长度与融资绩效之间存在倒"U"形关系，即当喜悦峰值超过一定的持续时间时，受众可能会做出负面推断。与此同时，研究者还深入考虑了融资宣传的两个关键阶段——开始和结束。进一步假设由于最优性和近因效应，在宣传的开始和结束阶段，喜悦峰值强度的积极影响和高峰持续时间的倒"U"形效应增强。

（四）研究方法

1. 数据来源

该研究在众筹的背景下进行抽样选择，对 Kickstarter（最大的众筹平台之一）上的 4 019 个创业项目视频进行随机抽样，并剔除了情绪展示时间过短的和具有极端融资目标的项目，最终获得 1 460 个创业项目样本视频。

2. 变量测量

（1）喜悦峰值。1 460 个样本视频的总帧数超过 820 万，每个视频平均有 5 618 帧。该研究通过 FaceReader，获得每帧的情绪效价值，并将一定水平的效价值确定为喜悦峰值。

（2）喜悦峰值持续时间（peak displayed joy duration）。峰值持续时间是在演讲过程中，企业家展示的喜悦达到峰值的总时间长度（单位为 s）。研究者首先计算一段视频中达到喜悦峰值的视频帧数，然后再根据特定视频的帧时长将帧数转换为秒数。

（3）喜悦峰值的开始和结束阶段。将每个视频分成三个部分，分别为开始阶段、中间阶段和结束阶段，时长各占约 1/3。然后，分别确定三个分区中的喜悦峰值和持续时间。

（4）融资绩效。使用两个变量来衡量创业项目的融资绩效：一是向该项目承诺资金的出资人数量，二是出资人承诺的资金总额（单位为美元）。由于两个变量具有偏态性和非负性，均取其自然对数纳入数据分析。

（五）文献点评

该研究采用面部表情分析技术测量创业者在演讲视频中展示的喜悦情绪，并探讨了喜悦峰值的强度、持续时间和阶段对融资表现的动态影响。总体而言，该研究通过开发新的理论视角和运用先进的测量方法，为情绪和创业领域的研究做出了有意义的贡献。

二、FaceReader 在公司治理研究中的运用

（一）文献信息

贾明，姚晨雨，张喆. 路演中董事长面部表情与 IPO 后公司业绩变脸 [J]. 管理工程学报，2020，34（3）：55 - 64.

投资者是否可以利用"软"信息来识别公司的真实价值？社会心理学理论认为人在提供虚假信息（如撒谎）的时候会流露出负面情绪，进而反映到面部表情上。为了分析公司董事长在 IPO 路演讲话时的负面情绪与公司上市后的业绩变脸幅度之间的关系，研究者以 2009—2014 年在创业板上市的公司为样本进行调查研究。为了提高结论的可靠性，研究者首先基于实验室实验方法设计欺骗行为实验，检验了 FaceReader 软件测量面部表情给出的负面情绪值与欺骗行为之间的相关性。该研究指出可以利用董事长在 IPO 路演讲话的面部表情来识别公司的真实价值，该结论为保护投资者利益提供了一条新的途径。

（二）研究背景和问题提出

自我国创业板开设以来，不断出现公司上市之后业绩大幅下滑（业绩变脸）的现象，导致投资者损失惨重。那么，投资者如何识别 IPO 公司，例如识别创业板上市公司的真实价值？这成为学术界关心的热点问题。

在资本市场上，投资者对公司价值的判断多基于公司对外披露的信息，而公司为了获取投资者信任，往往会进行盈余管理或报表粉饰，避免对外披露不利信息，避免影响投资者对公司发展的信心。显然，从投资者角度而言，仅仅根据公司所披露的"硬"信息无法准确判断公司价值。社会心理学研究表明，说谎者会表现出消极情绪而更加紧张，说谎者的这种消极情绪可以通过声音和面部表情反映出来。因此，公司高管在陈述公司情况时所流露出来的面部表情，以及通过面部表情推断出的说话时情绪可能也蕴含着重要的会计信息价值。研究者延续这一思路，创造性地将董事长面部表情这一"软"信息纳入进来，提出以下研究问题：投资者是否可以通过董事长面部表情传达的"软"信息来有效地预测 IPO 后发生业绩变脸的可能性？

（三）研究方法

首先通过设计研究 1 的实验室实验来检验通过 FaceReader 测量的负面情绪水平，据

此来推断被试是否存在欺骗行为的有效性；随后开展研究 2 分析在创业板上市的公司路演时的董事长讲话视频获得董事长情绪水平，据此进行实证检验。在此以实验室实验为重点讲解 FaceReader 实验操作流程。

1. 研究 1（实验室实验）

（1）被试选择。

实验在西北工业大学社会科学实验研究中心进行，并通过网站招募了 24 位被试。

（2）实验设计。

实验中有两种角色，分别是信息提供者（A）和决策者（B），每一组由一位信息提供者（A）和一位决策者（B）组成。A 会首先得到一个数字 s（整数 1～6 中的一个）。之后 A 将给 B 发送这样一条信息："这个数字是 r"（整数 1～6 中的一个）。B 收到 A 提供给他的信息之后，需要判断 A 提供给他的信息是否真实，从而选择相信或不相信 A。

A 的收益取决于他提供给 B 的信息，并且与 B 的收益无关，其中 A 的收益 $= 2r$。显然，r 等于 6 时，A 可以获得最大化收益。由于数字是随机出现的，在统计意义上来看 A 在约 80% 的情况下有说谎的动力。B 的收益取决于 B 是否相信 A，如果 B 相信 A，还取决于 A 提供给 B 的信息是否真实。

实验设计给了 A 说谎的机会，A 可能由于利益驱动而提供给 B 不真实信息。如果 A 仅仅关注于自己的收益，无论他得到的数字是多少，他将会一直告诉 B 这个数字是 6，这样 A 就能得到 12 的收益。如果 A 得到的数字 s 越小，A 由于说谎而增加的收益就越多。实验目的是测量 A 说谎后的情绪，因此，A 是研究者关注的目标。设定当 A 看到数字 s 到向 B 报告数字 r 这段时间为 A 的情绪测量区间，时间总长度为 30 秒。

（3）实验设计实现。

整个实验流程需要被试在电脑前完成（便于录制视频以供 FaceReader 分析），所以实验材料需要通过指定的实验程序 Z-tree 来展示给被试（Z-tree 是常用的实验开发平台）。研究者要于正式实验前在 Z-tree 上做好实验编程以实现实验设计。

（4）实验程序。

步骤 1：实验介绍。首先告知被试在实验过程中会进行录像，以充分保证被试的自愿性和被试的知情权，并在实验开始前询问是否有人要离开实验室。本次试验中，没有被试提出离开实验室。随后，实验组织者说明了实验要求和实验报酬，并让每位被试做四道测试题，以保证他们准确理解实验设计。

步骤 2：预实验。正式实验开始前，被试需要先填写个人基本信息（性别、年龄、年级），并进行两轮预实验，第一轮预实验中所有被试均为 A，第二轮预实验中所有被试均为 B，预实验的目的是让被试熟悉实验操作界面。

步骤 3：分配角色。由于实验的目的不是观测两人动态博弈的结果，因此，实验中并没有进行真实的配对，而是由计算机模拟配对角色。例如，分配给实验对象 1 的角色是 A，那么实验程序就虚拟一个角色 B 与之配对，这样做的好处是可以最大限度控制由于 B 的决策选择而可能对 A 情绪造成的影响。

步骤 4：正式实验。正式实验进行 24 轮，每一轮开始时首先随机分配角色，A 得到数字后，告诉 B 这个数字是多少，再由 B 做决策，最后反馈 A、B 当轮的收益。实验过程中，每位被试都匿名决策并且保证被试之间互不干扰。实验大约持续 30 分钟，所有被试在实验结束之后均当场收到了他们的实验报酬，平均为 29.04 元。

（5）变量定义。

1）因变量——有无说谎。

A 在给 B 提供信息的过程中有没有说谎，即 A 给 B 提供的信息是否真实。若信息真实，即 A 没有说谎，则定义 Cheat＝0；若信息不真实，则 A 说谎，定义 Cheat＝1。

2）自变量——负面情绪。

A 在情绪测量区间内表现出的情绪水平。为此，本研究设计了三种衡量方式，并且与随后的实证分析中消极情绪变量的衡量方式保持一致。

Time_Nega Emotion1 表示情绪测量区间内负面情绪出现的时长。根据 FaceReader 软件的反馈结果，统计情绪测量区间 Valence 值小于－0.33 的次数，乘以每个测量区间的时间长度，最终得到负面情绪出现的总时长。显然，负面情绪出现的时间越长，那么 A 在制定决策过程中的情绪越消极。

Time_Nega Emotion2 表示情绪测量区间内负面情绪持续的最长时间。计算目标时间段中，FaceReader 连续报告出现负面情绪的时间长度，并选取其中负面情绪持续最长的那段时间来衡量 A 的负面情绪水平。连续出现负面情绪的持续时间越长，表示 A 在制定决策过程中的情绪越消极。

Lowest_Emotion 表示情绪测量区间内 FaceReader 反馈的负面情绪的最小值，即 Valence 的最小值。情绪测量区间内 A 出现的最小的负面情绪水平越低，则表示 A 在制定决策过程中曾出现过很强的消极情绪。

3）控制变量。

控制变量包括被试的性别（男性定义为 Gender＝1，女性定义为 Gender＝0）、年龄（Age）和年级（Grade）。

（6）回归模型。

$$Cheat=\beta_0+\beta_1 NegaEmotion+\beta_2 Gender+\beta_3 Age+\beta_1 Grade+\varepsilon \qquad (10-1)$$

2. 研究 2（实证研究）

（1）样本选择与数据来源。

该研究选择的样本为 2009—2014 年在创业板上市的公司（2013 年由于中国证监会全面停止 IPO，当年没有公司上市），共得到 411 家公司样本。有关上市公司 IPO 的相关数据来自 Wind 数据库和国泰安数据库（CSMAR），IPO 路演视频来自全景网中国网上路演中心。

根据该研究的特点，对样本进行进一步筛选，剔除无效样本。样本的筛选标准如下：（1）剔除截至 2015 年已退市的公司样本，共 6 个；（2）剔除未获得 IPO 路演视频的公司的样本，共 90 个；（3）剔除董事长在 IPO 路演中没有讲话的公司的样本，共 7 个。最后得到有效样本 308 个。

（2）变量定义。

1）因变量——业绩变化。

该研究采用前一年的总资产报酬率（ROA）的变化来衡量公司的业绩变化

(Growth)。

2）自变量——董事长的消极情绪。

首先，研究者通过观看每家公司的路演视频以手工截取董事长讲话片段。随后，将截取的视频文件导入 FaceReader 软件中，FaceReader 会自动将视频每隔 0.055s 截出一段并测量一次表情，然后反馈董事长每隔 0.055s 产生高兴、愤怒、厌烦、恐惧、悲伤和惊讶这六种基本表情（研究者使用的是软件早期版本，只提供六种情绪）的频率，并根据情绪的分类（如高兴为正向情绪，愤怒、厌烦、恐惧和悲伤为负向情绪，惊讶既不是正向也不是负向情绪）计算 Valence 情绪值。根据 FaceReader 软件使用说明书的描述：Valence 值越大，情绪越积极正面；Valence 值越小，情绪越消极负面。当 Valence 值小于－0.33 时，为负面情绪。基于此，延续在实验研究中设计的情绪测量变量，实证分析中也使用三种方法计算董事长在路演过程中的负面情绪水平。

Time_Nega Emotion1 表示董事长在路演讲话过程中负面情绪出现的总时长。根据 FaceReader 软件的反馈结果，统计出董事长讲话期间 Valence 值小于－0.33 的次数，然后乘以 0.055，得到负面情绪出现的总时长。根据研究假设，负面情绪出现的时间越长，那么董事长在介绍公司情况过程中提供的信息越不真实，公司 IPO 后业绩下滑的幅度也就会越大。

Time_Nega Emotion2 表示董事长在路演讲话过程中负面情绪持续最长的时间长度。董事长讲话时负向情绪和正向情绪可能交替出现，董事长在讲话过程中持续出现负面情绪的时间越长，那么董事长所介绍的公司信息中存在更为严重的不真实情况。

Lowest_Emotion 表示董事长在路演讲话过程中 Valence 的最小值，以此衡量董事长的负面情绪水平。有经验的人往往会控制和调节自己的表情，例如微表情只会出现约 0.25s。董事长在路演讲话期间也可能通过自我调节来掩饰自己的负面情绪，而使得持续观测到董事长负面情绪的时间缩短。因此，研究者还提取了董事长在整个路演讲话过程中情绪最消极时的 Valence 值（Valence 的最小值），以此作为负面情绪的衡量指标。

3）控制变量。

该研究选取公司规模（Size）、资产负债率（Lev）、成长性（AVGgrowth）这几种指标作为控制变量。研究者还通过引入行业虚拟变量和年度虚拟变量对行业和年度进行控制。根据该研究的特点，研究者还控制了董事长年龄（Age）、性别（Gender）、路演讲话的时长（Time）、董事长权力（Power）、公司冗余资源（Redundant）和行业环境的竞争性（Competition）等因素。

（3）回归模型。

$$Growth = \beta_0 + \beta_1 \, Nega\ Emotion + \beta_2\, Size + \beta_3\, Lev + \beta_4\, AVGgrowth + \beta_5\, PE$$
$$+ \beta_6\, Power + \beta_7\, Competition + \beta_8\, Redundant + \beta_9\, SOE + \beta_{10}\, Industry$$
$$+ \beta_{11}\, Gender + \beta_{12}\, Age + \beta_{13}\, Time + \varepsilon \tag{10-2}$$

（四）研究结果

研究 1 的回归结果表明个体的负面情绪越高，出现欺骗行为的概率越大，证明了用 FaceReader 测量的负面情绪水平推测欺骗行为的有效性。研究 2 的实证检验结果验证了董事长在 IPO 路演过程中出现负面情绪水平越高，公司在 IPO 之后业绩下滑越多。

（五）文献评点

这篇论文主要讨论了投资者是否可以利用董事长在 IPO 路演讲话时的面部表情来识别公司的真实价值。研究者通过实验研究和分析创业板上市公司的数据，探讨了董事长面部表情与公司业绩变脸之间的关系。研究者对有关"软"信息所蕴含的会计信息价值的相关研究进行了拓展，并基于 FaceReader 技术拓展并验证了"软"信息的科学测量方法。研究者发现，董事长在路演讲话时的负面情绪水平可以作为一种"软"信息，用来预测公司上市后的业绩变化，这一结论为保护投资者利益提供了一条新的途径。

▶ 思考题

1. 情绪测量的主要方法包括哪些？基本理论依据是什么？

2. 应用范围最广的面部表情分析属于哪一种情绪测量方法？其依托的情绪原型包括哪些？

3. 请简要阐述 FaceReader 的基本工作原理。并进一步思考，在这种工作模式下其情绪测量的准确度会受什么因素影响？

4. FaceReader 8.0 能够识别的基本情绪包括哪几种？

5. 请构想一个 FaceReader 在管理领域中的研究场景。

▶ 参考文献

第11章 ▸ 生理多导仪技术及其在研究中的应用

叶 贵 重庆大学

生理多导仪，作为一种高度集成的先进设备，能够同步精准测量和记录多项生理参数，这一特性在医学、心理学、神经科学乃至跨学科的管理研究中展现出了深远的应用潜力与学术价值。特别是在探讨复杂人类行为与决策机制的管理学高端研究领域内，生理多导仪的应用正日益受到重视。本章将讲解生理多导仪及其实验设计要点和在管理研究中的应用。

第1节 生理多导仪简介

生理多导仪作为一种高度专业化的数据采集与分析系统，能够精确捕捉并持续记录人或动物的多种生理信号，这些信号包括但不限于心电活动、脑电波动、肌电活动、皮肤电导变化、呼吸等，为各领域的广泛研究提供了坚实的数据基础。

一、生理多导仪的理论基础

（一）基本原理

生理多导仪能够记录脑电图、肌电图、皮电活动和呼吸信号等生理指标，这些生理信号能反映人的行为。生理多导实验的目的是记录实验者的生理状态，并将这些信息与可见的行为数据一并分析。生理多导仪可以揭示人更深层次的心理现象。在心理学领域，生理多导仪的应用主要包括自主神经系统研究、激励反应、事件相关性测试和惊吓眨眼测试等。

生理多导仪的工作原理是将多模态生理信号通过采集电极或转换器转化为电信号，然后利用放大器将导入的信号放大，经滤波选择需要采集的信号波段，最后将模拟信号转换为数字信号。生理多导仪能够采集的生理信号分为电信号和非电信号。电信号包括心电、脑电、肌电等，通过电极将生理电信号导入仪器，经放大后显示即可完成采集，操作较为简单；非电信号包括体温、血压、呼吸和血氧饱和度等，其采集过程较为复杂，需要先将此类信号转化为电信号，再进行信号显示。

（二）硬件构成

生理多导仪的硬件主要包括采集电极片、转换器、放大器、滤波器与主机。

（1）电极片。在进行实验前准备时，需要将电极片贴在被试相应的身体部位，并在电极片上涂上导电膏以降低电阻，利于生理信号的收集。

（2）转换器。转换器可将生理信号转换为电信号。不同模态的非电信号需要使用不同的转换器。例如，将血压转化为电信号需要使用血压转换器，将温度转化为电信号需要使用温度转换器等。

（3）放大器。放大器可将监测到的微弱生理信号放大。转换器或电极引起的电信号或非电信号非常微弱，其单位多为 mV 或 μV，难以直接进行数据分析与处理，且容易受到干扰。因此，在数据分析前需要将监测到的生理信号放大。

（4）滤波器。滤波器能去除干扰信号或噪声，保留相关指标。生理多导仪记录到的生理信号大多以波形呈现。数据收集过程存在很多干扰因素，包括外界的信号干扰（如周边电器的无线电信号干扰），以及与被试自身不相关行为所产生的信号干扰（如眨眼、扭头）。如果不将收集的原始数据进行数据滤波，直接进行分析的数据可能包含多个特征，难以得到真正需要的生理信号。

（5）主机。经过放大器放大的信号会传给计算机，主机的作用就是在信号传递过程中将模拟信号转换为数字信号，以便将信息储存在计算机里。模拟信号是定性信号，其状态具有连续性，如脑电波形、连续变化的体温等；相对于模拟信号而言，数字信号分为离散的 0 与 1。生理多导仪的主机就承担信号的转化工作，将收集的模拟信号转换为数字信号，从而便于计算机存储、分析与修改。

（三）可监测数据类型

1. 心电信号和心电图

心电图（electrocardiogram，ECG）将心跳活动产生的心电活动变化转换成图像，记录引发心跳信号序列的时间节点和强度。肌肉收缩过程中，细胞膜的离子通透性发生变化，产生膜内外正负离子的流动，从而产生动作电位，带动肌肉运动。同样地，在心肌收缩过程中，先产生电流，后产生心肌收缩运动。心电图的基本参数包括心率、P 波时限、PR 间期、QRS 波群时限、QT 间期、P 波、QRS 波群、T 波电轴、P 波振幅、QRS 波群振幅、ST 段振幅、T 波振幅、U 波振幅等。

心电信号的采集主要通过以下两种方式进行：

（1）利用血液对光的吸收。血液能够反射红光而吸收绿光。血液流动得越快，对绿光的吸收率就越高。因此，能够通过绿色灯光监测血液对绿光的吸收率，或通过红外线监测血液对红外线的反射率。

（2）利用电位差。通过在皮肤表面设置若干电极，捕捉心脏收缩运动带来的电脉冲，从而实现心电信号采集。

2. 肌电信号和肌电图

当大脑发出兴奋信号并向身体传导时，中枢神经系统的运动神经元的胞体和树突在来自突触的刺激下产生电脉冲，并沿神经元的轴突传导到其末梢与肌肉的接点——运动终板。传导到轴突末梢的运动电位使末梢突触释放化学物质乙酰胆碱，使运动终板的离子通透性发生变化，产生终板电位。终板电位使肌细胞膜达到去极化阈值电位，产生肌纤维的运动电位，并沿着肌纤维向两方传播。肌纤维的运动电位传播导致肌肉收缩，同时传播中的电信号在人体的软组织中引起电流场，并在检测电极间形成电位差，即肌电信号。肌电图（electromyography，EMG）能够显示和分析神经肌肉收缩时产生的肌电信号，用来放大常规肌肉和骨骼肌的电活动。该信号代表肌肉的活动水平，能够基于此对肌肉功能进行研究。

肌电信号采集包括表面肌电信号与针电极肌电信号两种。

（1）表面肌电信号。表面肌电信号是人体肌肉表面通过收缩产生的生物电流。表面肌电图是由单个运动单元的电生理信号组成的时间、空间的组合信号。它反映的是整块肌肉（参与收缩的所有肌纤维）的电生理特性，具有安全、容易掌握、非侵入性、客观量化的特点。其幅值一般为 0～1.5mV，有用信号频率位于 0～500Hz。

（2）针电极肌电信号。针电极信号是指插入到肌肉中的针电极收集到的在针电极周围有限范围内的运动单位电位的总和，具有侵入性的特点。生理多导仪一般不采用针电极肌电。

3. 呼吸信号

呼吸是人体内外环境之间进行气体交换的必需过程。人体通过呼吸吸进氧气并呼出二氧化碳，从而维持正常的生理功能。人的呼吸过程包括三个互相联系的环节：外呼吸，指肺通气和肺换气；气体在血液中的运输；内呼吸，指组织细胞与血液的气体交换。呼吸信号（respiration signal，RSP）的采集原理是通过放置在胸部或腹部的传感器来检测胸腔和腹部的运动，测量呼吸运动时胸腹的收缩和扩张，从而获取呼吸运动信号。单位常为毫伏（mV）、位移（mm）或压力（Pa）等。呼吸频率随年龄、性别和生理状态的不同而呈现异质性。例如，成年人平静时的呼吸频率为每分钟 12～20 次。

4. 皮肤温度信号

皮肤温度信号（skin temprature，ST）是指人体末梢皮肤温度以及空气温度，即在人体末梢所检测到的体表温度和呼吸时产生的空气在经过传感器时所反馈出的温度。

皮肤温度信号的采集原理是利用热电偶、热电阻和红外线传感器等温度传感器，将物体表面的温度转换成电信号。皮肤温度信号的数据单位通常是摄氏度（℃）、华氏度（℉）或开尔文（K）。一般选取被试在不同试验阶段的信号平均值作为具体指标。手指皮肤温度的变化可以反映自主神经系统的功能变化，一般来说个体在放松时交感神经兴奋性下降，手指毛细血管舒张，指端血流量增加导致指温升高；相反，个体在紧张时交感神经兴奋性提高，指端血流量减少导致皮温降低。

5. 血氧饱和度

血氧饱和度（saturation of peripheral oxygen，SpO_2）是血液氧合血红蛋白的容量占全部可结合的血红蛋白容量的百分比，是呼吸循环的重要生理参数。人体的新陈代谢过程是生物氧化的过程，新陈代谢过程中所需的氧气通过呼吸系统进入人体血液，与血液红细胞中的血红蛋白结合成氧合血红蛋白，再输送到人体各部分的组织细胞中去。血液携带输送氧气的能力用血氧饱和度来衡量。

传统的血氧饱和度测量方法是利用电化学对采集的血液样本进行分析。该方法较为烦琐，且存在延时性与间断性。而采用指套式光电传感器，只须将传感器套在手指上，将手指作为盛装血红蛋白的透明容器，通过测定光通过组织床的传导强度计算血红蛋白浓度及血氧饱和度，具有连续性与非侵入性的特点。

6. 脉搏信号

光透过皮肤组织再反射到光敏传感器时，会有一定衰减。肌肉、骨骼等对光的吸收率是基本不变的（前提是测量部位没有大幅度的运动），但是血液因为不断流动，对光的吸收率自然也有所变化。光电容积脉搏波描记术（photoplethysmography，PPG）是一种非侵入性光学技术，它利用血液对光的吸收特性来检测皮肤微血管中的血流变化，记录脉搏压力波形，从而获取脉搏信号（pulse signal，P）。

7. 皮电活动

当机体受到感官刺激或者情绪产生变化时，皮肤内的血管会产生收缩和舒张，汗腺被激活进而分泌液体，通过毛孔进入皮肤表面。在分泌液中的离子改变电流的正负平衡，从而引起皮肤电导率的变化（皮肤电导率增加等于皮肤电阻降低），这种可测量的变化被称为皮电活动（electrodermal activity，EDA）。皮电活动由皮肤电导水平（SCL）和皮肤电导响应（SCR）组成。测量皮电活动，要将一对电极放置在皮肤表面，在皮肤上施加一个微小的恒定电压，从而记录皮电活动，其测量单位为微西门子（μS）。

8. 其他指标

除了上述常用的监测数据外，生理多导仪的数据采集还包括脑电图、眼电图、无创血压和面部肌电图等技术。技术的实际应用与实验设计有关，不同的多导仪支持不同的技术配置和数据采集模式。

二、生理多导仪的演进过程

生理多导仪的历史可以追溯到生物医学工程学的早期阶段，以及医学对生理信号监测和分析需求的不断增长。在生物医学工程学的早期，科学家们开始尝试测量和记录人体的生理信号，以便更好地理解和治疗各种疾病。最初的生理信号测量设备功能单一，只能测量一种或少数几种生理参数，如心电图只能记录心电信号。随着科技的进步和医学研究的深入，科学家们意识到需要同时监测多个生理参数，以便更全面地了解人体的生理状态。这种需求推动了多参数监测设备的发展，也就是生理多导仪的前身。

最初的生理多导仪主要集中在心电图的监测上，但随着时间的推移，科学家们开始将其他生理参数（如血压、血氧饱和度、呼吸频率等）也纳入监测范围。这种转变使得医生能够更全面地了解患者的生理状态。随着电子技术和计算机技术的飞速发展，生理多导仪的性能得到了显著提升。现代生理多导仪不仅具有更高的采样率和分辨率，还能够实现更复杂的信号处理和分析功能。此外，一些高级的生理多导仪还具备无线传输和远程监控功能，使得医生能够实时获取患者的生理数据。

随着技术的不断进步，现代生理多导仪逐渐实现了集成化和便携化。一些先进的设备将多种生理参数的监测功能集成在一个仪器上，同时采用了轻便的设计和可充电电池，使得医生能够更加方便地进行移动式监测。随着可穿戴设备和智能家居的普及，生理多导仪也逐渐融入人们的日常生活中，为人们的健康监测和疾病预防提供更加方便和有效的手段。随着人工智能、物联网等技术的不断发展，生理多导仪的功能和应用领域将进一步拓展。未来的生理多导仪能够实现更高级的数据处理和分析功能，如自动诊断、预测预警等。

第 2 节 实验设计要点

一、实验任务

随着消费者对产品和服务的多样化需求增加，了解消费者的购买决策过程、情感反应和认知机制变得尤为重要。生理多导仪作为一种能够实时监测被试生理反应的设备，是深入研究消费者行为的有力工具。本实验旨在通过生理多导仪记录被试在特定购物场景下的生理反应，分析被试的认知加工过程及购买意愿，从而为企业制定更有效的营销策略提供科学依据。

二、实验对象与设备

实验设备：生理多导仪（可测量心电信号、肌电信号、血氧饱和度等数据）、E-Prime[①]程序或虚拟现实设备。

三、实验流程

（一）准备阶段

（1）购物场景模拟。利用 E-Prime 程序或虚拟现实设备设计实验刺激材料，包括消费商品展示、广告播放等环节。

（2）基线数据采集。在正式实验开始之前，让被试在安静的环境中休息 15 分钟，并采集该状态下被试的各项基线生理数据，包括呼吸、脉搏、肌电、心电、血氧饱和度等。

（二）实验阶段

（1）刺激呈现。向被试展示一系列不同类型的产品（如食品、日用品等），同时播放相关的广告视频或音频。在呈现刺激时，注意观察并记录被试的生理反应变化。

（2）数据采集与分析。生理信号反映人体的不同生理活动。在购物场景模拟结束后，立即收集生理多导仪记录的数据并进行综合分析。重点关注心率、皮电活动和呼吸信号等指标的变化，分析其与购买意愿、情感反应和认知加工过程之间的关系。

四、数据与结果

（一）数据预处理

对采集所得的原始数据进行预处理以提高数据质量。预处理步骤包括滤波、去噪、

---

① E-Prime 是实验生成系统，集实验设计、生成、运行、收集数据、编辑和预处理分析数据于一体。

信号放大等，以消除不必要的干扰，突出有用的信息。

（二）数据特征提取

从预处理后的数据中提取出具有代表性的特征，如特定的波形、振幅、频率等，目的是获取反映生理信号的关键信息。

（三）数据分析

对提取的特征进行统计分析，包括计算均值、标准差、相关性等，以了解数据的分布和变化趋势。分析生理信号与特定行为、情感或认知状态之间的关系。

（四）结果讨论

根据实验结果，解释生理信号背后的意义，解释被试在购物场景中的情感状态、认知加工过程、购买意愿，分析不同类型的产品和广告对被试生理反应的影响，提出针对性的建议。例如，企业可以通过调整广告内容、优化产品展示方式等手段来激发消费者的积极情感反应和购买意愿，或根据消费者的认知加工过程制定更有效的信息传递策略，提高营销效果。

五、注意事项

在进行生理多导仪的实验研究时，为确保实验的准确性和安全性，需要注意以下三点。

（一）实验准备

确保生理多导仪及其附件处于良好的工作状态，要仔细检查电极、导联线、传感器等；检查设备的电池电量、电源连接、信号接收与传输功能是否正常；定期校准设备，以确保其准确性和可靠性；确保实验环境安静、无干扰，以减少噪声和其他因素对实验结果的影响；控制实验环境的温度、湿度和光线，以维持一个稳定的环境条件；对实验被试进行充分解释和说明，让他们了解实验的目的、过程、可能的不适和风险；确保实验被试的皮肤清洁、干燥，以便电极接触良好并准确传输信号；确保电极正确放置在指定的位置上，并与皮肤紧密接触；避免在电极旁放置可能产生干扰的物品，如手机等。

（二）数据采集与处理

设定合适的数据采集参数，如采样率、滤波器等；在实验过程中持续监测数据质量，确保数据的有效性；采集的数据应及时保存并备份，以防数据丢失或损坏；对采集到的数据进行适当的处理和分析，如滤波、去噪、特征提取等。

（三）安全与隐私

确保实验过程中被试的安全，避免发生意外事件；保护被试的隐私，不得泄露其个人信息和实验结果；遵守相关的法律法规和伦理规范，确保实验的合法性和道德性；严格按照设备的操作说明书和使用规范进行操作，避免因操作不当导致设备损坏或实验失败。

第 3 节　生理多导仪在管理研究中的应用

在管理研究领域，生理多导仪的应用开辟了一个全新的视角，将侧重于行为分析与数据统计的研究方法，拓展至更为微观的生理层面，丰富了研究手段，促进了跨学科合作，推动管理理论与实践的创新发展。

一、生理多导仪的应用潜力

目前，生理多导仪更多地被应用于医学、生物学、心理学等领域的研究和实践，在管理学中的应用相对较少。然而，生理多导仪的功能特性可能与管理学有一定的联系。

第一，生理多导仪能够实时记录和分析人体生理信号，如心率、血压、呼吸频率等。这些生理指标在一定程度上可以反映人的情绪状态、压力水平、认知负荷等。在管理学中，了解员工的情绪状态对优化工作环境、提升员工满意度和工作效率来说具有重要意义。因此，生理多导仪可能被用于研究员工在特定工作环境下的生理反应，从而为管理策略的制定提供依据。例如，生理多导仪常被用来采集皮电活动、心率、心率变异性等外周生理性指标。这些指标对于研究员工情绪反应等具有重要价值。

第二，生理多导仪的多通道记录功能可以实现对多个生理指标的同步连续监测。通过合理应用生理多导仪及其相关技术，能够深入了解人体的生理和心理机制。在管理学的实践中，有时需要同时关注多个方面的数据，以全面了解情况。例如，在研究员工的工作压力时，可能需要同时监测员工的心率、血压和呼吸频率等多个指标。生理多导仪的多通道记录功能就能为这种需求提供全面而准确的数据支持。

第三，虽然目前生理多导仪在管理研究中的应用相对较少，但一些神经生理技术（如脑电、眼动等）在管理研究中的应用越来越普遍。随着研究的深入和技术的进步，生理多导仪在管理研究中的应用可能会得到进一步拓展。

二、生理多导仪在管理研究中的具体应用

生理多导仪在管理研究中具有独特的应用价值，它能够从生理层面揭示个体在管理活动中的心理反应和行为机制，为企业优化管理策略、提升组织绩效提供有力的支持。

（一）消费者行为研究

通过监测消费者在购买决策过程中的生理指标变化，生理多导仪可以帮助研究者了解消费者的情感反应、认知过程和决策动机。这有助于企业更准确地把握消费者需求，优化产品设计和营销策略。

（1）心率。心率能够反映消费者在面对不同刺激（如产品展示、广告内容等）时的情绪反应。例如，当消费者看到他们感兴趣的产品时，心率可能会上升，反映出他们的兴奋程度提升。通过分析心率的变化，研究人员可以了解消费者对不同产品或信息的情感反应程度，从而优化产品或广告策略。

（2）皮电活动。在消费者行为研究中，通过监测皮电活动的变化，可以评估消费者对产品或广告的情感投入和兴趣水平。当消费者对某个产品或广告产生强烈的情感反应时，皮肤电导水平可能会上升。

（3）呼吸信号。呼吸频率和深度的变化可以反映消费者的放松程度和情绪状态。在购物环境中，如果消费者表现出深呼吸和稳定的呼吸频率，可能意味着他们感到放松和满意，而呼吸急促或浅短可能表明他们感到紧张或不满。研究者可以通过分析呼吸指标了解消费者对购物环境的适应性和情绪体验，优化购物环境设计。

（二）领导力与团队管理研究

生理多导仪可以记录团队成员在领导者的不同领导风格下的生理反应，从而揭示领导者对团队氛围、成员满意度、工作绩效的影响。这有助于企业选拔和培养优秀的领导者，提升团队的整体效能。

（1）心率。该指标能够反映团队成员在面对领导时的情绪反应和心理压力。例如，当领导者展现出积极的领导风格时，团队成员的心率可能保持稳定，心率变异性较高，表明他们感到放松和信任；相反，如果领导风格过于严格或不稳定，可能导致团队成员心率上升，心率变异性降低，表明他们感到紧张和焦虑。

（2）皮电活动。它可以用来评估团队成员对领导行为和团队互动的情感投入和反应强度。通过观察皮肤电导水平的变化，研究人员可以了解团队成员在不同领导风格下的情绪唤醒状态，从而分析领导行为对团队氛围和成员情感的影响。

（3）呼吸信号。呼吸频率和深度的变化可以反映团队成员的放松程度和情绪状态。例如，如果领导风格有助于营造积极的团队氛围，团队成员可能会表现出深呼吸和稳定的呼吸频率；反之，如果团队氛围紧张或存在冲突，呼吸频率可能发生较大变化，反映出团队成员的不安或焦虑。

（4）肌电信号。在团队合作过程中，如果成员表现出较强的肌电信号，可能意味着他们在沟通时存在紧张或焦虑情绪，或者正在积极参与讨论和互动。通过分析肌电信号，可以了解团队成员在沟通中的情感表达和互动水平。

（三）组织行为与组织变革研究

员工的生理反应可以反映他们对变革的接受程度、心理压力、适应过程。生理多导仪可以帮助研究者了解员工在组织变革中的生理和心理变化，为企业制定有效的变革管理策略提供依据。

（1）心率。该指标能够反映员工在组织行为和组织变革过程中的心理状态。例如，当组织面临重大变革时，员工可能会因为不确定性、压力或焦虑而导致心率上升和心率变异性降低。通过监测这些变化，可以评估员工对组织变革的心理反应，以及变革对员工心理健康的影响。

（2）皮电活动。在组织行为与组织变革研究中，它可以帮助研究人员了解员工对变革的接受程度、情绪投入以及可能的抵触心理。通过观察皮肤电导水平的变化，可以分析员工在不同变革阶段的情绪反应。

（3）呼吸信号。在组织变革中，员工可能会因为紧张、焦虑或压力而表现出呼吸急促或浅短的现象。通过监测呼吸模式的变化，可以评估员工在变革过程中的情绪体验，以及变革对员工心理健康的潜在影响。

此外，生理多导仪还可以结合其他技术（如问卷调查、访谈等）进行综合研究，以更全面地了解组织行为与组织变革中的员工心理反应和行为变化。

（四）谈判与冲突解决研究

在商务谈判和冲突解决过程中，个体的生理反应可以揭示其谈判策略、心理优势和情绪状态。生理多导仪可以帮助研究者了解谈判双方的生理反应差异，为提升谈判技巧和冲突解决能力提供指导。

（1）心率。在谈判和冲突解决过程中，参与者的心率可能会随着紧张局势的升级而增加。通过观察心率的变化，可以评估参与者在谈判或冲突解决场景中的情绪紧张程度，以及他们应激的生理反应。

（2）皮电活动。在谈判和冲突解决中，当参与者面临重要的决策点或紧张的氛围时，他们的皮肤电导水平可能会上升。通过分析皮电活动，可以了解参与者在谈判过程中的情绪投入程度和注意力分配情况。

（3）呼吸信号。在谈判中，深呼吸通常与放松和冷静的状态相关联，而呼吸急促可能表明紧张或焦虑。通过监测呼吸模式，研究者可以评估参与者在谈判过程中的情绪调节能力和放松程度，从而揭示其对谈判结果的影响。

最后，需要注意的是，生理多导仪在管理研究中的应用还处于探索阶段，其有效性和实用性需要进一步的研究和验证。此外，在使用生理多导仪进行管理研究时，需要遵循伦理规范，保障被试的知情权和隐私。

思考题

1. 生理多导仪的采集原理和方法是什么？
2. 生理多导仪有哪些重要的测量指标？
3. 生理多导仪如何测量情绪变化，并揭示其内在机制？
4. 请列举生理多导仪在管理研究中的可能应用。

参考文献

第 12 章 ▸ 脑电技术及其在研究中的应用

王益文　浙江工商大学

1929 年，德国精神病学家伯格尔设计了一套电极系统，将其放置于人的头皮上并连接示波器，示波器上会出现大脑的脑电信号，这一技术被称为脑电技术[①]。随后学者们不断地发展脑电技术，脑电技术被广泛应用于各种管理活动的脑功能研究，成为更加深入了解各种管理活动下大脑活动状态的重要技术之一。比如在营销管理中，使用脑电技术探测消费者在选择产品时的脑电活动。在运营管理中，使用脑电技术探测管理者在选择进货量时的脑电活动和使用脑电技术探测民众对回收水刻板印象的脑电活动等。本章会概述脑电技术，讲解脑电实验的操作流程和数据分析、脑电技术在管理研究中的应用，并分析与脑电技术有关的文献。

第 1 节　脑电技术概述

一、脑电技术的生理基础

神经元是一种细胞，具有负电荷的细胞内液和正电荷的细胞外液之间形成了膜电位。当大量的神经元同时兴奋或抑制时，它们的电活动会在大脑皮层内部形成一种复杂的电场分布。这些电场会通过头皮和脑脊液传输到头皮表面，被放置在头皮上的电极捕捉到。这样就可以记录脑电信号，反映大脑神经元的电活动。

神经元传递电信号的过程，可以分为三种电位类型。（1）静息电位（resting potential）。这是神经元在未受到刺激时的稳定状态。在这种状态下，细胞内外存在电位差，细胞内带负电荷。静息电位的维持依赖于离子通道的平衡和细胞膜的选择性通透性。（2）动作电位（action potential）。这是神经元在受到足够强度的刺激时产生的短暂电信号。当刺激超过一定阈值时，离子通道会打开，使内外电位迅速反转，产生的电冲动沿着神经元传播。动作电位是神经元信息传递的基本单位。（3）突触后电位（postsynaptic potential）。这是神经元在突触处接收到其他神经元传来的化学信号后产生的电位变化。

---

① LEE E J, KWONG G, SHIN H J, et al. The spell of green: can frontal EEG activations identify green consumers? [J]. Journal of business ethics, 2014, 122 (3): 511-521.

根据这三类电位的活动收集到的电位差就是脑电。图 12 - 1 中左边神经元的静息电位的外侧正电荷聚集（Ⅱ、Ⅲ处），但是受到了来自丘脑的电信号传递而产生了突触后电位，连接处外侧变为负电荷聚集（Ⅳ处）。而突触后电位产生的电信号变化会在神经元内传递，这就是动作电位。右侧的神经元上端（Ⅱ、Ⅲ处）受到来自对侧皮层电信号传递形成了突触后电位，下端（Ⅴ处）仍是静息电位。因此在头皮设置的两个电极点呈现出电位差，展现了大脑神经元电位的变化。

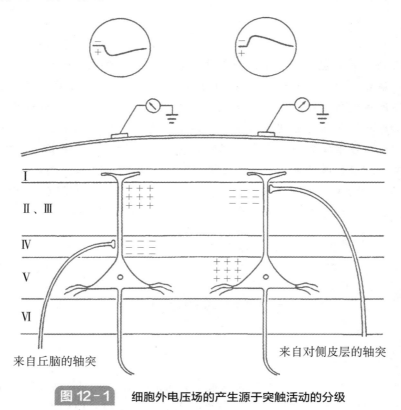

来自丘脑的轴突   来自对侧皮层的轴突

图 12 - 1 细胞外电压场的产生源于突触活动的分级

资料来源：MARTIN J H. The collective electrical behavior of cortical neurons：the electroencephalogram and the mechanisms of epilepsy [M]. Norwalk：Appleton and Lange，1991.

二、脑电技术的发展演进

脑电技术的发展演进经历了初始阶段、多通道记录、信号处理改进、脑机接口发展等重要阶段。

汉斯·伯格尔（Hans Berger）于 1924 年首次记录到人类的脑电信号，并发现了 α 波和 β 波。他创造了脑电图（electroencephalography，EEG）这个术语，并在 1929 年发表了第一篇关于 EEG 的论文。这项技术经过五年的反复确认后正式面世。

随着技术的进步，脑电信号的采集和处理方法得到改进。例如传统的脑电记录仅使用少数几个电极进行记录，之后发展为使用很多电极来记录不同位置的信号，以便获取更全面的大脑脑电活动信息。目前有研究会用到装有更多电极点的帽子，例如装有 128 个电极点。通过使用更多的电极，可以获取更全面的脑电信息，并探索不同脑区之间的相互作用。

现代的系统使用数字化设备进行记录和分析，替代了传统的脑电记录系统使用铅笔和纸来绘制脑电图，提高了数据的精确性和可靠性。随着脑机接口技术的产生，通过脑机接口，人们可以直接使用他们的大脑活动来控制外部设备，比如电脑、假肢、轮椅等。这种技术通常涉及使用电极或传感器来监测大脑活动，然后将这些信号转换成可以被外部设备理解的指令。脑机接口技术在医疗、辅助工具和娱乐等领域都有广泛的应用前景。人类脑电技术的发展及其应用见图 12 - 2。

图 12 - 2　人类脑电技术的发展及其应用

资料来源：BIASIUCCI A，FRANCESCHIELLO B，MURRAY M M. Electroencephalography ［J］. Current biology，2019，29（3）：80 - 85.

此外，随着脑电的发展，一些经典的范式使脑电成为助力科学研究的重要方法。例如：奇偶范式（oddball paradigm），通过呈现一系列重复出现的刺激，穿插偶尔出现的不同类型的刺激，以观察大脑对于不同刺激的反应。稳态视觉诱发电位范式（steady-state visually evoked potential paradigm），通过让被试观看闪烁的光源，并记录大脑的稳态视觉诱发电位，以研究视觉注意和感知。了解这些经典的范式可以帮助研究者进一步了解脑电的重要性。

第 2 节　脑电实验的操作流程和数据分析

了解了脑电的基本原理，本节将从实验前、中、后三个阶段出发，介绍脑电实验的操作流程，然后通过脑电信号滤波、脑电数据常见的分析方法和脑电实验中常见的指标来详细介绍脑电数据的分析。

一、脑电实验操作流程

（一）实验前

1. 准备实验材料

应当提前备齐以下物品：导电膏（确保在有效期内）、磨砂膏（用于去除头皮角质）、注射器（配平头针管）、生理胶带、纸巾、棉签、吹风机、洗发水、毛巾、脸盆及垃圾桶等。

2. 洗头与干燥

要求被试清洗头发，确保脑电帽覆盖区域（头顶至耳周）的头发和头皮完全干燥。

长发被试的发梢可适度保留湿度，但要避免水滴至头皮。

3. 介绍设备

向被试说明：实验使用脑电系统采集信号，包括脑电帽（含电极）、控制器、放大器及两台电脑（分别用于记录脑电信号和呈现实验刺激）。放大器可将微弱的头皮生物电信号（微伏级）放大以供分析。

4. 佩戴脑电帽

定位标准：以 Cz 点（头部中心顶点，即鼻梁、眉心连线与双耳耳珠连线的交点）为基准，调整脑电帽位置，确保中心线与头部中线重合。

操作要点：使用绷带固定脑电帽时应当适度拉紧，避免压迫感；使用生理胶带固定眼电电极或双侧乳突参考电极。

5. 注射导电膏

将导电膏抽入针筒时，尽量不留气泡。同时给被试讲解针头是平头，不会损伤头皮，可以让被试将针头拿在手上观察，消除其心理焦虑或恐惧。

操作顺序：优先处理接地电极和参考电极，再处理其他电极点。

阻抗控制：所有电极点阻抗不大于 5kΩ，重点关注电极建议不大于 2kΩ。

6. 预览脑电信号

提醒被试保持头部静止，预览脑电信号时若发现基线漂移或电极接触不良（如波形中断），应当重新调整电极。确认信号稳定后，启动正式记录程序。

（二）实验中

1. 数据监控

主试应当记录实验中运动伪迹（如被试抖动、眨眼）及电极异常（如阻抗升高），作为后期数据清洗时的参考。

2. 实验终止

必须在刺激程序完全结束后才能停止采集数据，以防止数据被截断。

（三）实验后

1. 拆卸与清洁

按从前至后顺序拆除脑电帽，彻底清洗被试头皮残留导电膏（重点清洗前额、双侧乳突处）。

电极帽清洗规范：浸泡时插头端严禁接触水，还要避免刷洗力度过大，以免损伤电极点。

2. 数据与实验室管理

数据应当备份至独立存储设备（如移动硬盘），并标注文件名（例如"被试编号-实验日期"）；

实验废弃物（如头发、棉签）按生物安全规范处理。

二、脑电实验数据分析

脑电实验数据分析分成三个部分：脑电信号滤波、常见分析方法、常见指标。

（一）脑电信号滤波

脑电信号会受到各种干扰，包括噪声干扰、伪迹干扰等。噪声是电子线路所产生的声音，通常是不规则的高频波。伪迹是指实验被试因为头部或其他部位移动或眨眼等所引起的脑电变化。为了排除干扰，研究者通常会记录垂直眼电（vertical electrooculogram，VEOG）、水平眼电（horizontal electrooculogram，HEOG），有时还需记录心电（electrocardiogram）。通常使用到的滤波软件包括脑电设备自带的软件和 MATLAB。

滤波分为高通滤波和低通滤波。高通滤波器主要是削减低频信号，使高频信号通过。这削减了那些由皮肤电位所引起的、大而缓慢的电压漂移。低通滤波器则是削减高频信号、使低频信号通过。低通滤波器可用于去除信号中的高频噪声成分，使得信号更加平滑和稳定。

（二）常见分析方法

经过滤波处理后的信号被记录下来，记录的数据将被传输到计算机上进行分析。这些数据可以用于识别脑电波形特征，如频率、振幅、相位等。下面介绍三种常见的分析方法——频域分析、时域分析和时频分析。

1. 频域分析

脑电的频域分析是一种常用的信号处理方法，用于研究脑电信号在不同频率范围内的特征和变化。通过将脑电信号转换到频率域，可以揭示大脑活动在不同频带上的振荡模式和相应的神经机制。在传统信号处理领域，基于傅里叶变换的信号频域表示及其能量的频域分布揭示了信号在频域的特征，它们在传统的信号分析与处理发展史上发挥了极其重要的作用，尤其是在视觉诱发的脑电信号的处理上。傅里叶变换可以将任何周期信号用不同振幅和相位的正弦函数表示。图 12 - 3 是一个傅里叶变换的例子。

2. 时域分析

事件相关电位（event-related potentials，ERP）分析方法是认知神经科学领域评估认知加工过程时域动态特征的标准化技术。外部物理刺激或内在认知活动都会引起脑电信号发生相应的事件相关变化，在相同触发事件的刺激下，将若干次刺激记录得到的脑电活动以触发时刻为基准进行时间对齐、叠加、平均，可获得事件相关电位。ERP 通常比脑电信号波幅低，因而难以观察，ERP 波形图是通过对一系列实验中的脑电图进行平均后得到的。在其中会涉及相位（phase），即波形在给定时刻的位置或状态。这个叠加平均过程是对同相位的相位锁定（phase-locked）信号的叠加平均，会损失掉信号中的非相位锁定（phase-unlocked）成分，因此叠加平均后得到的 ERP 信号是一种锁时锁相的时域信号。研究中把通过多个试次叠加平均后得到的波形图称为总平均图（grand average waveforms，GAW）。图 12 - 4 是一个获取 GAW 的例子，展示了 6 名被试（在 9 名被试中随机抽选出的）的 ERP 波形和 9 名被试 ERP 叠加所得 GAW。可以发现被试 1 到被试5 存在非常典型的个体变异。形成个体间差异的原因有许多，包括药物、年龄、精神病理学、个性等等。而被试 6 的 3 组试次间变异小了许多。此外，可以发现 GAW 的波形显著特点是比大多数单个被试的波形振幅小，线条也更平滑。

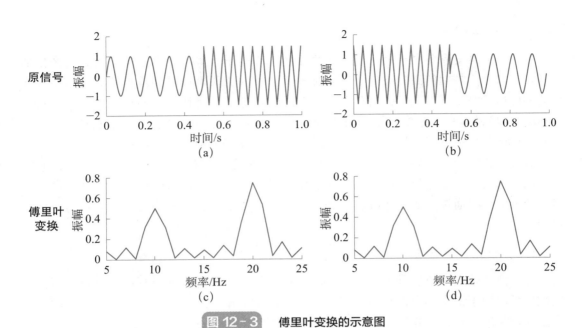

图 12-3　傅里叶变换的示意图

注：图（a）（b）都是在 1 秒内的脑电信号，不同的是图（a）是前半段是振幅为 1 的 10Hz 正弦振荡，后半段是振幅为 1.5 的 20Hz 余弦振荡，图（b）正好相反。经过傅里叶变换后，图（a）变成了图（c）的状态，其中横坐标变成了频率，而图（b）也变成图（d）的状态，横坐标也变成了频率。并且图（c）和图（d）是一样的。这表明经过傅里叶变换后，时间变化的状态不再体现，直接体现的是频率的变化。

资料来源：武侠，钟楚鹏，丁玉珑，等．利用时频分析研究非相位锁定脑电活动［J］．心理科学进展，2018（8）：1349－1364.

在物理和电子工程领域，一列信号的特征可以用波幅、周期、频率、相位等多个指标来描述。与此对应，外界事件刺激诱发的大脑活动可能表现为相位反应、频率反应、振幅反应或产生新增成分等多种形式。从这个角度看，ERP 波形只反映了信号的"振幅反应"或相位锁定的刺激诱发振荡（phase-locked stimulus-evoked oscillations），而没有反映信号的频率/相位特征或非相位锁定的刺激诱发振荡（phase-unlocked stimulus-evoked oscillations）。

3. 时频分析

已有研究发现，与感知觉和认知活动相关的大脑反应可以在频谱或频域内描述为非相位锁定的事件相关振荡（phase-unlocked event-related oscillations，ERO）。这种非相位锁定的神经振荡反映了刺激所诱发的神经元节律性的调整过程（兴奋或抑制），并且不同频段的神经振荡往往与人类的各种认知活动有关。大量研究表明时频分析技术能够提供不同频段能量变化状态，从而可能提供一些 ERP 叠加方法所忽视的其他信息。

时频分析的主要研究对象是非平稳信号或时变信号，为非平稳信号的分析提供有效的工具。时频分析的主要任务是描述信号的频谱含量是怎样随时间变化的，在时频相平面上，时频分析可以精确地定位在某一时刻出现了哪些频率分量，以及某一分量出现在哪些时刻，弥补了信号的时间能量密度和频谱能量密度不能充分描述信号的物理特性的缺陷。时频分析克服了傅里叶分析中时域和频域完全分离的缺陷，将时域和频域结合起来

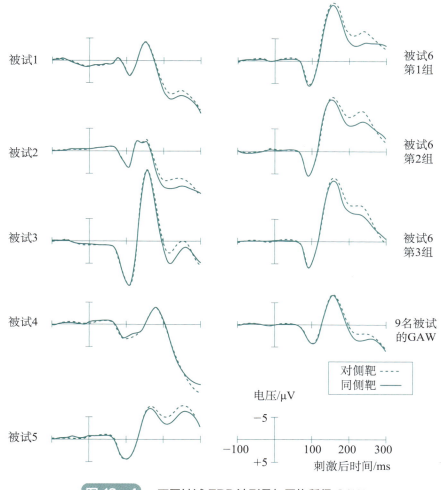

图 12-4 不同被试 ERP 波形叠加平均所得 GAW

资料来源：LUCK S J. 事件相关电位基础［M］. 上海：华东师范大学出版社，2009.

对信号进行分析，能同时考虑信号在时域和频域两个方面的特征。时频分析的结果中既包含了传统的 ERP 分析中所包含的相位锁定振荡信号，又包含了在 ERP 叠加平均过程中损失掉的非相位锁定的振荡信号。有研究表明，非相位锁定的振荡信号有助于带来有关认知加工过程的更为重要的信息。[1]

（三）常见指标

根据脑电中常见的数据分析方法，频域分析可以得到管理研究中常见 θ、α、β 频段指标，时域分析则可以得到 P1 成分、N2 成分、P2 成分、FRN 成分、P3 成分、N4 成分和 LPP 成分指标。

---

[1] BELL E，SENGUPTA S S. Empowering methodologies in organisational and social research［M］. London：Routledge India，2021.

1. 频域指标

θ 频段，4～8Hz 的频段成分。以往的研究认为 θ 频段活动被证明发生在任务负载增加、多项目处理需求增加、对更高的全局处理效率的需求增加时，也体现在动机强的个体执行任务时。有研究者提出真正具有绿色价值观的消费者，会存在更高阶的目标控制，从而在进行绿色消费时会激活 θ 频段。实证研究也表明那些选择购买绿色产品的被试在处理产品信息时，前额 θ 频段的激活显著多于那些购买非绿色产品的被试。[1] 这表明 θ 频段指标不仅可以体现消费者对绿色产品信息的加工处理，还可以作为检测消费者内在动机的指标，来衡量消费者的绿色消费价值观。

α 频段，8～12Hz 的频段成分。α 频段通常反映着大脑的情绪活动。有研究发现 α 频段可以分为 low-α 频段（8～10Hz）和 high-α 频段（10～12Hz），其中 low-α 频段更多与警觉和注意相联系，而 high-α 频段更多与情绪相联系。例如，在某产品的介绍上呈现购买过该产品的用户信息会引发消费者的积极情绪，大脑 F3 和 F4 电极点中的 α 频段会显著增加。

β 频段，12～30Hz 的频段成分。一般来说，其与更复杂的大脑活动（如认知处理）相关。有学者让被试选择口味、配料和形状不同的饼干，结果发现 θ、α 和 β 频段在对称前额和枕部通道之间存在明显的相位同步，并且 θ、α 和 β 频段的功率与被试的偏好显著相关。[2]

2. 时域指标

P1 成分，刺激出现约 100ms 后出现的早期正成分电位。P1 成分与被试对刺激的注意有关，其中负面的刺激诱发的 P1 成分更高。在营销领域研究发现，P1 成分与消费者接触到的移动设备网页布局有关。在大脑左半球，左边文本右边图片的界面布局比左边图片右边文本的界面布局诱发的 P1 成分更高。而在大脑右半球，左边图片右边文本的界面布局产生的 P1 振幅大于左边文本右边图片的界面布局。此外，左边图片右边文本的界面布局在大脑右半球引起的 P1 阳性量多于左脑。[3]

N2 成分，刺激出现约 200ms 后出现的一个早期负成分电位。与听觉刺激相关的 N2 成分大多集中在大脑中央区，而与视觉刺激相关的 N2 成分大多集中在大脑后部。N2 成分通常被认为是个体认知加工中与控制过程相关的成分。N2 成分越高，表明加工中对冲突的认知控制越强。

P2 成分，刺激出现约 200ms 后出现的一个早期正成分电位。通常出现在大脑中央和顶叶部位。在营销应用方面，当营销口号和目的地图片一致时比不一致时 P2 成分更低。

① BOJE D M, OSWICK C, FORD J D. Language and organization: the doing of discourse [J]. The academy of management review, 2004, 29 (4): 571-577.

② KHUSHABA R N, WISE C, KODAGODA S, et al. Consumer neuroscience: assessing the brain response to marketing stimuli using electroencephalogram (EEG) and eye tracking [J]. Expert systems with applications, 2013, 40 (9): 3803-3812.

③ WANG X S, GUO F, LI M M. Research on the neural mechanism of subconscious evaluation of mobile interfaces in smart apps [J]. International journal of human-computer interaction, 2022: 1-10.

研究者还发现，比起单独观看产品，和他人一起观看产品时消费者 P2 成分更低①，这表明他人在场会增加消费者对产品的积极情感评价。

FRN 成分，一个特殊的负性成分，称为反馈相关负性，在大脑额中央记录点开始反馈大约 250ms 后达到峰值。它反映了对积极和消极绩效反馈的快速评价。大量研究一致表明，FRN 成分指标可以很好地展现负面决策结果所引起的被试情感变化②。

P3 成分，在刺激出现大约 300ms 后出现的一个正成分电位，通常出现在大脑中央和顶叶，被认为涉及注意资源分配。例如，比起单独观看产品时，和他人一起观看产品时被试的 P3 成分更高。③

N4 成分，刺激出现约 400ms 后出现的一个负成分电位。通常出现在中央和顶叶部位，略偏大脑右半部位。N4 成分通常出现在词语刺激中，反映了对决策过程中冲突的认知控制。

LPP 成分，刺激出现 500～800ms 后出现的一个晚期的正电位，也可以称为 LPC 成分。通常也在大脑中央和顶叶部分达到最高值，LPP 成分通常被认为与情感过程有关。例如消费者在看到奢侈品牌时 LPP 成分显著升高。④

第 3 节　脑电技术在管理研究中的应用

一、当下管理研究中的应用

脑电技术在管理研究中的应用有很多，包括情感分析、消费者洞察、产品设计、广告效果评估、消费决策研究等。

首先，脑电技术可以用来分析消费者对产品、广告或品牌的情感和认知反应。通过监测大脑活动，可以了解消费者在观看广告或使用产品时的情绪变化，从而指导市场营销活动的设计和优化。例如有学者发现被试对动态图像展示下商品的购买意愿显著大于对静态图像展示下商品的购买意愿。在神经层面，他们发现动态图像产生的认知冲突较少，激发了消费者的积极感受，这分别表现在 N2 波幅的减小和 LPP 波幅的增大。这启示管理者可以更多使用动态图片来设计广告。⑤

其次，脑电技术可以帮助企业评估产品的设计是否符合消费者的认知和审美习惯，从而优化产品设计，提升用户体验。例如有学者发现，与以升序呈现信息相比，以降序

①　POZHARLIEV R，VERBEKE W J，VAN STRIEN J W，et al. Merely being with you increases my attention to luxury products：using EEG to understand consumers' emotional experience with luxury branded products [J]. Journal of marketing research，2015，52（4）：546-558.

②　MOSER J S，SIMONS R F. The neural consequences of flip-flopping：the feedback-related negativity and salience of reward prediction [J]. Psychophysiology，2010，46（2）：313-320.

③　同②.

④　同②.

⑤　WANG J，WANG A，ZHU L，et al. The effect of product image dynamism on purchase intention for online aquatic product shopping：an EEG Study [J]. Psychology research and behavior management，2021：759-768.

呈现产品-服务系统信息会降低消费者之间的认知冲突，体现为脑电的 N2 成分显著降低。这表明根据消费者的脑电信号可以发现按降序呈现信息是一个更好的产品-服务系统信息呈现方式。

最后，脑电技术可以揭示消费者在做出购买决策时的思维过程和大脑活动模式，帮助企业了解消费者的决策机制，从而制定更有效的市场营销策略。例如研究发现，当消费者决定购买某商品时，与他们决定等待该商品有更低价格时相比，P3 事件相关电位和诱发的 θ 和 α 频段振荡活动有所增加，这反映了个人的注意力和执行功能参与制定购买决策，并可能有助于研究者理解消费者制定经济决策过程中的大脑机制。

二、未来研究应用领域

脑电技术在管理研究领域具有非常大的应用潜力。

（一）决策与行为研究

脑电技术在决策与行为研究中的应用，提供了深入探索决策制定过程的窗口。通过分析决策者的脑电活动，研究者可以识别不同决策选项对大脑的激活模式和反应时间的影响。例如，面对不同风险水平的选择时，大脑可能展现出不同的神经反应模式，反映出决策者在情绪和认知上的加工差异。深入理解决策背后的神经机制，有助于识别和解释决策偏差或错误的根源，为管理者制定更有效的决策提供科学依据。

（二）情绪与工作绩效管理

情绪管理在管理学中的重要性日益凸显，良好的情绪状态对组织的绩效和员工的幸福感都具有深远影响。脑电技术作为一种先进的工具，为研究和实践提供了新的视角和方法，特别是在评估和管理员工情绪方面。通过分析员工在不同工作环境下的脑电活动，可以更准确地测量其情绪波动，并了解这些波动如何影响他们的工作绩效和团队合作。脑电技术能够捕捉这些情绪变化背后的神经活动模式，为理解情绪与行为之间的关联提供了脑科学依据。

实时监测员工的情绪状态使管理者能够及时采取措施，调整工作任务和团队管理策略，以最大程度地提升员工的工作效率和满意度。例如，管理者可以根据员工的情绪状态调整工作负荷，提供支持或调整团队结构，以减少负面情绪对团队合作和绩效的负面影响。此外，通过培训和发展，员工可以学习有效的情绪调节策略，帮助他们在工作中更好地管理情绪，提升个人和团队的整体表现。综上所述，脑电技术在情绪管理领域的应用，不仅有助于提升组织绩效，还能够促进员工的职业发展和工作满意度，为现代管理实践带来重要的科学支持和创新思路。

（三）领导与影响力研究

通过分析领导者在领导过程中的脑电反应，可以更加精确地理解不同领导风格对员工动机和团队表现的影响。领导者的脑电活动可以揭示他们在面对挑战或者需要做出决策时的认知模式和情绪反应，通过神经科学的研究，可以为领导发展和培训提供个性化的建议。例如，对于那些在决策时表现出较强的情绪反应的领导者，可以推荐特定的情绪调节技巧和应对策略，帮助他们提高领导能力并更有效地影响团队。此外，领导者的脑电反应也可以帮助识别其潜在的领导风格倾向，如更加强调社会情感联结或更注重认知控制和战略性思维。这些信息可以指导领导者在不同情境下如何调整自己的领导方式，以促进团队合作和提高绩效。

（四）学习与培训优化

脑电技术为个性化学习路径的设计提供了全新的视角和方法。通过分析学习者在培训过程中的脑电活动，可以评估他们的认知负荷、注意力集中度和理解深度，这些都是决定学习效果的重要因素。对于每位学习者，脑电活动可以反映出他们在不同学习任务中的神经响应，帮助识别出哪些学习内容对其更具挑战性或更易理解。

对组织而言，设计个性化学习路径意味着更有效的员工培训和发展。这种方法不仅提升了培训的效率，还能够在竞争激烈的市场中为组织带来战略性优势，因为员工将更快速地掌握必要的技能和知识，从而更好地应对日益复杂和快速变化的工作环境。

（五）团队沟通与合作研究

研究团队成员之间的脑电互动是深入理解团队协作和沟通的创新方法。通过分析团队成员在共同任务执行时的脑电活动，我们可以探索他们之间的神经同步和协调程度。这些神经机制反映了团队成员在协作过程中如何互相理解、共享信息和协调行动。理解团队成员的脑电活动有助于揭示团队合作的神经基础。例如，高度同步的脑电活动可能预示着更有效的信息交换和任务执行，而低度同步可能表明沟通不畅或协作不协调。此外，定期监测脑电活动可以帮助评估这些策略的效果，实现持续的团队管理优化。

综上所述，脑电技术在管理领域的研究应用涵盖了决策、情绪管理、领导力、学习与培训、团队合作等多个方面。通过深入研究这些领域，可以揭示管理活动背后的神经基础，为管理实践提供新的科学支持和方法论创新。

第 4 节　文献案例分析

此前讲解了脑电技术的原理、操作流程和数据分析，以及脑电技术在管理研究中的应用，本节将分析一篇典型文献。

一、文献信息

POZHARLIEV R，VERBEKE W J，VAN STRIEN J W，et al. Merely being with you increases my attention to luxury products：using EEG to understand consumers' emotional experience with luxury branded products ［J］. Journal of marketing research，2015，52（4）：546-558.

该文献基于社会促进理论，采用脑电图技术探讨消费者在社交情境下对品牌刺激的神经反应差异。研究者通过记录并分析女性被试单独或与他人一起观看奢侈品牌（高情感价值）与基础品牌（低情感价值）时的脑电活动，证实被动观看营销图像时，晚期正电位可作为评估刺激动机显著性的神经指标，其强度受社交情境与情感价值的交互调节。该文献为理解社会因素对消费神经机制的影响提供了电生理学证据，揭示存在通过增强注意资源分配和动机加工来强化高情感品牌效应的神经路径。

二、研究背景和问题提出

市场营销学者普遍认为消费者的行为，包括注意力的分配、对品牌产品的偏好、购买决策，往往受到周围人的影响，这些影响可能来自陌生人、朋友、家人或销售人员。以往的研究已经探讨了消费者在个人和社会环境中的行为变化，并采用了来自社会学、人类学和社会心理学等多个学科的解释框架。然而，以往的研究并未深入探讨消费者适应社会环境的潜在神经机制。如何使用脑电技术，研究消费者对奢侈品牌的情感体验？

三、主要理论和基本假设

（一）理论背景

当人们渴望奢侈品牌时可能唤起积极的情感，但是人们避免奢侈品牌时会产生消极的情感。如有学者指出，奢侈品牌产品由于其品牌标识或设计的审美品质，会引发积极的情绪，比如审美享受。大多数负面情绪是归因于"他人的奢侈品"，而积极情绪是归因于"我自己的奢侈品"。无论是积极情绪还是消极情绪被激发，都会影响消费者对这些刺激的注意力。[①]

ERP 技术因其高时间分辨率而成为研究情绪加工的有效工具，它能够区分早期的感知反应和更复杂、更晚期的情绪反应。该研究关注三个关键 ERP 成分：P2、P3 和 LPP。外界刺激通常会引起更积极的 ERP 波形，在刺激开始后约 200ms 开始。

（二）假设

奢侈品牌可能引起消费者积极（吸引）或消极（回避）的反应。然而，对于大多数消费者来说，在远距离观看（被动观看）时，奢侈品牌通常会引发快乐和欲望，而在考虑或经历实际购买时，可能会引发负面情绪，如预期内疚。该研究的实验任务只涉及被动观看与营销相关的刺激，不涉及具体的购买决策。过去的研究表明，观看奢侈品牌产品会引发强烈的积极情绪，如愉悦、渴望和喜悦。因此，该研究假设如下：

假设 1：与平价品牌产品在品牌层面的情感价值相比，奢侈品牌产品的图片得分更高。

假设 2：与单独观看奢侈品图片相比，当与他人在一起观看时，消费者所有成分（P2、P3、LPP）的 ERP 振幅都将更强。

四、实验设置和数据收集

（一）实验图片材料

刺激物包括从各种产品类别（巧克力、饮料、鞋子和内衣）中选择的 120 张照片。这

---

① KUMAR M，GARG N. Aesthetic principles and cognitive emotion appraisals：how much of the beauty lies in the eye of the beholder？［J］. Journal of consumer psychology，2010，20（4）：485－494.

些照片是由 5 名女大学生组成的小组挑选出来的，这些女大学生为此得到了报酬。在前测中，80 名来自荷兰大学的女大学生（平均年龄为 20.16 岁，标准差为 2.35 岁）被要求对 120 张品牌图片进行分类。她们被邀请做一个二分选择，指出她们认为图片中哪些品牌是奢侈品牌，哪些是平价品牌。如果至少 90% 的受访者认为该品牌是奢侈品牌或平价品牌，那么它就被分入奢侈品牌类或平价品牌类。基于前测的结果，本研究创建了两类品牌各 60 个。120 张图片被分成两组，各 60 张图片（每组 30 张平价品牌图片、30 张奢侈品牌图片），然后每组图片被分配到两种研究条件（单独观看或与他人在一起观看）。

（二）脑电实验

1. 脑电实验布置

来自荷兰某大学的 40 名健康女性（平均年龄为 22.07 岁，标准差为 2.09 岁）参加了该研究，她们参与实验是为了获得课程学分。所有被试在实验开始时都已经知情并同意参与。实验分为两个阶段，即单独观看产品图片和与他人在一起观看产品图片。

每张图片的呈现时间为 6 000ms，图片之间间隔 2 500ms。被试被要求在观看图片时保持放松，尽量减少眨眼和其他眼球运动，以减少眼球运动引起的 ERP 伪影。实验结束后，被试立即完成了一份实验后的问卷调查，以反映他们在单独观看品牌产品图片时的舒适感。

2. 脑电记录与预处理

研究使用了符合 10-20 国际电极放置系统布局的 BioSemi 32 通道设备，连续记录脑电信号。在多人在一起观看图片的情况下，研究采用了 2 个相同的设备来进行记录。数据预处理通过 Brain Vision Analyzer 软件完成。记录由 2 名经验丰富的脑电研究人员独立分析 4 次，特别注意去除由眼球或肌肉运动引起的脑电噪声。

五、结果

本研究从左侧（C3、P3、O1）、中线（Cz、Pz、Oz）和右侧（C4、P4、O2）大脑区域，在三个时间窗口：P2（150～250ms）、P3（250～450ms）和 LPP（500～700ms）对 ERP 进行了 2 个品牌类别（平价、奢侈）、2 个情景（单独、与他人在一起）、3 个区域（左、中、右）的方差分析。

1. P2

在 150～250ms 时间窗口内，对 P2 平均振幅的方差分析显示，情景的主效应显著 $[F(1, 39)=9.09, p=0.004]$。结果表明，在枕部头皮部位，与他人在一起观看图片的条件下，P2 振幅比单独观看图片条件下更强。

2. P3

在 250～450ms 时间窗口内，情景的主效应显著 $[F(1, 39)=6.03, p=0.019]$。结果表明，与单独观看图片相比，与他人在一起观看图片条件下 P3 振幅增强，且在顶骨-枕骨侧头皮部位最为显著。

3. LPP

在 500～700ms 时间窗口内，在单独观看图片条件下，平价品牌与奢侈品牌产品图片产生的 LPP 振幅无显著差异；然而，在与他人在一起观看图片条件下，奢侈产品图片产生的 LPP 平均振幅比平价产品图片产生的 LPP 平均振幅更大，头皮顶叶中心位置更红。

　　该研究通过使用脑电研究方法来解释消费者对奢侈品牌的情感体验，体现了使用神经科学方法在管理研究中的价值。

▶ **思考题**

　　1. 简述人脑产生脑电信号的基本原理，以及这些信号如何在神经元之间传递。

　　2. 常用的脑电信号有哪些？分别有什么含义？

　　3. 脑电技术在管理研究中有哪些潜在应用？该技术有哪些优势和局限？

▶ **参考文献**

第 13 章　功能磁共振成像技术及其在研究中的应用

潘　煜　金　佳　上海外国语大学

在神经科学及其与管理学、心理学、教育学等交叉研究领域，功能磁共振成像（fMRI）已成为探索大脑活动机制不可或缺的工具。自从 20 世纪 90 年代初被引入以来，fMRI 不仅极大地推动了我们对人类大脑功能的理解，还为临床诊断和治疗提供了重要依据。fMRI 技术之所以能在学术界占据如此重要的位置，主要得益于其高空间分辨率、良好的时间分辨率、对人体无害的成像方式等独特优点。这些特性使得研究人员能够在不干扰个体正常生理状态的情况下，实时追踪大脑对各种刺激的反应过程，进而揭示复杂的认知功能背后的神经机制。本章将详细介绍 fMRI 的基本原理、实验设计、应用案例与管理学相关文献。通过对这些内容的深入理解，读者可以更好地掌握 fMRI 技术的核心概念，并将其应用于管理学中的具体研究。

第 1 节　功能磁共振成像的基本原理

fMRI 是神经科学领域的一项革命性技术，不仅能够揭示大脑结构，还能够实时捕捉到大脑活动区域的微妙变化，为理解个体的认知过程、情绪反应等提供了新的视角和研究工具。

一、成像原理

磁共振成像（MRI）是利用核磁共振原理绘制物体内部结构图像的成像技术。MRI 的基本原理：任何相对原子质量为奇数的原子（如氢原子），都有一个自旋轴；MRI 设备中会产生强大的磁场（常用于科研及医疗中的为 3T 磁场，可通过放射线平扫，对人体的正常组织以及病变组织进行更加清晰且细致的分析），使自旋轴倾斜；当快速变化的射频场撤去时，原子核将恢复它们之前的自旋轴并释放出电磁能量；通过测量释放出的能量，可以推算出大脑的内部结构（灰质、白质、胼胝体、脑脊液等）。

MRI 利用静磁场和射频磁场进行人体组织成像，与其他脑成像技术（如 CT、PET）不同，它不需要电离辐射或造影剂，获得的图像具有高对比度和清晰度。MRI 早期常被称为"核磁共振成像"，但它只涉及原子核的自旋磁场，与核聚变或裂变等能量放射无关，因而该名称不准确。1982 年起，MRI 正式在临床中应用，能够测量人体器官的异常和早期病变。MRI 设备除了可以生成质子密度图像外，还能精确测量原子核的弛豫时间 T1 和 T2，通过计算机重建的 MRI 图像能够展现不同组织和化学结构的差异。几十年来，MRI 技术的发展推动了医学、神经生理学和认知神经科学的进步，成为革命性的医学诊断工具。

在 MRI 技术基础上，功能磁共振成像（fMRI）技术应运而生，成为研究大脑功能的重要工具。与 MRI 主要关注人体结构成像不同，fMRI 不仅能够提供高分辨率的解剖图像，还能够实时监测大脑不同区域的活动。fMRI 的基本原理与 MRI 相似，都是利用磁场和射频脉冲对人体内的原子核进行激发和测量。然而，fMRI 的独特之处在于它关注的是大脑区域的功能活动，尤其是血氧浓度的变化。

在进行 fMRI 扫描时，当大脑的某个区域在执行特定任务（例如思考、记忆、运动等）时，神经元的活动增加，这导致该区域的血流量相应增加。由于血液中含有氧气的血红蛋白和去氧血红蛋白在磁场中的行为不同，fMRI 能够检测到这些微小的差异，从而间接反映大脑区域的活动水平。通过对比大脑在不同状态下（如静息状态与任务执行状态）血氧浓度的变化，fMRI 能够帮助研究人员追踪大脑在执行各种认知任务时的动态活动模式。

与传统的 MRI 成像技术不同，fMRI 的扫描过程通常需要被试参与特定的认知或感知任务，如语言生成、视觉刺激、运动等，以便激活大脑的不同区域。因此，fMRI 不仅能够提供结构性的大脑图像，还能够展现大脑在不同功能状态下的活动模式。这使得 fMRI 成为神经科学研究中的一项革命性技术，广泛应用于脑科学、认知神经科学、临床神经学等多个领域，尤其在揭示大脑如何处理信息、执行任务、管理情感等方面提供了重要的实验依据。

二、基本概念

（一）扫描序列

MRI 设备中主磁场恒定，射频线圈根据一定的脉冲序列激发与接收信号。不同质子密度的原子在射频场中的磁能量释放模式不同。结构像、功能像、弥散张量成像、局部脑血流显像等多种 MRI 方式，就是利用各种的脉冲序列形成不同的扫描序列，以加强成像中某些成分之间的对比度。

（二）TR、TE 与 T1、T2

TR 是施加两个 90 度脉冲的时间间隔，决定了采集一个全脑图像的时间长度。TE 是射频脉冲停止至再次接受信号的时间间隔。TR 和 TE 可以由操作者控制和调整，而 T1 和 T2 是组织的固有特性。T1 也称为纵向弛豫时间，是指 90 度脉冲关闭后，在主磁场作用下，纵向磁化矢量恢复到平衡状态的纵向磁场强度的 63％ 所需时间，反映组织 T1 弛豫的速度。T2 也称为横向弛豫时间，是指 90 度脉冲关闭后，横向最大磁化矢量强度减少 63％ 所需的时间，反映组织 T2 弛豫的速度。

（三）位置编码

磁共振设备中，除了主磁场与射频场两个重要部分外，还有梯度场，它通过对不同位置原子的能量进行标记，重建其二维信息。进动频率编码是指在信号采集过程中施加梯度磁场，使得在某方向上进动频率不同，从而实现对信号的频率编码。相位编码是在射频脉冲结束后，在信号采集之前，施加梯度磁场，导致沿相位编码方向上各像素点的磁化矢量进动相位不同。对这种被"标记"的数据进行傅里叶反变换，即可重构出组织结构图像。

（四）体素

临床及实践研究中进行分析的是扫描最终得出的"脑片"。这种 MRI 扫描获取的三维数字图像，与普通的二维数字图像类似，也具有自己的"像素（pixel）"分辨率，称为"体素（voxel）"。体素的大小决定了脑组织分辨的精细度。一般来说，结构像的体素可精确至 1mm×1mm×1mm，而功能像为追求高时间分辨率舍弃了部分空间分辨率，体素的大小约为 3mm×3mm×3.5mm。

（五）血氧水平依赖

血氧饱和度水平检测技术是 fMRI 技术的理论基础。血氧水平依赖（blood oxygen level dependent，BOLD）首次于 1990 年由小川诚二等人提出。他们发现血液中氧合血红蛋白含量下降时，磁共振信号也随之降低。这种信号降低发生在血液和血管周围，推断是由于血液磁场特性的变化引起的。随后，许多研究者进行了大量理论和实验工作，总结出了 BOLD-fMRI 的基础原理。当大脑执行任务或受到刺激时，神经元活动导致大脑局部血流量增加，从而使更多的氧气通过血流输送到活跃的神经区域。BOLD 的空间分辨率通常可达到 3～5mm，优于其他非创伤性检测方法，如 PET 等。BOLD 的时间分辨率即一个 TR，通常为 2～3 秒。

（六）弥散张量成像

弥散张量成像（diffusion tensor imaging，DTI）是一种描述大脑结构的先进技术，属于 MRI 的特殊形式，是弥散加权成像的进一步发展，也是目前唯一能有效观察和追踪脑白质纤维束的非侵入性检查方法。如果说 MRI 跟踪水分子中的氢原子，那么 DTI 基于水分子的移动方向进行成像。

第 2 节　基于功能磁共振成像技术的管理实验

一、fMRI 实验设计

fMRI 以其无创、高空间分辨率的特点，成为一项探测大脑活动动态的新兴技术。然而，理解个体的认知过程需要严密的实验设计。实验设计是连接假设与发现的桥梁，它直接关乎研究结果的有效性与可靠性。从选择合适的任务范式到控制潜在变量，以及从确定样本大小到数据分析策略的规划都非常重要。在实验结束后，还需要对参数进行详细分析。

1. 组块设计

组块设计（blocked design）是常用的一种 BOLD 任务设计方法，在实验中会将同条件的任务组成组块，再以间隔休息作为基线，以考察不同实验条件较基线水平的激活情况。每个任务组一般会重复多次（5~10 次）以增加信噪比。任务组与基线组的时间长短为 TR 的整数倍，一般在 10~30 秒左右，这取决于脑血流变化的时程。组块设计优点为方便可靠，容易获得兴奋区信号，但其在每个任务组中均持续和重复给予相同条件的刺激，易引起被试注意力的改变和对刺激的适应。

实验中需要设置两种状态：动手（A 状态）和休息（B 状态）。在这两种状态下，收集由于代谢活动的改变而引起的血氧水平增加的信息作为原始数据，并对这些原始数据进行标准化处理。例如，某实验要求被试闭目、放松、停留 30 秒、运动 30 秒、再停留 30 秒、再运动 30 秒，从而完成扫描过程。在后续数据处理中，根据实验流程将 A 状态和 B 状态中标准化的原始数据进行对比分析。血氧水平无改变的感兴趣区域脑组织设为 0，而将有代谢活动改变的区域，即血氧水平增高或减低的感兴趣区域脑组织数字化，并依据血氧水平的变化情况生成伪彩图像，反映实验任务中脑组织的激活情况。

2. 事件相关设计

事件相关设计（event-related design）与组块设计不同，对任务无特殊的要求，只要与 TR 同步即可。事件相关设计可有效避免被试神经元反应减弱，相对提高了其对实验的敏感性，其大脑兴奋区局部血氧反应的曲线更容易被获得。在这种设计中，任务连续出现，这些任务所引发的脑血流的变化是"混合"的，需要在后续的分析中针对每类刺激推算其脑激活程度，将这些"混合"起来的数据"拆开"。这就使得事件相关设计任务的数据分析强烈依赖于后续算法处理，数据处理难度较大。事件相关设计旨在研究大脑功能与离散事件的关系，其中刺激顺序是随机的，刺激间隔（ISI）通常在 0.5~20 秒。

事件相关设计可分为两种类型，其区别在于 ISI 的范围：一种是慢事件相关设计（slow event-related designs），其 ISI 通常大于 15 秒，可以防止刺激间血氧响应函数（hemodynamic response function，HRF）的重叠；另一种是快事件相关设计（rapid event-related designs），ISI 较短，会导致刺激间 HRF 的重叠。此外，刺激呈现顺序可以设置为随机或伪随机，以减少练习效应。快速事件相关设计允许不同的 HRF 重叠，从而可以减少多重线性问题，并更好地描述每种刺激条件下的大脑反应。

3. 混合设计

混合设计方法结合了组块设计和事件相关设计的优点，能提供持续和瞬间功能激活情景。例如，可以使用组块设计来探索持续的认知任务对大脑活动的影响，同时结合事件相关设计来研究特定事件或刺激引起的瞬间反应。这样可以更全面地理解大脑在不同条件下的功能激活模式。

4. 静息态实验设计

被试在休息时，大脑的耗氧量并没有比接受测试时少。换句话说，即使在没有明确的外部或内部刺激条件下，大脑仍然以特定方式维持着自身的活动。这一发现促使了静息态功能磁共振成像（resting-state functional MRI，rfMRI）的出现，极大地丰富和拓展了 fMRI 的研究手段。

静息态指的是被试处于清醒状态、闭眼、平静呼吸、安静平卧、最大限度减少身体主动与被动运动、尽量不做任何思维活动的状态。这种状态代表了不同个体的"默认"或"空闲"状态，反映了大脑对任务加工的能力的强弱。静息态功能磁共振成像不要求被试执行任何具体任务，所以其对被试的要求低，与特定任务无关，却与人的认知功能密切相关。

二、MRI 实验数据分析

体素形态学分析（voxel-based morphometry，VBM）是一种基于体素的脑结构 MRI 分析技术，具有自动、全面、客观的特点，可用于对活体脑进行精确的形态学研究。VBM 通过计算分析 MRI 图像中每个体素的脑部灰质、白质密度或体积变化，来反映解剖结构的差异，是一种评价脑部灰质、白质病变的新方法。该技术不需要对感兴趣区域（region of interest，ROI）进行先验假设，可以对全脑进行测定和比较，直接对原始数据进行分析。

VBM 方法首先需要将所有研究个体的脑 MRI 梯度回波加权和标准化到一个统一的立体空间中，然后对这些高分辨率、高清晰度、高对比度的脑结构图像进行解剖分割，获取灰质、白质和脑脊液的分布情况。接着利用参数统计检验对分割后的脑组织成分逐个进行体素间比较分析，从而定量检测脑灰质和白质的密度和体积，进而量化分析脑形态学上的差异。具体过程包括空间标准化、脑组织的分割、数据平滑、统计建模和假设检验。由于个体脑结构的差异很大，因此统计分析必须在空间标准化的基础上进行，确保被试的结构像与标准结构像匹配，才能进行后续计算和分析。如果局部区域与模板不匹配，可能导致统计结果中出现组间系统性的脑区形态差异。此外，在分割过程中，由于脑实质与脑脊液的体素量差异较大，容易产生伪影。VBM 方法也难以区分脑的一些微小复杂结构的差异，例如海马区。

三、fMRI 技术运用在管理研究中的主要研究范式

（一）管理研究中情境实验的研究范式

管理研究需要将现实中的管理问题抽象化、在实验室中模拟管理研究的相关场景。应用 fMRI 技术采集数据、通过 MRI 指标测量管理研究中的相关构念，是神经管理学研究的主流范式。该范式的优势在于研究围绕管理学研究中的关键科学问题，能够很好地揭示管理学中相关现象与行为的内在认知机制。这也对神经管理学研究的实验设计提出了很高的要求，如果影响因素控制不好，研究结论的科学性、可信度、可重复性将会大大降低。

管理研究中的情境实验，是通过模拟现实世界的管理场景来研究管理行为。这种研究方法旨在控制实验环境，以便系统地操纵变量并观察其对被试行为的影响。情境实验的目的是探究特定管理策略或情境因素对个体行为等方面的影响。通过模拟环境创建一个接近真实管理情境的实验场景，使被试能够体验到类似的情境。同时需要进行变量控

制，即明确定义自变量（被操纵的因素）和因变量（被观测的结果），以及可能的干扰变量。

将 fMRI 技术应用于管理情境实验是一个相对新颖且跨学科的研究范式，它通常涉及使用 fMRI 技术来探究与管理相关的个体认知过程和决策行为。研究目的是探究管理者在面对不同管理情境时的大脑活动模式，以及这些模式如何影响决策的质量和效率。

在这一研究范式下，研究者通常利用功能神经影像工具，在传统管理学情境实验的基础上探索消费者行为的神经机制。有学者为了探寻在线信任与特定脑区神经活动的变化关系，在基于管理的实验任务中使用 fMRI 设备来记录被试在实验过程中的脑数据。[①]结果表明，男女在面对具有不同信任感水平的在线产品时，脑部激活的区域是不同的。这种研究范式强调管理学与神经科学的交叉，需要心理学家、神经科学家和管理学者紧密合作。其需要克服技术难题，比如确保被试在进行 fMRI 扫描时能够完成复杂的管理任务。fMRI 技术虽然强大，但在空间和时间分辨率上有一定限制，而且成本较高。随着技术的进步，未来可能会出现更高分辨率和更低成本的神经影像技术，进一步推动管理学领域中的情境实验研究。通过这种研究方式，可以帮助我们更深入地理解管理决策中的认知过程，并为改善管理和领导实践提供科学依据。

（二）经典实验任务在管理研究中的应用

从管理学的研究问题出发，对研究问题进行高度抽象，采用经典的心理学、经济学等学科的实验任务或者根据研究目标对其进行改造，通过成熟的实验范式来测量管理学中的重要构念，是神经管理研究的第二类主流范式。这一研究范式的优势在于经典实验任务经过多次检验，能够得到学术界的普遍认可，最大的挑战在于经典实验任务与管理实践问题之间存在一定的距离。学者们应当更好地建立起经典实验任务与现实管理问题之间的联系，从而为研究结论在管理实践中的应用打好基础。管理学常用的经典实验任务包括艾奥瓦赌局任务（Iowa gambling task，IGT）、信任博弈（trust game）和第一价格密封投标拍卖（first-price sealed-bid auction，FPSB）等。

艾奥瓦赌局任务广泛应用于心理学和神经科学领域，主要用来测量个体决策能力。研究者常用艾奥瓦赌局任务检验被试对风险的感知及应对。信任博弈是研究信任、互惠偏好、利他偏好的典型范式。该任务中存在委托人和代理人两种角色，委托人可以选择不投资或投资一定金额给代理人，代理人获得收益后可以选择返还一定收益给委托人。研究者使用 fMRI 收集被试在进行实验任务过程中的脑激活数据。

（三）多任务设计与多方法结合的研究范式

为了解决高度简化的认知神经科学研究要求与复杂的管理研究问题之间的冲突，规避管理研究中情境实验与心理学任务两种研究范式各自的不足，诸多学者采用多任务设计与多方法结合的研究范式，这是管理研究的最新趋势。具体来说，多任务设计是指研究中会设计一系列不同的认知任务，这些任务可能涉及注意力、记忆、情绪处理等多个

① RIEDL R，HUBERT M，KENNING P. Are there neural gender differences in online trust? an fMRI study on the perceived trustworthiness of eBay offers [J]. MIS quarterly，2010，34（2）：397-428.

认知领域，以评估大脑在不同条件下的反应。而多方法结合是指将 fMRI 同其他神经影像学技术（如正电子发射断层扫描）、电生理记录（如 EEG、ERP）、行为实验等方法结合，以获得更全面的大脑功能信息。通过这样的范式，研究人员能够深入了解大脑如何处理复杂的信息，并探究不同认知过程之间的相互作用及其背后的神经机制。这种多维度的研究方法有助于揭示大脑功能的复杂性和多样性。

在这一研究范式下，研究者通常进行多项实验研究，在一项实验研究中应用认知神经科学的方法，采用相对"干净"的实验任务探索与管理学中特定研究问题相关的认知神经机制，得出初步结论。在另一项实验研究中，则采用与现实管理情境更为贴近的行为学实验进一步对研究结论进行验证，从而建立起行为与神经机制之间的联系，提高研究结论的可信度。此外，在这一研究范式下，研究者也会基于同一实验设计，利用自我报告法和功能神经影像工具两种测量方式独立进行多次实验，相互印证结果，以保证研究结论的科学性与可信性。

四、fMRI 技术在管理研究中的应用前景

将 fMRI 的方法应用到管理学领域，核心是解决管理问题，探索新的管理发现。需要学者们在以研究管理问题为目标的同时，采取符合认知神经科学研究的规范，充分利用仪器设备的固有特性获取独特的研究数据。新的研究技术的出现，必然带来研究范式的改变。采用认知神经科学的仪器采集数据，选择心理学实验范式无疑最为简单，但不一定能满足管理学研究目标的要求。管理学的研究场景设计，可以直接针对研究问题，但是不一定能满足"干净"的认知神经科学研究的要求。这两种研究范式需要根据研究问题与研究目的进行针对性的选择，多次进行预实验，调整实验的范式与任务，才可能达到科学研究的要求。将自我报告法、行为学实验法、认知神经科学的方法进行结合，多任务设计与多方法的研究范式可以相互补充或者层层递进，研究结果的客观性和重复性无疑最高，也不容易受到质疑，但是对学者研究设计水平与能力要求很高，研究周期长，研究费用也高。无论如何，神经管理学的三类研究范式不仅可以解决实证研究数据来源及可靠性的局限，还可以弥补行为科学研究工具的缺陷，在一定程度上补充了原先研究方法的不足，有望推动管理学的研究往科学化、深度化方向前进。

第 3 节　功能磁共振成像技术应用现状

近年来，fMRI 技术在管理学领域也得到了广泛的关注。本节主要侧重于介绍 fMRI 技术在营销、金融、组织行为、信息系统领域的应用。

一、fMRI 在营销领域的应用

消费者决策、选择与行为的过往研究，通常依靠询问消费者的想法、在各种控制情形中直接观察消费行为或通过实证分析大型数据集间接推测消费者的行为等方式，但往往无法揭示行为背后的深层次原因。神经营销学的研究以理解大脑为中心，应用神经科

学的工具与理论去更好地理解消费者决策及其相关过程。神经营销学可以使用神经与生理方法拓展营销的现有研究，通过测量个体难以有意控制的相关生理信号和神经信号，建立消费者的心理过程、大脑功能与行为之间的联系，打开消费者决策、选择与行为的"黑箱"。该方向目前的研究主要集中于品牌、产品、价格等方面。

（一）品牌影响

品牌不仅仅是市场上的一个符号，它代表了企业与消费者之间深层次的情感联系和认知印象。随着神经科学技术的不断进步，研究人员开始深入探讨品牌如何通过影响消费者的大脑活动来塑造他们的态度和购买决策。品牌在消费者大脑中的作用不仅限于简单的识别和记忆，还涉及复杂的情感处理和自我认同的机制。这个研究领域的一个主要分支集中在品牌如何通过激活与情感、记忆和自我概念相关的大脑区域，影响消费者对品牌的感知和忠诚度。

消费者神经科学研究在品牌领域进行了广泛的探索。与品牌相关的一组类人特征，即品牌个性的概念，已经引起了相当多的关注。有研究结合新近可用的机器学习技术和功能性神经影像数据，来描述产生这些关联的过程。研究表明，品牌个性特征可以通过广泛分布于大脑中与推理、想象和情感处理相关的区域的活动来捕捉。换句话说，品牌个性特征似乎并非通过反思性过程构建的，而是先天存在于消费者的脑海中，以至于研究者仅凭品牌个性关联与大脑活动之间的关系就能够预测出一个人正在思考哪个品牌。这些发现代表了在消费者研究中神经科学方法应用的重要进展，从以往着重于归纳与营销刺激相关的大脑区域，转向测试和完善消费者行为理论中的核心概念。

此外，有研究考察了与情感记忆密切相关的神经机制是否影响消费者对软饮料品牌的偏好判断。结果显示，当被试进行偏好判断时，腹内侧前额叶皮层显著激活，表明该区域可能在情感驱动的品牌偏好中起关键作用。[①] 此外，研究表明，展示被试熟悉的汽车品牌标志会激活其内侧前额叶皮层，这一大脑区域与情绪、自我反思和自我相关加工密切相关。想象驾驶熟悉品牌的汽车可能引发自我相关的思维。[②] 这表明品牌熟悉度不仅仅影响消费者的认知，还可能涉及更深层次的自我概念加工。

另一个研究方向是探讨品牌个性与面孔个性感知的神经基础。相关研究发现，对品牌和面孔的判断大多涉及不同的神经系统，表明虽然这两者表面上相似，但处理品牌信息与处理人类信息的神经机制是不同的。[③] 这进一步说明品牌作为一种社会符号，可能有独特的神经加工路径。还有研究通过 fMRI 实验分析了对百事和可口可乐品牌的偏好如何影响大脑反应。当被试得知他们所饮用的饮料是他们喜欢的品牌时，其大脑的奖励中心被激活。这表明，大脑对品牌的反应更多地受制于与品牌的内在联系，而不仅仅是产品

① PAULUS M P, FRANK L R. Ventromedial prefrontal cortex activation is critical for preference judgments [J]. NeuroReport，2003，14：1311-1315.

② SCHAEFER M, BERENS H, HEINZE H J, et al. Neural correlates of culturally familiar brands of car manufacturers [J]. NeuroImage，2006，31：861-865.

③ 同②.

本身的感官体验。进一步的研究发现，与非偏好品牌相比，偏好品牌在涉及工作记忆和推理的大脑区域表现出较少的激活，而在与奖励相关的腹内侧前额叶皮层显示激活增加。①

基于此，运用神经科学方法还可以在营销研究中更好地验证有关个体差异的量表。例如，迪特沃斯特（Dietvorst）等使用 fMRI 数据，结合调研和其他传统方法的结果，开发了销售人员人际辅导技能（interpersonal mentalizing skill）的新量表。②

（二）产品影响

产品设计不仅仅是外观的表现，更是品牌与消费者之间重要的交流方式。随着神经科学的发展，研究人员开始深入探讨产品设计如何通过影响消费者的大脑活动来塑造其态度和购买行为。这个研究领域的一个主要分支为产品设计对大脑特定区域的影响，尤其是与奖励、情感和身份认同相关的区域。

在一项开创性的研究中，研究人员利用 fMRI 技术，探讨了不同类型的汽车设计对消费者大脑反应的影响。③ 他们比较了跑车（作为地位象征）与紧凑型车（作为功能性象征）在大脑中的信息处理方式。结果显示，当受试者看到跑车时，大脑中与奖励相关的区域，如伏隔核和腹内侧前额叶皮层，表现出更高的激活。这表明，跑车能够触发消费者的大脑奖励系统，使其产生一种积极的态度和情感倾向。这种奖励效应可能源于跑车作为一种社会地位的象征，能够满足消费者对身份认同和社会认可的心理需求。

还有研究探讨了产品包装设计的美学价值如何影响消费者的大脑反应。一项研究比较了美学设计与标准化产品包装设计对大脑的影响，发现美学包装设计能够显著增加大脑中与奖励和情感相关区域的激活，尤其是伏隔核和腹内侧前额叶皮层。④ 这一发现表明，美学设计不仅能够吸引消费者的注意，还通过激活大脑的奖励系统，增强产品的吸引力和购买意愿。美学设计的影响可以从几个方面来理解。首先，美学设计往往能够引发消费者的情感反应，尤其是愉悦感和满足感。这种情感反应可以通过大脑的奖励系统来解释。当消费者面对精美的产品设计时，大脑中的奖励区域会被激活，从而产生一种"心理奖励"的体验。这种体验不仅提高了消费者对产品的好感，还可能促使他们产生更强的购买欲望。其次，产品设计的美学价值还可以增强消费者对品牌的认同感。品牌认同感是消费者与品牌之间的情感纽带，良好的产品设计能够通过视觉和感官体验强化这种纽带。当产品设计符合或超越消费者的审美预期时，他们更容易将这种积极的体验与品牌本身联系起来，从而提高品牌忠诚度。最后，产品设计还可能影响消费者的自我概

① MCCLURE S M, LI J, TOMLIN D, et al. Neural correlates of behavioral preference for culturally familiar drinks [J]. Neuron, 2004, 44: 379-387.

② DIETVORST R C, VERBEKE W J M I, BAGOZZI R P, et al. Salesforce-specific theory of mind scale: tests of its validity by multitrait multimethod matrix, confirmatory factor analysis, structural equation models, and functional magnetic resonance imaging [J]. Journal of marketing research, 2009, 46: 653-668.

③ ERK S, SPITZER M, WUNDERLICH A P, et al. Cultural objects modulate reward circuitry [J]. Neuroreport. 2022, 13 (18): 2499-2503.

④ REIMANN M, ZAICHKOWSKY J, NEUHAUS C, et al. Aesthetic package design: a behavioral, neural, and psychological investigation [J]. Journal of consumer psychology, 2010, 20: 431-441.

念和身份认同。对于一些特定的产品，如高端奢侈品或科技产品，其设计不仅仅是功能的体现，更是消费者表达自我和展示身份的工具。

（三）价格影响

消费者神经科学的一个重要研究方向是定价研究。定价不仅仅是简单的数字标签，它在很大程度上影响着消费者的心理反应和购买决策。通过深入探讨价格信息在大脑中的处理方式，研究人员能够揭示定价策略如何通过影响消费者的大脑活动来塑造其购买行为。这一研究方向结合了神经科学与行为经济学的方法，旨在理解价格在消费者决策过程中的神经基础，并探讨如何利用这些知识优化市场营销策略。

这一领域的研究主要关注价格信息如何影响消费者的大脑反应和购买决策。例如，一项研究让被试在脑部扫描仪中依次看到产品及其相关价格，并要求他们表明是否会购买该产品。研究结果显示，当被试在"想要"某个产品和"损失"金钱之间进行选择时，大脑的不同区域会表现出不同程度的激活。[①] 这项研究首次尝试预测每个被试在产品展示过程中的实际购买行为，证明了基于大脑激活模式预测个体行为的可行性。

此外，斯科特（Scott）等人发现，在金钱决策任务中，奖励相关的伏隔核区域的激活程度可以预测被试对安慰剂效应产生的行为和神经反应水平。这一发现进一步支持了大脑中与奖励相关的区域在消费者决策过程中的关键作用。还有学者利用行为经济学中的二级价格拍卖机制，研究了哪些脑区为决策者的支付意愿建立神经指令。研究结果表明，腹内侧前额叶皮层和背外侧前额叶皮层的活动影响被试的支付意愿。[②] 这项研究在理解决策要素如何在大脑中形成神经指令方面，迈出了重要的第一步，并为未来的神经科学研究奠定了坚实的基础。

有学者通过 fMRI 考察了价格信息暴露的时机如何影响消费者对产品价格的估计和购买决策行为。研究发现，在看到产品之前还是之后得知价格信息，会从本质上改变消费者的大脑对"想要购买"和"不想购买"产品的反应方式。具体而言，内侧前额叶皮层的活动模式表明，先得知价格信息会导致消费者的决策过程从"我喜欢它吗"转变为"它值这个价吗"。随后的行为学实验进一步证明，先得知价格信息的情况下，消费者会更关注产品的功能价值。此外，先得知价格还提高了消费者表达的支付意愿与购买决策之间的相关性，表明信息顺序的简单变化确实改变了消费者对价格的估计和总体决策过程。[③]

二、fMRI 在金融领域的应用

神经金融学是一门交叉学科，将神经科学与金融学相融合，旨在深入理解金融决策

---

① KNUTSON B，RICK S，WIMMER G E，et al. Neural predictors of purchases [J]. Neuron，2007，53：147-156.

② PLASSMANN H，O'DOHERTY J，RANGEL A. Orbitofrontal cortex encodes willingness to pay in everyday economic transactions [J]. Journal of neuroscience，2007，27：9984-9988.

③ KARMARKAR U R，SHIV B，KNUTSON B. Cost conscious? the neural and behavioral impact of price primacy on decision making [J]. Journal of marketing research，2015，52（4）：467-481.

及市场行为。神经科学方法在金融学的应用充满了创新性和突破性，这一领域的发展以理解投资者为中心，通过运用先进的神经科学工具，如 fMRI 和生理信号测量，神经金融学力图揭示投资者在决策过程中的深层次心理机制。传统的金融研究方法通常依赖于观察行为或分析大数据，而神经金融学通过测量个体的生理信号和大脑活动，拓展了对金融决策背后机制的认识，有助于解锁投资者决策、选择与行为的内在机制。该领域的主要研究包括预期奖励、预期风险、预期金融决策、情绪影响等。

（一）预期奖励

在神经金融学中，还原论是一种重要的研究策略，通过将复杂现象分解成各个组成部分并逐一检查，从而重新构建整个现象。在微观经济学中，"期望值"代表了决策的基本组成部分。期望值通常被表述为期望结果的大小乘以其概率，它提供了一个通用的度量，使个人能够在多个选项之间进行选择。虽然期望值有时是通过分析过去的选择行为推断出来的，但其最初是由个人在决策时直接计算的。通过从决策方程中去除选择，并系统性地调整期望，研究人员能够识别期望值影响选择行为的神经机制。这些神经关联在实验中可以用于预测选择行为。近年来，越来越多的事件相关 fMRI 研究采用这一策略，通过调整预期的货币激励结果的大小和/或价值，并记录相关的神经激活，深入探讨预期奖励影响行为选择的神经基础。

这一神经科学方法揭示了与预期奖励相关的大脑活动，提供了对投资者如何在面对经济奖励时进行决策的深刻理解。这些研究揭示了纹状体和前额叶中边缘多巴胺目标区域在货币激励与象征激励（如积分）中出现局部脑神经活动增加。例如，中脑边缘在奖励发生之前就被激活，腹侧纹状体的激活程度与预期奖励的大小成正比，而内侧前额叶皮质的激活程度则与实际回报结果密切相关。[①]

研究人员还探讨了概率对预期奖励信号的影响，通常通过调整实验中提示激励的大小和概率来进行。这些研究发现，腹侧纹状体在预期奖励增加时的激活程度也会随概率变化而有所不同，该信号可能在中间概率值处达到峰值。此类研究进一步揭示了内侧前额叶皮层在预期概率增加时的激活模式[②]，为理解预期奖励的神经机制提供了新的视角。这些神经科学发现为金融决策中的预期奖励研究奠定了基础，并推动了对投资者决策过程的深入探索。

（二）预期风险

在金融决策中，虽然预期价值的作用已得到广泛认可，但风险作为一个单独的变量同样重要。风险对投资决策的影响与预期回报相反：尽管人们在做出投资决策时寻求最大化的预期回报，但他们也会为了最小化预期风险而付出代价。风险在经济决策中的作用通常可以通过数学方差来建模，即预测结果的偏差程度。

---

① KNUTSON B，FONG G W，BENNETT S M，et al. A region of mesial prefrontal cortex tracks monetarily rewarding outcomes：chacterization with rapid event-related FMRI [J]. NeuroImage，2003，18：263－272.

② KNUTSON B，TAYLOR J，KAUFMAN M，et al. Distributed neural representation of expected value [J]. Journal of neuroscience，2005，25：4806－4812.

为了深入探讨风险对决策的影响，研究人员使用了各种任务和实验设计。某些研究采用了赌博任务来考察风险预期的神经机制。例如，在预期奖励时，腹侧纹状体的激活程度与提示风险的大小成正比。这表明，当投资者预期风险更高时，相关的大脑区域会表现出更强的激活。此外，脑岛、外侧眶额皮质和中脑等区域的激活程度也与风险增加成正比。这些发现表明，神经系统对风险的处理涉及多个大脑区域的协同作用，且脑岛的激活程度与涉及金钱的任务中的不确定性和非货币刺激有关，这凸显了风险感知的复杂性。

大多数研究发现，腹侧纹状体的激活程度与预期回报相关，而脑岛的激活程度则与预期风险相关。这种分离帮助研究人员理解不同的神经回路如何响应不同类型的预期。最近的研究进一步探讨了通过检测这些区域的激活程度是否可以预测金融理论中的风险规避行为。例如，研究者们发现，在面对风险时，脑岛的激活程度往往预示着个体的风险规避行为，而在面对预期回报时，腹侧纹状体的激活可能预示着更高的风险接受倾向。这些研究不仅为金融决策中的风险处理提供了神经科学视角，还推动了对风险感知和处理机制的深入理解。通过结合神经影像学技术，研究者们能够揭示投资者如何在面临不同类型的风险时进行心理和生理上的反应，这为制定更加精准的金融策略和决策模型提供了重要依据。这些发现对于金融理论的发展和实际应用具有重要意义，帮助理解风险预期如何在大脑中转化为实际的决策行为，并进一步揭示风险规避和风险接受的神经基础。

（三）预测金融决策

与脑成像研究的典型逻辑相反，研究人员已经开始研究是否可以通过人们大脑激活情况预测其随后的行为，而不是研究刺激如何影响大脑激活程度。

金融风险可以定义为潜在收益与潜在损失之间的平衡。在其他条件相同的情况下，不断增加的回报预期会导致人们更看重收益，从而寻求风险。在一项涉及风险与财务决策的任务中，当被试做出风险决策时，腹侧纹状体激活更为突出。在一个类似的任务中，被试在涉及惩罚风险决策的试验中表现出更大的脑岛激活。此外，研究发现与预期情感相关的不同神经回路促成了不同类型的金融选择，并指出这些回路的过度激活可能导致投资错误。当人们决定是否购买某种产品时，观看产品时腹侧纹状体激活程度加大预示着最终购买，而观看相关价格时脑岛激活程度加大预示着最终拒绝购买。①

（四）情绪影响

情绪对人们的金融决策有着深远的影响。然而，由于情绪很难以定量方式测量，传统的金融学实验很难全面考虑其作用。尽管行为金融学试图通过借鉴心理学研究成果来更准确地衡量个体情绪，但仍然受限于主观测量，缺乏个体客观数据的支持。神经金融研究采用先进的工具，将个体的生理和神经活动数据与情绪状态紧密联系，为情绪的定量测量提供了新的途径，从而极大地拓展了与情绪相关的金融决策研究领域。

① KNUTSON B, RICK S, WIMMER G E, et al. Neural predictors of purchases [J]. Neuron, 2007, 53: 147-156.

后悔理论在行为经济学和决策理论中占有重要地位。神经科学研究发现在被试体验到后悔情绪时，特定的大脑区域被激活。这些大脑区域包括眶额叶皮层、背侧扣带前回、内侧前额叶和海马体前部。这一发现表明，后悔情绪不仅在心理层面上体现为一种情感状态，而且在神经水平上也呈现出明显的生理反应。有学者在神经金融学实验中检验后悔情绪对个人投资者回购行为的影响。实验中，股票价格被设置为正自相关，理性投资者应该在价格上涨后买回股票，实验结果却显示被试表现出比理性预期更强的回购效应。研究者使用 fMRI 记录了被试在卖出股票后发现价格上涨时大脑活动的数据，发现了与后悔信号相关的大脑区域。后悔信号越强，被试表现出的回购效应也越显著。因此，通过神经科学方法定量衡量投资者的后悔情绪，研究者发现后悔显著影响了投资者的后续交易行为。①

过度自信在行为经济学中通常被描述为一种认知偏差，即个体对自己的能力、知识或判断的过分乐观估计。这种现象可能导致个体高估他们的技能，低估风险，对信息的选择性接受，从而影响决策和行为。一篇研究文章利用神经影像技术探讨了不同情绪状态下过度自信的神经相关因素。通过识别神经关联，文章试图阐明情绪影响过度自信的机制。实验使用来自国际情绪图片系统（IAPS）的快乐和中性的图片来诱导情绪，然后通过一个激励兼容的任务来衡量过度自信。在这个任务中，被试回答一般知识问题，随后对他们的表现做出信心判断。研究结果表明，当人们做出过度自信的判断时，前扣带皮层和海马体会被激活，但激活程度取决于情绪状态。此外，文章还展示了大脑活动与较低的过度自信和较好的决策表现之间的关系。研究结果进一步阐明了不同情绪条件下高自信和低自信的神经机制，并为如何减少过度自信提供了新的见解。

三、fMRI 在组织行为领域的应用

传统的组织行为学研究常常依赖于调查员工的想法、直接观察其行为或通过实证数据集来分析行为，然而这些方法无法深入揭示行为背后的深层次原因。神经营销学为组织行为学研究提供了新的视角，通过运用神经科学的工具和理论，特别是 fMRI 技术，可以测量个体在组织决策和工作环境中的大脑活动和生理反应。这种方法有助于建立员工的心理过程、大脑功能与行为之间的联系，打开了组织行为学中员工决策、工作选择与行为的"黑箱"。通过深入了解员工在组织环境中的神经反应，研究人员可以更好地理解员工对领导、工作任务和组织文化等方面的认知与情感，为优化组织管理和提升员工绩效提供有力的洞察。

在一项探索性 fMRI 研究中，博亚特兹（Boyatzis）等人让高管回忆过去与共鸣型或不和谐型领导者共事的个人经历。结果表明，回忆与不和谐领导者的共事经历引起被试双侧脑岛和额回的激活、后扣带皮层的负激活等。② 杰克（Jack）等人的一项研究利用 fMRI 探讨了不同教练风格对学员大脑的影响。他们比较了鼓舞性指导（积极的情绪指

① 　FRYDMAN C，CAMERER C. Neural evidence of regret and its implications for investor behavior ［J］. The review of financial studies，2016，29（11）：31083139.

②　BOYATZIS R E，PASSARELLI A M，KOENIG K，et al. Examination of the neural substrates activated in memories of experiences with resonant and dissonant leaders ［J］. The leadership quarterly，2012，23：259－272.

引）和非鼓舞性指导（消极的情绪指引）的作用差别。结果表明，鼓舞性指导会引发大脑与心理视觉、全局处理、接近心态以及对教练的情感增加相关区域的激活（即双侧枕叶和后颞叶的激活）。相比之下，非鼓舞性指导下，被试的交感神经系统兴奋，并在与消极情绪（脑岛）、注意力和回避动机（前额叶）相关的大脑区域产生了更大程度的激活。[①]

四、fMRI 在信息系统领域的应用

传统的信息系统研究常常依赖于调查和观察人们的使用行为，或通过大数据集的实证分析来间接观察他们的行为，但这些方法难以揭示使用背后的深层次原因。神经科学方法为信息系统管理研究提供了新的启示，通过运用神经科学的工具和理论，特别是生理信号和神经信号的测量，可以更全面地了解个体在信息系统使用中的心理过程、大脑功能与使用行为之间的关联。这种方法有助于揭示用户面临不同信息系统决策时的生理反应和大脑活动，为改善系统设计、用户体验和决策支持提供了深刻的洞察。通过测量生理信号，研究人员可以更好地理解用户在面对信息系统时的认知和情感反应，为提高系统可用性和用户满意度提供了新的理论基础。因此，信息系统管理领域可以使用 fMRI 等神经科学方法，拓展对用户使用信息系统背后心理机制的认识，打开信息系统管理中用户决策、体验与行为的"黑箱"。

（一）在线信任

迪莫卡（Dimoka）让被试面对四张具有不同信任水平的面孔，同时观测脑区域活动变化的不同。被试信任屏幕上的面孔时，其大脑尾状核、前额叶皮质、眶额叶皮质就会被激活。被试不信任屏幕上的面孔时，其大脑中负责消极情绪的杏仁核及负责害怕失去的岛状皮层区域被激活。

里德尔（Riedl）等人为了证明在线信任与特定脑区的活动变化相关，同时记录了 10 名女性和 10 名男性在对 eBay 报价的信任度决策时的大脑活动。研究发现，女性激活的脑区比男性多。在随后的研究中，他们再次运用 fMRI 方法，探讨了人们在网络上对真人面孔和虚拟面孔的信任程度。研究结果显示，相较于网络上的虚拟面孔，人们更能准确预测真人面孔的可信度。当面对是否信任他人的决策时，面对真人面孔时，内侧额叶皮质的活动更加显著。这项研究为在线网页设计提供了深刻启示，如果在线商家希望赢得消费者的信任，使用真人面孔在展示产品设计时更有助于获得消费者信任。此外，即使面对相同信任水平的产品或面孔，女性用户相较于男性用户展现出更多脑部激活区域，特别是处理情绪的杏仁核和岛状皮层更加活跃，这也解释了为什么女性更容易因情绪冲动而购买商品。

（二）系统设计与优化

有学者进行了关于用户理解和处理信息系统中常见符号和图标的研究。在实验中，

---

① JACK A I，BOYATZIS R E，KHAWAJA M S，et al. Visioning in the brain：an fMRI study of inspirational coaching and mentoring [J]. Social neuroscience，2013，8：369 - 384.

通过采用 fMRI，研究了中国用户和英国用户在面对四种类型的视觉刺激（图标、照片、汉字和英语单词）时的神经反应，获取了用户大脑神经活动的数据。研究结果显示，尽管图标和汉字都激活了大脑中的语义系统，但用户在处理图标和汉字时采用了不同的认知加工模式。图标在传达意义方面并不如汉字有效，用户需要花更多的精力来理解图标表达的含义。①

詹金斯（Jenkins）等人从个人信息安全的角度出发，利用 fMRI 探讨了当危险信息的警告突然跳出时，被试的大脑机制如何应对。研究发现，这种警告提示未能产生预期的效果。这一现象的出现是由于双任务干扰效应（dual-task interference，DTI）的影响。人们受到认知能力的限制，即使是两个简单的任务也不能同时执行，而安全警告带来的干扰强烈地激发了大脑中的双任务干扰系统。在干扰效应非常高的情况下，用户大脑中内侧颞叶的神经活动大量减少，因而导致容易忽略安全警告。因此，尽管安全警告在一定程度上可以帮助用户免受网络攻击，但要考虑警告出现的时间和次数。②

第 4 节　文献案例分析

一、文献信息

RIEDL R，HUBERT M，KENNING P. Are there neural gender differences in online trust? an fMRI study on the perceived trustworthiness of eBay offers [J]. MIS quarterly，34：397 – 428.

该论文探讨了在线信任中的性别差异，研究背景基于信息系统领域对信任的广泛关注，以及性别在决策信任时可能存在的差异。研究问题集中在是否存在神经层面的性别差异影响在线信任的感知，尤其是男女在评估 eBay 交易可信度时是否激活不同的大脑区域。

二、主要理论和基本假设

（一）主要理论

总体而言，男性比女性更倾向于信任他人。多项调查结果表明，女性不太相信"大多数人是可以信任的"，从被信任的角度来看，女性通常被认为比男性更可信。例如，使用罗特（Rotter）的人际信任量表的心理学研究表明，人们对女性的信任度高于男性。此外，一项关注经济行为的研究发现，相较于女性客户，人们认为男性客户不太可信。

---

① HUANG S C，BIAS R G，SCHNYER D. How are icons processed by the brain? neuroimaging measures of four types of visual stimuli used in information sys-tems [J]. Journal of the association for information science & technology，2015，66（4）：702 – 720.

② JENKINS J L，ANDERSON B B，VANCEA，et al. More harm than good? how messages that interrupt can make us vulnerable [J]. Information systems research，2016，27（4）：880 – 896.

在信息技术领域，大量实证研究记录了性别差异，这些差异体现在计算机和互联网的使用、对计算机的态度、计算机焦虑水平、计算机技能、对通信技术（如电子邮件）的认知、对网站设计的看法等方面。在信息系统学科中，格芬（Gefen）和斯特劳布（Straub）的研究、格芬和莱丁斯（Ridings）的研究是性别研究的里程碑。这些研究的主要发现是女性和男性在对电子邮件的感知上存在差异，但在对电子邮件的实际使用上却没有差异，而且在虚拟社区中，男性沟通的目的是建立较高的社会地位，而女性沟通时带有融洽、同情和共情的基调。①

在线信任及其相关行为的研究表明，性别差异在网络购物的感知和行为上具有显著性。研究发现，男性更倾向于在网上进行购买，对网络购物的可信度评价更高，而女性对在线购物的风险感知更高。女性在网购时更关注网站的细节，这些细节对她们的情感和行为有较大影响，而男性更倾向于基于总体印象来评估购物网站。

（二）基本假设

这些行为层面的性别差异应该与生物学层面的差异相关联，因为人类行为中的一部分是由生物学因素决定的，特别是与大脑有关的那些因素。大脑研究揭示了在大脑解剖结构和功能方面值得注意的性别差异。鉴于这些现有的经验知识，文章提出了以下假设：

假设1：在在线信任决策中，男性和女性激活的大脑区域存在差异。

假设1.1：决策涉及可信和不可信的互联网报价时，男性主要激活背侧前扣带皮层（dorsal ACC），女性主要激活腹侧前扣带皮层（ventral ACC）。

假设1.2：在评估可信的互联网报价时，女性的丘脑激活程度高于男性。

假设1.3：在评估不可信的互联网报价时，女性的海马体激活程度高于男性。

假设1.4：在评估可信和不可信的互联网报价时，男性的背侧外侧前额皮层（DLPFC）激活程度高于女性。

假设1.5：在评估不可信的互联网报价时，男性的腹内侧前额皮层（VMPFC）激活程度高于女性。

假设1.6：在评估可信的互联网报价时，女性的纹状体激活程度高于男性。

假设1.7：在评估不可信的互联网报价时，女性的岛叶皮层激活程度高于男性。

假设2：在评估可信和不可信的互联网报价时，女性比男性激活更多的大脑区域。

三、数据来源与数据整理

（一）实验刺激与前测

研究者使用了基于图尔敏模型（Toulmin model）构建的产品描述来影响消费者对互联网报价可信度的感知，并以此作为 fMRI 实验中的刺激材料。主要包括以下内容：

（1）刺激材料的开发。图尔敏模型提出了六个相互关联的组成部分，包括主张

---

① GEFEN D，STRAUB D W. Gender differences in the perception and use of e-mail：an extension to the technology acceptance model ［J］. MS quarterly，1997，21（4）：389 – 400.

(claim)、数据（data）、保证（warrant）、支持（backing）、限定词（qualifier）和反驳（rebuttal）。据此，研究者根据图尔敏模型，创建了不同级别的信任保证描述文本，包括没有信任保证论点、仅有主张、主张＋数据、主张＋数据＋支持、主张＋数据＋支持＋反驳。此外，还考虑了限定词对产品描述文本可信度的影响。

（2）实验环境的模拟。为了增强实验的外部有效性，研究者将图尔敏模型的元素嵌入到一个模拟的 eBay 网站中，该网站包含了 eBay 标志、产品名称、产品图片、销售模式、价格、卖家名称、卖家经验等级、反馈、会员期限和地点、产品描述。

（3）实验材料的展示。在 fMRI 实验中，每个 eBay 商品报价展示 12s，随后是 3s 的固定十字画面，以减少视觉干扰，并要求被试在 12s 结束时评估报价是否可信。

在进行 fMRI 研究之前，研究团队开发了 104 个不同的 eBay 报价。为了确保 eBay 报价的可信度操纵有效，39 名随机选择的被试对这些报价进行了评估，评估范围从 1（非常低）到 7（非常高）。之后，研究者计算了每个报价的平均值和标准差。为了增强对比，他们选择了 10 个最可信的报价（记为 T，可信）和 10 个最不可信的报价（记为 U，不可信）用于 fMRI 实验。为了确保在 fMRI 实验期间被试不会意识到他们实际上看到的是相同的 eBay 报价，研究者不仅调整了产品描述，还调整了产品图片。

（二）正式实验与数据收集

（1）研究对象。在主研究中，研究中选择了 10 名女性被试和 10 名男性被试。为了避免因年龄差异而产生混淆效应，被试年龄为 30～35 岁。所有被试都熟悉互联网和 eBay。另外，为了检查对 eBay 品牌的总体信任水平或对公司的极端正面或负面态度，研究者询问了被试是否信任 eBay（五点利克特量表，1 为"完全不同意"，5 为"完全同意"），以及他们对 eBay 的总体态度（五点利克特量表，1 为"极其正面"，5 为"极其负面"）。方差分析显示对 eBay 的信任度存在显著性别差异，但对 eBay 的态度没有显著性别差异。

（2）实验程序和刺激呈现。eBay 商品报价通过 LCD 投影仪展现在屏幕上。这些商品报价在大小、位置、背景和亮度方面完全一致。每个报价展示 12s，被试的任务是在 12s 时间结束时，按下磁共振兼容响应盒上的两个对应按钮之一，以表明他们认为该报价是否值得信赖。在 12s 之后，被试会看到一个持续 3s 的固定十字。然后会向被试展示下一个商品报价，这样循环进行。每位被试的商品顺序是伪随机化的，每位被试需要评估 120 个商品报价。

（3）数据收集与分析。研究在 3T fMRI 扫描仪上进行。研究使用的数据集包括 36 个 3.6mm 厚的横断面切片，没有间隙，视野为 230mm×230mm，获取矩阵为 64×64（即各向同性体素边长约 3.6mm）。对比参数为信号响应时间 3000ms，回波时间 50ms，翻转角 90°。数据分析使用 SPM5 软件，以 MATLAB 为工作基础，数据预处理包括三个初始步骤。

首先，为了纠正由于被试在扫描仪中的头部运动而产生的伪影，所有图像通过"刚体"变换对齐到本次扫描的第一张图像（重对齐）。其次，为了在组分析中比较所有被试，所有图像都归一化并重新采样到标准的蒙特利尔神经学研究所（MNI）模板（归一化）。最后，为了准备统计分析，所有图像都使用 5mm 高斯核进行平滑处理。为了估计广义线性模型（GLM），构建了包含每个可信度等级向量的矩阵。为了研究性别和信任依赖的活动变化，在二级（组）分析中进行了单样本和双样本 t 检验。所有通过 SPM5 获得的坐标都转换为 Talairach 和 Tournoux 空间，并通过 T2T 数据库 Java applet 分配到皮层区域。

四、分析结论

（一）行为结果

结果显示，在 eBay 商品报价的信任度评估方面存在显著的性别差异。具体而言，在 T 组中，女性被试将 68.5% 的 eBay 商品报价评定为值得信赖，而男性被试仅将 57.7% 的 eBay 商品报价评定为值得信赖 $[F(1, 79)=6.985, p<0.01]$。在 U 组中，被女性被试和男性被试评定为值得信赖的商品报价比例分别为 20.0% 和 11.0% $[F(1, 79)=9.903, p<0.001]$。因此，结果表明女性在报价信任度上的评估比男性显著高。

（二）神经结果

（1）可信报价：女性在丘脑、纹状体（尾状核）和颞下回（BA37）的大脑活化水平显著更高。相比之下，男性只在前额叶皮质（BA9）有更高的活化水平。

（2）不可信报价：女性在腹侧前扣带皮质（BA24）、海马、前额叶皮质（BA9）和尾状核（体部）中大脑活化水平显著更高。相比之下，男性在腹侧内侧前额叶皮质（VMPFC，BA10）和腹侧后扣带皮质（BA32）中有更高的活化水平。此外，研究发现女性和男性在岛叶皮层中的活化范围完全相同。在假设 1 中，研究预测在评估可信和不可信的互联网报价时，男女在大脑中激活的区域不同。结果支持这一假设。关于假设 1.1 到假设 1.7，研究发现五个假设得到了充分支持：假设 1.1、假设 1.2、假设 1.3、假设 1.5 和假设 1.6。假设 1.4 得到了部分支持。假设 1.7 未得到支持。在评估可信和不可信的互联网报价时，女性在激活的大脑区域数量上显著多于男性，结果支持假设 2。

五、文献点评

传统的研究方法，例如问卷调查和行为实验，通常只能捕捉到信任行为的外在表现，而无法深入探究背后的神经基础。相比之下，fMRI 能够直接观察大脑活动，使研究人员得以识别和定位与信任相关的特定脑区及其在性别差异中的作用。通过这种神经影像技术，研究揭示了性别在处理和形成在线信任时涉及不同的大脑机制。fMRI 为我们提供了一种超越传统方法的独特视角，使得这些发现不仅在理论上具有深远意义，也为实际应用提供了更具针对性的科学依据。

▶ 思考题

1. fMRI 的工作原理是什么？它是如何捕捉大脑活动的？

2. 在设计 fMRI 实验时，研究者需要考虑哪些关键因素？如何确保实验结果的有效性和可靠性？

3. fMRI 技术在管理研究中有哪些应用？结合具体案例，分析 fMRI 如何为管理学问题提供新的洞见。

4. 与传统的行为研究方法相比，fMRI 有哪些优势和局限性？这些特性如何影响其在管理研究中的使用？

▶　**参考文献**

第14章　功能近红外光谱脑成像技术及其在研究中的应用

刘　涛　于晓宇　何　琳　上海大学

　　功能近红外光谱脑成像技术（functional near-infrared spectroscopy，fNIRS）在神经管理领域具备独特研究潜力。本章回顾了 fNIRS 如何从单一的基础研究工具发展成为多通道、多场景应用的非侵入式脑成像技术，并介绍了 fNIRS 的基本原理以及其相较于其他脑成像技术的优劣势。本章特别强调了基于 fNIRS 的实验设计，包括单脑、多脑或群脑研究范式，组块设计，事件相关设计，被试内或被试间设计等。本章也提供了数据采集的详细步骤，包括软件和硬件设备的准备、探测器的放置、校准调试和数据的采集分析方法，同时讨论了研究中常见的问题和注意事项。最后，本章通过案例解析，展示了如何将这些方法应用于实际研究中。

第1节　fNIRS 概述

　　fNIRS 经历了 30 多年的技术迭代与应用拓展，从最初的单通道基础研究工具逐渐发展为多通道、多场景的非侵入式脑成像技术，展现出了较为优异的高社会生态效度优势。随着多模态和人工智能技术的不断进步，fNIRS 与多种神经、生理、心理测量技术相结合，其研究适用范围不断拓宽，在神经管理领域展现出独特的研究潜力。

一、fNIRS 的发展演进

（一）fNIRS 的诞生

　　1977 年，弗兰斯·乔布西斯（Frans Jöbsis）发现近红外光可以穿透人类的头皮和头骨到达大脑皮层组织，证明了通过近红外光实时无创监测大脑皮层中血红蛋白氧合过程的可能性。1988 年，科普（Cope）等提出了量化脑近红外光谱数据的方法，为开发单通道 fNIRS 系统奠定了基础。[①] 1989 年，日本滨松光子学公司（Hamamatsu Photonics K. K.）与英国伦敦大学学院合作开发了第一个商业单通道 fNIRS 临床仪器 NIRO-1000。

---

　　① COPE M，DELPY D T，REYNOLDS E O，et al. Methods of quantitating cerebral near infrared spectroscopy data [J]. Advances in experimental medicine and biology，1988，222：183-189.

自此，fNIRS 的临床研究和广泛应用逐渐进入快速成长阶段。

（二）fNIRS 研究的兴起

基础技术和硬件设备的快速发展助推了 fNIRS 研究的兴起。20 世纪 80 年代，随着光谱学和生物医学工程的发展，fNIRS 技术首先被应用于生物医学领域。随着 fNIRS 技术的逐渐成熟与广泛应用，越来越多的学术期刊开始接收 fNIRS 相关的研究论文。1993 年 2 月，*Neuroscience Letters* 刊发了第一篇应用 fNIRS 的研究论文。[①]

（三）fNIRS 技术的发展

早期的 fNIRS 研究大多是简单的可行性验证实验，主要采用单通道测量设备。在这个过程中，研究者逐渐意识到需要同时测量不同的功能脑区，才能得到类似于 fMRI 的皮层氧合图。1993 年，有研究者使用 5 台单通道 fNIRS 设备同时监测了多个皮质区域。[②] 1994 年，日本日立公司研发出首台能实现临床应用的 10 通道 fNIRS 系统。fNIRS 设备实现了从单通道向多通道全脑测量的发展转变。此外，fNIRS 设备的发展也越发便携化。早期的 fNIRS 设备使用光纤束发射并接收光信号，但光纤通常较重且柔韧性较差，限制了被试的活动范围。后来 fNIRS 开始向可穿戴和无线方向发展。

（四）fNIRS 技术与其他技术的多模态融合

值得一提的是，任何单一的脑成像技术均存在一定的局限性，而将多种脑成像技术融合后，可对它们的空间精度、时间精度、对比机制进行互补组合，更加全面地描述人类的认知加工过程。因此，研究者开始尝试将 fNIRS 与其他脑成像技术相结合，通过多模态测量，更全面、精准地获取大脑激活数据。有研究首次结合 PET 和 fNIRS 探究了两名被试在完成心理任务时的血液动力学变化过程。1996 年，有学者同时记录了 fMRI 和 fNIRS 数据。如今，随着人工智能技术的快速发展，多模态测量也得到越来越多学者的关注。

总体来说，fNIRS 及其设备的快速发展推动了其应用领域的不断拓展，从最初的生物医学领域逐渐发展到了教育学、心理学、工学、管理学等多个领域。一方面，fNIRS 与其他脑成像技术的多模态融合促进了我们对大脑认知加工机制的了解；另一方面，fNIRS 凭借其突出的便携性和抗干扰性，逐渐被应用于各种真实情境，推动了脑成像技术与应用学科的交叉融合。

二、fNIRS 的基本原理

fNIRS 的直接观测对象并非神经活动本身，而是与神经活动密切相关的局部血氧浓度变化。生理学研究表明，大脑神经元的细胞膜内外存在电势差，被称为神经元膜电位。神经元工作时要消耗能量以维持和恢复神经元膜电位，在这一过程中，葡萄糖与氧气由血液系统不间断地向工作脑区供给。当某一外部刺激出现时，相关功能脑区的神经元会放电激活，对外部刺激进行加工。神经元放电会增加新陈代谢活动，加大对能量的消耗。

---

① HOSHI Y，TAMURA M. Detection of dynamic changes in cerebral oxygenation coupled to neuronal function mental work in man ［J］. Neuroscience letters，1993，150：5－8.

② HOSHI Y，TAMURA M. Dynamic multichannel near-infrared optical imaging of human brain activity ［J］. Journal of applied physiology，1993，75：1842－1846.

因此，在神经血管耦合机制的作用下，会有大量的血液流向激活脑区，使得该功能脑区的脑血流量（CBF）、脑血容量（CBV）和氧代谢率（CMRO$_2$）较基线状态时显著增加。由于 CBF 的增加程度大于 CBV 和 CMRO$_2$ 的增加程度，最终导致激活脑区的氧合血红蛋白（oxy-Hb）浓度增加，而脱氧血红蛋白（deoxy-Hb）浓度相对下降。因此，oxy-Hb 浓度的增加和 deoxy-Hb 浓度的降低可以作为特定功能脑区神经活动的指标。

fNIRS 采用光学特性来测量特定功能脑区（通常为大脑浅皮层）的氧合血红蛋白、脱氧血红蛋白和总血红蛋白的浓度变化，间接展现认知神经活动。具体而言，在 650～950nm 的波长范围内，近红外光对生物活体组织具有良好的穿透性，照射在头皮表面的近红外光可以穿透头皮、头骨进入大脑皮层组织，最大深度为 20～30mm，并沿类似香蕉形状的路径进行传播。经过皮层中氧合血红蛋白和脱氧血红蛋白的吸收和散射之后，一部分近红外光会返回头皮表面。因此，与发射器间隔一定距离放置一个探测器，可以检测到从该位置穿出的出射光。研究表明，如果光子的发射器和探测器的光极间距过小，检测到的光子仅能穿过浅层组织，无法到达皮层；而光极间距过大则会导致穿出的光子数过少，无法获得足够的观测信号。因此，一般情况下，光极间距约为 3cm，以确保光子能够穿过皮层并返回头皮表面，提供有效的光学信号。利用修正的比尔-朗伯定律（modified Beer-Lambert law）即可计算出皮层代谢的血红蛋白浓度变化量。fNIRS 设备和实验场景见图 14-1。

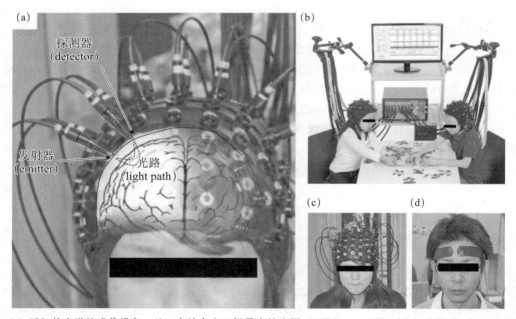

（a）近红外光谱脑成像设备；（b）在社会交互场景中的应用（NIRScout，NIRx Medical Technologies，LLC，USA）；（c）多通道系统（FOIRE-3000/16，Shimadzu Co.，Japan）；（d）双通道系统（PocketNIRS，Dynasence Inc.，Japan）。

图 14-1　fNIRS 设备和实验场景

资料来源：LIU T，LIU X，YI L，et al. Assessing autism at its social and developmental roots：a review of autism spectrum disorder studies using functional near-infrared spectroscopy [J]. Neuroimage，2019，185：955-967.

三、fNIRS 优劣势分析

　　fMRI、EEG、fNIRS 是目前认知神经科学领域较为常见的三种脑成像技术。目前，在神经管理学领域，fMRI 和 EEG 使用较多，fNIRS 尚处于起步阶段。

　　fMRI 具有最高的空间分辨率，但对受试者的身体活动限制较大，要求被试躺在一个狭窄的、高噪声的腔体中，并尽量保持静止，限制了该技术的社会生态效度。相比之下，EEG 具有最高的时间分辨率和相对较高的社会生态效度，但其空间分辨率较低，很难准确定位大脑神经活动的来源（涉及"逆向推理"问题[①]）。此外，EEG 对运动伪迹和电磁噪声也较为敏感。与 fMRI 相比，fNIRS 具有更高的采样率（高达数十毫秒），能在社会生态学效度较高的真实情境中对功能脑区的血液动力状态进行持续监测。与 EEG 相比，fNIRS 具有更高的空间分辨率和更好的抗噪性能。三者比较可参考表 14 - 1。

表 14-1　神经营销学研究中常用的脑成像技术比较

项目	fMRI	EEG	fNIRS
空间分辨率	+	−	∼
时间分辨率	−	+	∼
身体运动限制	−	−	+
连续测量	−	−	+
成本	−	+	+

注：＋、∼、− 分别代表较好、中等、较差。

资料来源：HE L，FREUDENREICH T，YU W H，et al. Methodological structure for future consumer neuroscience research［J］. Psychology & marketing，2021，38（8）：1161 - 1181.

　　过往研究曾在多个实验范式中对 fNIRS 和 fMRI 进行比较，结果表明，fNIRS 信号可以与 fMRI 的 BOLD 信号类比，能够得到类似的大脑成像结果。[②] 类似地，结合 fNIRS 和 EEG 两种脑成像技术的文献也揭示了血液动力学反应和神经元活动之间的一般线性关系。此外，近年来消费者行为领域的 fNIRS 研究同样表明，fNIRS 可以对以往 fMRI 实验的结果进行重复验证。

　　值得一提的是，fNIRS 技术操作简单、成本较低、可长时间持续监测，且几乎对所有人群都是安全的（包括因植入心脏起搏器或对幽闭空间敏感而无法接受 fMRI 的人群）。例如，有学者利用 fNIRS 技术对临床患者的大脑活动进行了 24 小时以上的不间断监测。此外，最近的研究还表明，在涉及双人或多人交互的研究中，可以将两台或多台 fNIRS 设备连接起来，或者由多人共享来自一台多通道 fNIRS 设备的光极/接收器，从而探究群

---

　　① GRECH R，CASSAR T，MUSCAT J，et al. Review on solving the inverse problem in EEG source analysis ［J］. Journal of neuroengineering and rehabilitation，2008，5：25.

　　② CUI X，BRAY S，BRYANT D M，et al. A quantitative comparison of NIRS and fMRI across multiple cognitive tasks ［J］. Neuroimage，2011，54（4）：2808 - 2821.

体行为或决策的脑机制。① 尤其是 fNIRS 便携性高和抗噪性好等特性（在头部和眼球运动伪迹方面）使其更加适合在日常真实情境中对不同群体的大脑活动进行测量，展现出较为优异的社会生态效度。

但是，fNIRS 也存在明显的局限性。例如，由于存在散射和吸收效应，以及出于安全考虑对光强的限制，fNIRS 的测量范围局限于涉及高阶认知功能的大脑浅皮层。

第 2 节　基于 fNIRS 的实验设计

恰当、巧妙的实验设计可以帮助研究者更好地验证实验假设、达成实验研究目的。研究者需要根据研究目的和现有实验条件，在单脑、多脑或群脑研究范式，组块设计或事件相关设计，被试内或被试间设计等多个层面上设计实验。接下来，本节将介绍基于 fNIRS 的实验范式、实验设计和实验注意事项，以帮助研究者更好地使用 fNIRS 进行相关研究。

一、实验范式

传统的实验范式主要集中在单脑研究上，即检测单个被试在完成感知或决策任务时的脑活动。然而管理学情境非常丰富、复杂，单一的实验范式与真实的管理学情境相差甚远。因此，神经管理学研究亟须在实验范式上进行变革拓展。结合多学科理论和方法，研究者提出了三层次实验范式，即"单脑认知"、"多脑交互"和"群脑协同"。②

（一）单脑认知范式

以往的神经管理学研究倾向于考察单个被试对实验刺激的独立神经反应，即单脑认知范式。具体而言，单脑认知范式中被试单独参与实验，在佩戴好脑成像设备后根据实验要求对不同的刺激或任务作出反应。其间，研究者借助脑成像技术实时测量被试从感知到决策的认知加工过程，以探究某种管理决策的神经机制。单脑认知范式为探索个体内在的感知及决策机制提供了微观层面的见解。

采用单脑认知范式的研究通常侧重于识别特定刺激或任务下哪些功能脑区的激活水平发生了显著变化，以推测参与特定刺激加工或任务的认知加工过程。然而，现实世界中个体的认知决策远非单个功能脑区所能支持的。认知行为实际上是大脑多区域广泛协

---

① LIU T，PELOWSKI M. A new research trend in social neuroscience：towards an interactive-brain neuroscience [J]. Psych journal，2014，3（3）：177-188. Yu X Y，Liu T，He L，et al. Micro-foundations of strategic decision-making in family business organisations：a cognitive neuroscience perspective [J]. Long range planning，2023，56（5）：102198.

② HE L，FREUDENREICH T，YU W H，et al. Methodological structure for future consumer neuroscience research [J]. Psychology & marketing，2021，38（8）：1161-1181. Yu X Y，Liu T，He L，et al. Micro-foundations of strategic decision-making in family business organisations：a cognitive neuroscience perspective [J]. Long range planning，2023，56（5）：102198.

调与互动的结果。比如，"首选品牌"现象便涉及奖赏处理、自我参照加工等多个功能脑区的协同作用，并且还伴随着认知冲突脑区的抑制过程。

因此，除监测单一脑区的激活状态外，还应对交叉相关性分析（cross correlation）、相干性分析（coherence）、相位锁定值（phase lock value）等进行分析，从而评估功能脑区间的相互作用关系，以在脑网络框架下更全面地理解感知与决策的微观机制。[①]

需要注意的是，"单脑认知范式"也面临着巨大挑战，特别是基于单一脑区激活推断认知过程的方法可能存在"逆向推理"问题。传统认知神经科学依赖"认知减法原则"，即通过比较不同任务下的脑区激活差异来界定认知过程。但若某脑区 X 在任务 A 中被激活，而在另一任务 B 中未见显著激活，就简单地推定任务 A 存在特有的认知加工过程，这是不合理的。尤其是当该脑区参与多种认知加工过程时，这种逆向推论导致错误结论的可能性会大大提升。因此，在使用认知神经科学研究方法探究管理学现象或问题的微观神经机制时，必须谨慎对待"逆向推理"问题。例如，可以结合行为数据、心理测量数据等验证解释的准确性和全面性。

（二）多脑交互范式

尽管单脑认知范式可以较为有效地揭示个体感知和决策的神经机制，但却忽视了外部环境及多方利益相关者的潜在影响，无法充分捕捉多主体互动的动态过程及群体行为特征。当研究问题涉及多层面主体间的协同与迭代互动时，单脑认知范式的有效性将大大折损。例如，有研究显示，在奢侈品消费场景中，他人的存在与否显著改变了个体的大脑激活状态，凸显了社会环境因素的重要性。[②]因此，为了深入理解复杂管理情境下多主体交互的微观机制，需要引入多脑交互范式。

多脑交互范式超越了独立个体的范畴，关注的是多主体间大脑活动的交互作用。这一范式能够更好地模拟真实的管理情境，比如群体决策、品牌推荐过程、共同购物等。为此，需要多位被试同时参与实验，并利用超扫描技术（hyperscanning，通常以 fMRI、EEG、fNIRS 技术为基础，实现两个以上个体脑活动的同步测量，也称作群体脑成像技术）实时记录他们的脑活动，以深入探究多主体通过脑内和脑间大脑功能网络来实现群体交互或决策的微观神经机制。

近十年以来，大量社会神经科学领域的研究采用超扫描技术探索了人际互动（例如合作与竞争）、沟通、群体决策背后的认知神经机制。这种多脑交互范式侧重于在较为真实的社会情境中，将交互双方或多方视为统一的"互动单元"，不仅考察了单个主体的大脑活动，还探究了主体间的脑活动交互作用，发现了较为普遍的主体间脑活动同步的现象（inter-brain neural synchronization，INS，也称为脑间神经耦合）。越来越多的研究证

---

① BASTOS A M，SCHOFFELEN J M. A tutorial review of functional connectivity analysis methods and their interpretational pitfalls [J]. Frontiers in systems neuroscience，2016，9：175.

② POZHARLIEV R，VERBEKE W J M I，VAN STRIEN J W，Merely being with you increases my attention to luxury products：using EEG to understand consumers' emotional experience with luxury branded products [J]. Journal of marketing research，2015，52（4）：546 - 558.

实，多主体间的脑活动同步程度不仅体现其交互状态和共享心智程度，也与其互动质量和成效紧密相关。①

　　例如，有学者基于 fMRI 的超扫描研究显示，与隔绝情境相比，当被试面对面完成最后通牒游戏时，他们的右侧颞顶联合区（TPJ）显示出更强的脑间神经耦合，且与双方的合作意愿、正面预期及实际表现呈正相关。类似地，有学者发现，激情四溢的创业演讲能够激发投资者更强的脑间耦合状态和投资兴趣。有学者利用基于 fNIRS 的超扫描技术在无领导小组讨论中发现，领导者与成员间左侧颞顶联合区之间的脑间神经耦合程度高于成员间的脑活动同步性，且与沟通质量密切相关。② 有研究进一步表明，无论是在教育环境还是在娱乐场景中，群体的脑间神经耦合程度均能有效预测个体的参与度、互动效果，乃至记忆留存和市场反馈。这些发现共同强调了多脑交互范式在解析多主体互动与决策微观机制中的独特价值与重要性。

（三）群脑协同范式

　　群脑协同范式可以看作多脑交互范式的扩展，重点关注特定管理情境下群体的共性反应或集体行为的神经机制。例如，社交媒体平台上发布的短视频是否可以引起目标群体的共鸣反应呢？复杂工作环境下，一群人如何高效地协同作业？董事会群体如何做出协同战略决策？与测量多主体的脑间神经耦合状态不同，群体行为的复杂性和网络属性越发突出，需要利用网络理论进行更深层次的分析。

　　网络理论被广泛用于分析社会结构及其动态交互关系，如家庭关系、社会流动性、阶层体系和社交网络等。当下，网络理论也开始在认知神经科学中展现出巨大潜力，特别是图论理论为探究群体决策和协同的脑机制开辟了新视角。如图 14-2 所示，将群体中每个成员大脑的特定功能脑区视为网络节点，以节点间的神经耦合强度为边构建群体脑网络。之后，利用图论可以量化群体脑网络的多种拓扑特征，如网络强度、密度、路径长度、小世界属性等，描绘群体的集体认知、情感共鸣或协同作业的神经机制。

　　认知神经科学的多项研究也证实了这一方法的有效性。例如，斯通（Stone）等在研究杂技演员时发现，团队协作水平高的演员的脑网络全局效率较高，意味着其信息传递与整合更为高效，而水平较低的演员在这方面表现不佳。米纳蒂（Minati）等在风险决策研究中揭示了涉及前额叶的小世界网络在价值判断中的重要作用。还有学者在神经营销学的"群体共鸣"研究中发现，观看广告时，消费者右侧额下回的群体脑网络密度较高，表明有更强的神经共鸣状态，这一点可以正向预测广告的市场表现。这些研究共同展示了群脑协同范式在揭示群体决策和协同脑机制方面的独特价值。

---

　　① AHN S，CHO H，KWON M，et al. Interbrain phase synchronization during turn-taking verbal interaction-a hyperscanning study using simultaneous EEG/MEG [J]. Human brain mapping，2018，39（1）：171-188.

　　② JIANG J，CHEN C S，DAI B H，et al. Leader emergence through interpersonal neural synchronization [J]. Proceedings of the national academy of sciences of the United States of America，2015，112（14）：4274-4279.

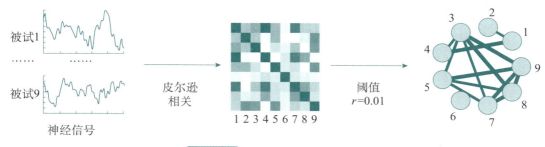

图 14-2　**群体脑网络构建方法**

注：使用皮尔逊相关计算 9 人团队中任意 2 名被试兴趣脑区之间的脑活动同步程度，构成 9 人团队的脑活动同步矩阵。之后将阈值 r 设为 0.01（阈值根据具体研究来确定），如果任意 2 名被试兴趣脑区之间的脑活动同步程度大于 0.01，则认为此 2 人出现了有意义的脑间功能连接；否则认为此 2 人未产生有实质意义的脑活动同步。以此类推，最终构成一个由 9 人团队兴趣脑区为节点，有意义的脑间功能连接为边的二值化图。

资料来源：LIU T, DUAN L, DAI R, et al. Team-work, team-brain: exploring synchrony and team interdependence in a nine-person drumming task via multiparticipant hyperscanning and inter-brain network topology with fNIRS [J]. NeuroImage, 2021, 237: 118147.

二、实验设计

认知神经科学实验设计的核心在于坚持认知减法原则，即系统地操纵或改变一个认知成分的有无或程度高低（自变量），观察这种操纵或改变对神经活动（因变量）的影响，在此基础上解释自变量和因变量之间的因果关系。这一逻辑与传统的心理学和管理学实验相同，都要求有较为严格的实验条件和控制条件，并综合考虑多种干扰变量的影响。认知神经科学实验的干扰变量通常包括实验被试的年龄、性别、情绪状态、疲劳状态、认知风格等，主试吸引力等，实验时间、温度湿度、环境光等，以及与实验刺激相关的因素等。研究者通常可以通过消除干扰变量、保持干扰变量恒定、采用随机法和匹配法（例如保持每一组被试性别比例尽量相同）平衡干扰变量等方法对干扰变量进行控制，也可以在实验前或实验后测量干扰变量，在数据分析阶段控制干扰变量的影响。此外，值得重视的是如何解释认知神经科学实验的结果。与行为测量和心理测量不同，由于大脑复杂的认知加工机制，往往较难确定某种神经活动表征的特定含义。因此，神经管理学实验需要依靠行为结果、心理测量结果或多种神经活动相互印证，以更加准确地解释某种管理学现象或问题的神经机制。

传统的实验设计通常需要根据特定的实验目的和实验条件选择组块设计或事件相关设计。组块设计是指实验中将相同性质的任务或刺激按序列分组，每个组块称为一个 block。在一个 block 内，被试将连续接受同一种类型的刺激或执行同一种任务（见图 14-3）。例如，在研究视觉刺激（例如广告设计）对个体（例如消费者）大脑活动的影响时，可能设置一个显示特定设计模式的 block，之后是一个控制条件或对照 block，交替进行。这种实验设计简单易实施，且 block 内信号变化的累积提高了信噪比，更易于检测到显著的大脑激活差异，即实验效应更加明显，因此是 fMRI 和 EEG 实验常用的实验设计。然而，组块设计中被试可能会随着实验的进行对实验刺激产生学习效应或惰性，导致神经反应减弱。

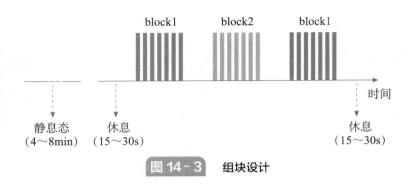

图 14-3　组块设计

事件相关设计是指在实验中，每个独立的刺激或任务都是一个实验单元，刺激或任务之间可以有固定的或随机的间隔时间，即通常会有基线或休息期穿插其中（如图14-4所示）。实验中需要精确记录每个事件的开始时间（onset time）和持续时长（duration），用于分析数据时对时间进行锁定。这种设计的时间分辨率较高，可以捕捉每个刺激或任务引起的大脑响应。同时，由于事件相关设计允许刺激或任务之间存在变化，能够在一定程度上减少被试的学习效应。但是事件相关设计也存在一些劣势，例如，事件相关设计中单个刺激或任务引起的信号变化可能较小，需要更多的重复和复杂的分析来提高信噪比。此外，事件相关设计的数据分析更为复杂，需要考虑事件的随机化以及潜在干扰因素的影响。事件相关设计更适用于研究快速变化的认知过程或某一特定任务的认知加工机制。

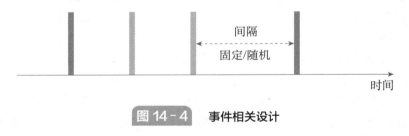

图 14-4　事件相关设计

组块设计和事件相关设计在 fMRI 和 EEG 研究中均较为常见。但是，传统的组块设计和事件相关设计更适合基础心理学研究，即探究简单刺激或认知任务的神经机制，并不太适合复杂的管理学情境。如果将单一的管理学情境模拟为一个"长事件"，则可以采用类似事件相关设计的思想进行实验设计。由于 fNIRS 具有较高的便携性和社会生态效度，更适合采用事件相关设计来研究特定管理决策或管理任务的认知加工过程。

除了组块设计和事件相关设计之外，被试内设计（within-subjects design）和被试间设计（between-subjects design）也是研究设计的基础内容，直接影响着数据的解释力、统计分析方法及所需的样本量。

在被试内设计中，每位被试都会经历相同的所有实验条件。这意味着，同一位被试会在不同的时间点接受不同的实验条件。这种设计能够直接比较同一位被试在不同条件下的表现来控制个体差异，增强实验内部效度，需要的样本量也通常较少（实验所需样本量通常可以利用 G* POWER 软件，结合文献进行估算）。但是，值得注意的是，被试内设计需要考虑实验条件的顺序效应，以及被试长时间参与可能导致的疲劳或学习效应。针对这些问题，在采用被试内设计时需要对不同被试的刺激/任务呈现顺序做平衡处理（counterbalancing method）。针对可能的疲劳或学习效应，往往需要被试在不同的时间点参与两次实验。

在被试间设计中，被试往往被随机分配到不同的实验条件中，每位被试只经历一个实验条件。相较于被试内设计，被试间设计的数据分析相对直接，通常采用独立样本 t 检验、方差分析或混合模型进行分析。同时，由于被试间设计中每位被试只经历一个条件，避免了被试内设计可能存在的顺序效应和学习效应问题。但是，被试间设计需要较大的样本量来确保统计功效。此外，被试间设计中的个体差异可能成为干扰变量，影响结果的解释。为了控制该问题可能带来的影响，需要尽可能全面地统计并控制被试的个体信息，同时采用随机抽样方法保证不同条件下被试的同质性。

由于 fNIRS 设备操作简便、运行成本较低、对被试限制较小，因此，无论是被试内设计还是被试间设计均较为适合。研究者可以结合具体的实验任务和研究对象选择适当的实验设计方法。

与单脑认知范式的实验设计相比，多脑交互和群脑协同范式的实验设计更为复杂。多脑或群脑实验需要考虑多人数据同步的问题，这使得研究者需要在研究方法和硬件设施上做出额外准备。同时，多脑或群脑实验中涉及多人互动，干扰因素增多，比如个体间的人际关系、外表吸引力、心理距离、个体性格差异等都可能影响实验结果，因此，需要控制更多的干扰变量或对潜在的干扰变量进行测量，以在后续的数据分析中进行统计控制。此外，多脑或群脑实验的控制条件以及结果解释的复杂程度和难度，较之单脑实验也有所提高。例如，有学者在探索团队互依性对团队绩效的影响及其神经机制时，采用被试内设计，每位被试面前均放置一个直径 20cm 的小鼓，每人持有一根长度 25cm 的鼓槌，完成敲鼓实验。[①] 在设计多脑实验时，研究人员需要更全面地考虑研究目的、实验条件以及多人互动的干扰因素，秉持认知减法原则，选用不同的实验设计以验证实验假设。

三、数据采集

（一）软件及硬件设备准备

在进行 fNIRS 实验前，需要做好软件和硬件设备的准备工作，连接设备并启动数据采集程序，确认电源连接情况或电池的具体电量。在打开所需使用的软件和硬件后，确保设备正常运作，软件与硬件之间的连接正常。之后，根据自身实验目的选择好使用的探测器、光源数目和模板。需要注意的是，在每天开始第一个实验前，建议完整地运行一遍实验程序，以确保实验刺激或任务呈现软件与 fNIRS 设备之间连接良好，并校正 marker（时间戳）的初始电平状态。否则，当前一天实验结束时 fNIRS 设备的 marker 端

① LIU T，DUAN L，DAI R，et al. Team-work，team-brain：exploring synchrony and team interdependence in a nine-person drumming task via multiparticipant hyperscanning and inter-brain network topology with fNIRS [J]. Neuro-Image，2021，237：118147.

口电平与实验刺激或任务呈现程序的第一个 marker 发出电平相同时，可能存在丢失 marker 的情况。此外，在实验刺激或任务的呈现程序中，建议记录每一刺激或任务的开始时间和持续时长以及被试反应的时间。这样一来，即使在实验过程中丢失了某些 marker，也可以在分析数据时，根据刺激呈现程序所记录的时间信息来补全丢失的 marker。

（二）放置发射器和探测器

在被试的头皮上放置发射器和探测器之前，需要保持发射器和探测器洁净（建议在每次实验结束后用酒精棉片擦拭发射器和探测器），以确保数据的准确性。为了固定好发射器和探测器，减少运动噪声，实验人员可以在被试的头上佩戴头环或帽子，将发射器和探测器插入对应的插口并确保稳固。发射极和接受器通常放置在相距 3～4cm 的位置，发射器与探测器间隔排列。现阶段，研究者大多使用多通道 fNIRS 设备对被试的多个功能脑区进行测量。值得注意的是，在放置发射器和探测器时，需要用棉签或发光挖耳勺将某个插口位置头发拨开，露出头皮，使发射器和探测器可以贴合头皮，以提高信号质量。如果发射器或探测器直接放置于头发上，由于头发较为光滑，当被试的头部存在较大幅度的运动时，发射器和探测器便可能会出现位置滑移或松动的问题，导致信号质量降低。此外，被试头发的颜色差异可能会影响近红外光的吸收或散射参数，引入无关噪声。因此，需要尽可能地确保发射器和探测器直接接触头皮。

（三）校准调试

在开始正式的信号数据采集之前，研究者需要校准 fNIRS 设备，以获取准确的皮层血氧浓度变化数据。这一步通常是在 fNIRS 采集软件中进行，通过观察系统中各通道的信号情况（fNIRS 采集软件会通过不同的颜色予以展示），判断是否需要调整部分通道的光极放置情况（信号质量较差通常是由于帽子佩戴不合适或光极没有贴合头皮造成的）。一般来说，信号质量需达到标准方可开始实验；但在实际操作过程当中，即使有少数几个通道的信号质量几经调整后仍然较差，也需要开始实验，否则较长时间的校准调试可能会影响被试的情绪状态，进而干扰实验结果。校准后可以对数据进行预览，再次通过肉眼观察的方式确认信号质量。

（四）信号数据采集

待预览中被试的信号较为稳定时，实验人员可以点击软件中相应的按键开始正式记录实验数据，并记录 marker。在实验结束后，实验人员可以延后 15s 左右再停止实验数据记录，谨防丢失重要的 marker 信息，同时使被试的大脑信号稍作恢复。更为重要的是，由于血氧信号是慢信号，存在一定时间的延迟，如果实验结束就立刻停止信号采集的话，可能会造成最后一个试次数据无法使用的情况（如果实验为持续时间较长的任务则无须考虑数据延迟问题）。之后实验人员需要确认数据是否已经按照预设路径被成功保存。确认数据保存成功后，为被试取下固定光极的头环或帽子，结束数据采集。

四、研究中常见的问题和注意事项

在实验设计过程中，研究人员首先需要了解 fNIRS 的局限性，根据 fNIRS 的技术特征设计实验。比如，受测量深度的限制，fNIRS 不能回答涉及较深皮层认知功能等理论问题；受空间分辨率的限制，fNIRS 不适合全脑探索性研究，只能以理论为导向研究涉及特定认知功能脑区的理论问题；受血氧慢信号的限制，fNIRS 不能在时间进程中上回答早期（快速）认知过程的理论问题。因此，在 fNIRS 实验设计过程中需要注意扬长避短，选择最合适的脑成像技术。在编写实验程序时，实验人员需要将实验任务中的每次事件的变化以及被试的每次行为反应均用 marker 标定出来，以便后续进行数据处理。

为了确保 fNIRS 通道能够覆盖兴趣脑区，实验人员需要在实验前通过 3D 定位仪进行精准定位，确定定位标准（通常选择 10 - 20 国际电极放置系统中的某个点为定位标准）。在实验中，针对每位被试，均需要严格按照定位标准佩戴发射器和探测器。再次提醒，在佩戴光极时，实验人员需要确保用于固定光极的帽子或头环尽可能地贴合被试的头部，并使光极紧密接触头皮，以提高信号质量。同时，实验人员需要在实验指导语中嘱咐被试在实验过程中不要触碰光极及帽子，尽量不要做与实验无关的动作，以降低运动噪声。

在正式实验之前，实验人员需要意识到预实验的重要性，务必进行预实验。预实验可以帮助实验人员熟悉实验流程，验证实验程序，确认实验效应，还可以在预实验后详细了解被试的感受，根据被试的反馈优化实验细节。在正式实验过程中，实验人员还需要注意一些具体操作细节。比如，在开机顺序上，实验人员应当牢记先记录 fNIRS 数据，再运行实验程序；确保实验程序结束后，再停止 fNIRS 记录，以确保 fNIRS 数据的完整性。此外，建议实验人员使用录像设备记录每次实验的过程，以便事后分析、查验。

第 3 节　fNIRS 数据分析与应用程序

一、数据分析方法框架

在梳理了单脑认知、多脑交互和群脑协同范式，并介绍实验方法和流程之后，本节将系统介绍 fNIRS 数据的分析方法。针对现有神经营销学研究存在的分析指标较为单一的问题，研究者提出了多个层次的分析方法，包括：（1）关于基本的脑内功能激活、脑间功能连接以及群体神经共鸣的功能激活和脑网络分析；（2）关于功能连接以及脑网络中的因果关系的有向网络分析；（3）关于认知加工过程的动态过程分析。

（一）功能激活和脑网络分析

功能激活和脑网络分析是第一层次的分析，可以使用 NIRS-KIT（后文会详细介绍其操作方法）、NIRS-SPM、Homer2 等常见的分析软件。多个脑区间的功能连接以及脑间神经耦合通常可以利用互相关（cross-correlation）、小波相干（WTC）、锁相（PLV）等方法进行分析。其中，小波相干采用连续小波变换将时间序列信号扩展到频率空间，然后检验频率空间中的两个信号是否具有显著的相干性，即相似性。可使用开源 MATLAB 工具包来计算。值得注意的是，在使用小波相干分析脑间神经耦合时，需要基于实验设计选择有意义的频率段进行分析，即尽可能地避免以数据为导向的统计分析。锁相分析将相位分量和振幅分量分开，通过计算特定频率范围内两个信号随时间的相位差（锁相）

一致性来表现其同步性。锁相可以利用 MATLAB 开源代码进行分析。群体脑网络的拓扑属性分析是将不同被试的大脑某一功能脑区作为一个节点，并以被试之间的脑间神经耦合程度为边构建群体脑网络，然后基于图论理论分析该群体脑网络的拓扑属性，例如网络全局效率、中心度、小世界属性等。该分析可以利用 MATLAB 开源工具箱 GRETNA 进行分析。

在社会神经科学领域，除了传统的互相关，已经有大量的研究使用 WTC 和 PLV 来检测互动双方的脑活动同步性。例如，有学者使用 WTC 发现，与独立任务相比，在合作任务中，互动双方右侧额上回的脑活动同步性显著增强，展现了合作过程中双方的相互理解和适应过程。[①] 有学者使用 WTC 发现，女性在完成面对面的欺骗任务时，其前额叶脑活动的同步性显著增强；而男性在完成这一任务时，其右侧颞顶联合区的脑活动同步性显著增强，揭示了清晰的性别差异。此外，无论性别如何，互动双方的脑活动同步性均与欺骗成功率呈正相关。[②] 佩雷斯（Perez）等使用 PLV 研究了口头交流的认知神经机制，发现发言人和倾听者在 δ、θ、α 和 β 频段的脑活动存在显著的同步性。其中，δ 和 θ 波段的大脑同步现象是由同步接收语音信号引起的，而 α 和 β 波段的脑活动同步性是由双方的交流互动引起的。还有学者探究了团队协作的神经机制，通过群体脑网络分析发现，基于团队成员大脑所构建的群体脑网络的全局效率与其团队绩效呈显著正相关。[③]

综上所述，脑内功能连接、脑间同步性和基于图论的脑网络分析可以揭示不同功能脑区、不同大脑之间相互作用的认知加工过程，有助于我们更好地理解独立状态下以及社会场景中个体的感知和决策过程。当然，该层次的神经指标都是相关性指标，不具有因果方向性。

（二）有向网络分析

对于大脑中不同功能脑区，或是群体脑网络中不同个体所扮演的角色的探讨，可以利用第二层次的有向网络分析。有向网络分析需要深入探究脑网络节点之间的因果关系，通常使用时域的格兰杰因果分析（Granger causality，GC）或频域的部分有向相干指标（partial directed coherence，PDC）。

格兰杰因果分析旨在测量两个时间序列 x 和 y 之间的因果关系。如果相比于单独用 y 的以往数据，用 x 和 y 的以往数据可以更好地解释 y 的后续趋势，我们就可以说 x 为因，y 为果。[④] 基于多元自回归模型，可以评估多个时间序列之间的信息流方向。格兰杰因果分析和部分有向相干分析可以使用 MATLAB 工具箱 HERMES 来计算，之后可以利用

① CUI X, BRYANT D M, REISS A L. NIRS-based hyperscanning reveals increased interpersonal coherence in superior frontal cortex during cooperation [J]. NeuroImage, 2012, 59 (3): 2430-2437.

② CHEN M, ZHANG TY, ZHANG R Q, et al. Neural alignment during face-to-face spontaneous deception: does gender make a difference? [J]. Human brain mapping, 2020, 41 (17): 4964-4981.

③ LIU T, DUAN L, DAI R, et al. Team-work, team-brain: exploring synchrony and team interdependence in a nine-person drumming task via multiparticipant hyperscanning and inter-brain network topology with fNIRS [J]. NeuroImage, 2021, 237: 118147.

④ GRANGER C W J. Investigating causal relations by econometric models and cross-spectral methods [J]. Econometrica, 1969, 37 (3): 424-438.

MATLAB工具箱作图来实现脑网络的可视化。

在具体的研究实践中，有学者考察了恋爱关系对合作互动的影响，结果发现情侣组合比朋友组合和陌生人组合在任务中有更好的表现和更高的脑活动同步性。格兰杰因果分析进一步揭示了从女性到男性的信息传递方向，表明了情侣间女性领导者与男性跟随者的角色关系。在一项后续研究中，学者们研究了学习唱歌的动态过程。结果发现，在学习过程中，学生和老师的双侧额下回的脑活动同步性显著增强，且同步程度越高，学生的学习绩效越好。格兰杰因果分析进一步证实，在学习过程中老师的神经活动引领了学生的脑活动变化。①

综上所述，因果分析有助于理解信息如何从一个脑区流向另一个脑区，如何从一个大脑流向另一个大脑，从而揭示脑网络中每个节点的不同作用。例如，在神经营销学领域，利用第二层次的有向网络分析方法，可以探究当前网络红人经济背景下，关键意见领袖的作用及其与消费者的互动模式。

值得注意的是，上述两个层次的分析方法主要用于探究人们在特定事件中平均化的神经活动，是一种状态指标，并不具有时间维度，不能展现事件过程中每一个时间点上的动态变化细节。

（三）动态过程分析

第三层次的分析旨在揭示随着时间推移的、详细的、动态的认知加工过程，通常利用添加滑动窗口的方法检验两个脑活动信号在连续窗口中的相关性来实现。例如，在观看广告时，利用滑动窗口的方法可以探究消费者对某一时间点上广告细节的神经反应，有助于加深我们对广告效果的理解和预测，也可以为广告的细节修改提供指导建议。有学者考察了观看电影预告片时观众的脑活动同步性，发现脑活动同步性和人们对预告片的记忆以及后续的电影票房均呈正相关关系。进一步添加长度为 5s 的滑动窗口对数据进行动态分析发现，在预告片播放到第 16～21s 时（即第一个语义情节出现时），观众间的脑活动同步性与其对电影预告片的记忆效果和票房绩效的相关关系最为显著。②

在另一项超扫描研究中，有学者探究了面对面交流的神经机制。结果发现对话双方左侧额下回的脑活动同步性正向预测了他们的沟通质量。③ 由于左侧额下回脑区是语言处理网络和镜像神经元系统的关键组成部分，因此很难解释这一脑区的脑活动同步性所表示的具体意义。为了解决这个问题，作者采用滑动窗口的方法计算了随着时间推移的脑活动同步性的动态变化指标，然后与实验录像中的对话细节进行匹配。结果发现，在手势、面部表情等非语言交流过程中，对话双方脑活动的同步性显著高于语言交流的过程。

①　PAN Y F，NOVEMBRE G，SONG B，et al. Interpersonal synchronization of inferior frontal cortices tracks social interactive learning of a song [J]. NeuroImage，2018，183：280-290.

②　BARNETT S B，CERFM. A ticket for your thoughts：method for predicting content recall and sales using neural similarity of moviegoers [J]. Journal of consumer research，2017，44（1）：160-181.

③　JIANG J，DAI B H，PENG D L，et al. Neural synchronization during face-to-face communication [J]. Journal of neuroscience，2012，32（45）：16064-16069.

这些研究表明，动态过程分析可以提供个体或群体对某一事件反应的动态变化细节，有助于理解较为复杂的认知过程。

综上所述，本章所提出的三维度研究范式与三层次分析方法为更全面地理解不同管理情境下多主体行为背后的认知神经机制提供了重要的方法框架（如图14-5所示）。既有研究表明，神经管理学作为对行为学研究方法的重要补充，可以提供额外的、客观的、实时的认知加工信息，进而帮助我们理解不同主体，例如消费者、创业者、领导者行为和决策的微观机制。

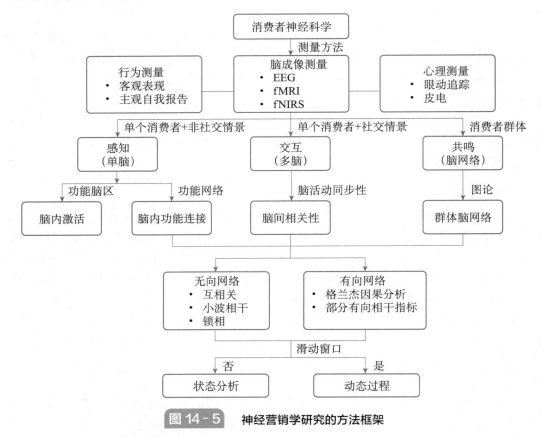

图14-5 神经营销学研究的方法框架

资料来源：HE L，FREUDENREICH T，YU W H，et al. Methodological structure for future consumer neuroscience research [J]. Psychology & marketing，2021，38（8）：1161-1181.

二、数据分析流程与软件操作

目前可用于分析 fNIRS 数据的成熟软件主要包括 NIRS-SPM、Homer2、nirsLAB、FieldTrip、POTATo、NIRS-KIT 等。下面以目前最常用的 NIRS-KIT 为例介绍 fNIRS 数据分析流程与具体操作。①

———————————

① 朱朝喆. 近红外光谱脑功能成像 [M]. 北京：科学出版社，2020. HOU X，ZHANG Z，ZHAO C，et al. NIRS-KIT：a MATLAB toolbox for both resting-state and task fNIRS data analysis [J]. Neurophotonics，2021，8.

NIRS-KIT 是一个基于 MATLAB 的跨平台工具箱。NIRS-KIT 有两个主要分析模块：静息态 fNIRS 分析模块和任务态 fNIRS 分析模块。NIRS-KIT 的 fNIRS 数据分析流程如图 14-6 所示。fNIRS 数据分析的流程为数据准备、数据质量检查、预处理、个体水平分析、群组水平统计和结果可视化。静息态 fNIRS 的个体水平分析，包括功能连接性（FC）分析、网络指标分析和低频振幅/分数低频振幅（ALFF/fALFF）分析，以研究大脑网络的复杂拓扑特性（如局部或全局效率）。可用于静息态 fNIRS 数据分析的软件还包括 FC-NIRS 等。任务态 fNIRS 的个体水平分析中，使用一般线性模型（GLM）来检测任务激活状态。

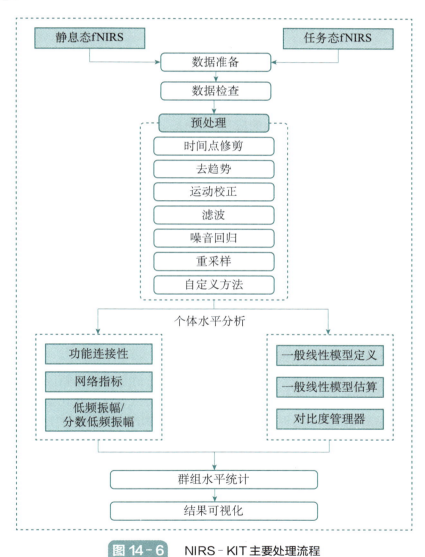

图 14-6 NIRS-KIT 主要处理流程

资料来源：NITRC. NIRS-KIT：a MATLAB toolbox for both task and resting-state fNIRS data analysis［EB/OL］.（2024-05-23）［2024-12-01］. NITRC 网站.

第 4 节　fNIRS 在管理研究中的应用

fNIRS 作为一种较为新兴的神经科学工具，正在管理学各个领域中展现出独特的应用价值。本节旨在介绍 fNIRS 在市场营销、财务会计、领导力与组织行为等关键领域中的应用，并展示其如何深化我们对管理决策和消费者行为背后的神经机制的理解。同时，提出这项技术在未来管理研究中的前沿研究方向。

一、当下管理研究对 fNIRS 的应用

在利用 fNIRS 开展管理研究的早期阶段，学者们首先对 fNIRS 的有效性进行了验证，例如，有学者使用 fNIRS 复制了先前用 fMRI 检测到的神经效应（首选品牌效应，first-choice-brand effect），初步验证了 fNIRS 在管理研究中的适用性。

（一）fNIRS 在市场营销研究中的应用

在市场营销相关的研究中，fNIRS 主要用于探究消费者对广告和品牌的评价，以及消费者购买决策的神经机制。在广告效果研究中，有学者采用 fNIRS 记录被试在观看公益广告时的神经活动数据，结果发现，被试背外侧前额叶皮层（与认知冲突或认知压力相关）的激活程度与公益广告的传播效果存在相关性。[1] 有学者基于两项实证研究发现，以被试的右侧额下回（与共情反应关联）为节点构建群体脑网络，网络密度（与神经共鸣程度相关）可以正向预测广告的传播效果以及市场表现。[2] 在产品评价方面，有研究表明，与看到喜欢的产品相比，当看到不喜欢的产品时，被试右侧前额叶皮层（与认知冲突或认知压力关联）的神经活动显著增加。有学者测量了年轻听众听流行音乐时的大脑反应，揭示了 YouTube 上特别成功的数字流行音乐的听觉感官特征。

NIRS-KIT 中的任务态 fNIRS 模块提供数据准备、数据质量检查、预处理、个体水平激活分析、群组水平统计和结果可视化等主要功能。

在消费行为预测方面，研究表明，消费者观看产品信息时特定脑区的激活水平可以预测其之后的产品使用行为。例如，伯恩斯（Burns）等人发现，相比于被试的主观自我报告，浏览防晒霜的说服性信息时，被试内侧前额叶皮层（与自我加工关联）的激活状态与其之后的防晒霜使用行为有更强的正相关关系。此外，被试背外侧前额叶皮层的激活程度与其防晒霜的使用行为呈显著负相关。还有研究表明，特定脑区的神经活动是消费者大脑中的"购买按钮"，预测购买决定的准确率达到 86%。[3]

---

① FU J，LI X，ZHAO X，et al. How does the implicit awareness of consumers influence the effectiveness of public service announcements? a functional near-infrared spectroscopy study [J]. Frontiers in psychology，2022，13：825768.

② HE L，FREUDENREICH T，YU W H，et al. Methodological structure for future consumer neuroscience research [J]. Psychology & marketing，2021，38 (8)：1161-1181.

③ CAKIR M P，ÇAKAR T，GIRISKEN Y，et al. An investigation of the neural correlates of purchase behavior through fNIRS [J]. European journal of marketing，2018，52 (1/2)：224-243.

（二）fNIRS 在财务会计研究中的应用

基于 fNIRS 的财务会计研究主要探究了人们进行投资等经济决策时的神经机制。例如，有学者通过基于 fNIRS 数据的机器学习方法发现，被试在股票投资任务中的后续投资决定与其内侧前额叶皮层以及眶额皮层（与奖赏加工关联）的激活程度呈正相关关系。类似的，有学者结合 fNIRS 和机器学习算法深入研究了消费者信贷决策的认知加工过程，结果发现，被试的前额叶皮层的激活程度与其信贷行为存在显著关系。[①]

（三）fNIRS 在领导力与组织行为研究中的应用

在领导力与组织行为的研究方面，鉴于 fNIRS 生态效度较高、能够长时间持续记录日常生活中的互动行为等技术特征，学者们多使用基于 fNIRS 的超扫描方法对团队互动行为进行研究。例如，有学者使用基于 fNIRS 的超扫描探究了无领导小组讨论的认知加工过程，并同时测量了每组三名被试的大脑反应。结果发现，相比于追随者之间的交流，领导者与追随者在交流时，双方左侧颞顶联合区（与意图理解关联）的脑活动同步性更高，且与交流质量呈显著正相关。[②] 有学者探讨了领导的产生方式（任命与突发）如何影响创造性团队沟通中的领导者-追随者互动过程，发现突发式领导任命可以提升团队创造力，引发领导者-追随者之间更高的脑间神经耦合程度。[③] 在更大范围的团队协作研究中，有学者采用基于 fNIRS 的超扫描技术，同时测量了九人团队进行击鼓任务时各成员的大脑活动状态，并采用群体脑网络建模的方法评估团队成员之间的信息共享模式。结果发现，团队协作时，团队成员在左侧颞顶联合区和内侧前额叶皮层展现出更强的脑间神经耦合程度和群体脑网络全局效率。更为重要的是，与主观评价相比，团队成员在左侧颞顶联合区的群体脑网络全局效率能更好地预测其团队绩效。这些结果证明，团队成员之间的信息交换效率是影响团队协同绩效的重要因素。[④]

二、未来研究应用领域

展望未来，随着技术的进步和研究方法的创新，fNIRS 有可能在三个方向具有广阔发展前景。

（1）fNIRS 技术的便携性和可穿戴性的持续改进将使得在自然环境中对大脑活动进行长时间测量成为可能，越来越多的研究基于无线可穿戴式 fNIRS 设备开展，这将为理解真实情境中的经济和管理行为提供机会。

---

① ÇAKAR T，SON-TURAN S，GIRIŞKEN Y，et al. Unlocking the neural mechanisms of consumer loan evaluations：an fNIRS and ML-based consumer neuroscience study［J］. Frontiers in human neuroscience，2024，18.

② JIANG J，CHEN C S，DAI B H，et al. Leader emergence through interpersonal neural synchronization［J］. Proceedings of the national academy of sciences of the United States of America，2015，112（14）：4274－4279.

③ HE Y，WANG X，LU K，et al. Letting leaders spontaneously emerge yields better creative outcomes and higher leader-follower interbrain synchrony during creative group communication［J］. Cerebral cortex，2023，33（11）：6559－6572.

④ LIU T，DUAN L，DAI R，et al. Team-work，team-brain：exploring synchrony and team interdependence in a nine-person drumming task via multiparticipant hyperscanning and inter-brain network topology with fNIRS［J］. NeuroImage，2021，237：118147.

（2）鉴于 fNIRS 生态效度较高、能够长时间持续记录日常生活中的互动行为等技术特征，学者们越来越多地使用基于 fNIRS 的超扫描方法对团队互动等管理情境中的群体协同和决策的微观机制进行研究。这也是 fNIRS 应用于管理研究的重要发展方向。迄今为止，群体研究主要集中于分析大脑信号的整个时间序列，以揭示群体协同和决策的认知加工过程。然而，这种方法并不能解释群体协同和决策的复杂动态性。近年来有学者将前文提到的动态数据分析与超扫描实验范式相结合，探究互动双方大脑活动随时间推移的动态变化特征。例如，有学者提出了一种基于滑动窗口和 K 均值聚类的数据驱动方法来捕捉交互合作任务中脑活动同步性（即脑间神经耦合）的动态特征。实验中使用 fNIRS 系统测量了参与创造性设计任务和 3D 模型构建任务的交互伙伴（20 对）的脑血流动力学反应。结果表明，与模型构建任务相比，创造性设计任务在大脑活动的同步性、动态变化和区域间互动方面表现得更加复杂。①

（3）fNIRS 将与其他神经科学技术与神经生理学技术如 EEG、眼动追踪、虚拟现实等更深入地整合，形成多模态研究方法。多模态研究方法可以通过优势互补来弥补使用单一研究方法的缺点。例如，EEG 和 fNIRS 的信号来源不同，但具有良好的同质性，两种方法在时间分辨率和空间分辨率上可以实现互补。多模态研究方法将提供更全面的神经生理数据，从而使得对管理理论的解释和深化更加全面和精确。

未来，fNIRS 技术的持续发展以及多学科、多方法的整合研究将深化我们对真实、互动的经济管理行为的神经微观机制的理解，为管理学和其他领域的理论创新和实践应用提供坚实的基础。

第 5 节　文献案例分析

本节将介绍神经营销学领域的一个典型研究案例，具体展现 fNIRS 在管理学研究中的应用。

一、文献信息

HE L，PELOWSKI M，YU W H，et al. Neural resonance in consumers'right inferior frontal gyrus predicts attitudes toward advertising［J］. Psychology ＆ marketing，2021，38（9）：1538 - 1549。

该文献基于脑网络分析方法，深入探究了消费者对广告产生共鸣的认知神经机制。

二、研究背景和问题提出

在广告效果研究中，共情（empathic responses）被定义为消费者感知和理解某个广告的情绪、特征、个性的能力，也包含想象他人会如何理解和感受这一广告的能力。在

---

① LI R，MAYSELESS N，BALTERS S，et al. Dynamic inter-brain synchrony in real-life inter-personal cooperation：a functional near-infrared spectroscopy hyperscanning study［J］. NeuroImage，2021，238：118263.

本质上，消费者对广告的积极的情感评价是其对广告信息的一种虚拟共情。以往研究表明，真正有效的广告应该能够激发目标消费者的共情反应，进而引发消费者群体的共鸣。因此，这项研究重点关注消费者在观看广告时与共情反应紧密相关的功能脑区，探究广告引发消费者共情反应的神经机制。

三、主要理论和基本假设

一般来说，共情可以进一步划分为情感共情（emotional empathy）和认知共情（cognitive empathy）两个过程，这两个过程分别依赖不同的神经机制。其中，情感共情主要依靠镜像神经元，通过具身体验来进行心理模拟，也就是说，我们可以通过大脑来模拟特定的经历或刺激带来的感受进行共情。在情感共情所涉及的一系列脑区中，额下回的作用格外重要，尤其体现在其右侧区域对情绪和意图的识别和体验方面。

区别于情感共情，认知共情更多地调动认知资源，通过推理能力或心理理论（theory of mind）发挥作用。也就是说，我们会通过推断和预测他人的意图和行为来进行共情。认知共情任务会激活心理理论相关脑区，而内侧前额叶皮层是心理理论的核心功能脑区。

正如上述对于共鸣理论的探讨，一个有效的广告应尽可能减少消费者对内容理解的认知负荷，不需要过多占用消费者的认知资源，而一个成功的广告或许应该更直接地唤起消费者的情感体验。这项研究基于群体脑网络的神经共鸣指标（观看广告时消费者群体特定脑区大脑网络密度，用以表现消费者群体在神经层面对广告的一致反应）来刻画消费者群体"共鸣"的程度，据此提出研究假设：

与传播效果较差的广告相比，传播效果较好的广告能够在消费群体的额下回或内侧前额叶皮层诱发更高程度的神经共鸣。

四、实验实施

（一）被试

实验一招募了 20 名女性大学生被试，被试的年龄范围为 18～27 岁，平均年龄为 20.15 岁（SD＝2.06 岁）。所有被试母语均为中文，视力或矫正视力正常。在这项研究中选择招募女性被试是为了避免在广告效果评价时性别因素的干扰。在实验开始之前，实验人员向每一位被试说明了实验的目的和安全性事项，所有被试都签署了知情同意书。这项研究按照《赫尔辛基宣言》的原则和指导方针执行了所有实验步骤，实验方案得到了学院伦理审查委员会的批准。值得注意的是，除了通过伦理审查之外，部分期刊已经开始要求投稿论文在研究之前进行预注册，并在投稿过程中提供预注册和伦理审查信息。

（二）实验材料与流程

为确保广告效果分布具有一定差异性，预实验中邀请了 12 名被试（年龄为 19～23 岁）浏览了 30 个广告视频，并对广告的理解程度（广告效果认知维度）、喜欢程度（广告效果情感维度）打分，预实验采用与正式实验相同的 7 点量表（1＝一点也不；7＝非常）。预实验最终选取广告效果综合评分（喜欢程度与理解程度的均值）最高的 10 个广告（$M\pm$

SD：5.73 ± 0.23 岁）和最低的 10 个广告（$M\pm$SD：3.91 ± 0.86 岁）作为正式实验的材料 [两组广告的综合评分 t 检验结果：$t(18)=6.479$，$p < 0.001$，Cohen's $d=2.89$；喜欢程度/理解程度相关性：$r=0.598$，$p < 0.001$，双尾]。效果较好和效果较差的两组广告在时长上没有显著差异。

最终，正式实验中的实验材料包括 20 个在线视频广告，广告内容均以产品介绍为主。所选取广告的平均时长为 32.95 秒（SD=5.50 岁）。广告中的产品类别包括饮料、智能手机、手表、空气净化器、巧克力、化妆品、冰激凌、服装、公共服务等。所有的广告视频均包含图像和声音。

在正式实验中，每位被试坐在桌子前独立完成实验，桌子上摆放有 19.5 英寸的 LED 显示器用以播放广告刺激（如图 14-7 所示）。被试被告知需要对一系列在线视频网站上的视频广告进行测评，并从喜欢程度（广告效果情感维度）和支付意愿（广告效果意向维度）两个角度对广告进行评分，评分采用 7 点量表（1＝一点也不；7＝非常）。实验刺激材料及测量问项通过 E-Prime 3.0 软件呈现。之后，实验人员为被试佩戴近红外脑成像设备并进行信号质量检查与校正。为了确保被试完全理解实验流程，被试需要先完成三个练习试次，练习中观看的三个广告视频来自预实验中效果评价中等的广告样本。在正式实验开始前，被试首先休息 30 秒，以建立其脑活动数据的基线。

图 14-7　　**实验场景设置**

在正式实验的过程中，被试佩戴脑成像设备坐在屏幕前观看 20 个视频广告。广告的播放顺序随机。每个视频广告播放完毕后，屏幕上将依次呈现两个测量问项，分别测量被试对广告的喜欢程度和在多大程度上愿意购买广告中的产品（7 点量表：1＝一点也不；7＝非常）。被试需要通过数字键盘进行评价。

脑成像实验部分结束后，实验人员为被试摘下设备并指导被试继续完成实验后测问卷。后测问卷首先展示了正式实验中每一则视频广告核心内容的截图，被试需要回答"你觉得你是否需要再次观看才能记得/理解这个广告"（是/否），以测量被试对广告的记忆程度。之后被试还需要写下每一个广告的主要情节，以确认主观报告记忆程度的客观性〔对广告的记忆程度测量参考巴尼特（Barnett）和瑟夫（Cerf）的相关研究〕①。问卷还测量了被试对每一则广告的理解程度（"你在多大程度上理解这个广告"，7 点量表，纸笔回答），以及性别、年龄等人口统计学信息。实验流程如图 14 - 8 所示。设置后测问卷有两个目的：一是尽量压缩佩戴脑成像设备的实验时长，避免被试因长时间佩戴设备而产生疲劳与不适；二是在被试没有预期准备的情况下测量被试在实验结束后对广告的记忆与理解程度。

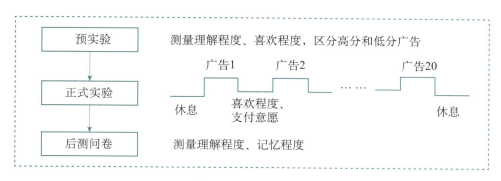

图 14 - 8　实验流程

资料来源：HE L，PELOWSKI M，YU W H，et al. Neural resonance in consumers' right inferior frontal gyrus predicts attitudes toward advertising〔J〕. Psychology & marketing，2021，38（9）：1538 - 1549.

（三）脑成像设备及通道设置

这项研究使用便携式近红外光谱脑功能成像设备（NIRSport 2；Shenzhen Yingchi Technology Co. Ltd.，China）采集被试观看视频广告时大脑皮层血液中的氧合血红蛋白、脱氧血红蛋白和总血红蛋白的浓度变化。设备采样频率为 7.81 Hz。光源发射器和探测器的距离为大约 3cm，光源发射器和探测器的中间部位被定义为一个 fNIRS 通道。具体的 fNIRS 通道分布情况如图 14 - 9 所示。每位被试内侧前额叶位置佩戴 2 个光源发射器和 2 个探测器，在两侧额下回区域佩戴 6 个光源发射器和 6 个探测器，共组成 18 个通道。其中通道 3、4、12、13 主要覆盖内侧前额叶区域，通道 6、8、9 和通道 15、17、18 分别覆盖左右两侧额下回脑区。需要注意的是，目前多数期刊要求在论文中提供各测量通道的具体定位信息。

（四）fNIRS 数据分析准备

由于氧合血红蛋白数据的灵敏度最高，且与 fMRI 的 BOLD 信号高度相关，该研究主要关注氧合血红蛋白的浓度变化。但是，目前越来越多的期刊要求论文同时汇报氧合血红蛋白和脱氧血红蛋白的数据。由于 fNIRS 数据可能包含生理非系统噪声（运动噪声）、生理系统噪声（如呼吸、心跳）、设备系统噪声（信号漂移）和全局噪声，因此需要先对 fNIRS 原始数据进行预处理。

---

①　BARNETT S B，CERF M. A ticket for your thoughts：method for predicting content recall and sales using neural similarity of moviegoers〔J〕. Journal of consumer research，2017，44（1）：160 - 181.

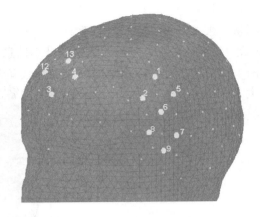

图 14-9　fNIRS 通道分布 （左侧为前视图， 右侧为左视图）

资料来源：HE L，PELOWSKI M，YU W H，et al. Neural resonance in consumers' right inferior frontal gyrus predicts attitudes toward advertising [J]. Psychology & marketing，2021，38（9）：1538-1549.

　　首先，检测和去除运动噪声。具体做法为，计算每位被试每个通道 fNIRS 数据的标准差（SD），如果某个时间点的数据超过三个 SD，将被视为运动噪声，并利用平滑处理进行校正。随后，为了去除生理噪声（呼吸、心跳等）和全局噪声，我们对 fNIRS 数据进行 0.01~0.1Hz 的带通滤波。除了论文中汇报的这些预处理方法，还可以采用上文中介绍的 NIRS-KIT 软件一键完成预处理工作。

　　其次，因为 fNIRS 数据记录的是血氧浓度变化的相对值而不是绝对值，不能直接对所有被试或所有通道的 fNIRS 数据进行平均运算，因此我们对 fNIRS 数据进行基线校正，并进行标准化处理（计算 z 分数）。具体步骤为，对于每位被试的每个通道，以正式实验开始前 30s 休息期间的最后 10s 的氧合血红蛋白浓度平均值作为基线进行基线校正，之后计算基线时间段的平均值和标准差，并将 fNIRS 数据转换为血氧浓度 z 分数。

　　基线时间段选择基于以下两点原因：（1）实验开始前每位被试需要阅读屏幕上显示的指导语，并与实验人员确认对实验流程是否还有疑问。在理解了实验流程后，每位被试通过屏幕按键进入实验前休息阶段。被试恢复平静需要一段时间，因此参考以往研究选取休息阶段的最后 10s 趋于稳定的氧合血红蛋白浓度平均值作为基线。（2）由于实验中每一个刺激（视频广告）时长在 30s 左右，因此选择 10s 的基线时间段，为整数比，方便匹配。

　　最后，为了提高数据信噪比，这项研究将每一个兴趣脑区所包含的所有通道的脑活动数据计算均值，作为脑内激活的指标，对于每一个广告视频和每一个脑区计算被试脑活动的相关性，作为脑活动同步性指标。数据的统计分析采用 SPSS 22.0 进行，显著性设定为 $p < 0.05$（用 FDR 进行多重比较校正）。

（五）实验结果及解释

1. 自我报告结果

　　和预实验结果一致，配对样本 t 检验结果表明，消费者对两组广告的理解程度、喜欢程度、支付意愿存在显著差异，表明了实验操纵的有效性。

2. 脑内激活结果

相比于效果较好的广告，效果较差的广告诱发了更高程度的内侧前额叶激活 $[t(13) = 3.881, p=0.002, \text{Cohen's } d=0.36]$。左侧额下回 $[t(13) =1.466, p=0.167]$ 和右侧额下回 $[t(13) =0.762, p=0.460]$ 的脑活动激活水平则没有显著的组间差异。回归分析的结果表明，内侧前额叶的脑活动激活程度与被试对广告的理解程度呈显著负相关关系（$R^2 = 0.230, \beta=-3.196, p=0.032$）。这一结果揭示了广告传播效果差的原因之一，即消费者难以理解广告所要传达的信息和意图，从而降低了消费者的评价。但是，脑内激活分析却无法揭示广告有效传播的认知机制，为此，这项研究进一步从神经共鸣的角度对比效果较好和较差的两组广告之间的差异。

3. 神经共鸣结果

该研究通过群体脑网络建模的方法计算了被试在观看每一则广告时的神经共鸣指标。将每一位被试的大脑当作群体脑网络中的一个节点，计算被试在观看每一则广告时群体脑网络密度。

如图 14-10 所示，如果两位被试某一功能脑区的脑活动存在高于阈值的显著相关性（$r > 0.01, p < 0.05$），那么就定义这两个节点之间形成一条边。同样的方法可以得出该群体脑网络的所有边。最后，计算整个群体脑网络边的个数之占网络中所有可能的边的比例作为该群体脑网络的密度，网络密度可以表现某一消费群体中有多少消费者产生了神经共鸣，即对广告产生了共性的理解和体验。

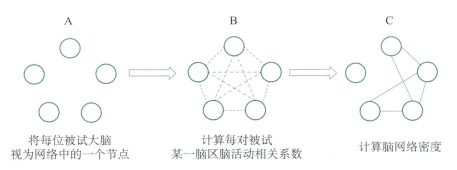

将每位被试大脑　　　　计算每对被试　　　　计算脑网络密度
视为网络中的一个节点　某一脑区脑活动相关系数

图 14-10　群体特定脑区神经共鸣指标构建图示　（以五位被试为例）

图 14-11 为实验中一个效果较好的广告（左图）和一个效果较差的广告（右图）在被试群体中引发的神经共鸣（脑网络密度）示意图。

结果表明，在神经共鸣（脑网络密度）指标上，相比于效果较差的广告，效果较好的广告在被试左侧额下回和右侧额下回所诱发的群体脑网络密度更高。这表明相比于效果较差的广告，效果较好的广告使得更大比例的被试产生了神经共鸣，即更大比例的被试对广告产生了共情反应。而效果不同的广告在被试内侧前额叶所引起的群体脑网络密度没有显著差异。

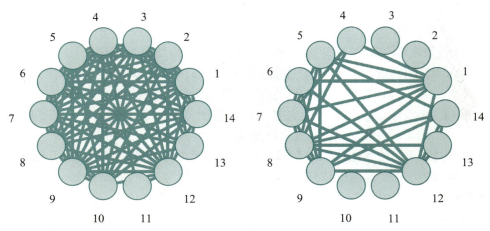

注：左侧为一个效果较好的广告，右侧为一个效果较差的广告。

图 14-11　神经共鸣示意图

五、文献点评

实验探究了消费者观看广告时兴趣脑区神经共鸣与广告效果的关系。实验结果初步表明，被试观看视频广告时右侧额下回的神经共鸣程度与消费者对广告的主观评价呈显著正相关关系。以往神经科学研究表明，右侧额下回与情感共情密切相关。因而当前实验结果可能表明，效果较好的广告可以引发消费者群体相似的共情反应，在神经层面表现为消费者群体右侧额下回更高程度的神经共鸣。

实验初步验证了消费者群体右侧额下回神经共鸣与广告效果的关系，但仍存在一些局限性。第一，需要更大的样本量对实验结果进行验证。第二，实验采用消费者主观评价作为广告效果指标，但主观评价并不一定能够反映广告真实的市场效果。第三，实验根据以往神经科学研究结论推断右侧额下回神经共鸣可能可以展现消费群体对广告较为一致的共情反应，但这一结论仍需要后续实验进行验证。

▶ **思考题**

1. 在进行 fNIRS 实验设计时，有哪些常见的问题和注意事项？

2. 在利用 fNIRS 的进行管理研究时，不同的实验范式（单脑认知、多脑交互、群脑协同）分别适用于研究什么样的问题与场景？

3. 处理 fNIRS 数据包括哪些步骤？

4. 处理 fNIRS 数据时可以分析哪些指标？分别适用于什么样的研究问题？

▶ **参考文献**

第 15 章 · 遗传研究与分子调控技术及其在研究中的应用

罗思阳　中山大学

近年来，越来越多管理研究不仅关注管理行为和现象背后的心理机制，还进一步探索生理因素在其中发挥的关键调控作用。其中，遗传学、药理学和分子生物学研究方法逐渐被引入管理研究中，培育出了新兴国际前沿的交叉科学领域——分子管理学。通过管理学与遗传学的结合，揭示个体的基因基础如何调控个体复杂社会行为，最终与环境共同作用塑造个体间、个体与群体间、个体与组织间的互动模式。而且，结合分子调控技术，还可以进一步验证这些机制中的因果联系，而不再停留于表型关联层面。本章将介绍遗传研究和分子调控技术如何应用于管理研究中。

第 1 节　遗传研究

一、遗传研究概述

（一）遗传基因的重要性

地球上现今生活着 80 多亿人，每个人都独一无二，这种独特性源于基因的复杂组合。基因作为生物体内的基本遗传单位，携带着丰富的遗传信息，决定了个体的生理特征、行为特性以及一系列生命过程。而人类对基因和 DNA 的研究历史悠久且丰富，从 19 世纪开始至今，涉及多个学科领域的不断探索和深入研究。

19 世纪末，奥地利修道士格里高利·孟德尔通过对豌豆的系统实验，提出了遗传定律，将遗传现象量化，揭示了基因的存在，这一里程碑性工作奠定了现代遗传学的基础。1953 年，詹姆斯·沃森和弗朗西斯·克里克提出了关于 DNA 分子结构的双螺旋模型，开启了分子生物学的新纪元。随后，托马斯·亨特·摩尔根等科学家通过果蝇的遗传实验，确认了基因在染色体上的位置，深化了人们对基因的理解。随着分子遗传学、分子免疫学、细胞生物学等学科的兴起，人们逐渐深入了解了基因的功能和调控机制。DNA 重组技术的发展为利用生物工程手段的研究和应用开辟了新的前景，为医学、农业、环境等领域带来了革命性的改变。综上所述，基因作为人类生命的重要组成部分，其研究历史见证了人类对自身遗传信息的不断探索和理解。[①]

基因的重要性不仅仅局限于个体层面，它还在更大范围上影响着整个种群的生存和进化。种群的生存和进化依赖于基因的多样性和适应性，它们决定了种群对环境变化的响应能力。基因的多样性使得种群具有更强的适应性。在面对环境变化时，个体间的基因差异可能导致部分个体具备更强的生存能力和适应性，从而保证种群的生存。此外，基因的进化也推动着种群演化。在自然选择的作用下，适应环境的基因变异被保留下来，从而影响种群的遗传构成。长期以来，种群的基因组合随着环境的变化而不断演化，使得种群具备更强的适应性和生存能力[②]。

（二）基因对管理学的重要性

基因为我们提供了关于个体特征、行为偏好、健康状况等方面的重要信息，这些信息对于管理学同样具有价值。因此，如何将基因学与管理领域相结合，对于学者来讲尤为重要。

（1）基因学与个性化营销相结合。通过分析个体基因信息，营销人员可以更精准地了解消费者的需求和偏好，从而提供个性化的产品和服务，提高市场竞争力和销售效率。

（2）基因学和消费者行为相结合。基因与个体行为特征，例如风险偏好、购买行为等，存在一定关联，因此通过基因信息分析可以更深入地了解消费者的行为动机和决策过程，从而优化营销策略和产品设计。

（3）基因学与个性化健康产品和服务开发相结合。通过分析个体基因信息，企业可以提供针对性的健康管理方案和产品，满足消费者对健康的需求，促进人们的健康生活方式。

总的来说，基因学与管理领域的结合不仅能够帮助企业更好地了解消费者需求和行为，提高市场竞争力，还能够推动个性化营销和健康管理的发展，为人类的生存和繁荣提供重要支撑。

二、基因研究方法与相关文献案例

本小节将系统介绍四种常见的基因研究方法——双生子研究（twin study）、候选基因法（candidate gene approach）、全基因组关联分析（genome-wide association study）和多基因风险分数（polygercic risk score）和两篇文献案例。

（一）双生子研究

双生子研究是一种探究心理特征性状中遗传因素和环境因素影响程度的方法，利用了同卵双生子具有基本相同的遗传信息、异卵双生子具有部分相同的遗传信息的特点。该研究旨在展示个体心理特征受到环境与遗传因素影响的绝对和相对程度。同卵双生子拥有接近一致的基因，因此两人差异（如身高、易感性、智力、抑郁程度等）主要由个

---

① BAVERSTOCK K. The gene: an appraisal [J]. Progress in biophysics and molecular biology, 2021, 164: 46-62.

② WILLIAMS G C. Adaptation and natural selection: a critique of some current evolutionary thought [M]. Princeton: Princeton University Press, 2018.

体的生活环境和经验所致。异卵双生子虽然只有部分相同基因，但由于其在相似的环境中成长（如子宫环境、父母教养方式、教育水平、家庭经济情况、文化等），因此也提供了研究环境因素的重要线索。

传统的双生子研究通过比较同卵双生子与异卵双生子的相似性来评估遗传因素在性状形成中的作用。如果同卵双生子在大部分性状上比异卵双生子更相似，那么这表明在这些性状中遗传因素起到更重要的作用。通过比较大量双生子的家庭环境和性状，研究人员能够更好地理解遗传因素、共享环境和独特环境在塑造人类行为中的相对重要性。

与所有行为遗传学研究类似，传统的双生子研究从评估一个大群体中的行为多样性开始（遗传学家称之为性状），可以估计性状受遗传效应（遗传度）、共同处在的环境（共同环境，即同一环境因素对双生子的影响）、各异的环境因素（不同环境因素对双生子的不同影响）等影响的程度，也可以估计非加性遗传因素所造成的影响，揭示了影响某一性状的因素中可遗传多样性所占的比例，以及共同环境因素和各异环境因素所占的比例。该研究通常通过结构方程模型（SEM）系统，例如 OpenMx 等进行分析。

双生子研究作为一种常用的遗传流行病学方法，具有独特的优缺点和广泛的应用场景。其优点在于能够通过比较同卵双生子和异卵双生子来评估遗传因素和环境因素对特定性状或疾病的影响，有助于揭示遗传和环境在个体差异和疾病发生中的相互作用。然而，双生子研究也存在一定的局限性，如同卵双生子的稀缺性、环境因素的不确定性、难以确定因果关系等问题。尽管如此，双生子研究仍广泛应用于遗传疾病、行为遗传学、药物反应等领域，为深入理解疾病机制、制定个体化治疗方案、促进健康管理提供了重要支持，对于推动医学和生物学领域的发展具有重要意义。

（二）候选基因法

在早期生物学发展阶段，由于生物技术的限制，无法进行大规模基因组的测序和基因鉴定。因此，在进行表型研究时，候选基因法成为一种常用的方法。候选基因法是指从已知或潜在的基因系统中选择可能影响特定性状的基因，以进行功能验证的方法。这种方法的基本假设是所选的标记或基因本身是影响性状的主要基因。

具体而言，候选基因法的选择过程涉及对生理、生化背景知识的深入理解，通过直接挑选与研究对象性状相关的基因进行筛选。此外，候选基因的选择还可依据比较医学、比较基因组学等领域的研究成果，从其他物种中发现某些同类或相似性状的基因作为候选基因。候选基因法整个操作过程比较简单，基本过程如下：（1）梳理文献，确定待研究的候选基因；（2）测序筛查候选基因的各种突变体，或根据文献报道、公共数据库筛选该基因的多态；（3）基因多态与性状的关联研究，以及性状相关基因及其性状相关多态的功能研究。

候选基因法的优势在于针对性强，能够有针对性地选择与研究性状相关的基因进行深入研究，从而有效缩小研究范围，提高研究效率。候选基因法也使研究人员能够在技术条件限制下进行有效的基因研究，为性状的遗传机制研究提供了重要的方法途径。

然而，候选基因法也存在一定的局限性。由于其基于先验假设的选择开展研究，可能会忽略掉其他潜在的重要基因。此外，由于技术限制，所选取的候选基因可能未必是影响性状的主要基因，存在着潜在的偏差和误差。因此，在进行候选基因研究时，应谨慎考虑其局限性，并结合其他研究方法进行综合分析，以获得更为全面准确的研究结果。

（三）全基因组关联分析

全基因组关联分析（GWAS）是一种被广泛应用于遗传研究领域的方法，其主要目的是通过检验全基因组的遗传标记与表型变异之间的显著性关联，确定与特定性状相关的遗传位点，并进一步解析该性状的遗传基础。GWAS 的基本操作步骤包括首先对目标群体和对照群体进行全基因组水平上的对照分析或相关性分析，以比较它们之间每个遗传变异及其频率的差异。随后，利用统计学方法评估每个遗传变异与目标性状之间的关联程度，并筛选出与目标性状高度相关的遗传变异。这些潜在关联进一步通过验证实验加以确认，最终确定与目标性状之间的确切关联。

在进行 GWAS 分析时，通常采用最小二乘法对基因型与表型之间的关系进行回归分析。具体而言，将主要纯合基因型、杂合基因型和次要纯合基因型分别编码为 0、1、2，然后将其作为自变量，将目标性状作为因变量进行回归分析。

GWAS 作为一种高通量的遗传研究方法，具有多方面的优势：（1）它能够在整个基因组范围内进行系统性的探索，发现与性状相关的新遗传标记，并具有较高的可重复性和可靠性。（2）GWAS 可以为基因功能研究提供重要的启示，有助于理解基因之间的相互作用及其对性状的影响。

然而，GWAS 也存在一些局限性：（1）GWAS 对于复杂性状的解释往往较为困难，因为单个遗传标记可能只对性状的一小部分变异有贡献，而且多个基因和环境因素之间存在复杂的相互作用。（2）GWAS 会受到遗传异质性和多重比较问题的影响，可能导致假阳性结果的产生。（3）GWAS 对常见变异的依赖性较高，而对于罕见变异的检测能力有限，因此可能会错过某些重要的遗传变异。（4）GWAS 需要大规模的样本和较高的成本支持。[①]

（四）多基因风险分数

多基因风险分数（PRS）是一种新兴的遗传数据分析方法。个体复杂疾病的遗传风险评估是遗传学研究领域的一项重要任务，因此，针对单个基因变异对于疾病预测价值有限的现实，研究者逐步转向综合考虑多个遗传变异位点，并通过定量评估这些位点的集合对个体遗传风险进行量化。这一研究思路的核心在于利用基因组中的多个变异位点，结合其微小但累积的影响，以预测个体罹患某种疾病或具有某种特征的遗传倾向。

在这种背景下，研究者提出了 PRS 的概念。具体而言，通过计算与目标性状或疾病相关的一系列基因变异，获得每个变异的影响权重。这些权重通常基于其与目标性状或疾病的关联程度，可以通过 GWAS 等大规模遗传研究获得。再对权重进行处理，得到

---

① ISHIGAKI K. Beyond GWAS：from simple associations to functional insights [J]．Seminars in immunopathology，2022，44（1）：3-14.

PRS。一旦获得了 PRS，就可以将其应用于个体的遗传风险评估。[①] 因此，对于每个个体，都可以根据其基因型信息和相关基因变异的权重，计算出其对于特定性状或疾病的风险得分。PRS 可以用来识别高风险群体，进行早期干预和预防措施，以减少疾病的发生和恶化。

总的来说，PRS 通过综合考虑多个基因变异位点的信息，为个体提供全面的遗传风险评估，具有个性化、综合性和可操作性的优点。然而，它也存在解释性差、过于依赖数据和易受环境因素影响等缺点。PRS 在预测复杂性状方面显示出较好的效果，为个体健康管理和疾病预防等方面提供了重要的参考，但在现实生活中仍需谨慎应用，并结合其他环境因素进行综合评估，以提高其预测准确性和应用价值。

（五）候选基因法文献案例

1. 文献信息

CHI W，LI W D，WANG N，et al. Can genes play a role in explaining frequent job changes? an examination of gene-environment interaction from human capital theory［J］. Journal of applied psychology，2016，101（7）：1030 - 1044.

更换工作是常见的行为，这一行为对个人发展和企业规划都有着重大影响。清华大学迟巍教授课题组进行了一个纵向研究，采用候选基因法探究基因和后天因素对更换工作频率的影响。

2. 研究背景和问题提出

如今，频繁更换工作已成为许多人的常态。频繁更换工作会给员工和组织带来重大影响，该研究关注频繁更换工作这一现象，试图探究影响个体在早期职业生涯中变动工作频数的因素，并探讨其内在机制。

3. 主要理论和基本假设

基因被认为是个体差异的重要变量，它可以通过调节神经递质来影响个体行为，其中，多巴胺是调控认知、运动、动机、注意力和学习等重要大脑功能的关键神经递质之一。因此，研究者经常关注与多巴胺的作用机制有关的基因，多巴胺受体 D4 基因（DRD4）就是其中之一。该基因的个体间变异范围为 2～11 个重复等位基因。携带 DRD4 7R 等位基因的人，其多巴胺活性较低。

此外，基因-环境互动也是基因研究中关注的重点。基因通常与环境因素协同作用，调节人类的态度和行为。研究发现，家庭社会经济地位和邻里贫困程度是重要的早期生活环境因素，可能与遗传因素共同影响个体的工作变动。此外，家庭社会经济地位与邻里贫困程度能影响个体的教育成就，而个体的教育成就能显著影响他们的工作行为，因此，教育成就可能是家庭社会经济地位和邻里贫困对工作变动频数影响的中介变量。简单

---

① ADAM Y，SADEEQ S，KUMUTHINI J，et al. Polygenic risk score in African populations：progress and challenges［J］. F1000Research，2023，11：175.

来说，基因可能会与早期生活环境协同影响个体教育成就，进而影响早期的工作变动频数。

4. 实验过程

该研究采用了美国国家青少年健康纵向研究项目的数据，采集了大量的问卷、访谈和基因数据。该研究一共采用了 1994—1995 年、1996 年、2001—2002 年、2008—2009 年收集的数据，总计 15 078 名被试的数据被纳入分析。

5. 变量测量

通过问卷、访谈等形式收集家庭经济地位、邻里贫困程度、教育成就、工作变动频率等信息。教育成就代表被试目前所受最高教育程度，1 分代表八年级或以下，7 分代表本科以上。工作变动频数又可分为自愿变动工作（比如主动跳槽）频数和非自愿变动工作（比如被辞退）频数。通过唾液样本提取 DNA 信息并在后期进行基因分型。基因型根据个体 DRD4 7R 等位基因的数量确定。个体的 DRD4 7R 等位基因数可能为 0、1、2 个。

6. 分析结论

如图 15-1 所示，当 DRD4 7R 数等于 0、1、2 个时，家庭社会经济地位与教育成就之间的关系均为显著正相关，但三者的斜率没有显著差异。邻里贫困程度与教育成就呈现显著负相关，并且 DRD4 7R 等位基因越多，这种关系越负面。DRD4 7R 等位基因越多，个体越容易受到邻里贫困的负面影响，导致受教育程度低。

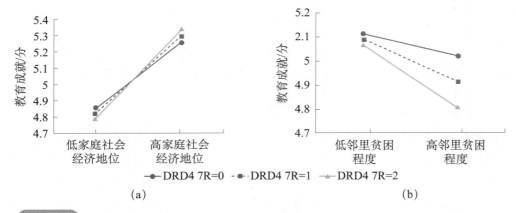

(a)　　　　　　　　　　　　　　(b)

图 15-1　家庭社会经济地位（a）和邻里贫困程度（b）与 DRD4 7R 对教育成就的影响

如图 15-2 所示，家庭社会经济地位通过教育成就对自愿变动工作频数的影响显著，当 DRD4 7R 等于 0、1、2 时，斜率均显著为正。DRD4 7R 基因越多，家庭社会经济地位对自愿变动工作频数的影响越大。拥有的 DRD4 7R 基因越多，家庭社会经济地位低时自愿变动工作频数越低，而家庭社会经济地位高时自愿变动工作频数与该基因数量关系不大。而对于非自愿变动工作频数，当 DRD4 7R 等于 2 时，斜率绝对值显著比等于 0 和 1 时更大，即拥有的基因越多，家庭经济地位低时非自愿变动工作频数越高，而家庭经济地位高时非自愿变动工作频率越低。

如图 15-3 所示，邻里贫困对自愿变动工作频率的影响都显著。当 DRD4 7R 为 2 时，与无 DRD4 7R 相比，邻里贫困对自愿变动工作频率的间接效应更负，对于 1 个等位基因

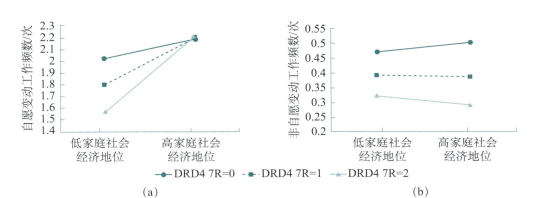

图 15-2 经济社会地位对自愿变动工作频数（a）和非自愿变动工作频数（b）的间接效应

与 0 个等位基因之间的斜率差异，统计学上并未显著。即 DRD4 7R 基因越多，邻里贫困程度对自愿变动工作频率的影响越大，拥有的基因越多，邻里贫困程度高时自愿变动工作频率越低，而邻里贫困程度低时自愿变动工作频率越高。邻里贫困对非自愿变动工作频率的影响都显著，DRD4 7R 为 2 时，与无 DRD4 7R 相比，贫困社区对非自愿离职频率的间接效应更显著。0 和 1 等位基因以及 1 和 2 等位基因之间的斜率差异不显著。即 DRD4 7R 基因越多，邻里贫困对非自愿变动工作频率的影响越大，拥有的基因越多，邻里贫困程度高时非自愿变动工作频率越高，而邻里贫困程度低时非自愿变动工作频率越低。

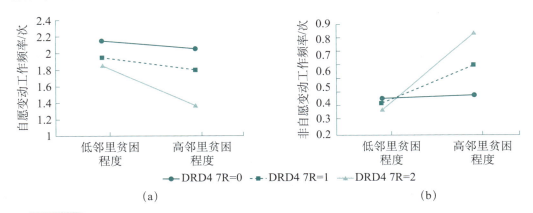

图 15-3 邻里贫困对（a）自愿变动工作频率和（b）非自愿变动工作频率的间接效应

总的来说，DRD4 7R 基因能和环境交互作用影响个体变动工作频率，拥有的 DRD4 7R 基因越多，个体越容易受到家庭经济地位以及邻里贫困程度的影响。

7. 文献评点

该研究结果表明变动工作频率同时受到个体先天基因型以及后天因素（如家庭社会经济地位、邻里贫困程度）的影响。该研究展现了结合个体 DNA 信息和早期生活环境因素，能增进人们对早期职业规划中影响工作变动的因素的理解。

（六）多基因风险分数文献案例

1. 文献信息

GONG S，LI Q，SU S，ZHANG J. Genes and sales ［J］. Management science，2024，70（6）：3902 – 3922.

销售是常见的营销行为，也是很多公司重视的职能，优秀的销售人员也是很多公司需要的。但优秀的销售人员更多看天赋还是看后天培养？该研究采用了目前来说先进的多基因风险分数方法，探究了基因和后天因素对销售行为的影响。

2. 研究背景和问题提出

销售是营销活动中最重要的环节之一。合适的销售人员可以为公司带来巨大的利益，然而组建高效的销售团队是一个巨大的挑战，并且目前学界对优秀销售人员所需特质也缺乏清晰的认识。优秀的销售人员是天生的还是后天培养的？由于缺乏天生特质的数据，这个问题很难回答。

3. 主要理论和基本假设

通过对基因的分析，可以一定程度上回答这一问题。每个人的遗传物质都是独特的，可以对人格、行为的塑造产生巨大影响，因而基因很可能对销售行为产生影响。该研究采用的基因数据是教育成就的多基因分数，它已被证明与社会经济结果，包括生命历程成功、劳动收入、退休财富都显著相关，是目前社会科学领域最可靠稳健的指标之一。

由于销售行为很大程度上受到后天培养的影响，因此该研究将一系列后天影响因素纳入分析之中，比如人口统计学特征、个性特质、销售努力等，探究先天因素（教育成就的多基因评分）和后天因素如何交互影响销售表现。

4. 实验过程

该研究收集了 117 名位于亚洲某电话营销公司工作的销售人员的唾液样本以供后期提取多基因分数。除了基因信息以外，研究者还收集了销售员努力程度、性格特质、销售技能、家庭环境、语言能力等可能会对销售行为产生潜在影响的因素的信息。

语言能力在实验室中通过快速自动命名任务（rapid automatized naming task）和单词表阅读任务（word list reading task）进行测试。快速自动命名任务要求被试尽可能快速准确地说出 50 个个位数（如 3、7、5、2、4）。每位被试接受两次测试。被试反应越快，口头表达能力越强。在单词表阅读任务中，每位被试都被要求尽可能快速、准确地读出所有单词。任务成绩以每分钟读对的单词数减去读错的单词数来计算。被试成绩越好，语言能力越强。

5. 变量测量

研究者从唾液样本中提取 DNA 信息和进行基因分型，构建了教育成就的多基因分数。努力程度基于公司内部的记录（每位销售员的平均上班时长），性格特质用大五人格量表测量，销售技能和家庭环境采用问卷方式采集。对于每位被试，研究者对他们的平均日销售额（销售表现）、每月任务层级（一共三级，层级越高代表能力越强）进行了 13 个月的追踪。

6. 分析结论

如图 15 – 4 所示，多基因分数能显著预测教育成就，多基因分数越高，教育年限越长，最高学历越高，这说明该研究的教育成就多基因分数是比较稳健的。

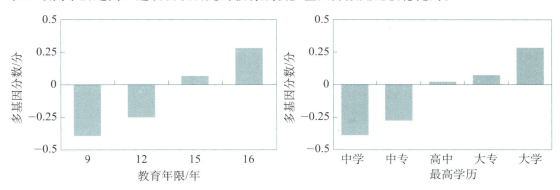

图 15−4　多基因分数与实际教育成就的关系

该研究发现多基因分数与销售人员每日销售额之间的关系整体呈正相关。这种正向关系主要体现在多基因分数处于较低水平和中等水平范围时，而这一范围涵盖了超过 85% 的样本。在这些样本中，随着多基因分数的增加，销售表现显著提高。然而，当多基因分数达到较高水平时，关系趋于平缓甚至略微负向，这一范围内的样本数量较少且不确定性较大。

但多基因分数并不是唯一能预测销售员销售业绩的因素。研究还发现销售员的努力程度是销售绩效的显著预测因素，但努力程度与多基因分数并没有显著交互作用。这说明销售员的努力程度和他们的基因特质是相对独立地对销售业绩起作用的。大五人格中开放性经验和责任心这两个特质也能显著预测销售额，而在人格特质和多基因分数的交互中，仅有神经质与多基因分数有显著的交互作用。结果表明多基因分数、努力程度和人格特质或许是相对独立起作用的。多基因分数可能包含了人格和努力程度无法完全捕捉的信息。因此研究者就多基因分数对销售额影响的潜在机制进行了深入探讨，他们假设销售员的自适应学习可能作为中介变量，而自适应学习包括客户导向、销售导向和机会识别这三个方面。结果发现客户导向和机会识别是中介变量，而销售导向不是（见图 15−5）。

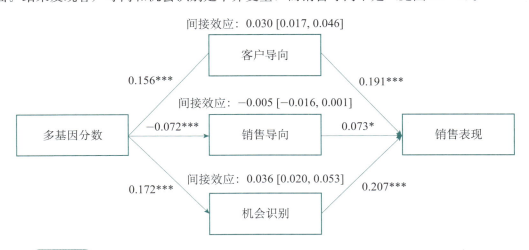

图 15−5　多基因分数通过客户导向、销售导向和机会识别对销售表现影响的中介模型

注：*** 表示 $p < 0.001$；** 表示 $p < 0.01$；* 表示 $p < 0.05$。

7. 文献点评

该研究结果表明销售员的销售表现部分由基因解释，部分由后天努力解释，即销售行为很可能是"先天"与"后天"共同作用的结果。该论文是首篇将分子遗传学应用于市场营销研究的文献，为以后探究影响销售行为的因素的研究提供了新的视角。

第 2 节　分子调控技术

一、神经递质相关分子概述

大脑是由神经胶质细胞和神经元构成的，成年人的大脑含有约 1 000 亿个神经元。[①]每个神经元都能长出大量树突，与其他神经元相连，从而接收刺激并传递信号。这些相互连接的神经元构成了庞大而复杂的神经网络，实现情感、意识、记忆等所有精神活动的发生。

神经递质是指存在于神经元之间的化学物质，它们用于在神经元之间传递信号。这些化学物质可以在神经元末端释放，并通过神经元之间的突触传递到相邻的神经元，从而影响神经系统的功能。神经递质对于神经系统而言至关重要，它们在调节身体的各种生理和行为过程中发挥着关键作用。

已知的神经递质大约有 100 多种[②]，依据不同的化学组成特点主要分为四大类：单胺类、肽类、氨基酸类、其他类[③]。单胺类主要包括儿茶酚胺类、五羟色胺、组胺、苯乙胺、色胺等；肽类主要有阿片类、催产素（神经肽）、P 物质（神经肽）等；氨基酸类主要有谷氨酸、γ-氨基丁酸等；其他类包含乙酰胆碱、花生四烯乙醇胺（大麻素）、腺苷等。

神经递质的效果受其受体的影响。一些神经递质通常被认为是"兴奋性的"，即它们能够促使目标神经元更容易产生动作电位，而另一些被视为"抑制性的"，能够降低目标神经元触发动作电位的可能性。[④]例如，谷氨酸在中枢神经系统中被认为是主要的兴奋性神经递质，而甘氨酸是脊髓中主要的抑制性神经递质。然而，神经递质的作用并不是固定不变的。在特定情况下，一个神经递质可能表现出兴奋或抑制的特性。这取决于具体的情况，因为某种神经递质通常会结合和激活多种不同类型的受体蛋白。因此，对于一个突触而言，神经递质的影响是兴奋还是抑制，取决于该突触后（目标）细胞上存在哪种类型的受体。这种灵活性使得神经递质能够在不同情境下发挥出不同的作用，以适应人体的需求。

---

①　LIU F，PATTERSON T A，ZHANG J，et al. Neurons-nerve cells [J]．Neural cell biology，2017，1-13.

②　NOWACZYK A，KOWALSKA M，NOWACZYK J，et al. Carbon monoxide and nitric oxide as examples of the youngest class of transmitters [J]．International journal of molecular sciences，2021，22（11）：6029.

③　MERINEY S D，FANSELOW E E. Synaptic transmission [M]．Amsterdam：Elsevier，2019：369-398.

④　SUPPIRAMANIAM V，BLOEMER J，REED M，et al. Neurotransmitter receptors [J]．Comprehensive toxicology：third edition，2018，6-15.

二、人体的神经递质系统

人体的神经递质系统包括了多种神经递质，每种神经递质都在神经系统中发挥着不同的作用。主要有以下五种神经递质系统。

（一）乙酰胆碱系统

神经递质：乙酰胆碱（acetylcholine，ACh）。

受体系统：主要为胆碱能受体，分为毒蕈碱型受体（muscarinic receptors）和烟碱型受体（nicotinic receptors）。

功能：乙酰胆碱系统在中枢神经系统和周围神经系统中发挥重要作用。在中枢神经系统中，乙酰胆碱参与注意力、记忆、学习等认知功能的调节。[1] 在周围神经系统中，乙酰胆碱控制肌肉的收缩，是运动神经元传递信号到肌肉的主要递质。[2]

（二）儿茶酚胺系统

神经递质：多巴胺（dopamine，DA）、去甲肾上腺素（norepinephrine，NE）和肾上腺素（epinephrine）。

受体系统：主要为多种类型的多巴胺受体和肾上腺素受体。

功能：儿茶酚胺系统调节情绪、情感、奖赏、注意力、运动控制等多种生理和心理活动。多巴胺与愉悦感和运动控制密切相关[3]，去甲肾上腺素参与注意力、应激反应和运动能力的调节[4]，肾上腺素在应激反应和心血管调节中发挥作用[5]。

（三）谷氨酸系统

神经递质：谷氨酸（glutamate）

受体系统：NMDA 受体、AMPA 受体和氨基甲酸（kainate）受体等。

功能：谷氨酸系统是大脑中的主要兴奋性递质系统，参与学习、记忆、神经发育和神经可塑性等重要生理过程。[6]

---

[1] HUANG Q，LIAO C，GE F，et al. Acetylcholine bidirectionally regulates learning and memory [J]. Journal of neurorestoratology，2022，10（2）：100002.

[2] VANPATTEN S，AL-ABED Y. The challenges of modulating the "rest and digest" system：acetylcholine receptors as drug targets [J]. Drug discovery today，2017，22（1）：97 - 104.

[3] CHAKRAVARTHY S，BALASUBRAMANI P P，MANDALI A，et al. The many facets of dopamine：toward an integrative theory of the role of dopamine in managing the body's energy resources [J]. Physiology and behavior，2018，195：128 - 141.

[4] PENG S Y，ZHUANG Q X，ZHANG Y X，et al. Excitatory effect of norepinephrine on neurons in the inferior vestibular nucleus and the underlying receptor mechanism [J]. Journal of neuroscience research，2016，94（8）：736 - 748.

[5] JIA J J，ZENG X S，LI K，et al. The expression of thioredoxin - 1 in acute epinephrine stressed mice [J]. Cell stress and chaperones，2016，21（5）：935 - 941.

[6] ROSE C R，ZIEMENS D，UNTIET V，et al. Molecular and cellular physiology of sodium-dependent glutamate transporters [J]. Brain research bulletin，2018，136：3 - 16.

（四）γ-氨基丁酸系统

神经递质：γ-氨基丁酸（γ-aminobutyric acid，GABA）。

受体系统：包括 γ-氨基丁酸-A 受体和 γ-氨基丁酸-B 受体等。

功能：γ-氨基丁酸系统是主要的抑制性递质系统，调节神经元的兴奋性、情绪稳定、焦虑水平和睡眠等多种生理和心理过程[①]。

（五）五羟色胺系统

神经递质：五羟色胺（5-HT）。

受体系统：包括多种类型的五羟色胺受体。

功能：五羟色胺系统调节睡眠、情绪、情感、食欲和焦虑等多种生理和心理过程[②]，与抑郁症、焦虑症等精神疾病密切相关[③]。

三、神经递质干预方式

对神经递质进行干预是治疗神经系统疾病和调节神经功能的重要方法之一。目前神经递质干预手段主要有药物治疗、神经调节技术等。

药物治疗指使用药物来调节神经递质的水平或影响神经递质受体的活性。（1）神经递质调节药物。如抗抑郁药、抗焦虑药、抗精神分裂症药物等，这些药物可以增加或减少特定神经递质的水平，从而调节神经系统功能。（2）神经递质层增效剂。有些药物并不直接影响神经递质的水平，而是增强神经递质的效应，如选择性细胞素回收抑制剂（SSRI）可以增加血清素在突触中的浓度。[④]（3）其他治疗药物。包括 β 受体激动剂、抗痉挛药物等，这些药物可以通过不同的机制影响神经递质系统。

当前，神经调节技术也被广泛应用于调节神经递质的释放与功能。（1）深部脑刺激（deep brain stimulation，DBS）。在特定的大脑区域植入电极，并通过电刺激特定的大脑区域，调节神经递质的释放和神经网络的活动。DBS 通常用于治疗帕金森病、抑郁症和焦虑症等神经系统疾病。（2）神经刺激（neuromodulation）。通过刺激神经元或神经回路，调节神经递质的释放和神经网络的活动。例如，经颅磁刺激（TMS）可以改变大脑区域的兴奋性，影响多巴胺、血清素等神经递质系统的功能，从而治疗抑郁症和焦虑症等精神疾病。（3）光遗传学（optogenetics）。利用光敏感蛋白质对神经元进行精确的光刺激，通过激活或抑制特定类型的神经元，控制神经递质的释放和神经网络的活动。

---

① SOLOMON V R，TALLAPRAGADA V J，CHEBIB M，et al. GABA allosteric modulators：an overview of recent developments in non-benzodiazepine modulators [J]. European journal of medicinal chemistry，2019，171：434 - 461.

② LUO S，YU D，HAN S. 5-HTTLPR moderates the association between interdependence and brain responses to mortality threats [J]. Human brain mapping，2017，38（12）：657 - 671.

③ BEECHER K，BELMER A，BARTLETT S E. Anatomy of the serotonin transporter [J]. Serotonin：the mediator that spans evolution，2018，121 - 133.

④ MA Y，WANG C，LUO S，et al. Serotonin transporter polymorphism alters citalopram effects on human pain responses to physical pain [J]. NeuroImage，2016，135：186 - 196.

四、分子管理学研究中的关键分子

神经递质、肽与激素在分子管理学中被重点关注，对理解社会行为、情感和认知过程的神经机制具有重要意义。基于对这些分子作用的探索，人们可以更好地理解社会互动、社会决策、情感处理等分子管理学领域的问题。

（一）睾酮

睾酮（又称睾丸素、睾丸酮或睾甾酮），是一种类固醇激素，由男性的睾丸、女性的卵巢分泌，也由肾上腺分泌。睾酮通过与细胞内的睾酮受体结合，形成睾酮-受体复合物，进入细胞质或细胞核，影响基因的转录和蛋白质的合成。成年男性分泌的睾酮量约为成年女性的 20 倍。游离睾酮是未结合其他蛋白质的睾酮，结合睾酮的主要成分是睾酮和睾酮结合球蛋白。睾酮在男性和女性的生理过程中都发挥着重要作用。睾酮影响男性的性欲、精子生产、肌肉质量维持、骨密度和红血球生成，在女性性欲、骨骼健康和一些生理功能的调节中也起着一定作用。

睾酮水平对个体心理和社会行为有显著影响。对男性而言，正常的睾酮水平与性欲、自信心、竞争意识和冲动行为等心理特征密切相关。[1] 有研究表明，个体睾酮水平的升高可能导致其更具侵略性、自信和竞争性的行为。睾酮水平的过高或过低都可能导致行为和心理方面的问题，如情绪波动、抑郁和焦虑等。[2] 在社会行为方面，睾酮水平可能影响个体在社会竞争中的表现，以及对于社会地位和权力的追求程度。此外，睾酮水平也与个体对社交环境的适应性和亲社会行为有关。

（二）催产素

催产素（oxytocin）是一种重要的肽类激素。它主要由垂体后叶释放，也可由大脑中的杏仁核和下丘脑产生。催产素分为两种类型——周围催产素和中枢催产素。周围催产素主要在生殖系统中产生，参与子宫收缩和乳腺功能调节，而中枢催产素主要在大脑中产生，参与社会互动、情感表达和认知功能等。催产素的作用机制涉及与特定受体的结合。在子宫平滑肌细胞中，催产素与催产素受体结合，引起钙离子内流，从而导致子宫收缩。在大脑中，催产素通过与催产素受体结合，影响神经元的活动，调节神经回路，从而影响社会行为和情感表达。

催产素水平对心理、社会因素有着重要影响。通过与特定受体的相互作用，催产素可以促进个体间的信任以及亲社会行为的发展。[3] 它还可以调节大脑中负责情绪和社交行

① POLO P，FAJARDO G，MUÑOZ-REYES J A，et al. The role of exogenous testosterone and social environment on the expression of sociosexuality and status-seeking behaviors in young Chilean men ［J］. Hormones and behavior，2024，161：105522.

② VAN PEER J M，ENTER D，VAN STEENBERGEN H，et al. Exogenous testosterone affects early threat processing in socially anxious and healthy women ［J］. Biological psychology，2017，129：82－89.

③ EBERT A，BRÜNE M. Oxytocin and social cognition ［J］. Current topics in behavioral neurosciences，2018，35：375－388.

为的区域①，促进人际关系的建立和维护，如促进母亲对婴儿的亲密接触和照顾、促进伴侣之间的情感联系和亲密度。高水平的催产素与社会互动的积极性、信任和情感连接密切相关②，低水平的催产素可能与心理社会障碍有关，而提高催产素水平可能有助于改善人际关系、增强信任和促进情感表达。

（三）五羟色胺

五羟色胺属于儿茶酚胺类化合物。它主要存在于中枢神经系统和消化系统中，对人体的心理和生理功能起着重要作用。五羟色胺的合成需要色氨酸和色氨酸羟化酶参与，其主要合成和释放部位包括脑干的腹侧丘脑核和中脑的网状结构。五羟色胺在中枢神经系统中参与了多种生理和心理过程，包括情绪调节、睡眠、食欲、认知功能和社会行为等。其作用机制主要通过五羟色胺受体完成。五羟色胺受体分为多种亚型，包括 5 - HT1 至 5 - HT7。不同的受体亚型在不同的脑区域和神经回路中起着不同的调节作用。

五羟色胺水平的变化与人体的心理健康和社会行为密切相关。低五羟色胺水平与抑郁症、焦虑症等情绪障碍有关，而提升五羟色胺水平可能改善个体的情绪状态和社会适应能力。此外，五羟色胺还参与社会行为、社交互动和社会认知等方面的调节，对人们的社会适应能力和情感交流起着重要作用。③ 因此，维持适当的五羟色胺水平对于保持身心健康和良好的社会功能至关重要。

五、神经递质的研究方法

（一）催产素

给药方法：向鼻腔喷入催产素被广泛应用于实验研究中，喷入剂量通常控制在 24～32iu，以确保在生理上产生合适效果。在实验进行前，向被试鼻腔喷入催产素，被试需要静候 30～45 分钟，之后开始进行实验任务，以确保药物充分发挥作用，被试生理状态稳定。

测量方法：个体催产素水平可以通过唾液、血液、尿液样本等进行测量。在实验设计中，通常会根据研究的目的、采样时机和实验条件等因素来选择合适的催产素测量方法。

（二）睾酮

给药方法：在实验中，通常使用经皮给药的方法调节被试的睾酮水平，可以通过睾酮贴片、凝胶、喷雾等方式，将睾酮产品粘贴或喷涂于被试干燥、清洁的皮肤表面，通常是在其手臂、肩膀或腹部。

测量方法：睾酮通过激活效应对大脑产生影响。在研究中，常在给药前后采集唾液

---

① LIAO Z，HUANG L，LUO S. Intranasal oxytocin decreases self-oriented learning [J]. Psychopharmacology，2021，238：461－474.

② LUO S，LI B，MA Y，et al. Oxytocin receptor gene and racial ingroup bias in empathy-related brain activity [J]. NeuroImage，2015，110：22－31. LUO S，MA Y，LIU Y，et al. Interaction between oxytocin receptor polymorphism and interdependence on human empathy [J]. Social cognitive and affective neuroscience，2015，10：1273－1281.

③ WÖHR M，VAN GAALEN M M，SCHWARTING R K W. Affective communication in rodents：serotonin and its modulating role in ultrasonic vocalizations [J]. Behavioural pharmacology，2015，26（6）：506－521.

或血液样本，以测量个体的睾酮水平。

（三）五羟色胺

给药方法：一般使用五羟色胺再摄取抑制剂（SSRI），该药物通过抑制神经元对五羟色胺的再摄取来增加五羟色胺在神经系统中的浓度。常见的 SSRI 包括帕罗西汀（Paroxetine）、舍曲林（Sertraline）、氟西汀（Fluoxetine）等。

测量方法：测量人体内五羟色胺水平的方法有很多，包含血液、脑脊液、尿液样本检测，此外也可以使用影像学方法如 PET 和 fMRI 间接测量五羟色胺水平。

六、分子调控研究实验设计

在涉及神经递质调控的实验中，为了消除实验中主试评估调控效果时可能引入的主观因素、偏见及安慰剂效应，以确保获得可靠的实验数据，常采用盲法。盲法实验中，将实验药物及对照品（安慰剂）均采用密码或代号表示，整个实验过程中对被试和/或主试保密，由专人或小组保管真实信息。整个实验过程中，除非被试发生危急情况或出于安全需要，不会公开信息。实验药物和对照药品（安慰剂）在剂型、外观、颜色和味道上应保持完全一致。

盲法实验常用的为单盲（single blinding）实验和双盲（double blinding）实验，更严格的对照实验要用到三盲（triple blinding）实验。

（一）单盲实验

在单盲实验中，实验被试不知道自己接受的是实验药物还是安慰剂，但主试知道。这种方法降低了被试的期望效应，有利于获得更客观的结果。单盲实验相对简单易行，但无法排除实验主试的主观影响，常常会导致偏高的阳性率。

（二）双盲实验

在双盲实验中，被试与主试均不知道被试接受的是实验药物还是安慰剂，从而确保实验结果的客观性和可靠性。这通常通过使用特殊的随机化和编码程序来实现，以确保实验组和对照组的被试分配是随机的，同时确保主试不知道哪个组接受了哪种药物。这种方法有效控制了实验中的期望效应和主观影响，较大程度地减少了实验结果的偏差，增加了实验的科学性和可信度。

（三）三盲实验

在三盲实验中，除了被试和主试外，评估或数据分析的人员也不知道实验的具体信息。这样做是为了进一步降低评估者可能的主观偏见，确保结果的客观性。评估者被隔离，以免他们的预期或假设影响对实验结果的评价。该方法在双盲设计的基础上进一步加强了对实验结果的客观性和可靠性，降低了评估者的主观偏见。

七、文献案例分析

（一）文献信息

NAVE G，NADLER A，DUBOIS D，et al. Single-dose testosterone administration increases men's preference for status goods[J]. Nature communications，2018，9：1－8.

睾酮水平可能影响个体在社会竞争中的表现，以及对社会地位和权力的追求程度，来自宾夕法尼亚大学的内夫（Nave）等人使用安慰剂对照实验来探究睾酮对地位、品牌和产品的偏好。

（二）研究背景和问题提出

社会等级是一种存在于各种物种之间的普遍现象，从鱼群到人类社会，都可以观察到这种结构。这种等级结构在生物群体中具有一定优势，能够促进领导者和追随者之间的协调，减少资源冲突。在社会等级中，个体所处的位置越高，通常意味着其享有越多的利益，如获得更多资源和更高的社会影响力。因此，人们通常会努力提升自己的社会等级，希望借此获得他人的尊重、崇拜，甚至掌握更多权力。

在早期人类社会，身手敏捷、战斗力强的人，往往会得到更高的社会认可。然而，随着文明的进步，暴力行为不再被接受，社会价值观更加看重文化和知识，例如获得高等学位。但是，获得学术成就也并非易事。随着经济的繁荣，人们发现了一种更快捷的方式来展现社会地位，即炫耀财富。

动物研究表明，雄性动物体内睾酮水平与其社会地位密切相关。对于人类，某些情境下会刺激睾酮分泌增加，比如赢得比赛、吸引异性等情况。早期研究发现，睾酮水平与促进个人社会地位的动机有关。这引出该研究的研究问题：（1）睾酮能否影响男性对高社会地位品牌和产品的喜好？（2）如果睾酮能影响高社会地位品牌和产品的喜好，其可能的路径是什么？

（三）实验过程

该研究使用安慰剂双盲实验对研究问题进行了探索性分析。研究者招募了243名男性参加实验，将他们随机分成实验组和安慰剂组。被试上午9点来到实验室后，采集第一次唾液样本，然后将10g睾酮凝胶（实验组）或安慰剂凝胶（安慰剂组）涂抹在他们的肩膀、上臂和胸部，等待凝胶完全干燥后穿上衣服。之后他们被告知在下午正式实验之前不要剧烈活动。下午2点再回到实验室，采集第二次唾液样本。实验中采集第三次唾液样本，实验结束后采集第四次唾液样本（见图15-6）。在实验过程中收集的三次唾液样品中，与安慰剂组相比，实验组睾酮水平显著更高，说明实验操作是有效的。

被试需要完成两项任务。任务一采用的是2（药物：催产素、安慰剂）×2（品牌社会地位：高社会地位、低社会地位）两因素混合实验设计，其中药物是被试间变量，品牌社会地位是被试内变量。因变量是对品牌的质量感知、社会等级感知和偏好程度。过程中被试会依次观看五对品牌，并报告他们对品牌的质量感知、社会等级感知和偏好程度［见图15-7（a）］。同一对品牌中的品牌象征了不同地位，比如Calvin Klein（高）和Levi's（低）。

任务二采用的是2（药物：催产素、安慰剂）×3（商品描述：高质量描述、高权力描述、高社会地位描述）两因素被试间实验设计，因变量是显示权力的程度、显示社会地位的程度、质量、对商品的态度及购买意愿。被试将依次阅读六种不同类型商品的简短描述，并报告该商品是高质量、高社会地位、高权力中的哪一种，该商品显示权力和地位的程度、质量好坏，以及自身对该商品的态度及购买意愿。

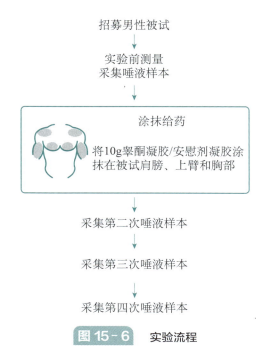

招募男性被试

实验前测量
采集唾液样本

涂抹给药

将10g睾酮凝胶/安慰剂凝胶涂
抹在被试肩膀、上臂和胸部

采集第二次唾液样本

采集第三次唾液样本

采集第四次唾液样本

图 15-6 实验流程

(四) 分析结论

任务一结果发现，被试认为高端品牌确实更能彰显社会地位，但两种品牌在质量上差异不大［见图 15-7 (b)］。睾酮对被试的品牌偏好产生了明显的影响［见图 15-7 (c)］，与感知质量相似但感知地位较低的品牌相比，睾酮增加了男性对高社会地位品牌的偏好。

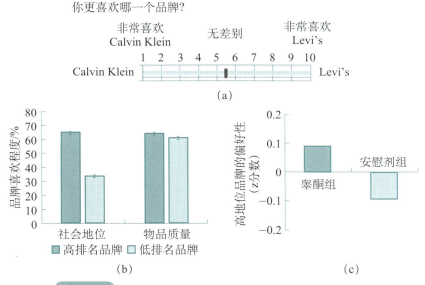

你更喜欢哪一个品牌？

非常喜欢　　　　　　　无差别　　　　　　　非常喜欢
Calvin Klein　　　　　　　　　　　　　　　　Levi's

1　2　3　4　5　6　7　8　9　10

Calvin Klein　　　　　　　　　　　　　　　Levi's

(a)

(b)

(c)

图 15-7 被试对品牌的质量感知、社会地位感知和偏好

　　任务二的结果进一步验证了这一结论，并发现睾酮影响高社会地位品牌和产品偏好的可能路径是其对地位提升需求的强化。当商品被描述为高社会地位时，睾酮组被试表现出更积极的态度和更高的购买意愿（见图 15-8），这表明睾酮可能通过增强个体对社会声望的关注，驱使其偏好具有高社会地位属性的商品。然而，当同样的商品被描述为高权力（强调对价值资源的控制感）或高质量（强调产品本身的功能与性能）时，睾酮并未显著改变被试的态度和购买意愿。

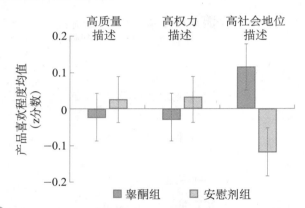

图 15-8　被试对描述为高质量、高权力、高社会地位文字描述商品的偏好

　　综上所述，睾酮激素不仅能增加男性对社会地位的渴望，还会增加男性对高社会地位产品的偏好，而且这种影响是由社会地位提升而不是权力动机或对高质量品质的偏好所驱动的。

▷ **思考题**

　　1. 遗传研究和分子调控技术的要点是什么？
　　2. 遗传研究和分子调控技术实验研究中要注意哪些伦理问题？
　　3. 遗传研究和分子调控技术可以用于研究哪些管理学问题？

▷ **参考文献**

第 16 章 ▸ 无创脑刺激技术及其在研究中的应用

李建标　山东大学

脑科学，尤其是认知神经科学的发展为包括管理学在内的诸多学科提供了交叉融合基础。对于管理过程中的神经活动，既可以直接对其进行神经测量来了解大脑在特定决策任务中的活动，也可以进行事先的神经干预，以探索特定决策任务与脑区功能及脑网络联系之间的因果关系。其中，对人的神经干预常用的方式就是无创脑刺激（noninvasive brain stimulation，NIBS），也叫非侵入性脑刺激，它为管理研究提供了全新的研究视角，有望在未来为管理学的发展带来重要的突破。本章介绍无创脑刺激的基本原理及其在管理研究中的具体应用，并详细讲解应用无创脑刺激技术的管理研究典型文献。

第 1 节　无创脑刺激的基本原理

NIBS 是指利用电流、磁场等非侵入性手段调节大脑相关功能区的兴奋性、改善神经连接，进而达到治疗和科研目的的一种技术。

一、NIBS 分类

NIBS 主要分为经颅电刺激（transcranial electrical stimulation，TES）和经颅磁刺激（transcranial magnetic stimulation，TMS）。二者原理不同，在应用上也有区别。

（一）经颅电刺激

经颅电刺激是通过电极将特定的低强度电流作用于特定脑区，能够调节突触可塑性、改变皮层兴奋性、实现对大脑神经活动的调控。它主要包括经颅直流电刺激（tDCS）和经颅交流电刺激（tACS）。

1. 经颅直流电刺激（tDCS）

（1）tDCS 的内涵与原理。

tDCS 是一种神经干预手段，其通过在头皮上施加恒定的低强度直流电（见图 16－1）以调节大脑区域的神经元兴奋性。该手段最初是为了帮助脑损伤或精神疾病（如重度抑郁症）患者而开发的。18 世纪后期，路易吉·加尔瓦尼（Luigi Galvani）和亚历山德罗·沃尔塔（Alessandro Volta）两位研究人员利用 tDCS 探索动物细胞电的来源，tDCS 首次被引入临床场景。20世纪60年代，阿尔伯特（Albert）发现，经颅直流电刺激可以通过改变大脑皮层的兴奋性来影响大脑功能，他还发现阳极刺激和阴极刺激对皮质兴奋性有不同的影响。

图 16-1 tDCS 的恒定电流模式

tDCS产生皮层兴奋性的持久调节使其成为促进康复和治疗一系列神经精神障碍的有效解决方案，其刺激改变大脑功能的方式导致神经元的静息膜电位去极化或超极化——调控神经元电位差的变化。细胞在未受刺激时，膜两侧所保持的内负外正的状态称为膜的极化。静息电位的数值向膜内负值增大的方向变化，称为超极化；相反，使静息电位的数值向膜内负值减小的方向变化，称为去极化。当进行阳极刺激时，电流引起静息膜电位的去极化，这增加了神经元的兴奋性，允许更多的细胞自发放电；当进行阴极刺激时，由于细胞自发放电减少，电流引起静息膜电位的超极化，这降低了神经元的兴奋性。此外，tDCS即使在刺激结束后也能实现皮质变化，这种变化的持续时间取决于刺激的长度和刺激的强度，刺激的效果随着刺激持续时间的增加或电流强度的增加而增加。

在神经科学调控大脑的研究中，常进行电刺激的区域主要有四个。

1）前额皮层（prefrontal cortex），位于大脑前部，是高级认知功能、情绪调节和决策制定的关键区域。电刺激前额皮层通常用于研究和干预注意力、工作记忆、意愿控制等方面的认知功能。

2）颞叶皮层（temporal cortex），位于大脑侧面，涉及听觉、语言处理和记忆等功能。电刺激颞叶皮层可以用于研究和干预语言障碍、听觉处理等。

3）顶叶皮层（parietal cortex），位于大脑顶部，参与感觉信息整合、空间认知和运动规划。电刺激顶叶皮层常用于研究空间感知、运动控制等方面的神经机制。

4）运动皮层（motor cortex），位于大脑中央回附近，负责运动的规划和执行。电刺激运动皮层可用于研究和改善运动功能，例如康复治疗、运动障碍的研究等。

需要注意的是，阳极刺激和阴极刺激的效果并非总是简单地对应激活和抑制。具体的施加效果受多个因素影响，包括被刺激的脑区、刺激的强度、刺激的时间点、个体差异等。在一些情况下，阳极刺激被认为能够增强脑区的兴奋性，但也可能导致相反的效果，尤其是在刺激强度过大或刺激时间不当的情况下。同样，阴极刺激并非在所有情况下都表现为抑制效果。通过调整刺激参数和特定实验条件，阴极刺激也可能产生激活效果。需要注意的是，不同脑区对电刺激的反应是复杂的，一些区域可能对阳极刺激更为敏感，而另一些对阴极刺激更为敏感。

(2) tDCS 的组成与实施。

tDCS 设备包括两个电极和一个提供恒定电流的电池供电设备，见图 16 - 2。通过该设备可以实施不同刺激类型的多次双盲实验，即无论是接受刺激的人和实验者均不知道是哪种类型的刺激。每个装置均有一个阳极（anodal，带正电的电极）和一个阴极（cathodal，带负电的电极）。需要注意的是，在传统的由金属线构成的电路中，电荷漂移是由带负电荷的电子运动产生的，由阴极流向阳极。然而，在生物系统中，例如头部，电流通常是由离子流动产生的，这些离子可能带正电，也可能带负电。正离子会流向阴极，负离子会流向阳极。该装置还可以控制电流大小和刺激时间。

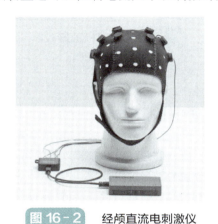

图 16 - 2 经颅直流电刺激仪

资料来源：环洋市场咨询.2022 年经颅电刺激器行业现状调研与发展趋势预测报告［EB/OL］.（2022 - 07 - 14）［2024 - 11 - 01］. 网易.

为了实施正式的 tDCS，需要确保皮肤和电极之间的低电阻连接，而且电极的放置对 tDCS 的成功至关重要。电极有各种尺寸。较小尺寸的电极可以对一个部位进行更集中的刺激，而较大尺寸的电极可以确保对整个感兴趣区域进行刺激。如果电极放置不正确，可能会刺激到错误的位置或过多的位置，导致结果不准确。整个电路的一个电极被放置在感兴趣的区域上，另一个电极，即参考电极，通常放置在身体另一侧的颈部或肩部。由于感兴趣的区域可能很小，在放置电极之前，需要使用 fM-RI、PET 等来定位。

一旦电极正确放置，就可以开始刺激。许多设备有一个内置的功能，允许电流"上升"（ramp-up），直到达到必要的电流强度。刺激启动后，电流将按照设备上设置的时间持续施加，然后自动关闭。有一种新的刺激方式，即使用多个（超过两个）更小尺寸的凝胶电极来刺激特定的皮质结构，而不是使用两个大的电极（普通 tDCS），这种新方法被称为高清晰度 tDCS（HD-tDCS），如图 16 - 3 所示。研究者们发现 HD-tDCS能引起更大、更持久的运动皮层兴奋性变化，以及更高的空间精度。它使用多个电极同时对头皮施加电流，通过调整电流分布来更精细地影响大脑区域的活动，减少对周围区域的影响。

图 16 - 3   HD-tDCS 仪器

资料来源：BrainBox 网站.

（3）tDCS 的安全性问题。

经济学和管理学的 tDCS 研究一般将电流控制在 1.0～2.0mA，有研究表明该刺激强度最合适，不会使被试有太多不适感，至多头皮有轻微刺激感。但是医疗研究中有时需要对被试进行长达 60min 的 4.0mA 的直流电刺激，被试可能会有较强烈的皮肤刺激感、幻视感、恶心、头痛、头晕和电极附近的皮肤瘙痒感。例如，当电极放置在被试眼睛附近时，被试可能产生的短暂闪光感，即光幻视。当电极置于被试乳突上方刺激前庭系统时，被试常感觉恶心。不过根据英国国家健康与护理卓越研究所（NICE）研究，使用 tDCS 治疗抑郁症并未引起重大安全问题。

2. 经颅交流电刺激（tACS）

（1）tACS 的定义与原理。

tACS 相对于 tDCS 而言，使用较少。tACS 将电流设置为在电极之间波动（见图 16 - 4），模拟自然发生的脑电节律模式，这种模式通常可以通过脑电图或脑磁图检测，被称为脑波振荡，不同频率的振荡往往代表了不同的脑功能/状态。而 tDCS 并不直接影响脑电节律模式，是通过阈下电压（去极化和超极化）改变神经元放电的概率和自发活动。虽然 tDCS 被证明可以调节脑波振荡活动，但是 tACS 模仿脑波振荡的交替性质，因而在引导内源性脑波振荡方面更为有效。

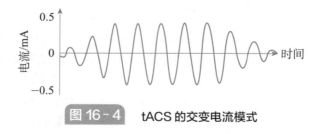

图 16 - 4   tACS 的交变电流模式

（2）tACS 的组成与实施。

tACS 设备主要包括电源、电极系统、控制单元、安全性监测装置、数据采集系统和调控系统。电源是提供稳定电流的设备，具备调节功能。电极系统由橡胶或海绵电极和导线组成，确保与头皮良好接触。控制单元是设备的核心，负责调整刺激参数，包括频率、振幅和相位等，同时提供实时监测和调整刺激参数的功能，如图 16-5 所示。安全性监测装置有电流密度监测和温度监测功能，确保刺激过程中的安全性，并配备紧急停止按钮用于在需要时立即中断刺激。数据采集系统记录刺激期间大脑活动，同时提供实时或后续的数据分析功能。调控系统为实验者或研究人员提供调整刺激参数的接口，允许对刺激过程进行灵活控制。

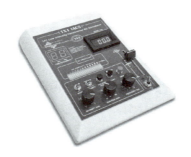

图 16-5　经颅交流电刺激仪控制单元

资料来源：南京赛可医学科技有限公司网站.

tACS 实施的关键步骤如下：首先，确定合适的电极尺寸和形状，确保与头皮接触良好。其次，通过计算模型或脑成像技术设计电极的位置，以定位到特定的大脑区域，并优化电极位置以确保刺激的精确性。再次，确定刺激参数，包括频率、振幅、相位形状以及刺激会话的持续时间和次数。最后，在 tACS 刺激期间进行脑电图或其他神经影像学数据的实时采集，以监测大脑活动的变化。此外，确保刺激参数在安全范围内，进行个性化的安全性评估，并考虑潜在的风险。整个实施过程需要保证数据同步，以便后续进行分析和解释。

（二）经颅磁刺激（TMS）

1. TMS 的定义与原理

TMS 是利用变化的磁场通过电磁感应在大脑特定区域诱导电流的一种非侵入性脑刺激方式。1980 年，默顿（Merton）等成功使用经颅电刺激设备来刺激运动皮层。然而，这一过程会让被试非常不舒服。安东尼·贝克（Anthony Barker）探索使用磁场来改变大脑内的电信号，1985 年第一个稳定的经颅磁刺激装置被开发出来。它最初被用来诊断和研究设备，后来开始用于治疗评估。美国食品药品监督管理局（Food and Drug Administration，FDA）于 2008 年 10 月首次批准了 TMS 设备。

TMS 的基本原理是在放置于头部上方的线圈中通入脉冲电流，进而在线圈周围产生脉冲磁场，由脉冲磁场在大脑特定区域产生电流，从而使该区域的神经元去极化或超极化，如图 16-6 所示。深层 TMS 可以刺激运动皮层的更深层次，比如控制腿部运动的皮层。这种电流的路径很难建模，因为大脑形状不规则，内部密度和含水量不均匀，因而磁场强度和传导不均匀。

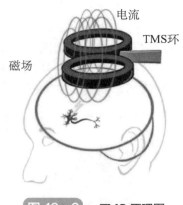

图 16-6 TMS 原理图

资料来源：周成斌. 用经颅磁刺激（TMS）摆脱失眠困扰！［EB/OL］.（2022-03-29）［2024-11-01］. 搜狐.

根据频率不同，TMS 可分为低频 TMS 和高频 TMS，不同频率的 TMS 对运动皮层的调节作用不同：低频 TMS 的频率小于等于 1Hz，能降低皮层的兴奋性。高频 TMS 的频率大于等于 5Hz，能增加皮层的兴奋性。根据刺激模式，TMS 可分为单脉冲 TMS（sTMS）、双脉冲 TMS（pTMS）和重复脉冲 TMS（rTMS）。单脉冲 TMS，由手动控制无节律脉冲输出，也可激发多个刺激，但是刺激间隔较长，其采用无固定频率施加的单次时变磁场，观察瞬时效果，多用于常规电生理检查；双脉冲 TMS，以特定时间间隔和强度，在特定部位给予两个不同强度的刺激或两个不同部位应用两个刺激仪，多用于研究神经的易化和抑制作用；重复脉冲 TMS，在特定部位以一定频率连续施加时变磁场，需要设备在同一个刺激部位给出慢节律低频或快节律高频刺激，低频刺激模式抑制兴奋，高频刺激模式引起兴奋，停止后仍有持续的生物学效应。在临床中，通过捕捉和利用这种生物效应，可以达到诊断和治疗的目的。

2. TMS 的实施与组成

TMS 主要包括刺激装置、脑导航系统、控制单元、观察与记录系统、安全性监测系统，整体装置如图 16-7 所示。刺激装置由磁体和线圈组成，磁体产生磁场，而线圈负责传递刺激到目标大脑区域。脑导航系统帮助实现对刺激目标的精确定位，通常与脑成像技术（如 fMRI）结合以提高定位的准确性。控制单元是设备的核心，负责调整刺激参数，包括刺激的频率、强度和脉冲形状，并提供实时监测和调整刺激参数的功能。观察与记录系统用于记录刺激过程中大脑活动的变化，可能包括 EEG 或其他神经影像学设备。安全性监测系统用于监测被试的生理指标，以确保刺激过程的安全性。

TMS 的实施分为以下步骤：首先，通过脑导航系统和脑成像技术准确定位刺激目标大脑区域。其次，确定刺激参数，包括设置刺激的频率、强度和脉冲形状，这些参数将影响刺激的深度和效果。再次，将磁感应线圈安置在头皮上，确保与目标大脑区域对齐，并确定线圈的朝向和位置以影响刺激的方向和深度。在确定的位置上通过磁感应线圈提供刺激，并通过控制单元调整刺激的时间。最后，使用观察与记录系统监测大脑活动的变化，并通过安全性监测系统确保被试在刺激过程中的安全性。

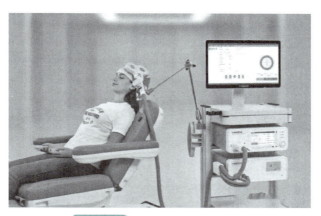

图 16 - 7 TMS 经颅磁刺激仪

资料来源：深圳英智科技有限公司网站.

TMS 最大的直接风险是造成被试晕厥，但较为罕见。其他不良反应包括短期不适、疼痛、短暂的轻躁狂症发作、认知改变、听力丧失、工作记忆受损。总体来说，TMS 对被试不会造成重大的安全问题。

二、NIBS 技术与神经测量的结合

（一）tDCS/tACS 与 EEG 的结合

tDCS 或 tACS 与 EEG 结合，形成了一种强大的多模态方法。tDCS 和 tACS 能够通过在头皮表面施加电流来调节神经元的兴奋性，而 EEG 记录了大脑活动。通过同时使用这两种技术，研究人员可以更全面地理解电刺激对大脑网络的影响。这种结合可用于研究 tDCS/tACS 对神经可塑性和认知功能的影响，提供更详细的大脑时空信息。

（二）tDCS/tACS 与 fNIRS 的结合

tDCS 或 tACS 与 fNIRS 结合也是一种有效的多模态方法。fNIRS 测量脑组织中的血氧水平，提供关于局部血流和氧合水平的信息。结合 tDCS/tACS 与 fNIRS，研究人员可以同时观察电刺激对脑血流和神经活动的影响，深入了解电刺激对大脑的多层次效应。这种结合在研究认知和脑功能改善、神经系统疾病治疗等方面具有广泛应用。

（三）TMS 与 EEG 的结合

TMS 与 EEG 结合也是一种常见的 NIBS 多模态方法。TMS 通过产生强大的磁场短暂诱发大脑皮层神经元的活动，EEG 则能够实时记录这种活动引发的大脑响应（TMS-evoked potential，TEP）。结合 TMS 和 EEG 技术，不仅可以研究大脑皮层的兴奋性和功能连接，还可以通过测量 TEP 信号来评估 TMS 的直接作用及其网络传播效应。

（四）TMS 与 fNIRS 的结合

TMS 与 fNIRS 的结合能够从神经电活动和脑血流动力学两方面揭示 TMS 的作用机制。重复经颅磁刺激（rTMS）能够调节特定脑区的兴奋性，而 fNIRS 可以同步记录局部

脑血氧水平和血流变化。这种结合方法特别适合研究 TMS 对认知和情绪调节的影响。

第2节　基于无创脑刺激技术的实验

本节以应用 tDCS 技术的实验设计为例。实验设计步骤至少包括以下五项：寻找研究问题、设计实验任务、招募实验被试、分组实验、操控神经活动。

一、寻找研究问题

在将无创脑刺激应用于管理研究时，寻找合适的研究问题至关重要。在这一过程中，必须明确无创脑刺激的优势所在，即无创脑刺激能够帮助研究者深入了解大脑活动与管理行为之间的关系。因此，在寻找研究问题时要立足这一技术优势，寻找管理研究中借助传统的管理研究方法难以解决但借助无创脑刺激能够解决的问题，这一思路能够最大化无创脑刺激的技术优势。例如，在传统的管理研究中，为了操纵自我控制这一变量，研究者们一般使用自我控制耗竭范式来操纵该变量，然而相关的实验受到质疑。无创脑刺激能够直接通过刺激大脑控制相关皮层的活动，从神经层面上改变自我控制水平。利用无创脑刺激在操纵自我控制上的独特优势，研究自我控制驱动的相关行为就能够充分发挥无创脑刺激的优势。

在找到合适的研究问题后，应当进一步提出明确的研究目标和研究假设。研究假设能够为研究者提供实验设计和数据分析的方向。通常需要注意以下几点：

（1）实验目标和研究假设要与以往研究相联系，阐述本研究的创新性和边际贡献。依据实验目标提出的研究假设也必须基于前人的研究，依据以往文献中的理论模型或者实证（实验）结果提出本实验的研究假设。

（2）实验目标和研究假设的内容必须具体明确，具有操作性和可验证性。比如使用 tDCS 设备刺激个体某个负责特定功能的特定脑区，研究该刺激能否引起个体的某一特定行为的变化，从而验证某个脑区与某种行为之间的因果关系。研究假设要阐明提出该假设的依据是什么，该假设如何得到实验结果的验证。例如，研究者在研究对背外侧前额叶皮层（DLPFC）进行 tDCS 时如何影响发送—接收任务中道德与利益冲突情境下个体的撒谎行为时，提出了"探究对 DLPFC 进行 tDCS 能否影响个体的撒谎行为"这一研究目标，并认为"相比虚拟刺激，对 DLPFC 进行 tDCS 正刺激能够提升个体的诚实关注，增强其撒谎厌恶，从而减少个体在道德与利益发生冲突时的撒谎行为"。从操作性上来看，这一假设明确了设置虚拟刺激组和 DLPFC 正刺激组，并让个体进行发送—接收任务。从可验证性上来看，通过观察实验结果中 DLPFC 正刺激组相比于虚拟刺激组个体撒谎水平的变化是否显著降低，能够验证该假设是否成立。

二、设计实验任务

在进行 tDCS 的实验设计时，行为任务是评估 tDCS 刺激效果的重要环节之一。行为任务通常被用于评估被试在认知、情绪和行为等方面的表现，以观察 tDCS 对这些功能的影响。实验任务的设计需要注意测量任务的类型、测量任务开展的时间和测量任务开展所需的技术。

（一）tDCS 测量任务的类型

测量任务的类型至少包括三类。

（1）认知任务。包括工作记忆任务、注意力任务、语言任务等。通过测量被试在认知功能上的表现来评估 tDCS 的效果。例如，N-back 任务可以用来评估工作记忆的能力，Stroop 任务可以用来评估注意力和抑制控制能力。

（2）情绪任务。包括情绪识别、情绪调节等任务。通过测量被试在情绪加工上的表现来评估 tDCS 的效果。例如，情绪脸谱任务可以用来评估情绪识别的准确性，情绪调节任务可以用来评估情绪调节的能力。

（3）行为任务。例如风险决策任务。评估被试在面临风险和不确定性情境下的决策表现，以观察 tDCS 对决策行为的影响。实验任务的选择需要根据研究问题和操控神经活动的特点进行灵活选择。

（二）测量任务开展的时间

这些任务的测量若在 tDCS 刺激之前，代表个体的基线水平；若在 tDCS 刺激时或者之后展开，测量的是 tDCS 刺激对个体行为表现的影响。一般而言，若实验采取被试内设计，可以通过对比被试在刺激前与刺激（时）后的任务表现的差异，得到刺激对被试行为造成的影响。若实验采取被试间设计，则可以通过比较不同分组情况下刺激时或刺激后各组被试的任务表现，这能够衡量刺激对被试行为造成的影响。

（三）测量任务开展所需的技术

若要测量普通的认知、情绪或者行为指标，可以借助类似于 Z-Tree、E-prime 等行为实验软件收集被试的行为决策数据。若需要收集被试的生理层面的情绪、认知数据，则需要采用诸如眼动仪、FaceReader、生理多导仪等测量设备。

三、招募实验被试

在明确了研究假设和实验目的之后，需要按照实验需求招募实验被试。招募实验被试至少包括确定被试来源、包含与排除标准、伦理审查和知情同意、样本量估计等环节。

（一）确定被试来源

首先要明确招募对象。假设在进行一项刺激某一特定脑区影响标准化任务中的个体行为的实验时，招募普通大学生就能够满足实验的需求，然而在进行刺激某一特定脑区影响特定管理任务中管理者行为的实验时，就必须考虑招募特定的公司管理人员参加实验。其次要明确招募渠道。招募渠道大致可以分为线下招募和线上招募，两种招募方式各有其优缺点，应根据具体情况进行选择。线上招募具有范围广泛、便捷性强、成本低、招募的样本池大、招募被试的随机性强的优点。一般而言，优先考虑采用线上招募的方式。在学校进行实验时，往往可以考虑前期通过线下张贴传单等方式创建被试群方便进行线上招募，也可以通过在校园公共论坛上发布招募信息的方式进行被试招募。针对特定人群比如企业管理人员进行的实验，可以考虑采用线下招募的方式招募学校的 MBA 学生参与。

（二）包含与排除标准

被试选择的包含标准（符合研究对象的基本条件）和排除标准（不符合研究对象的特定条件）应该基于研究的目的和假设来确定，以确保研究结果的可靠性和有效性。首先，明确被试选择的包含标准。在进行被试招募时可以在招募问卷中明确告知被试参与标准，并预先让被试填写一些个人基本信息问卷，根据问卷的结果对被试进行筛选。假设要进行一项研究：借助 tDCS 探讨 MBA 学生在创业领域的风险决策行为。以下是可能的被试包含标准和排除标准：必须是目前正在攻读 MBA 学位的人，对创业领域有浓厚兴趣或有相关经验，有基本的商业理论知识和背景。尽管无创脑刺激是一项安全的技术，但孕妇、癫痫病患者、脑内有金属植入物的人等特定人群不适合作为无创脑刺激实验的被试。

（三）伦理审查和知情同意

实验方案需按照《赫尔辛基宣言》的原则进行，研究过程中必须遵循伦理原则并获得伦理委员会的批准。采用无创脑刺激进行实验时，首先要确保本实验首先获得了所在学校伦理委员会的批准和许可，其次在招募被试开展实验前，必须提前告知被试在实验进行时需要佩戴无创脑刺激设备并接受刺激，并在被试自愿的前提下填写知情同意书。

（四）样本量估计

合理的样本量可以提高实验结果的可靠性和推广性。一般而言，应当结合以往文献，使用 G* POWER 软件对本实验所需的样本量进行预先估计。具体而言，包括以下四个步骤：（1）根据实验的具体情况选择统计检验类型，比如 t 检验、方差分析等。（2）根据文献回顾或先前类似研究的结果输入所期望观察到的效应大小（effect size）。（3）设定显著水平和统计功效。输入所选的显著水平（通常设定为 0.05 或 0.01）和统计功效（通常设定为 0.8 或 0.9）。（4）计算所需样本量。

四、分组实验

（一）实验分组

在确定实验分组时，首先需要明确研究的目的和假设，然后根据研究设计和实验要求来设定实验组和对照组。在无创脑刺激实验中，通常会设计至少两组：一个是接受无创脑刺激的实验组，另一个是接受假刺激或对照条件的对照组。实验组接受真实的无创脑刺激，而对照组接受与之类似但不产生作用的假刺激。根据接受无创脑刺激的类型，又可以分为正刺激组和负刺激组。在 tDCS 实验设计中，可以采用不同的实验分组方式，包括被试间设计、被试内设计以及结合两者的方式。在被试间设计中，参与实验的被试被随机分配到不同的实验组中。每个实验组接受不同的处理或条件，例如接受 tDCS 刺激的组和接受假刺激的对照组。通过比较不同实验组之间的表现差异，可以评估 tDCS 对特定任务或认知功能的影响效果。被试间设计能够控制个体差异对实验结果的影响，但不能消除个体间的差异性。在被试内设计中，同一位被试在不同实验条件下进行多次实验。被试内设计能够减少个体差异对实验结果的干扰，提高实验的灵敏度。在 tDCS 的被试内设计中，同一被试可能先接受 tDCS 刺激，然后在另一天接受假刺激，以便比较两种情况下的表现差异。有时候，在 tDCS 实验设计中也可以结合被试间与被试内设计。例如，可以采用跨组设计（mixed design），其中部分被试被随机分配到不同的实验组中（被试间设计），同时所有被试都在不同条件下进行多次测量（被试内设计）。这样既可以考虑个体间的变异，又可以评估 tDCS 刺激的效果。

（二）随机分配

为了保证实验结果的客观性和确保实验组和对照组之间的可比性，通常会采用随机分配的方法将被试分配到不同的实验组中。随机分配可以有效消除个体差异对实验结果的影响，增加实验的内部有效性。在 tDCS 实验中，随机分配可以通过计算机随机数生成器、随机抽签或其他随机化方法来实现。被试在入组前被随机分配到实验组或对照组，以确保每位被试有相同的机会被分配到任何一组中。在随机分配后，为了检验各组之间的平衡性，一般采用平衡性检验来评估各组在控制变量上的相似程度，确保在实验开始时，两组之间除了被实验干预的因素外，在其他相关变量上没有显著差异。平衡性检验包括以下步骤。

（1）确定控制变量。首先需要确定影响结果变量的可能控制变量，这些变量可能会对实验结果产生影响，因此需要在实验设计中进行控制。

（2）收集数据。在实验开始前或实施过程中，收集所有相关变量的数据，包括实验组和对照组的数据。

（3）选择合适的检验方法。根据变量类型（连续变量、分类变量等）选择合适的统计方法进行平衡性检验，如 t 检验、方差分析等。

（4）进行统计检验。使用选定的统计方法对各组在控制变量上的差异进行检验。如果在某个控制变量上存在显著差异，可能需要重新考虑实验设计或采取相应的调整措施。例如采用补充样本的方式，进一步调整样本的分布。

（5）解释结果。根据检验结果，评估实验组和对照组在控制变量上的平衡性情况。如果各组之间存在显著差异，需要分析可能的原因，并采取相应的措施来确保实验结果的可靠性。例如，在实验分析部分，在采取非参数分析之外采用回归分析的方法验证结论的稳健性。

（6）报告结果。应当详细描述平衡性检验的方法、结果和结论，以便其他研究人员能够理解实验设计的科学性和严谨性。

五、操控神经活动

(一) 确定目标脑区

在将 tDCS 应用到管理研究中时，应针对研究问题，寻找影响决策（被操控变量）的相关脑区。在人类决策中，价值评估、推理判断、认知控制、决策执行都是非常重要的环节，了解这些系统的基本功能是寻找目标脑区的关键。

1. 价值评估系统

价值评估系统主要包含腹内侧前额叶（ventromedial prefrontal cortex，vmPFC）、背内侧前额叶（dorsomedial prefrontal cortex，dmPFC）、额极皮层（frontopolar cortex，FPC）、眶额叶皮层（orbitofrontal cortex，OFC）、前扣带皮层（anterior cingulate cortex，ACC）、腹侧纹状体（ventral striatum）、后顶叶皮层（posterior parietal cortex，PPC）等，负责评估不同决策选项的价值和风险。一方面，这些大脑区域帮助大脑加工与奖惩相关的信息，包括对潜在奖励的期待和对潜在损失的担忧；另一方面，这些大脑区域负责认识并处理潜在风险，对可能导致积极结果或消极结果的选择进行比较，确定最佳决策路径。

2. 推理判断系统

推理判断系统是决策过程中的关键环节，负责对信息的逻辑分析和评估，通过逻辑推理、假设测试和信息综合形成合理的判断和结论，负责这些功能的脑区主要有颞顶联合区（temporo-parietal junction，TPJ）、颞上沟（superior temporal sulcus，STS）、颞叶侧部（lateral temporal cortex，LTC）、颞极（temporal pole，TP）、腹内侧前额叶（ventromedial prefrontal cortex，vmPFC）、背内侧前额叶（dorsomedial prefrontal cortex，dmPFC）等。

3. 认知控制系统

认知控制系统主要包含背外侧前额叶（dorsolateral prefrontal cortex，DLPFC）、前扣带皮层（anterior cingulate cortex，ACC）等。该系统涉及个体对思维和行为的调节，促使个体能够在复杂和变化的环境中做出有效和适应性的决策。这一系统负责多种高级认知任务，包括注意力控制、工作记忆更新、抑制控制、错误处理、冲突监测与解决。此外，该系统还参与情绪的调节，确保情绪反应不会过度干扰决策过程。

4. 决策执行系统

决策执行系统负责将决策转化为具体行动，涉及行为的规划、启动、执行和监控，确保所选方案得以有效实施，主要涉及顶内沟（intraparietal sulcus，IPS）、后扣带皮层（posterior cingulate cortex，PCC）等。

5. 默认模式系统

默认模式系统主要包括后扣带皮层（posterior cingulate cortex，PCC）和顶内沟（intra-parietal sulcusS，IPS）等。该系统涉及个体在静息状态下的内部思维和自我反思，促使个体在非任务导向的思维活动中保持心智活跃。这一系统负责多种与自我相关的心智任务，包括心智游移、自我相关的规划、过去事件的回忆、未来情景的想象。

了解上述五大系统的基本功能后，进一步具体地将其与研究的管理问题（提高决策能力、增强创新思维、改善领导力和社会认知、促进团队合作效率等）相结合。例如，研究问题与改善领导力和社会认知相关，那么涉及的脑区可能是与理解和解释他人行为的心理过程相关的心智化的脑区，如颞顶联合区。若研究的感兴趣任务已经有神经成像证据，那么可以借助这些研究结论寻找目标脑区，进一步检验因果关系；若没有直接的神经成像证据，则需要通过类似认知过程的成像证据予以推断，并通过预实验进行测试，根据预实验的结果与实验被试的反馈，调整目标脑区的确定或刺激方案。

（二）明确刺激方案

1. 电极放置

确定目标脑区后，刺激计划中的电极放置位置可以通过（10-20 或 10-10 国际电极放置系统）来确定。该系统广泛应用于脑电检测和 tDCS 中，是基于头颅的标准解剖标志定义电极位置的一种方法，即通过测量头颅的关键解剖点，如鼻根、外耳道和枕骨突出部，按照头颅长度和宽度的特定比例划分，确定电极的精确位置。该系统允许研究者根据目标脑区的大致脑叶定位（例如，背侧前额叶皮层的功能定位可能对应 F3 或 F4 位置），以确保电流精确地影响预定的神经网络。值得注意的是，个体生理结构存在差异，因此使用该系统确定电极位置时需要考虑到个体差异并进行个性化调整。

参考电极的位置应该选择能够最大化目标脑区刺激效果，同时最小化非目标区域的影响，这可以通过 ROAST 或 COMETS2 等软件进行局部电场模拟来初步检查所选电极的刺激效果。一般来说，参考电极分为颅内参考电极和颅外参考电极，不同参考电极的选取可能会对任务表现产生不同的影响，相比于颅内参考电极，颅外参考电极理论上可以改变电流流量，从而可能改变主动刺激的效能。[①] 但在实际应用中，两种参考电极的选取可能对任务表现并无影响，例如在德唐克（De Doncker）等的一项元分析中，应用在背外侧前额叶上的 tDCS 对于认知表现的影响并不会因为参考电极在颅内或者颅外而有所差异。

2. 刺激参数设置

电流强度通常为 1~2mA，该范围被认为足够产生神经调节效应，同时保持安全性和被试的舒适度。根据刺激的目标脑区的大小和位置，可能需要调整电流强度。例如，刺激较小或较深的脑区可能需要不同的电流设置，以确保电流能有效到达目标区域。已有文献表明，不同强度的电流对任务表现的影响可能有所差异。

无创脑刺激不仅可以在刺激过程中产生即时（在线）效果，还可以产生后续（离线）效果，持续时间可以延续到刺激结束后的数分钟至数小时。没有明确的标准规定应该使用何种测量方式，这取决于实验目标、任务性质、预期效果以及安全性、实用性等。但一般来说，测量即时效果通常被用于研究与特定任务相关的认知功能，如提高语言学习、工作记忆或数学能力等，实时探究执行特定任务时大脑活动的变化，研究认知过程的神

---

① NITSCHE M A，COHEN L G，WASSERMANN E M，et al. Transcranial direct current stimulation：state of the art 2008 [J]. Brain stimulation，2008，1（3）：206-223.

经基础，而测量后续效果适用于提高一般认知功能，如注意力、执行功能或情绪调节，改变长期学习和记忆效果等。

3. 实验设计优化

为了利用 tDCS 得到清晰的因果关系，尽可能地排除因果链中混淆因素的影响，需要对实验设计进行优化，包括任务特异性、解剖特异性、时间特异性和多模态验证。

（1）为了证明任务的特异性，需要设置控制任务。该控制任务在与大脑关联的感兴趣功能上应与感兴趣的任务存在差异，然而在任务难度、低水平感觉输入和所支持的认知功能（诸如知觉、注意力、工作记忆、执行或运动需求等）这些方面应是相似的。

（2）设置激活控制位点以检验解剖特异性，来证明观察到的效果实际上取决于对特定大脑区域的刺激，而不仅仅是其他非特异性因素的影响，如大脑本身或其感觉输入结构等的影响。大量研究使用顶点作为激活控制位点，其原理是该位点的听觉和体感输入与其他目标位点大致相似。

（3）精确控制刺激时间以确保检验时间特异性，更好地理解大脑如何在不同时间点处理信息，从而揭示不同认知过程的时间进程。

（4）将无创脑刺激与 fMRI、脑电技术或脑磁技术等结合使用是有必要的，这可以证明在目标脑区已经诱导出所需的神经元效应，并且其他脑区没有出现非预期的共激活。

六、无创脑刺激实验的基本程序

（一）刺激前准备

1. 被试筛选和获取知情同意书

首先，需要对实验被试进行详细的健康评估，从而排除不合格的实验被试。不合格情况包括有医疗史、药物使用史及可能的禁忌证，如皮肤疾病、脑部手术、心脏起搏器或金属植入物等。

其次，向被试解释 tDCS 实验的过程、安全性、潜在风险及不适等，并获取书面知情同意。例如：介绍 tDCS 是一种非侵入性物理治疗方法，临床试验证明 tDCS 安全方便。对健康成年人的研究表明该技术能够提高多种任务下的认知能力，如增强语言和数学能力、注意力、记忆力、协调能力和解决问题的能力等。但有些被试可能会经历轻微不适，如刺激点瘙痒、刺痛或轻微烧灼感，均属于正常现象。若被试在实验过程中感受到明显不适，应主动向实验人员说明并终止实验。

最后，获取知情同意书。

2. 准备环境和材料

第一步，实验准备。根据实验需求预设 Z-Tree 或 E-Prime 程序，包括介绍、实验任务、问卷调查、反馈等实验要素，确保设计界面直观易懂。通常会设计练习任务，让被试熟悉实验流程和操作界面。在实际收集数据前，至少进行一次试运行，以检验实验流程的平滑性和数据收集的准确性。

第二步，环境设置。被试到达实验室之前，根据实验人数打开被试的客户端（如 Z-Leaf）。确保刺激环境安静、舒适，温度适宜，减少干扰。检查 tDCS 设备和所有附件

（如电极、导线、头套或头带等）的完好性和清洁度，并将其置于工作台上。

第三步，被试准备。被试应进行头皮清洁以去除油脂和污垢，这有助于减少皮肤电阻，确保电流顺畅传递，增加电极与皮肤的接触质量。一般来说，为了省时省力，通常告知被试在到达实验室之前洗头，保持头皮干净。

第四步，电极准备。提前将海绵电极浸湿于生理盐水中并确保湿润均匀，适量的湿润能够有效降低皮肤阻抗的同时保持被试的舒适度。但要避免过度饱和。一方面，过度饱和的海绵可能导致电流分布不均或皮肤刺激；另一方面，液体滴落可能会引起被试不适或影响电极位置。值得注意的是，生理盐水应该是温的，避免过热或过凉，以提高被试的舒适度。

第五步，电极放置。使用头部定位系统（如 10 - 20 国际电极放置系统）来确定电极的精确位置并在头皮上做出轻微标记。根据标记，将湿润的海绵和电极准确放置在头皮上，并使用头套、头带或其他装置固定电极，确保电极固定，以防在刺激过程中移动。

第六步，实验执行。根据测量即时（在线）刺激效果或后续（离线）刺激效果，在合适的时间讲解实验说明以及开启相应的 Z-Tree 或 E-Prime 程序。

（二）实施刺激

1. 调整参数和检查电阻

首先，根据事先确定的电流大小、持续时间等调整设备的参数。然后，利用 tDCS 设备的电阻检测功能测量电极与皮肤之间的电阻，并及时调整直至通过阻抗检查。若高电阻的出现导致刺激无法实施，则需要寻找可能的原因。检查设备连接是否牢固，包括电极线与电极的连接、电极与皮肤的接触；确保海绵片处于充分湿润的状态，必要时可用针管吸取生理盐水向海绵中注入适量的生理盐水以降低阻抗；检查绑带是否足够紧密，以保证电极与皮肤的良好接触。

2. 开始刺激

在阻抗检查通过后，根据设定的刺激协议开始实施 tDCS 刺激。实验过程中，应实时监控电流强度和电阻值，大多数设备都能提供这些数据的实时反馈，确保刺激参数稳定，以及被试的舒适和安全。在刺激过程中，密切关注被试的感受和反馈，告知被试在感到任何不适（如刺痛、瘙痒、头皮烧灼感等）时立即报告，必要时，可立即调整刺激参数或停止刺激，以避免不适感加剧。

（三）刺激结束

1. 问卷评估

问卷评估是获取被试对实验刺激主观感受的重要手段，它不仅可以评估刺激的主观影响，还能检查实验的盲性，即被试是否能正确推测自己所处的实验条件。这一环节对于理解 tDCS 的心理和生理效应尤为重要。问卷应涵盖但不限于以下几个方面：主观感受（包括刺激期间的刺痛、烧灼感、舒适度等感觉）、心理状态（刺激前后情绪、注意力、疲劳感等）、对实验条件的盲性评估（询问被试是否认为自己处于实验组或对照组，并给出理由）、副作用（头痛、皮肤刺激等任何不适或异常感觉）。

2. 移除设备及设备维护

确认 tDCS 设备的电流输出完全停止，并且安全地关闭设备，防止任何意外的电流释放，确保被试的安全。然后，轻柔地移除固定于被试头部的电极和海绵片，避免拉扯被试皮肤或头发，以减少其不适感和潜在的皮肤损伤，使用温水或湿巾轻轻清洁其头皮上的任何残留盐分，避免刺激其皮肤。

检查被试头皮的电极接触区域，查看是否有红斑或刺激迹象，如有轻微红斑，通常不需要特殊处理，这是电极压迫和刺激的正常反应，几小时内会自然消退。此外，及时对电极和海绵片进行彻底清洁、消毒，以去除所有的生理盐水残留、皮肤细胞和可能的微生物污染，确保设备的卫生和安全。清洁后的设备应适当干燥并妥善存放，以备下次使用。

（四）设备的日常维护

即便在某段时间内不会使用设备，也应当定期进行设备维护，这对于设备长期稳定运行和实验数据的准确性至关重要。维护工作不仅包括设备的清洁和检查，还涉及电池管理、软件更新和存储条件等方面。

（1）电池管理。应定期对设备进行充电，以防止电池因电量过低而损坏或减少使用寿命。建议根据制造商的指导手册进行充电，以确保电池维持在最佳状态。定期检查电池状态，包括电量和性能。对于可更换电池的设备，如果发现电池性能下降（如充电时间变长或使用时间缩短），应及时更换电池。

（2）设备清洁与消毒。使用软布和适宜的清洁剂轻轻擦拭设备表面，去除灰尘和污渍。对于直接接触皮肤的部件（如电极和海绵片），使用医用级消毒剂进行彻底清洁和消毒，以防止微生物的传播。检查电极是否有损坏或磨损的迹象，定期更换海绵片以保证良好的电流传导和被试舒适度。

（3）有序存放。确保设备及其配件按照系统和有序的方式存放，避免电线和配件的缠绕或损坏。使用专用的存储箱可以减少损坏的风险，便于设备的使用和管理。此外，应选择干燥、阴凉的环境，避免高温、潮湿或直接阳光照射，这些条件可能会损害设备的电子组件和电池。

第 3 节　无创脑刺激在管理研究中的应用

无创脑刺激对管理研究最大的贡献，就是助推其"硬"科学化。本节主要从无创脑刺激在管理学理论、管理学方法和管理学发展等方面的具体应用进行讨论。

一、无创脑刺激与管理学理论

管理学理论的发展经历几个阶段：古典管理学理论只看到经济刺激的作用而忽略了人的社会需要，诸如泰勒的科学管理理论、法约尔的一般组织理论和韦伯的理想行政组织理论。20 世纪 30 年代后重点转向了对人的研究，研究人的动机、行为的行为科学理论阶段，在这一阶段的理论贡献包括梅奥在霍桑实验基础上提出的人是"社会人"的理念、马斯洛在《人类动机的理论》中提出的需求层次理论、赫茨伯格提出的包括了激励因素和保健因素的双因素理论。这一时期的管理重点由"物"转向了"人"，这是一大进步，但对人性的理解与关注仍然存在很大的局限性。第二次世界大战后，管理学理论发展到了现代阶段，出现了以西蒙为代表的决策理论学派、以孔茨等人为代表的管理过程学派、以麦格雷戈等人为代表的人性行为学派等理论学派。20 世纪 80 年代后又出现了一批新的管理学理论，影响较大的有托马斯·彼得斯的人本管理思想、彼得·圣吉的学习型组织、彼得·德鲁克的知识管理等。现有的管理研究根据人类的行为测度其偏好，又用偏好对人类的行为进行解释，其局限性在于未能打开人类大脑的"黑箱"，寻找其底层生理基础。

从管理学理论的发展历程看，其对于人的重视程度是不断提升的，然而受到科技水平和学科交叉的局限，已有的管理决策思想和理论尚不能很好地揭示人类偏好背后的神经机制。认知神经科学和脑科学的发展，为学科交叉和神经操控提供必要条件，应运而生的神经管理学在神经层面上解析管理决策。针对管理学场景，无创脑刺激就是通过 TMS、tDCS 或 TACS 暂时改变大脑特定皮层的兴奋性或抑制性，观察人们在任务中的表现是否发生变化，据此能够确定大脑特定皮层与人类偏好之间的因果关系，打开人类大脑的"黑箱"，从神经层面揭示人类的行为，进而建立起一条"大脑活动—偏好—行为"路径。

二、无创脑刺激与管理学研究

（一）神经层面干预操控变量的方法

1. 神经层面的操控变量

无创脑刺激能够为管理学提供神经层面的操纵变量的方法，可以通过直接操纵大脑活动来研究因果关系。例如，研究者可以使用无创脑刺激来操纵特定的脑区活动，并观察其对决策、创造力或团队合作等管理行为的影响，从而更加准确地推断因果关系。传统管理研究中可能受到混淆变量或难以控制的干扰因素的影响，而无创脑刺激可以通过直接作用于大脑来绕过这些限制，提高研究的内部有效性。通过在实验中随机分配被试，并对其进行无创脑刺激或虚拟刺激，可以更好地控制干扰因素，确保研究结果的可靠性。此外，无创脑刺激设备，尤其是可穿戴式设备可以在更接近真实环境的情况下进行研究。例如，在团队合作研究中，可以让团队成员接受无创脑刺激后进行具体的真实的工作场景交互，这样不仅能够操控变量，还照顾到了现实工作场景。

2. 精准定位的脑区刺激

将脑成像和无创脑刺激结合起来，可以在更高层面为管理学场景研究提供支持。（1）可以更精准地向大脑特定区域进行刺激，如前额叶皮质和扣带回与决策制定和执行密切相关，通过刺激或抑制这些特定区域的活动，可以调节决策过程中涉及的认知和情感处理。（2）更精准地改善大脑的认知功能，例如提高注意力、工作记忆和执行控制等能力，从而帮助个体更好地识别和纠正决策偏差。通过增强认知能力，人们可以更准确地评估信息和选项，避免受到常见的认知偏差和错误判断的影响。（3）更精准地调节情绪，减少情绪对决策的干扰。情绪的波动和影响常常导致决策偏差，而无创脑刺激可以通过影响与情绪相关的脑区活动，减轻情绪对决策的影响，使决策更加客观和理性。

（二）证实或者证伪已有的管理学理论

管理学领域存在着多种不同的管理学理论和模型。无创脑刺激可以帮助佐证已有理论的有效性或无效性。我们可以通过观察大脑在相关任务中的活动，来深入了解这些管理学理论的神经基础，并探索它们之间的共性和差异。譬如，在诸如撒谎、欺诈等不道德行为的研究中，存在着主张人性本恶的意志假说（will theory）和人性本善的体面假说（grace theory）。意志假说认为人们默认是自私和不诚实的，意志力是抑制人类不诚实行为倾向所必需的，因此需要认知控制来抵制欺骗的诱惑才能增加人的诚实行为。相反，体面假说则认为，诚实是人类的默认直觉，为了从欺骗的机会中获益，需要认知控制来推翻这种默认直觉。这两种假说长期争论不休，有学者采用 tDCS 对被试认知控制的关键脑区右侧背外侧前额叶皮层（rDLPFC）进行刺激，发现增加该区域兴奋性能够显著减少被试不诚实行为。这一结果支持了意志假说。① 总之，无创脑刺激能够为管理学领域处理理论之间的冲突提供新的研究方法和视角，有助于深入理解管理学理论背后的神经机制。

（三）验证管理学传统测度方法的有效性

在管理研究中经常使用问卷的方式对个体偏好进行测度，用问卷测量的结果来解释个体在具体任务场景中的行为。然而，问卷方法常常受到测量误差的影响，导致其有效性受到质疑，无创脑刺激则能够用来验证问卷测量方法的有效性。例如，为了验证福尔克（Falk）等开发的测度个体风险偏好、时间偏好和社会偏好的问卷②的有效性，研究者可以设计一项实验对上述偏好对应的脑区进行无创脑刺激并记录个体脑活动的变化，同时观测不同刺激条件下个体在问卷中的偏好测度结果，通过对比脑活动变化与测度结果的相关性验证问卷测度的有效性。如果对特定脑区的刺激导致了与个体在量表上报告的偏好一致的模式变化，那么可以认为量表具有一定的有效性。

三、无创脑刺激与管理学发展

（一）调整行为偏差推动学科发展

行为偏差似乎是人类经常性的行为特征，行为偏差包括认知偏差和情绪偏差，这些偏差都会极大地影响人的行为决策。其中，认知偏差是由于没有正确理解或者错误处理统计分析信息，包括对现有的信息进行了错误的处理，记忆出现偏差和谬误，以及做出不合逻辑的推断等导致的偏差、管理者的认知偏差可能导致错误的判断和决策，造成巨

---

① MARÉCHAL M A，COHN A，UGAZIO G，et al. Increasing honesty in humans with noninvasive brain stimulation［J］. Proceedings of the national academy of sciences，2017，114（17）：4360 - 4364.

② FALK A，BECKER A，DOHMEN T，et al. The preference survey module：a validated instrument for measuring risk，time，and social preferences［J］. Management science，2023，69（4）：1935 - 1950.

大损失。例如，诺基亚公司由于管理者的认知偏差而丧失了手机业务。作为全球移动电话市场领导者的诺基亚在智能手机时代到来时，未能及时调整其产品策略，导致了诺基亚不得不将手机业务出售给微软。管理层对其过去成功的依赖和对新兴市场趋势的忽视，导致公司错失了智能手机市场的先机。管理者的行为偏差给公司带来严重损失的例子，说明在决策过程中采取去偏（debias）措施的重要性。

人的大脑前额叶皮层（prefrontal cortex，PFC）在认知偏差的形成和调节中扮演着重要角色，PFC 是与决策、规划、问题解决、情绪调节和抑制控制等高级认知功能密切相关的大脑区域，因此我们就可以利用 tDCS 等无创脑刺激作用于 PFC 大脑区域，事先操控认知偏差，让管理者做出无偏差的理性决策。

1. 认知偏差

认知偏差包括信念固着偏差（belief perseverance biases）和信息处理偏差（information processing biases）。

（1）信念固着偏差，是指管理者对先前结论或决策存在执念，以至于非理性地抗拒新信息的情形，这种偏差又包括代表性偏差（representativeness bias）、控制错觉偏差（illusion of control bias）、确认偏差（confirmation bias）、保守性偏差（conservatism bias）和后视偏差（hindsight bias）。例如，确认偏差是指个体在收集或记忆信息时，倾向于偏好那些能够支持或确认自己已有观点、信念或假设的信息，同时忽略或轻视与之相反的证据。这种偏差影响了信息的搜索、解释和回忆过程，导致个体在面对信息时缺乏客观性。有学者利用 fMRI 所作研究发现，确认偏差与后内侧前额叶皮层（pMFC）的神经敏感性降低有关。[①] 这样我们就可以对 pMFC 施加 tDCS 来改变该脑区的兴奋性，找出可能的因果关系。在管理者面临类似场景时进行事先干预，观察在屏蔽确认偏差后管理者的理性决策。

（2）信息处理偏差，是指人们对信息做了错误的处理导致做出不够客观、完备的分析，该偏差包括框架依赖偏差（framing bias）、锚定与调整偏差（anchoring and adjustment bias）、心理账户偏差（mental accounting bias）、可得性偏差（availability bias）。以锚定与调整偏差为例，它是人类判断和决策中最常见的认知偏差之一，它描述的是一种个体的决策倾向于呈现在其面前的初始信息的现象。锚定与调整偏差与工作记忆中的信息选择和提取有关。已有研究发现工作记忆项目的选择与 rDLPFC 的激活有关。有学者采用 tDCS 研究了对 rDLPFC 进行刺激以改变该脑区神经兴奋性如何影响锚定与调整偏差。结果表明，锚定与调整偏差与 rDLPFC 活性呈负相关，阳极刺激降低锚定效应，阴极刺激增加锚定与调整偏差。有学者采用 HD-tDCS 研究了背外侧前额叶皮层（DLPEC）进行刺激以改变该脑区神经兴奋性如何影响心理账户偏差中的沉没成本效应。沉没成本效应指的是人类的决策会持续受到之前无法挽回的无关成本的影响。神经影像学实验表明，DLPFC 在沉没成本效应中起着关键作用。研究发现，对 rDLPFC 进行阳极刺激会放大沉没成本效应，而阴极刺激则会产生相反的结果。

① KAPPES A，HARVEY A H，LOHRENZ T，et al. Confirmation bias in the utilization of others' opinion strength［J］. Nature neuroscience，2020，23（1）：130-137.

2. 情绪偏差

管理者在决策时还容易受到情绪偏差的影响。情绪偏差是指人们在决策过程中，由于个人情绪状态的影响，导致对信息的处理和评估产生偏差，进而影响决策结果的现象。管理者的情绪偏差在商业决策中是一个重要的考虑因素，它可能导致非理性的决策和战略失误，从而给公司带来重大损失。过度自信是一种常见的情绪偏差，例如管理者可能高估自己的判断能力和控制能力。

情绪偏差与大脑的前额叶皮层之间存在密切的联系。这一区域在处理复杂的情绪信息、抑制不当的行为反应以及进行理性思考时发挥着关键作用。情绪偏差包括了损失厌恶偏差（loss-aversion bias）、过度自信偏差（overconfidence bias）、自我控制偏差（self-control bias）、安于现状偏差（status quo bias）、禀赋偏差（endowment bias）和后悔厌恶偏差（regret-aversion bias）。例如，眶额叶皮层（OFC）会影响后悔情绪。有学者使用 tDCS 调节 OFC 的神经兴奋性，发现对后悔情绪有影响，即接受左侧阳极/右侧阴极的刺激者的后悔程度低于接受虚拟刺激者。①

（二）推动创新管理

创造力是产生新颖而有用想法的能力，创新活动往往需要新颖和独特的想法。在实践中，创新者通常需要发挥创造力来应对各种挑战，包括产品或服务的创新、市场营销策略的制定、团队管理等方面。因此，如果 tDCS 可以在一定程度上增强创造力，那么在创新管理中可能会产生一定的积极影响。行为神经科学的研究通常支持一个两阶段的创造性思维模型，首先创造力需要一个想法产生的初始过程，然后是一个选择、阐述和改进产生的想法的过程，并在环境中对其进行评估。有学者对使用 tDCS 促进创造力的相关研究进行了综述，指出 tDCS 能够通过促进自我关注、破坏抑制机制、增强创造性思维和促进艺术创作来影响个体的创造力，且不同的创造力任务需要刺激不同的皮层。②

创业管理涉及创新和机会发现，而这些活动往往伴随着不确定性和风险。只有愿意承担风险的人才能积极主动地寻找并抓住机会，推动创业活动的进行。高风险承担者更有可能通过创新和突破传统方式来获得竞争优势。此外，在创业过程中，风险承担者通常更容易获得资本支持和资源配置。投资者和金融机构更倾向于支持那些愿意承担风险并具有高风险回报潜力的创业者。因此，如何提高创业者的风险承担水平对于创业管理而言是非常重要的主题。有学者发现对单侧 DLPFC 进行刺激能够影响个体的风险承担行为。③

（三）减少不道德行为

在管理学中，不道德行为是一个被广泛研究和讨论的话题。不道德行为包括但不限

---

① YU P, LU X, CHEN Y, et al. Modulating OFC activity with tDCS alters regret about human decision-making [J]. Frontiers in psychology，2021，12：706962.

② LUCCHIARI C, SALA P M, VANUTELLI M E. Promoting creativity through transcranial direct current stimulation (tDCS)：a critical review [J]. Frontiers in behavioral neuroscience，2018，12：167.

③ KHALEGHI A, PIRZAD JAHROMI G, ZARAFSHAN H, et al. Effects of transcranial direct current stimulation of prefrontal cortex on risk-taking behavior [J]. Psychiatry and clinical neurosciences，2020，74（9）：455-465.

于欺诈、贪污、腐败、违规操作、侵犯知识产权等行为，它们对组织和社会造成了负面影响。鉴于不道德行为对组织和社会造成的负面影响，对其进行有效地治理是非常必要的，这不仅可以帮助组织建立诚信文化，提高员工的道德素养和行为规范，还有助于保护组织的声誉和利益，增强竞争力。

运用 tDCS 对前额叶皮层的特定区域进行刺激能够显著影响不道德行为。有学者发现，对 rDLPFC 进行阴极刺激能够减少个体面临腐败决策时的道德成本并增加腐败行为。① 有学者使用了一项掷骰子实验来研究对 rDLPFC 进行 tDCS 时是否会影响撒谎行为。研究发现，对 rDLPFC 进行阳极刺激能够显著减少撒谎行为。②

（五）减轻工作压力

员工的心理健康对于人力资源管理而言是十分重要的。首先，心理健康问题会影响员工的幸福感和满意度，进而对工作表现产生负面影响。心理健康问题可能导致员工出勤率下降、工作效率低下、错误增加。良好的心理健康有助于建立积极的工作氛围，促进团队间的合作和沟通。员工在健康的状态下更可能展现出创造性思维和创新能力，对组织的发展起到积极作用。行为神经科学的研究表明，背外侧前额叶皮层是认知重评的核心区域，使用经颅直流电刺激对背外侧前额叶皮层区域进行刺激可能会通过改变认知重评，提高个体的情绪调节能力，尤其是对负面情绪的调节能力。菲泽（Feeser）等研究了使用 tDCS 对 rDLPFC 进行阳极刺激对个体的情绪调节能力的影响。研究发现，对 rDLPFC 进行阳极刺激能够减少个体面对诱发负面情绪图片时的情绪反应。③

第 4 节　文献案例分析

一、文献信息

Niu X，Li J，Li D，et al. Debiasing the disposition effect with noninvasive brain stimulation：the role of cognitive control［J］. Management science，2023，69（10）：6293 - 6312.

研究者利用 tDCS 操纵"认知控制"这一变量，检验了其与处置效应的关系。处置效应指与投资损失的股票相比，投资者有更大的倾向出售具有投资利得的股票。

二、研究背景和问题提出

一直以来，关于认知控制对投资者行为偏差的因果性作用，行为金融学者都没有提

---

①　HU Y，PHILIPPE R，GUIGON V，et al. Perturbation of right dorsolateral prefrontal cortex makes power holders less resistant to tempting bribes ［J］. Psychological science，2022，33（3）：412 - 423.

②　MARÉCHAL M A，COHN A，UGAZIO G，et al. Increasing honesty in humans with noninvasive brain stimulation ［J］. Proceedings of the national academy of sciences，2017，114（17）：4360 - 4364.

③　FEESER M，PREHN K，KAZZER P，et al. Transcranial direct current stimulation enhances cognitive control during emotion regulation ［J］. Brain stimulation，2014，7（1）：105 - 112.

供有说服力的实证证据，主要原因是利用传统的心理学、管理学方法很难对认知控制进行精确测量，更难对其进行外生操控。因此，该研究利用 tDCS 能直接干预神经活动以改变认知功能的这一优势，外生操纵认知控制这一变量，以此验证其是否影响投资者表现出处置效应的倾向，从而探索处置效应这种决策偏差背后的机制。为此，该研究进行了三个 tDCS 实验。

实验一旨在探索认知控制对处置效应的影响，其中，认知控制是通过应用在右侧腹外侧前额叶皮层（right ventrolateral prefrontal cortex，rVLPFC）上的刺激外生操控。为此，研究者在 rVLPFC 上施加阳极、阴极刺激或虚拟刺激，观测不同设置下，被试的认知控制和处置效应表现。实验二旨在检验在右侧颞顶联合区（rTPJ）上施加刺激是否也会产生同样的刺激效果以及 rVLPFC 阴极刺激效应是否可以在不同的被试中复制。已有研究发现 rTPJ 在跨期决策中发挥抑制冲动的作用。实验三进一步检验 rVLPFC 阴极刺激效应在金融专业人士中是否稳健，此外，为了排除被试可能倾向于坚持自己的投资计划这种担忧，该实验未要求金融专业人士预先设定止盈限额和止损限额。

较低的认知控制能力使得投资者无法抗拒获得短期效用的诱惑，从而表现出持有亏损股票并卖出获利股票，即处置效应。相反，认知控制能力较高的投资者会及时抑制冲动性交易行为。因此，认知控制能力较高的投资者会表现出较低的处置效应。

三、实验任务及关键变量测度

每位被试初始拥有 50 个实验币（ECU）的现金和初始价格均为 100ECU/股的股票 A、B、C 各一股，共进行 45 期的股票买卖交易。每期，计算机随机选择一只股票并更新其价格，另外两只未被选中的股票的价格保持不变，并且每只股票只有在被计算机选中的那期才会获得价格更新。第 1～6 期，不可进行股票交易，只能观察价格更新信息；第 7 期，可决定是否卖出一只股票；第 8～45 期，可买卖股票。

关于处置效应的测度，根据已有文献，该研究采用了两种方式。

第一，以处置盈利股票的比例（PGR）和处置亏损股票的比例（PLR）的差值表示处置效应，即处置效应＝PGR－PLR。其中，PGR＝实现盈利/（实现盈利＋账面盈利），PLR＝实现亏损/（实现亏损＋账面亏损）。

第二，利用回归方程来衡量处置效应。具体来说，回归方程被设定为

$$因变量_{i,j,t} = \beta_1\, Gain_{i,j,t} + Sell_{i,j,t} \tag{16-1}$$

其中：i、j 和 t 分别代表被试、股票和时期；$Sell_{i,j,t}$ 是虚拟变量，若被试 i 在 t 期卖出股票 j，反之取值为 0；$Gain_{i,j,t}$ 是虚拟变量，若被试 i 在 t 期持有股票 j，取值为 1，反之取值为 0；因变量$_{i,j,t}$ 表示卖出某种股票的概率。$Gain_{i,j,t}$ 的系数 β_1 用来测度处置效应，即相对于投资损失，投资收益时股票被卖出的可能性的增加。

四、实验被试的招募

实验一的被试为 95 名来自南开大学的健康本科生或研究生，年龄为 19～26 岁，66 人为女性，涉及专业广泛，如经济学、化学、数学、工程学等，9 人有股票交易经验。实验二的被试为 73 名来自山东大学的健康本科生或研究生，年龄为 19～26 岁，52 人为女

性，专业包括管理、物理、化学和数学等，11 人有股票交易经验。实验三的被试为 37 名来自山东大学 MBA 研究生班的金融专业人员，13 人为女性，年龄为 30～37 岁，均从业于中国的金融机构，如财富管理、投资组合管理、投资银行等，金融行业平均从业时间为 6.57 年，平均月收入为 13 702 元，每月交易资产的次数为 2.43 次。被试在实验前均签署了书面的知情同意书，所有实验过程均通过当地伦理委员会批准。

五、实验分组与操纵

三个实验均采用组间设计的方法。在实验一中，被试被随机分配到 rVLPFC 阳极刺激组（31 人，20 人为女性）、rVLPFC 阴极刺激组（32 人，19 人为女性）或虚拟刺激组（32 人，27 人为女性）。在实验二中，被试被随机分配到 rTPJ 阴极刺激组（24 人，15 人为女性）、rVLPFC 阴极刺激组（24 人，17 人为女性）或虚拟刺激组（25 人，20 人为女性）。在实验三中，参与组合被随机分配到 rVLPFC 阴极刺激（18 人，5 人为女性）或虚拟刺激组织（19 人，8 人为女性）。各组的人口统计学特征以及其他关键变量（例如，实验三中的社会经济地位以及金融背景）是平衡的。

该研究选择 rVLPFC 和 rTPJ 作为目标脑区，根据 10-20 国际电极放置系统，将 rVLPFC 刺激的中心电极放置在 F8 位置，参考电极放置在左侧乳突后方。对于 rTPJ 阴极刺激，刺激电极置于 CP6，参考电极置于左侧乳突后方，其他刺激协议参数跟 rVLPFC 相同。为了确定电极放置的正确头皮位置，对每位被试的大脑进行定位，使用 COMETS 1.04 进行电场模拟。

该研究之后使用电池驱动的 Neuro Conn 设备，对于阳极和阴极刺激，施加 1mA 的恒定电流，并持续 20 分钟。虚拟刺激与真实刺激的电极排列相同，不同之处在于刺激实施 30 秒后被关闭，均采取测量即时（在线）刺激的方式。

实验流程如下：先进行刺激前准备工作，随后将被试随机分配到小隔间中，在等待实验设备安装的同时，让被试填写关于社会经济信息（即年龄、性别和股票交易经验等）的问卷。实验设备佩戴完成后，被试接受 5 分钟的 tDCS 刺激，以保证稳定的刺激效果。在此期间，重申实验指导语。此后，实验任务开始，大约持续 10 分钟。最后，收集被试填写的关于风险厌恶、损失厌恶和情绪的问卷。

六、数据分析与结果

该研究采用非参数检验以及回归的分析方法。

实验一结果表明，rVLPFC 阴极刺激组的平均处置效应为 -0.266，显著低于虚拟刺激组的 0.083 和阳极刺激组的 0.120。相比于虚拟刺激，rVLPFC 阴极刺激促使实验被试表现出更低的处置效应水平。

实验二的结果表明，rTPJ 阴极刺激组的平均处置效应与虚拟刺激组无显著差异；rVLPFC 阴极刺激组的平均处置效应显著低于虚拟刺激组和 rTPJ 阴极刺激组。因此，实验二发现相对于虚拟刺激，rTPJ 阴极刺激不影响认知控制和处置效应，且 rVLPFC 阴极刺激效应可以在不同的被试中复制。

实验三的主要结果与前两个实验类似，即当被试为金融专业人士并去除了事先设定的资本损益限制时，rVLPFC 阴极刺激对处置效应的影响是稳健的。

该研究将 tDCS 应用于 rVLPFC，证明认知控制在处置效应中起到重要作用。

七、文献点评

该研究是国际期刊 *Management Science* 创刊以来首次发表的神经金融研究。长期以来，行为金融学者一直难以提供有说服力的实证证据来验证自我控制对投资者行为偏差的因果作用，主要原因在于自我控制难以精确测量，更难以进行外生操控。该研究充分发挥交叉学科优势，借助脑刺激技术对自我控制进行外生操控，成功验证了其对投资者行为偏差的因果影响。这一研究提出了一种全新的研究范式，即通过对难以测量的变量进行外生操控，以检验变量之间的因果关系，是一次重要的前沿探索。

▶ **思考题**

1. 非侵入性脑刺激分别有哪几种？它们有何异同？
2. 什么是去极化和超极化？请分别简述其过程。
3. 在进行电刺激实验时，刺激开始前和刺激开始后的测度目的分别是什么？
4. 脑刺激在管理研究中的应用场景有哪些？
5. 脑刺激应用于管理研究的优势是什么？

▶ **参考文献**

第 17 章 ▸ 虚拟现实技术及其在研究中的应用

蒯曙光　华东师范大学

本章旨在探讨虚拟现实技术在管理研究中的应用。第 1 节先介绍虚拟现实技术的发展历程，再详细介绍虚拟现实技术的核心组成部分，包括硬件系统和软件系统，旨在帮助读者理解虚拟现实技术的构建原理及其工作机制，建立对虚拟现实技术框架的认知。第 2 节讲解虚拟现实技术在管理领域的应用。首先介绍虚拟现实技术在管理学理论研究中的应用，之后探讨虚拟现实技术在管理学中多个领域的应用，最后讲述在市场营销领域，虚拟现实如何帮助企业创建沉浸式客户体验，进行市场调研和产品展示。本章还通过分析一些具体案例，让读者更深入地理解虚拟现实技术的实际应用及其对管理领域的创新和变革。

第 1 节　虚拟现实技术概述

一、虚拟现实技术的基本概念和发展历程

虚拟现实技术是一种通过计算机仿真系统创造出的三维虚拟环境。它结合了多种信息技术，如计算机图形渲染、三维视觉呈现、传感器技术、人机交互等，使用户能够与虚拟世界进行沉浸式交互。[①] 虚拟现实技术在诸多领域具有广泛的应用。例如，在游戏领域，虚拟现实为玩家提供了一种全新的体验，使他们能够完全沉浸在三维虚拟世界中，感受到前所未有的游戏乐趣。在教育领域，虚拟现实可以用来创建模拟环境，让学生在安全的环境中进行实验和探索，从而增强学习体验。在医疗领域，虚拟现实技术被用于手术模拟、疼痛管理、心理治疗等多个方面。在设计和建筑领域，虚拟现实使设计师和建筑师能够以三维形式预览和优化设计，从而提升设计效率和准确性。在管理领域，虚拟现实在人员培训、流程优化、商业营销等领域展现了重要的应用价值。随着虚拟现实技术的不断发展和成熟，其应用范围也将不断扩展，为多个领域的生产和生活方式带来变革。

---

① 邹湘军，孙健，何汉武，等．虚拟现实技术的演变发展与展望［J］．系统仿真学报，2004，16（9）：1905 - 1909.

（一）早期发展

虚拟现实技术可以追溯到 20 世纪早期。与很多技术一样，虚拟现实的早期概念出现在科幻文学中。1935 年，美国科幻作家斯坦利·温鲍姆（Stanley Weinbaum）在他的小说《皮格马利翁的眼镜》（*Pygmalion's Spectacles*）中提出虚拟现实的科幻概念。尽管这一构思诞生于 20 世纪 30 年代，但它却预言了许多现代虚拟现实技术的核心概念。小说中描述了一副神奇的科技眼镜。这副眼镜能够将佩戴者带入一个完全虚构的世界，并通过一种全感官的沉浸体验让用户身临其境。尽管当时的科技水平远未达到温鲍姆所描述的高度，但他所设想的虚拟现实眼镜，引发了读者的想象，也为科技人员和研究者提供了未来技术发展的愿景。在随后的几十年里，虚拟现实技术从科幻小说中的幻想逐渐演变为实际的科技产品，并不断发展和超越。

20 世纪 60 年代中期，电影制片人摩顿·海利格（Morton Heilig）意识到虚拟现实技术在娱乐产业具有潜在的商业价值。他开创性开发了一个虚拟现实硬件设备——Sensorama。Sensorama 是一种多感官模拟装置，能够呈现立体影像，为观众提供生动的视觉体验，装置设有高质量音响系统，模拟环境声音和对话，使观众能够在视听上感受到环境的真实感。Sensorama 的座椅能够模拟振动效果，使观众在观看过程中感受到额外的触觉刺激。Sensorama 被认为是早期虚拟现实技术的重要里程碑，它的多感官整合不仅扩展了传统电影的边界，还预示了未来可能会出现的沉浸式观影模式。尽管 Sensorama 在当时因为技术成熟度和成本等原因，并未获得商业上的大规模成功，但其创新的设计理念对后来的虚拟现实技术发展产生了重要影响。

1968 年，著名的计算机图形学者伊凡·萨瑟兰（Ivan Sutherland）和他的团队开发了被称为"达摩克利斯之剑"的头戴显示器。虽然它显示的只是简单的图形（在复杂度和清晰度方面与当下显示器所能呈现的图像相比有很大差距），但是它被视为第一个真正意义上的虚拟现实头戴显示器，标志着虚拟现实技术的一次重要飞跃。由于当时技术的限制和设备的巨大体积，头戴显示器的使用体验颇为不便。尽管如此，这一系统的开发奠定了虚拟现实技术的基础，并展示了通过头戴设备实现沉浸式体验的巨大潜力。

（二）发展中期

20 世纪 80 年代，虚拟现实技术逐渐进入商业化领域。一个具有标志性的事件是拉尼尔（Lanier）于 1984 年创立了 VPL Research 公司，这家公司在虚拟现实技术的早期商业化发展中发挥了关键作用。VPL Research 公司的一个创新是开发了用于交互的"数据手套"。数据手套是一种佩戴在手上的设备，外形如手套一般，能够捕捉用户手部的运动和姿势，并将这些数据传输到计算机中。通过与虚拟环境中的对象进行交互，用户可以在虚拟现实中体验到更为自然和真实的手部动作。数据手套的出现大大增强了虚拟现实系统的互动性，使得用户能够更精确地操作和感知虚拟环境中的物体。拉尼尔的工作对虚拟现实技术的发展产生了深远的影响，特别是其商业化的探索，提供能够被大众使用的虚拟现实设备，为这一领域的繁荣与创新做出了重要贡献。在其带动下，20 世纪 90 年代，虚拟现实技术开始进入多个商业领域，游戏、模拟训练和虚拟旅游等应用先后出现。

21 世纪初，尽管当时的虚拟现实设备价格昂贵，技术也存在不少限制，但其在应用领域得到进一步扩展。虚拟现实技术开始应用于一些重要的专业领域。例如，在医疗训练和手术模拟，虚拟现实技术帮助医生在无风险的环境中进行操作练习。虚拟现实还被用于疼痛管理和康复治疗，利用沉浸式体验帮助患者缓解痛苦并提高康复效果。此外，虚拟现实被用作教育工具，通过模拟各种场景和实验环境来增强学习体验。例如，学生可以在虚拟实验室中进行化学实验，或通过虚拟历史场景学习历史知识。

（三）当代发展

虚拟现实设备在 21 世纪第二个十年开始迅速普及，这得益于软硬件技术持续进步和成本降低。首先是虚拟现实技术在图形处理、追踪系统和交互方式方面取得了显著进步。高分辨率的显示屏、精准的运动追踪和更低的延迟显著提升了虚拟现实的沉浸感和用户体验。著名的虚拟现实初创公司 Oculus 推出了 Oculus Rift 原型机，用极低的成本构建出高质量的显示和精确的头部追踪，提供了出色的沉浸式体验。Oculus 的成功引起了广泛关注，并在 2014 年被脸书以 20 亿美元收购。这一引人注意的商业收购进一步推动了虚拟现实技术向个人消费电子方向上发展。2015 年，HTC 与 Valve 合作推出了 HTC Vive。这款设备引入激光追踪技术，使用户能够在虚拟环境中自由移动，因而快速成为虚拟现实市场的重要产品之一。虚拟现实技术的商业化和普及带来了许多积极的变化。技术的成熟降低了成本，从而促进了虚拟现实设备在家庭娱乐、教育、医疗等领域的广泛应用。越来越多的公司和开发者投入到虚拟现实技术的创新和应用中，推动了整个行业的快速发展。

为了提高用户的沉浸感和舒适度，制造商不断改进虚拟现实设备的设计。近年来，虚拟现实技术在图像质量方面取得了显著进展。更高分辨率和刷新率的显示屏，显著提升了图像的清晰度和流畅性。例如，许多现代虚拟现实头戴式显示器配备了 4K 或更高分辨率的显示屏，并改进了光学系统，提升了视觉感受。此外，现代虚拟现实头戴式显示器的设计更加注重佩戴的舒适性，采用了更轻的材料和优化的设计，减少了长时间使用的疲劳感。无线技术的进步使得虚拟现实设备能够摆脱传统的有线限制，允许用户在更大的空间内自由移动，而不被电线束缚。这种自由度的提升大大增强了用户的沉浸感和互动体验。在交互方面，手势识别技术使设备通过摄像头或传感器捕捉用户的手部动作，使得用户能够通过简单的手势控制虚拟环境中的对象，而不再依赖传统的手柄或控制器，从而实现更自然的交互。此外，脑机接口技术也逐步进入虚拟现实领域。通过监测脑电波或神经信号，未来有希望使用户仅凭思想即可与虚拟环境互动，从而使对虚拟现实系统的控制更加直观和简单。

二、虚拟现实技术硬件系统

虚拟现实技术硬件系统是实现虚拟现实的基础，主要包括计算系统、显示系统、定位系统和交互系统。

（一）计算系统

虚拟现实系统的核心在于其强大的计算能力，以实时处理大量数据，从而满足创建沉浸式体验的需求，包括精细的图像渲染、复杂的物理模拟和流畅的用户交互。这些任务都要求系统具备强大的计算处理能力，以确保用户体验。高性能计算机作为虚拟现实系统的核心计算平台，通常配备了高速的中央处理器（CPU）和图形处理器（GPU）。

CPU 负责系统的核心运算和逻辑判断，协调各个组件。它控制程序的逻辑流程、处理用户输入、管理系统资源等。CPU 的高频率和多核设计使其能够同时执行多个任务，提高系统的响应速度和处理能力。

GPU 在虚拟现实系统中承担图形渲染任务，提供高质量的三维视觉体验。虚拟现实环境中，用户的每一个动作和操作都可能引发整个场景的实时变化，这要求系统能够在极短的时间内完成整个场景的图像渲染。GPU 的强大并行处理能力使其在这一任务中的表现尤为出色。与传统的中央处理单元不同，GPU 特别适合于处理大规模的并行计算任务。虚拟现实场景的渲染通常需要处理复杂的图形计算，包括光照、阴影、纹理映射、细节的渲染等。GPU 拥有大量的计算单元，这些单元能够同时高效地处理这些计算任务，例如图像的渲染和动态光照、反射、折射及其他复杂的视觉效果。由于用户在使用虚拟现实设备时是不断移动的，实时响应用户的动作和视角变化是虚拟现实系统的核心要求。GPU 必须在极短的时间内完成对图像的计算和渲染，避免出现明显的延迟或卡顿现象。此外，现代 GPU 还支持前向渲染和延迟渲染等，这些技术有助于减少渲染负荷，提高系统的整体效率。通过这些技术，GPU 能够在不牺牲画质的情况下，实现更高的帧率和更低的延迟，从而提供更加流畅的虚拟现实视觉体验。

此外，由于虚拟现实场景涉及大量数据，这就需要大容量记忆和高速存储系统，来有效处理和存储大量的场景模型以及用户交互信息。大容量的内存作为数据流转的高速通道，让信息的流动顺畅无阻，从而显著提升了系统的响应速度与处理能力。而高速存储系统，特别是固态硬盘（SSD），可以快速读取并加载大型文件、复杂的场景模型以及用户数据，缩短了加载时间。这种即时性不仅增强了沉浸感，也提升了场景的连贯性和用户的整体满意度。从长远来看，由于未来虚拟现实应用可能面临更大数据量的挑战，一些前沿的虚拟现实系统已经前瞻性地采用了分布式存储架构与云计算技术。这些技术创新不仅扩展了数据处理与存储的边界，还通过分布式计算，将海量的数据处理任务分散至多个节点，从而实现了更高效的资源利用与更快的处理速度，为虚拟现实技术的发展提供了支持。

（二）显示系统

显示系统是虚拟现实视觉体验的核心系统。我们之所以能够体验到三维世界的深度和立体感，主要归功于双眼视差。它是指当我们观察物体时，两只眼睛从略微不同的位置捕捉图像，这些图像在左右视网膜上形成的两个视图有细微差异。双眼视差使得大脑能够解析出物体的不同深度，从而形成立体视觉的主观感受。虚拟现实技术主要通过电子屏幕来构建三维视觉的感知。然而，由于电子屏幕本质上是二维的，无法直接呈现三维信息，因而需要通过技术手段在左眼和右眼分别提供略微不同的图像，模拟现实生活中的立体视觉。虚拟场景视觉显示系统正是通过精心调控向两个眼睛呈现的图像的差别，营造出人造的三维视觉效果。通常，这种系统有两种构建方式。

第一种是头戴式显示器（HMD）。头戴式显示器通过两个显示屏为用户的左眼和右眼分别提供略微不同的图像，模拟现实世界中双眼观察物体时的微小视角差异。[①] 这种差异让大脑感知到深度信息，从主观上产生立体视觉的感受。此外，头戴式显示器通常内置有头部追踪传感器，如陀螺仪和加速度计，这些传感器能够实时监测用户头部的位置和运动。当用户转动头部时，头戴式显示器能够同步更新左右眼的图像，以匹配用户视角的变化，从而增强立体视觉的自然感和沉浸感。为了确保提供良好的视觉体验，需要头戴式显示器满足一系列技术参数的标准。

由于头戴式显示器的屏幕非常靠近眼睛，任何像素的瑕疵都会被放大，产生视觉上的颗粒感。因此，为了获得良好的视觉效果，头戴式显示器需要有足够的像素密度。人眼正常视力下的分辨能力极限约为 60 PPD（pixels per degree，每度像素），这也被称为视网膜级别的分辨率。同时，高刷新率对于头戴式显示器同样重要。由于用户佩戴头戴式显示器时，头部运动不断变化，显示器需要能够迅速响应这些运动，实时调整图像，以匹配用户视线的变化。高刷新率有助于减少在图像刷新的时候造成的运动模糊和图像撕裂，提供更流畅的视觉体验。如果头戴式显示器的刷新率较低，用户可能会感到延迟，导致视觉不连贯和潜在的晕动症。一般来说，当刷新率超过 180Hz 时，可以有效减少感知延迟和眩晕。

视场角（field of view）是头戴式显示器另一个重要的参数，它直接影响用户的沉浸感。视场角指的是显示器上下边缘或左右边缘与眼睛连线形成的夹角。较大的视场角可以减少视野中的边缘黑边，从而增强沉浸感。一般来说，人的左右眼能重合观看的主要注视区域为面前的 90°视野。因此在头戴式显示器中，90°的视场角被认为是沉浸感体验的基本要求，120°的视场角被普遍认为是达到部分沉浸式体验的标准，180°的视场角被视为实现完全沉浸的标准。目前市面上的虚拟现实头戴式显示器基本采用 90°～120°的视场角，这样的范围已经能够满足一般使用条件下使用者对沉浸感的需求。

此外，头戴式显示器的机械和材料设计也是影响用户体验的重要因素。头戴式显示器在设计上应当考虑采用多种人体工学特性，例如可调节的头带和眼罩，以便用户根据个人头部尺寸和形状进行调整。设计上还应注重质量的均匀分布，避免前重后轻，减少长时间佩戴带来的颈部和头部疲劳。一些设备还采用透气材料来散热，提高佩戴舒适度。

第二类虚拟现实显示设备是投影式虚拟现实系统。投影式虚拟现实系统利用投影技术来创建，通常由多个投影面组成，提供沉浸式的体验。这种系统通过高分辨率的投影仪、空间定位与动作捕捉系统，实现视角追踪与全身关节及手柄追踪，从而提供沉浸式的虚拟环境。它适用于团队协作和复杂场景的模拟，如装备仿真、车辆造型、建筑展示等。投影式虚拟现实系统的重要参数包括每屏分辨率、刷新显示频率、帧同步等。投影式虚拟现实系统适合多人一起协作，然而，这种系统通常需要较大的空间和较高的投资，对安装场地的要求也较高。未来，随着技术的发展，使用小间距 LED 或液晶成像设备替代传统投影，可以节约场地空间并提高图像质量。

---

① ROLLAND J P，HUA H. Head-mounted display systems［J］. Encyclopedia of optical engineering，2005，2：1‐14.

（三）定位系统

虚拟现实系统中另一个重要的硬件组成部分是定位系统。与传统的电脑、平板和手机不同，虚拟现实系统必须实时追踪并响应使用者的头部、手部乃至全身位置变动，以动态调整系统的视觉呈现。这一追踪的任务一般通过两种追踪定位的系统来实现——外部追踪系统和内置追踪系统。外部追踪系统主要采用一系列部署在虚拟现实体验空间周边的传感器，旨在全面捕捉用户在物理空间中的位置移动与姿态变化。光学追踪器是此领域的佼佼者，它们利用红外光或其他不可见光源发射光束，并接收由用户持有或穿戴设备反射回来的信号，通过计算这些信号的传播时间与角度差异，实现对用户位置的精确测定。尽管这种方法能提供较高的追踪精度，但它要求活动空间内布置足够的传感器以实现无缝覆盖。与依赖外部设备的方案不同，内置追踪系统直接将传感器集成到虚拟现实头戴式显示器、控制器乃至全身追踪设备中。这些传感器套件通常包括加速度计、陀螺仪和磁力计等，并各自扮演着不同的角色。加速度计测量设备在空间中的加速度，反映用户的直线运动；陀螺仪则持续监测设备的旋转速率和方向变化；磁力计则利用地球磁场作为参照，帮助校正并确定设备的绝对方向。内置追踪系统的优势在于其独立性与便携性，无须额外设置外部设备即可工作，但其性能可能会受到用户快速移动、设备振动或周围电磁干扰等因素的影响。

（四）交互系统

虚拟现实系统的第四个部分是交互系统，它是连接现实用户与虚拟世界的桥梁，负责实现用户指令的接收、解析与反馈，从而构建互动环境。与二维的世界相比，三维虚拟环境中的交互相对复杂，涉及物体定位、旋转和缩放等多种操作。虚拟现实中的交互方式多种多样。其中，手柄是最常见的输入设备之一。与传统的 2D 显示器相比，3D 虚拟环境中的互动更为复杂，涉及物体定位、旋转和缩放等多种操作。此外，用户通常在与虚拟环境互动时需要站立或行走。在这种情况下，没有支撑平面来放置鼠标或键盘。因此，设计便携的互动设备在虚拟现实系统中是非常重要的。HTC Vive 的控制器系统是一个成功的代表。该系统由一对控制器组成，每个控制器配备数十个红外传感器来检测控制器的位置。该系统允许用户通过移动或旋转手部来与虚拟世界进行互动，操作简便而直观。HTC Vive 的发布开启了虚拟现实互动设备的新纪元。其他主要虚拟现实市场参与者，如 Oculus 和索尼，也开发了类似技术框架的控制器。

尽管这些控制器为用户在 3D 空间中的互动提供了有效的方式，但互动体验仍然显得不够自然。此外，长时间握持控制器可能导致用户疲劳。因此，开发更加自然的交互方式对虚拟现实的交互是十分重要的，其中数据手套就是一种典型的代表。数据手套提供了一种新的方式，让用户可以用自己的手来与虚拟现实世界互动，而不需要拿着控制器。目前有三种手套形式——织物手套、指套和外骨骼手套。织物手套中嵌入了传感器，以检测每个手指的弯曲程度，作为虚拟现实系统中的输入命令。由于每个人手的大小和形状不同，为各种用户设计适配其手的尺寸和形状的手套是一个大的挑战。指套仅在指尖上使用几个传感器作为输入设备。相对而言，指套适用于不同尺寸和形状的手。然而，将多个电子组件集成到一个非常轻便紧凑的传感器中也绝非易事。外骨骼手套是一种平行于手指的可调节机械结构。这种结构可以调整以适应不同大小和形状的手，不过其机械结构相对复杂。目前数据手套技术正在发展中，将为用户提供更加自然、沉浸式的交互体验。

三、虚拟现实的软件系统

虚拟现实的软件系统是构建虚拟现实场景内容的核心工具，支撑了从创意构思到最终虚拟场景呈现，主要包括场景构建软件和游戏渲染引擎。

（一）场景构建软件

场景建模是虚拟现实内容创作的第一步，也是最为基础且关键的一环。它要求开发者运用专业的 3D 建模软件，如 Blender、Maya、3ds Max、SketchUp 等，将脑海中的创意转化为具体的三维模型。这些软件提供了丰富的工具集，包括多边形建模、细分曲面建模等多种建模技术，以满足不同复杂度和风格的需求。在建模过程中，开发者需要调节每个虚拟物体的形状、比例、结构以及与其他物体的空间关系。例如，在构建一个古代城堡的场景时，开发者需要分别创建城墙、塔楼、护城河、桥梁等各个部分，并确保它们连接自然。此外，为了提升场景的真实感，开发者还需要考虑物体的细节，如砖石的纹理、窗户的雕花、城门的铁链等，这些都可以通过建模软件中的细节雕刻工具来实现。纹理映射是场景建模后的重要步骤，它负责为虚拟物体添加表面细节和材质，使其看起来更加真实和生动。纹理可以是一张图片，也可以是一个包含颜色、光泽度、透明度等信息的复杂数据集合。通过纹理映射技术，开发者可以将这些纹理"贴"到虚拟物体的表面上，从而模拟出木材的纹理、金属的质感、水面的波动等。

（二）游戏渲染引擎

游戏渲染引擎负责将三维模型、纹理、光照等数据转化为人类肉眼可见的二维图像，形成逼真的视觉体验。游戏渲染引擎功能主要包括以下三个部分。

（1）三维模型和纹理处理。渲染引擎首先需要接收三维模型数据，包括场景中的物体、角色和建筑等。每个三维模型由顶点、边和面构成，它们定义了物体的形状和结构。此外，模型还会附带纹理信息。这些纹理是覆盖在模型表面的图像或图案，用于增加物体的细节和真实感。

（2）光照和阴影计算。游戏渲染引擎利用光照模型来模拟光线与物体表面的相互作用，从而计算出光线如何投射到物体上，以及这些光线是如何被物体反射、折射、吸收的。光线追踪技术是一种模拟光线从观察者视角出发，经过场景中各个物体反射和折射后的效果。它能够创造出极为真实的视觉效果，但这种方法的计算成本相对较高。与之相对的光栅化技术，是快速将三维物体转换成二维图像的过程。它通过将物体的顶点映射到屏幕上，并在这些顶点之间填充颜色，以形成图像。光栅化技术在计算上更为高效，因此它更适合需要实时渲染的应用场景。此外，阴影的计算也是渲染过程中的一个关键环节，它通过模拟光线被物体遮挡来产生逼真的阴影效果。

（3）后处理效果。在完成光照和阴影计算后，渲染引擎还会对生成的图像进行进一步的调整和优化。常见的后处理效果包括景深、运动模糊、色彩校正和高动态范围成像。

这些后期处理增强了图像的视觉质量，使其更加真实和自然。

目前市场上主流的游戏引擎有虚幻引擎（Unreal Engine）和 Unity。虚幻引擎由 Epic Games 开发，以其高质量的画面效果和强大的渲染能力著称。虚幻引擎提供了完整的可视化编辑器，支持蓝图可视化编程，使得设计师能够直观地进行内容创作。它适用于开发 AAA 级游戏，并且对硬件要求较高。相对而言，Unity 是一个多平台的综合型游戏开发工具，它允许开发者轻松创建三维视频游戏、建筑可视化、实时三维动画等互动内容。Unity 以其易用性、丰富的教程和社区支持而受到开发者的青睐。它支持 C♯ 编程语言，并且可以发布到多个平台，包括个人电脑、移动设备和游戏主机中。

从技术发展的角度来看，未来的渲染引擎将在光线追踪性能上进一步提升。此外，人工智能技术的应用将显著增强渲染效果和质量，包括自动化场景生成、智能图像修复和增强等多个方面。人工智能将使游戏引擎更高效地处理复杂的计算任务，自动优化图像质量，从而提升虚拟现实场景的整体体验。

第 2 节　虚拟现实技术在管理研究中的应用

一、虚拟现实技术在理论研究中的应用

在管理研究领域，由于研究对象的复杂性，长期以来，如何有效地控制和操纵研究变量，以剥离各种干扰因素，是管理研究中的一项挑战。传统的研究方法，如问卷调查、案例研究、现场研究等，虽然各有其特色，但面对现实世界中多因素混杂的条件，难以实现对特定变量的精准隔离与独立观察。能否像自然科学那样，通过构建一个理想的、可控的实验环境，对管理理论相关问题开展研究呢？这就涉及适用于管理研究的实验室的构建。

由于需要精确地模拟现实世界中的各种场景，实验室应当能够重现各种环境的物理属性，例如场景大小、空间结构、内饰、环境照明等。此外，实验室需要模拟现实中的操作流程和条件，因而需要设置与实际工作场景类似的操作设备、仪器和工作台，并确保这些设备能够按预期方式运行。

实验平台应具备控制变量的能力，以确保满足实验的各种要求。首先，研究者需要操纵自变量，设计出准确的因变量测量手段，从而明确因果关系。其次，要有效控制外部干扰因素，包括参与者的个体差异和外部环境因素等。通过精确控制这些变量，可以减少实验中的噪声，确保研究的核心问题得到检验。最后，实验的流程应该高效而便于操作，以降低时间成本，提升数据收集的效率和质量。

实验平台还需能够有效记录和分析被试的行为表现。包括跟踪和记录参与者在实验场景中的行动、决策和互动情况。现代实验平台可以利用各种传感器、视频监控和数据采集技术，实时记录被试的行为数据。这不仅有助于深入分析被试的反应模式和行为趋势，还可以为实验结果的解释提供丰富的支持数据，可以更全面地反映参与者的行为和决策过程，从而提升实验结果的可解释性。

　　在现实场景中很难满足以上的要求，正是在这样的背景下，虚拟现实技术的出现为管理研究提供了新的技术路径。虚拟现实技术以其独特的沉浸性、交互性和可控性，为研究者们构建了接近真实场景和环境的虚拟实验室，使得他们能够在高度受控且可重复的实验环境中，模拟各种复杂的管理场景和情境，从而实现对研究变量的精确操控与细致观察。

　　虚拟现实技术的应用使研究者能够自主设定实验条件，包括参与者的角色定位、任务类型、环境氛围、时间压力等，确保实验条件的一致性和可复制性。这种高度控制的环境不仅有助于减少外部干扰因素的影响，还能使研究者聚焦于研究问题本身，深入探究特定变量之间的内在联系和相互作用机制。

　　此外，虚拟现实技术的应用还让研究者对实验者行为的量化记录变得容易。在虚拟环境中，研究者可以实时跟踪参与者的行为轨迹、决策过程、情绪变化等，通过数据分析和挖掘，揭示出隐藏在行为背后的机制和规律。这种定量的数据分析方法，提高了研究的科学性和精确性。此外，虚拟现实还可以模拟现实世界难以复制的复杂场景和极端条件，如危机管理、自然灾害、高风险决策等。这些研究不仅有助于深化我们对管理现象的认识和理解，还能为管理者在复杂多变的市场环境中制定有效的策略提供有力指导。

　　在一项消费倾向的研究中，研究者利用虚拟现实技术进行实验研究探讨了消费者在自动驾驶出租车与传统出租车之间的选择偏好。[①] 研究者使用 Unity 构建了一个逼真的虚拟现实环境（见图 17-1），模拟了市中心的出租车站。在这个环境中，研究者设置了两种出租车——传统出租车和自动驾驶出租车。参与者可以在虚拟现实环境中自由移动，接近出租车，观察其他虚拟乘客的排队情况，从而在模拟的环境中体验选择过程。在实验中，参与者被要求选择他们的旅行目的地，并在模拟的出租车站排队，最后在传统出租车和自动驾驶出租车之间做出选择。

图 17-1　虚拟的出租车乘车点设计

　　图片来源：YIN H，CHERCHI E. Conducting stated choice experiments within an immersive virtual reality environment：an application to the discrete choice of automated versus normal taxi［J］. Transportation research procedia，2024，76：120-132.

---

　　① 　YIN H，CHERCHI E. Conducting stated choice experiments within an immersive virtual reality environment：an application to the discrete choice of automated versus normal taxi［J］. Transportation research procedia，2024，76：120-132.

实验结果表明，参与者普遍认为虚拟现实环境能够有效地模拟现实世界中的决策场景。他们对虚拟现实环境中的细节，如其他乘客的排队情况表现出高度的关注和记忆，表明虚拟现实环境的呈现确实提升了实验的现实感和参与者的投入度。这一发现强调了在模拟特定场景中探究消费者偏好的重要性。该研究证明了虚拟现实技术在提升实验现实感方面的潜力，为评估新兴交通模式下消费者偏好的研究开辟了新的路径。

二、虚拟现实技术在领导力领域的作用

（一）虚拟现实技术应用于领导力的评估

领导力作为管理研究的核心领域，其重要性不言而喻。领导力不仅影响组织的战略方向和决策过程，还直接关系到团队的凝聚力和员工的工作动力。因此，领导力的评估成为选拔领导者的一个重要的技术手段。通过这些评估，研究者能够对现有的管理与领导力理论进行验证和精细化，进而明确这些理论在现实世界中的应用效果和适用条件，促进理论的进一步发展和完善。评估结果也能为管理实践提供指导，帮助组织更有效地培养和选拔领导人才，优化管理策略，从而提升整体的组织效能和竞争力。

为了有效地评估领导力，开发出一套精确而全面的评估工具尤为关键。传统的一些评估方法，如问卷调查和面对面访谈，尽管各有优点，但也因各自技术方法的局限性而存在不足。

问卷调查主要有以下三点不足：（1）问卷调查可能受到参与者个人偏见、社会期望偏差或自我评价不准确的影响。参与者可能会有意或无意地提供不真实的信息，以塑造一个更积极的形象。（2）问卷调查通常只能获取有限的信息，难以深入探讨复杂的行为和动机。（3）问卷调查通常不考虑具体的工作环境和情境因素，而这些因素对领导力的表现至关重要。这些限制条件，让问卷调查难以模拟真实的挑战和决策情境，因此也无法借此准确预测领导者在实际工作中的表现。

面对面访谈主要有以下四点不足：（1）尽管面对面访谈可以提供更深入的讨论，但仍然难以模拟复杂的领导力挑战和决策情境。（2）面对面访谈很大程度上会受到评估者主观判断的影响。评估者的个人偏好、经验和情绪状态都可能影响其对参与者的评价。（3）面对面访谈的流程和问题很难标准化，这可能导致评估结果的不一致和不公正。（4）面对面访谈通常需要大量的时间和资源，特别是评估多个候选人时。这将导致评估过程的延迟和成本增加。

一个高效的领导力评估系统应当满足以下关键条件：（1）它必须尽可能模拟出一个接近真实应用场景的评估环境。（2）评估环境应当标准化，确保不同评估之间的一致性和可比性。（3）这个环境应当具备足够的灵活性，能够根据评估的具体目标进行调整和变化，以确保评估的针对性和适应性。（4）系统需要能够对参与者在特定场景中的反应进行精确量化观察，从而为评估提供客观的数据支持。

虚拟现实技术的特点能够很好地满足领导力评估的要求。首先，虚拟现实技术可以通过计算模拟出一个接近真实的评估环境，这种环境也容易实现标准化和复制。这样的评估方式确保了参与者在不同的时间和地点都能在一致的条件下接受评估。其次，作为一个由计算系统所产生的环境，虚拟现实环境具有很强的灵活性，能适应各种不同的评

估需求。最后，在虚拟现实环境中比较容易安装各类追踪器，能够定量分析和追踪用户的动作和行为。这些特点让虚拟现实技术相比问卷调查和面对面访谈，展现出三个关键优势。

（1）评估的情境性。虚拟现实技术能够创建高度逼真的虚拟环境，模拟出各种领导力挑战和决策情境。这种沉浸式体验使得评估过程更加贴近实际工作场景，让潜在领导者在接近真实的环境中展现其领导能力和应对策略。

（2）减少主观偏见。相较于面对面访谈等依赖评估者主观判断的方法，虚拟现实评估更加客观。因为它基于预设的情境和标准化的评估指标，减少了评估者个人偏好、经验和情绪状态对评估结果的影响。系统可以自动观察到参与者在压力下的即时反应、决策过程以及非言语沟通技能，如肢体语言、面部表情和语调，有利于提升评估结果的一致性和公正性。

（3）高效性与成本效益。虚拟现实评估可以同时评估多个候选人，节省了人力成本，大大提高了评估效率。此外，一旦虚拟环境被创建并验证有效，它就可以被重复使用，降低了长期评估的成本。

帕拉（Parra）及其合作者采用虚拟现实技术设计了一个交互式的三维严肃游戏。在这个严肃游戏中，研究者设计了一个用于领导风格评估的游戏故事情节。游戏场景是在一艘帆船上，参与者需要在航行过程中解决几个问题，然后才能到达目的地。整个游戏由十个场景组成，每个场景开始时，其中一个虚拟人物会向其他人物以及参与者提出一个问题。为了找到问题的解决方案，参与者必须做出选择，每个选择都会决定不同的故事走向。为了分析参与者的行为，研究者们利用眼动追踪技术捕捉参与者的视觉注意力和反应，记录他们在面对特定领导挑战时的相关数据。通过应用机器学习算法对这些数据进行深入分析，研究者构建了一个能够准确识别不同领导风格的评估模型。研究结果显示，该评估方法在识别关系导向和任务导向的领导风格时，分别达到了 79% 和 76% 的准确率，展现了基于虚拟现实的场景游戏在领导风格评估中的有效性和可行性。

（二）虚拟现实技术在领导力训练方面的应用

领导力的训练是一项复杂而重要的任务，它用于提升受训者在现实世界中解决复杂问题的能力。基于任务的复杂性和情境性，领导力训练往往无法仅通过纸面学习来完成，而时常通过研讨会和工作坊的形式来进行。这些活动通过创造互动学习的环境，鼓励参与者通过深入讨论和实践操作来提升自己的领导技能。[①] 一些研究也会通过模拟真实世界的场景，让参与者能够增强自己应对复杂挑战的能力。然而，这些训练方式消耗大量的人力资源，成本相对较高。

虚拟现实技术的发展为领导力训练提供了一种简便且成本较低的替代方案。与传统方法相比，虚拟现实技术具有独特的优势和特点，可以进行一系列有特色的领导力训练。

（1）情境模拟。虚拟现实技术可以模拟各种真实世界中的领导情境，如危机管理、

---

① LACERENZA C N，REYES D L，MARLOW S L，et al. Leadership training design，delivery，and implementation：a meta-analysis [J]．Journal of applied psychology，2017，102（12）：1686．

团队冲突解决和战略规划等。[①] 领导者能够面对一系列真实且具有挑战性的情境。例如：在一个高度动态的市场环境中，体验市场崩溃时的紧急决策过程；进入一个复杂的团队协作场景，处理团队内部的冲突和沟通问题；应对突发的公关危机，进行危机管理和媒体应对。这样的仿真系统在没有实际风险的情况下，可以让受训者反复演练和调整策略，探索不同的应对方法，而不必担心现实中的后果，以提升受训者的决策能力、危机处理能力和团队管理技能。通过在虚拟环境中多次经历和应对复杂的情况，他们能够建立起应对实际挑战时所需的心理准备和技能。这种模拟训练不仅提高了领导者的综合能力，也帮助他们在面对真实的业务挑战时，能够更加从容冷静地做出明智的决策，增强领导者的自信心和从容感。

（2）角色体验与情感认知。通过虚拟化身技术，领导者可以身临其境地体验不同角色的情境，感受这些角色可能经历的情感。[②] 这种角色扮演模拟不同角色的决策过程和行为反应，领导者可以进行换位思考，更好地理解不同人群的情绪状态，培养他们的同理心和情感智能，从而提升沟通与协作能力。此外，虚拟化身技术还允许受训者在多种情境下练习不同角色的情感表达，例如在高压环境中保持冷静，或在支持性角色中展现鼓励与关怀。这种全面的情感体验有助于提升受训者的适应能力和情感管理技能。

（3）公共演讲和沟通技能。公共演讲是许多领导者需要掌握的重要技能之一。虚拟现实技术可以提供一个模拟的公众演讲场景，让领导者在虚拟的讲座大厅、会议室或大型会议中进行演讲训练。[③] 通过在虚拟环境中反复练习，受训者可以改进他们的表达能力、肢体语言和沟通策略，克服紧张情绪，提升他们的演讲和沟通技巧，从而在真实的公共演讲场合中更加自信，表现更出色。

虽然虚拟现实技术在领导力训练中具有一定的优势，但是在实际使用的时候，为了提高训练的效果，仍然需要注意以下三个方面。

（1）技术接受度。并非所有受训者都会对新技术装置有很高的接受度，尤其是虚拟现实设备。一些受训者可能会对使用虚拟现实设备感到不适，特别是在长时间使用后出现疲劳问题。在训练中，应提供充分的练习时间，让参与者适应虚拟现实环境和设备，简化技术操作，降低学习难度，从而提升用户体验，提高参与者对技术设备的接受度。

（2）场景有效性。有效的领导力训练依赖接近真实使用环境的训练场景。设计这些场景需要专业知识和对业务的理解。在设计中，技术专家应与相关领域专家合作。技术专家负责将业务需求转化为虚拟现实中的技术实现，包括场景建模、互动设计和用户体验优化。领域专家提供业务上的见解和实际案例，确保场景设计能够真实反映工作中的各种情况和复杂性并根据受训者的具体需求进行定制，以增强训练内容和其工作的相关性和效果。

① KWOK P K, YAN M, CHAN B K, et al. Crisis management training using discrete-event simulation and virtual reality techniques [J]. Computers & industrial engineering, 2019, 135: 711-722.

② MARTINGANO A J, HERERRA F, KONRATH S. Virtual reality improves emotional but not cognitive empathy: a meta-analysis [J]. Technology mind and behavior, 2021, 2: 1.

③ HARRIS S R, KEMMERLING R L, NORTH M M. Brief virtual reality therapy for public speaking anxiety [J]. Cyberpsychology & behavior, 2002, 5 (6): 543-550.

（3）虚拟和现实场景训练的平衡。尽管虚拟场景训练具有很多的优势，但它无法完全替代现实场景中的训练。在训练中应该有效发挥这两种不同场景训练的特点和优势。通过有效交替虚拟和现实场景训练，有助于提升受训者的训练效果。训练初期阶段，可以重点利用虚拟场景使受训者进行技能和知识的初步学习和模拟练习。在训练中后期，在受训者获得一定基础后，通过逐步增加现实训练的比重，帮助受训者将虚拟环境中的经验迁移到实际工作中。这种过渡过程有助于减少受训者对现实情境的不适应，提高他们的实际操作能力。这种交替的综合训练，能够让受训者把在模拟环境中获得的经验更有效地转化为实际工作中的能力和表现。

苏亚雷斯（Suárez）等人评估了虚拟人类角色扮演者在虚拟现实和混合现实环境中作为领导力培训工具的有效性，并与传统的真实人类角色扮演者在现实世界环境中的效果进行比较。[①] 他们开发了一个实验性培训平台，在培训前后对 30 名参与者进行了评估。他们分别在真实世界、虚拟现实环境、混合现实环境中进行领导力角色扮演。研究采用了情境领导模型作为培训内容的框架，并设计了八个结构化角色扮演场景。研究结果显示，所有条件下的参与者在培训后的学习绩效都有所提高，但现实世界和虚拟现实环境中的参与者的学习绩效提升情况没有显著差异，而混合现实环境下的参与者的学习绩效提升最为显著。在压力水平方面，所有组的心率变异性在培训后都有所提高，但组间差异不显著。任务参与度方面，混合现实环境组在培训后有显著提升，而所有组的痛苦和担忧的分数都有所下降。社会存在感方面，虚拟现实环境和混合现实环境组的参与者均感受到了一定程度的社会存在感，两组之间没有显著差异。整体培训体验方面，所有组的参与者都对培训反应积极，表现出较高的学习信心和承诺。研究认为，虚拟人角色扮演者可以作为有效的工具来支持领导力技能的实践培训，在未来的应用中具有积极的前景。

三、虚拟现实技术在工业和工程领域的应用

虚拟现实技术通过创建和模拟未来可能发生的场景，能够在实际生产启动之前，利用虚拟环境对生产流程和产品的可能形态进行预演。这使得在规划和推演阶段，就能够高效地评估不同方案的优劣从而提升生产效率。在工业和工程领域，尤其是在城市规划、建筑设计和工业制造等方面，这样的推演价值日益增长，为决策者提供了重要的信息参考。

（一）虚拟现实技术在城市规划和建筑设计中的应用

虚拟现实技术能够创建基于真实世界数据的高精度数字模型。通过激光扫描等技术获取详尽的空间数据，生成相应的三维模型。这类模型不仅体现了建筑物的外观和结构，还展示了周围的地形、街道、绿地以及基础设施，为后续设计和评估奠定了坚实的基础。在这样的虚拟场景中，城市规划和建筑设计师可以实时植入和调整设计方案，深入分析

---

① SUÁREZ G，JUNG S，LINDEMAN R W. Evaluating virtual human role-players for the practice and development of leadership skills [J]. Frontiers in virtual reality，2021（2）：658561.

不同设计选择对现有环境的影响。例如，设计师可以在虚拟空间实时调整建筑物的位置、高度、外观等参数，模拟交通流量、光照变化和人流动态，观察这些变化对整体规划的影响，从而优化建筑物和城市空间的布局。通过评估和权衡不同设计方案的优缺点，从而选择出最优方案。在建筑项目执行过程中，虚拟现实技术能够有效地帮助项目管理者设计项目执行方案，使得项目进度规划、材料控制和运输管理变得更加高效和精准。例如，管理者可以利用虚拟现实系统创建项目的三维模型。这种虚拟模型可以详细展示施工现场的布局和各项工程任务的时间安排，模拟施工过程的各个阶段，使得项目进度的规划变得更加直观和可控。通过在虚拟环境中进行多次模拟，管理者能够识别潜在的瓶颈和问题，并及时调整进度计划。例如，如果发现某些任务可能因空间限制或资源冲突而延误，管理者可以在虚拟环境中调整施工顺序或分配其他资源，从而优化整体进度安排。

虚拟现实系统在材料管理方面也发挥了重要作用。通过将材料入场和运输流程纳入虚拟模型，管理者可以实时跟踪和优化材料的供应过程，包括模拟材料的运输路线，预测不同供应商的交货时间，并根据施工进度和需求进行调整。如果某种材料的供应延迟，管理者可以在虚拟环境中重新规划运输路径，协调其他资源，确保施工不受影响。

虚拟现实技术还可以为施工现场的协调提供支持。通过将施工现场的三维模型与实际进度数据相结合，管理者可以在虚拟环境中对比计划与实际进展，及时识别和解决实际施工中的问题。例如，如果施工现场出现意外情况，如天气变化或设备故障，管理者可以在虚拟模型中进行调整，迅速制定应急方案，并调整材料的入场和运输计划。

虚拟现实技术对其他利益相关者，如用户，同样具有价值。通过使用虚拟现实头盔，用户可以沉浸在一个三维的虚拟环境中，亲身体验设计的空间布局，体会从整体规划到建筑细节的每一个方面。这种沉浸式体验使得用户能够更加直观地评估项目的优势和不足，从而为设计者和决策者提供更加全面和公正的用户意见。

虚拟现实还允许用户在虚拟环境中模拟和比较不同的设计方案，直观地看到各种选择的效果。这种方式简化了公众参与城市规划和建筑设计的过程，使其更具便捷性和互动性。市民们可以通过虚拟现实设备提前"步入"未来的街区或公共空间，进行实时的体验和评估。这种参与方式不仅加深了公众对规划项目的理解，提高了公众支持度，也为设计师提供了宝贵的反馈。设计师可以根据这些反馈及时调整设计方案，更好地满足社区的需求和期望。

除了现在的项目，城市规划和建筑设计常常需要考虑未来情况。虚拟现实技术允许规划师和设计师模拟不同的城市发展趋势，例如城市人口的增长、交通流量的变化或环境的演变。通过这种模拟，设计师可以评估不同设计方案在未来情境下的表现，预见潜在的挑战并提前制定对策。这种前瞻性的分析有助于确保城市和建筑设计的长期可持续性和适应性。

（二）虚拟现实技术在工厂生产规划中的应用

在制造业中，虚拟现实技术也为工业生产带来了一系列的革新。工程师可以在虚拟环境中模拟整个工厂的布局和生产过程。这种模拟不仅包括机器的摆放、生产线的布局，还涵盖物流路径、员工流动等方面，对提升生产效率有着积极的意义。

（1）空间布局优化。在虚拟环境中，工程师可以对工厂空间进行详细分析，调整机器和设备的位置，优化空间使用，以找到最佳的布局方案，从而提高整体生产效率。这种调整可以在布局阶段就完成，不会影响实际生产，从而避免了在实际建设中可能遇到的高昂调整成本。

（2）生产流程模拟。虚拟现实技术使工程师能够模拟生产线的运作，包括物料流动和产品组装等环节。通过这些模拟，工程师可以识别生产流程中的瓶颈和潜在问题，预测各种生产情况，并在实际建设之前进行优化，从而提高生产效率和产品质量。

（3）安全与合规性检查。在虚拟环境中，可以模拟各种紧急情况，如火灾、设备故障等，以测试工厂的安全措施是否有效。此外，还可以检查工厂设计是否符合当地的法规和标准。通过这些模拟，工程师能够识别潜在的安全隐患，从而在实际建设前进行必要的改进，确保工厂的安全性和合规性。

霍瓦涅茨（Hovanec）等人研究探讨了如何通过虚拟现实技术来优化工厂的生产流程、提高生产效率，实现低成本、稳定且高效的生产过程。[①] 他们采用了西门子 TX Plant Simulation 软件，对从颗粒制造纤维的生产过程进行模拟，以改进现有的生产布局和流程。研究表明，通过模拟生产过程，研究者能够识别并优化生产中的瓶颈，减少物料运输时间，从而提高生产效率。通过重新布局工作站，并有效利用生产大厅的中心区域，可以减少纤维运输距离，提升生产效率。此外，研究者建议利用生产大厅中未被充分利用的空间，例如将其出租给其他组织，以增加收益。优化后的生产流程缩短了生产时间，通过减少物料运输和优化工作站布局，提高了工厂整体的运行效率。这项研究支持了虚拟现实技术在优化生产过程中的积极作用，展示了虚拟现实工厂模拟在企业决策中的应用潜力。

四、虚拟现实技术在市场营销领域的应用

在市场营销领域，营造出引人入胜的环境和氛围至关重要。虚拟现实技术为客户提供了一种全新的互动体验，这不仅显著提升了用户的参与感和满意度，还对营销活动的成功产生了直接影响。接下来，我们将深入探讨虚拟现实在市场营销和客户体验中的多种应用。

（一）虚拟产品体验中心

虚拟现实技术的一个关键应用是创建虚拟产品体验中心。在营销中，产品展示的效果对吸引用户、树立品牌形象具有积极的意义。许多公司通过建立体验店来实现产品的展示和推广。然而，建立实体体验中心往往需要付出高昂的成本，包括租赁黄金地段的场地，建设和维护展示区域。与传统的实体产品体验中心相比，虚拟现实技术在降低成本和提升展示灵活性方面具有一定的优势，可以为企业的营销带来积极的作用。

---

① HOVANEC M，KORBA P，VENCEL M，et al. Simulating a digital factory and improving production efficiency by using virtual reality technology [J]. Applied sciences，2023，13（8）.

（1）减少物理空间需求。虚拟现实技术允许公司在虚拟环境中展示产品，免去了租赁和维护大型展示区域的成本。客户可以通过互联网和各种电子设备，在任何地点、任何时间直观体验产品，无须亲自到场。

（2）降低展示成本。传统的实体体验中心需要大量的建设费用和建设周期。即使在建设完成之后，也需要不断更新和维护展示内容。虚拟现实环境可以快速更新，从而减少了物理展示材料和样品的采购成本。

（3）增强展示灵活性。虚拟现实技术还允许用户在动态的互动环境中操作和调整产品配置，例如调节产品的颜色、材质或功能。这种灵活性能够更有效地展示产品的功能特性，提升用户体验。

以家装行业为例，家具展示往往需要大量的空间。由于成本因素，许多家具实体店通常设立在市中心以外的郊区，影响到客流量和整体的关注度。利用虚拟现实技术构建的家具体验店可以突破这一限制，理论上提供了无限的展示空间。[①] 客户可以在虚拟环境中选择不同类型的家具，预览它们的摆放效果，实时调整布局、材质和颜色，观察这些变化对整体效果的影响，从而做出更符合个人需求的购买决策。这种技术的应用可以帮助客户更好地理解家具如何融入他们现有的家居环境，减少了实际试用带来的不便，提升了客户的购物体验，从而提高了家具公司的客户满意度和销售转化率。

照明行业同样从虚拟现实技术的应用中获益。传统照明行业需要通过在大空间安装灯光产品来呈现不同的照明方案所带来的效果。[②] 这不仅耗费空间，还需要投入大量的安装和调试的成本。虚拟现实技术通过对光线的模拟，能够为客户提供一个高度灵活的照明效果展示平台，让其体验不同照明产品所带来的效果。例如，客户可以在虚拟现实中查看照明效果在家庭、办公室、商业空间甚至户外环境中的表现。通过调整虚拟环境模拟的时间、季节和光线条件，客户可以直观地感受到不同光源和灯具在各种情况下的照明效果，包括光的强度、色温、光斑的分布以及阴影效果等。这种虚拟体验使客户深入了解照明产品，有利于其做出购买决策。

在房地产行业中，虚拟看房成为其营销的一个新趋势，使得房产开发商和经纪人在营销过程中能够更加高效和有针对性。[③] 传统的看房过程，通常需要客户亲自到达多个地点，因为交通、时间安排等问题耗费客户和销售方大量的精力。虚拟现实技术能够使客户在任何地点、任何时间对房屋状况进行了解，大大提高了看房的便捷性和效率。客户可以在虚拟环境中"走进"感兴趣的房产，真实地感受到房屋的空间布局、室内装修和周围环境。与传统的图片和视频展示相比，虚拟现实技术能够给客户带来更为细致和真实的体验，包括房间的尺寸、家具的摆放、光线的变化以及整体氛围。客户可以自由地在虚拟空间中移动，360 度浏览房间，从不同视角查看细节。开发商可以在房屋建成或装

① OH H，YOON S Y，HAWLEY J. What virtual reality can offer to the furniture industry ［J］. Journal of textile and spparel，technology and management，2004，4（1）：1 - 17.

② BELLAZZI A，BELLIA L，CHINAZZO G，et al. Virtual reality for assessing visual quality and lighting perception：a systematic review ［J］. Building and environment，2022，209，108674.

③ YAN Z，MENG Z，TAN Y. Does virtual reality help property sales? empirical evidence from a real estate platform ［J］. Information systems research，2024.

修完成之前，通过虚拟现实展示未来房产的最终效果。这种提前展示不仅能够吸引潜在买家，还能够提前锁定客户，为未来项目的销售做好铺垫。经纪人也可以利用虚拟现实展示平台获取客户的需求和偏好，向客户做出针对性的推荐，从而提高成交率。

链家的在线虚拟现实看房系统为客户带来了新的体验。这项技术使客户能够在网络上以全景视角查看房屋内部，提供比传统照片更详细的信息，例如房屋的具体尺寸、空间布局、朝向、装修、周边设施等。

在构建虚拟房屋时，首先需要使用全景相机或手机对房屋进行拍摄，以获取全方位图像。其次，运用计算机算法分析这些图像，识别房间的特征点，从而构建三维模型。最后，利用前端技术将三维模型与全景图像结合起来，并展示给客户。客户可以通过电脑或手机屏幕进行观看，获得一种近乎亲临现场的体验。

此外，链家还推出了虚拟现实讲房和虚拟现实带看两项创新功能。虚拟现实讲房允许房产经纪人提前录制房屋介绍视频。客户在观看虚拟房屋时可以听取专业的讲解。虚拟现实带看则提供了一种新的交互体验，客户可以与经纪人实时在线交流，甚至邀请家人和朋友一同参与，实现了不受地域限制的多人同时看房，打破了传统看房的时间和空间束缚。该系统能够根据房屋的实际情况快速生成多种风格的装修方案，使客户能够预览房屋装修后的效果。通过这些技术的应用，链家不仅提升了房源信息的真实性和透明度，还极大地丰富了客户的看房体验，提高了效率。

（二）虚拟现实技术在互动式营销中的应用

虚拟现实技术不仅可以节省传统展览的场地和安装成本，还能够提供更智能的展示方式。虚拟现实技术的一个重要特点是具有很好的智能交互性，这为企业的营销活动提供了丰富的可能。

虚拟现实技术可以模拟真实的驾驶场景，包括各种道路条件、天气情况以及不同的驾驶模式。在虚拟环境中，用户可以体验各种驾驶模式和配置，如运动模式、经济模式等，以及在不同的道路环境中体验驾驶感受。这种试验不受实际道路安全的限制，用户可以大胆尝试，发现汽车的不同性能和特性。虚拟现实还可以让客户在虚拟环境中定制汽车配置，例如颜色、内饰、配件等。这种沉浸式体验能够帮助客户更全面地了解汽车性能，从而做出更明智的购买决策。销售方可以通过虚拟试驾活动收集大量数据，包括客户的驾驶习惯、偏好配置以及对不同驾驶模式的反应。这些数据能够助力企业优化产品设计和营销策略。这种互动式营销活动能够有效提高客户的参与度和品牌关注度，增强用户对品牌的好感，从而推动销售和品牌推广。

劳（Lau）等人设计并构建了一个名为 FutureShop 的虚拟现实环境，以模拟时尚零售实践并收集消费者反馈（见图 17-2）。[①] 在这个研究中，参与者完成了从产品选择到购买的整个购物过程，旨在考察他们的购买意向和互动购物体验。研究结果表明，虚拟现实技术通过提供立体的视觉展示、实时互动和沉浸式体验，获得了参与者的高度评价，

---

① LAU K W，LEE P Y. Shopping in virtual reality: a study on consumers' shopping experience in a stereoscopic virtual reality [J]. Virtual reality，2019，23（3）：255-268.

他们认为 FutureShop 具有创新性，有趣且刺激。大多数参与者认为 FutureShop 有潜力超越传统的基于网络的购物实践，并可能与现实世界的服装购物结合。然而，研究也指出了一些不足之处，例如目前的 FutureShop 缺乏人际交流功能，且未能提供试穿功能和虚拟试衣活动。未来的研究需要改善消费者与零售商以及其他消费者之间的互动。通过进一步优化，虚拟现实商城有望增强消费者的购买意向，并丰富他们的购物体验。

图 17-2 虚拟现实商城场景（左）和用户佩戴头盔进行实验的场景（右）

图片来源：LAU K W, LEE P Y. Shopping in virtual reality: a study on consumers' shopping experience in a stereoscopic virtual reality [J]. Virtual reality, 2019, 23 (3): 255-268.

五、虚拟现实技术面临的挑战和未来发展

虽然虚拟现实技术展现了令人振奋的潜力，但从未来的视角来看，该技术仍然面临一些关键挑战，尤其是场景相似性问题。

尽管虚拟现实技术能够模拟许多现实世界的元素，但虚拟场景在许多情况下仍无法完全复制现实环境。这种物理和情境上的差异可能导致参与者在虚拟环境中的体验与现实情况存在不一致。这些差异可能削弱用户对任务的真实感受，进而影响他们对虚拟环境的态度和行为表现。

心理上的相似性问题是更重要的挑战。即使虚拟场景在视觉上可以达到以假乱真的程度，参与者仍可能在心理上认为这些场景是虚假的，不将其视为真实的环境。为了解决这个问题，需要在虚拟场景和人物中赋予更多的社会属性，以增强其真实性。这包括但不限于模拟现实中的社会互动、情感反应和文化背景，使参与者能够在虚拟环境中感受到类似于现实世界的社会氛围和情境压力，从而提高其参与感和学习效果。

从扩大虚拟现实技术应用边界来看，未来的技术发展应致力于提升虚拟现实场景的真实感，通过多模态感知技术（如触觉反馈、温度感知）以及更高精度的环境建模来缩小虚拟场景与现实场景之间的差距。此外，机器学习和人工智能技术的进步可以帮助自动化生成更加复杂和真实的虚拟环境，提高虚拟环境的视觉感知效果。为了提升参与者对虚拟环境的心理认同度，未来的技术应着重增强虚拟人物的社会化，模拟真实的社交行为和情感反应，使虚拟角色能够更加自然地参与互动。这将有助于提升参与者的沉浸

感和现实感，使他们在虚拟环境中获得更加真实和令人信服的心理体验。

解决这些挑战需要跨学科的合作，如管理学、心理学、计算机科学和设计学等领域的交叉融合。通过整合不同领域的知识和技术，一方面可以更好地解决虚拟现实技术在管理实践中的问题，另一方面也会推动虚拟现实技术的创新和发展。

▷　思考题

1. 论述虚拟现实技术在管理教育和培训中的应用，并探讨其对未来管理实践的潜在影响。

2. 比较虚拟现实技术与传统方法在领导力评估和训练中的优势与劣势。

3. 假设你是一家大型制造企业的培训经理，你将如何利用虚拟现实技术来设计一个领导力发展项目？请描述你的设计方案，并解释为什么选择虚拟现实技术。

4. 假设你是一家航空公司的培训主管，你需要设计一个虚拟现实培训项目，以提高员工在紧急情况下的危机管理能力。描述你将如何利用虚拟现实技术来构建这个培训项目，并讨论你期望通过这个培训达到的学习成果。

5. 你是一家消费品公司的产品开发经理。你的团队最近开发了一款创新的家用健身设备，但在推向市场前，你需要评估潜在消费者的反馈。设计一个虚拟现实体验方案，让目标消费者能够在虚拟环境中试用新产品，并解释你如何收集和分析他们的体验数据来优化产品设计。

6. 作为一家国际咨询公司的人力资源总监，你需要加强公司内部跨国团队的协作能力。设计一个虚拟现实团队协作训练项目，包括团队建设活动和协作挑战任务。你将如何通过这个项目来提高团队成员之间的沟通效率和文化敏感性？

▷　**参考文献**

中国人民大学出版社　管理分社

教师教学服务说明

　　中国人民大学出版社管理分社以出版工商管理和公共管理类精品图书为宗旨。为更好地服务一线教师，我们着力建设了一批数字化、立体化的网络教学资源。教师可以通过以下方式获得免费下载教学资源的权限：

★ 在中国人民大学出版社网站 www.crup.com.cn 进行注册，注册后进入"会员中心"，在左侧点击"我的教师认证"，填写相关信息，提交后等待审核。我们将在一个工作日内为您开通相关资源的下载权限。

★ 如您急需教学资源或需要其他帮助，请加入教师 QQ 群或在工作时间与我们联络。

中国人民大学出版社　管理分社

🔔 **教师 QQ 群：** 648333426(工商管理)　114970332(财会)　648117133(公共管理)
　　教师群仅限教师加入，入群请备注(学校＋姓名)

☎ **联系电话：** 010-62515735，62515987，62515782，82501048，62514760

🖂 **电子邮箱：** glcbfs@crup.com.cn

📍 **通讯地址：** 北京市海淀区中关村大街甲 59 号文化大厦 1501 室（100872）

管理书社

人大社财会

公共管理与政治学悦读坊